250
CONJUGATED
GERMAN VERBS

250

CONJUGATED
GERMAN VERBS

Gail J. Hankins

Contemporary Books, Inc.
Chicago

Library of Congress Cataloging in Publication Data

Hankins, Gail J.
  250 conjugated German verbs.

  Includes index.
  1. German language—Verb—Tables. I. Title.
PF3271.H33   438.2'421   81-66109
ISBN 0-8092-5844-7   AACR2

Copyright © 1981 by Gail J. Hankins
All rights reserved
Published by Contemporary Books, Inc.
180 North Michigan Avenue, Chicago, Illinois 60601
Manufactured in the United States of America
Library of Congress Catalog Card Number: 81-66109
International Standard Book Number: 0-8092-5844-7

Published simultaneously in Canada by
Beaverbooks, Ltd.
150 Lesmill Road
Don Mills, Ontario M3B 2T5
Canada

Contents

Foreword   *vii*

An Introduction to the German Verb System   *ix*

Grammatical Terms for the Verb   *xiii*

Sample English and German Conjugations   *xv*

    Active Voice   *xv*

    Passive Voice   *xvii*

Complete Conjugations of 250 German Verbs   1

    Haben   1

    Sein   2

    Werden   3

    Modals   4–9

    Verbs   10–250

Index of German–English Definitions and Idioms   251

English–German Index   273

Index of Irregular Forms   277

Foreword

This book contains complete conjugations for 250 German verbs, verbs that occur frequently in speech and writing. One page is devoted to each verb. At the top of the page, you will find the verb, its translation, its principle parts, and the forms of the imperative. The principle parts—

    (1) the infinitive,

    (2) the 3rd person singular past indicative, and

    (3) the past participle (plus *ist*, if conjugated with *sein*)—

give you essential information about the verb, *i.e.*, they tell you whether it is weak or strong and, if strong, how the stem vowel changes. Should the stem vowel also change in the 2nd and 3rd person singular present indicative, the forms are italicized.

At the bottom of each page is a list of verbs derived from the same stem through the addition of prefixes. Prefixes are a very productive means of forming verbs in German. Many of the verbs you will learn will bear prefixes. Prefixes come in three varieties: separable, inseparable, and two-way. Inseparable prefixes (*be-, emp-, ent-, er-, ge-, ver-, zer-, wider-*) are never stressed and, as the name suggests, are always attached to the stem. Their past participles do not have a *ge-*. Separable prefixes (*ab-, an-, auf-, aus-, ein-, her-, hin-, mit-*, etc.) are always stressed and are sometimes detached from the stem in the present and past. The *ge-* appears between the prefix and the stem of the past participle. Two-way prefixes (*durch-, hinter-, um-, über-, unter-*, and *wieder-*) behave like separable prefixes when stressed and used in the literal sense, but behave like inseparable ones when unstressed and used figuratively.

The verbs in each list have been divided according to the type of prefix. The principle parts for each verb are given. A full conjugation would be superfluous and, except for the presence of the prefix, it is identical to that of the fully conjugated verb. Meanings can be found in the German–English index.

A total of over 1000 derived verbs are included, many of which are basic to a good vocabulary. As you learn one verb, familiarize yourself with others in the same family. Check their meanings in the index and pick out those you wish to incorporate into your vocabulary. Gradually increase their number. Since many nouns and adjectives are formed from the same stems and with the same prefixes, expanding your repertoire of verbs will enhance your ability to recognize other parts of speech.

Preceding the 250 conjugations is an introduction to the German verb system, a list of grammatical terms in English and German, and sample conjugations in both languages for the active and passive voices. The full conjugations begin with *haben, sein, werden* and the modals; the others follow in alphabetical order. After the last conjugation are three indexes: German–English, English–German, and irregular forms. The German–English index covers all the verbs in this book. In it, you will find the translation as well as the prepositions and/or cases required by the verb. Important idioms are also given. The English–German index covers only the main 250 verbs as does the list of irregular forms.

A word about the terminology used here and elsewhere is in order, since there is some discrepancy among textbooks and grammars of German. The student may be unfamiliar with a term I use. If so, he or she should consult the list of grammatical terms to locate the more familiar equivalent. The terms used here are those found in many popular textbooks and grammars with *one important exception:* the labels for the subjunctive. Although the currently favored terms are Subjunctive I and II (or Primary and Secondary Subjunctive—*Konjunktiv I und II*), they are called Indirect Discourse Subjunctive (Indir. Disc. Subj.) and Subjunctive here in order to emphasize their functions. Calling them Subjunctive I and II tends to confuse rather than clarify, since Subjunctive I neither occurs more frequently nor is it used in the wider range of contexts.

German has two grammatical terminologies: one based on Latin, the other on German. The German terminology, though no longer widely used, appears in parentheses in the list along with other current equivalents.

The references consulted in preparation of this book were volumes 4 and 9 of the *Duden (Die Grammatik,* 3rd ed. and *Zweifelsfälle der deutschen Sprache,* 2nd ed.). Verbs were selected on the basis of *Grunddeutsch. Basic (Spoken) German Dictionary for Everyday Use,* J. Alan Pfeffer (1970), "A vocabulary count based on three leading West German newspapers," Rodney Swenson, *Die Unterrichtspraxis* (1970), and "Vocabulary in first-year German texts," Tessing and Zimmermann, *Die Unterrichtspraxis* (1977). The final selection of verbs was my own.

Gail J. Hankins

Chicago
March, 1981

An Introduction to the German Verb System

The verb systems of English and German have many similarities and many differences. Many of the similarities are formal, *e.g.*, the names and formation of the tenses. Many of the differences occur in usage. Therefore—a warning! Do not be misled by superficial similarities. Although both languages have a present tense, for example, German does not have progressive or emphatic forms (*e.g., he is going, he did go*). Time adverbs play an essential role in the German system, so learn to recognize them and learn how they affect tense. Learn how each tense is used in German and how it is best rendered into good idiomatic English.

Like English, German has two voices (active and passive), three moods (indicative, subjunctive, and imperative), two numbers (singular and plural), the so-called non-finite forms (infinitive, present participle, past participle, etc.) and tenses (present and past, for instance).

In regard to tense, German and English still have similarities in their formation. For example, both have simple and compound tenses (*e.g., I follow* vs. *I had followed*). But here German and English part company.

The German verb has two parts: a *stem* and an *ending:*

$$trink \ + \ en \ = trinken$$
$$\text{(stem)} \quad \text{(ending)}$$

The finite form of the German verb consists of the stem plus a *personal* ending. In simple tenses (the present and past indicative, for example) the personal ending is attached to the stem of the main verb; in compound tenses (the perfect, future, etc.) the finite form is the auxiliary verb. In English these personal endings have been lost with the exception of -*s*, the marker of the 3rd person singular, *he drinks.*

German forms tenses in three ways:

(1) by attaching personal endings to the stem, as indicated above.

(2) by modifying the stem vowel (*trinken, trank*—compare English *drink, drank*), and

(3) by combining a non-finite form with an auxiliary (*hatte getrunken, had drunk*).

Note that in the last example all three processes were at work.

According to these three factors, verbs in German are classified into weak, strong, mixed, and irregular verbs. Those that undergo no vowel change are called weak or regular verbs (*schwache/regelmäßige Verben*). Their past participles end in -*t*. In addition, the forms of the past indicative bear distinctive "weak" endings. Strong (*starke*) verbs, on the other hand, exhibit a vowel change in the past indicative. Their past participles end in -*en*. Mixed verbs also undergo vowel change but add weak endings in the past indicative and to the past participle. There are only six such verbs: *brennen, kennen, nennen, rennen, senden, wenden* (not counting their derivatives). Irregular (*unregelmäßige*) verbs are subject to both vowel and consonant changes. Included in this group are the major auxiliaries (*haben, sein* and *werden*), the modals, and *tun* along with many others.

As mentioned above, there is more to the verb system than tense. There is also mood (*der Modus*), which colors the speaker's message in a particular way. Each of the three moods—indicative, subjunctive, and imperative—has its own forms.

The indicative refers to reality. It is used to state facts, to talk about reality, or to question it. Indicative is the most frequently used mood and the one the student should concentrate on. The indicative has two voices: active and passive, which denote the relation between the subject and the verb. The subject of an active sentence "performs" the action expressed by the verb and is considered the active agent. In the passive sentence the subject "suffers" the action expressed by the verb and is the "recipient" or "passive patient" of the action. Consider the following English sentences:

> The man has bitten the dog.
> The dog has been bitten by the man.

In the first, the subject, the man, performs the action. The sentence is consequently in the active voice. In the second, the subject, the dog, is not the giver but the recipient of the bite. Therefore, the sentence is passive. Note that although both sentences are in the perfect tense, the form of the verb is not identical, for the second is in the passive perfect. (For the complete conjugation of the passive in English, see page *xvi*.)

The formation of the indicative active and passive is sketched out systematically in the charts below. Master the system. Consult the complete paradigms in this book or your grammar to determine whether a particular verb is weak or strong, mixed or irregular, whether it is conjugated with *haben* or *sein,* and for other minor variations.

Conjugation of the Active Indicative

Present	stem +	personal endings: -e, -st, -t, -en, -t, -en
Past	(reg.) stem +	weak endings: -te, -test, -te, -ten, -tet, -ten
	(others) stem with vowel change +	strong endings: Ø, -st, Ø, -en, -t, -en
Perfect	(reg.) present of *haben* or *sein* +	past participle ge + stem + *t**
	(others) present of *haben* or *sein* +	past participle ge + stem + *en***
Pluperfect	past of *haben* or *sein* +	past participle
Future	present of *werden* +	infinitive
Future Perfect	present of *werden* +	past infinitive (i.e., past participle + *haben* or *sein*)

---

* Verbs with inseparable prefixes and *-ieren* verbs do not add *ge-* in the past participle.
** Some strong and all mixed and irregular verbs have past participles with vowels different from that of the infinitive.

Conjugation of the Passive Indicative

Present	present of *werden*	+ past participle
Past	past of *werden*	+ past participle
Perfect	perfect of *werden*	+ past participle
Pluperfect	pluperfect of *werden*	+ past participle
Future	future of *werden*	+ past participle
Future Perfect	future perfect of *werden*	+ past participle

The imperative is used to express commands or requests, and it occurs only in the second person. Since there are three ways of saying "you" in German, there are three ways of expressing a command. The *ihr-* and *Sie-*forms are identical to the 2nd and 3rd person plural of the present indicative. In the polite form, *Sie* always follows the verb: *kommen Sie!* (come!). The *du-* form is not identical to the indicative present but is generally formed by dropping the *-en* of the infinitive and optionally adding *-e.* If the stem ends in *-d* or *-t,* the *-e* must be added. There is one exception, however. If the verb undergoes a vowel change from *e* to *i* or *ie* in the 2nd and 3rd person singular present, then the imperative will also display this vowel change and never bear the optional *-e: komm(e)!* but *nimm!* (from *nehmen* "to take").

The subjunctive is used to express contrary-to-fact and imaginary situations, speculations, wishes, and indirect speech. As can be seen from the conjugations, the subjunctive has two forms, each of which has four tenses. The two forms have different functions. The *Subjunctive* (also known as Subjunctive II or Secondary Subjunctive) is the most frequently encountered. The forms of this subjunctive generally differ from those of the indicative and, consequently, usually cannot be confused with them. It is used for all the purposes cited above. Usage of the other form, the alternative *Indirect Discourse Subjunctive* (also known as Subjunctive I or Primary Subjunctive) is far more restricted. The main function of this subjunctive is—as you already have surmised from its label—to render indirect speech. However, since only 3rd person singular always differs from the indicative, speakers and writers often use the unambiguous Subjunctive form instead.

Er sagte, sie komme. (He said she would come.)
Er sagte, sie kämen. (not *kommen*) (He said they would come.)

Since certain forms of the subjunctive occur very rarely, they are closed in parentheses in the sample conjugations as well as in the conjugations of *haben, sein, werden,* and the modals.

Another function of the alternative Indirect Discourse Subjunctive is to express requests, wishes, and commands indirectly and politely—often to a reader. Hence, one finds this subjunctive frequently in written instructions, math books, cookbooks, and the like:

Man nehme 3 Eier, 250 g Zucker... (Take 3 eggs, 250 g of sugar...)

Consult your grammar and the conjugations in this book for the formation of the subjunctive.

Modals and Other Auxiliaries

In addition to *haben, sein,* and *werden,* German utilizes a number of other verbs as auxiliaries. Most important among these are *lassen, scheinen, brauchen,* and the modals: *können, mögen, müssen, dürfen, sollen,* and *wollen.* Although the modals may look like and appear to function similarly to the modals in English, sometimes they do not. How German modals are best rendered into English depends on the tense and mood of the modal as well as on the context. Unfortunately, a thorough discussion of this topic is beyond the limits of this brief introduction. Again, consult your grammar.

Lassen + infinitive is equivalent to "to have something done." Its conjugation as an auxiliary resembles that of the modals in that it is conjugated with *haben* and a double infinitive appears in compound tenses.

Der König hat ihn töten lassen. (The king had him put to death.)

Brauchen + *zu* + infinitive usually occurs in a negative sentence in the sense of "must not, need not do something."

Wir brauchen heute nicht zur Arbeit zu gehen.
(We don't have to go to work today.)

Like *lassen* and the modals, compound tenses with *brauchen* display a double infinitive.

Scheinen also takes *zu* + infinitive, "to seem to do something." But unlike the verbs discussed above, *scheinen* occurs only in the present and past when used as an auxiliary.

Tips for Studying the German Verb System

1. Concentrate on the systematic aspects. Learn how to form each tense of the indicative.
2. Learn the conjugations of *haben, sein, werden* and the modals—there's no way around it.
3. Memorize the principle parts of new verbs as you encounter them, including whether they are conjugated with *haben* or *sein* and whether there is a vowel change in the 2nd and 3rd person singular present indicative (considered to be the fourth principle part of the verb).
4. Pick your own sample verb, memorize the complete conjugation of the *indicative*. Use it as your point of reference.
5. Learn how the Subjunctive (II) present, past, and future time are formed and how they are used. Memorize the subjunctive of *haben, sein, werden* and the modals.
6. Be able to recognize the 3rd person singular of the alternative Indirect Discourse Subjunctive.
7. Be sure you can recognize all tenses, even when accompanied by a modal auxiliary.
8. Learn to recognize the passive.

Grammatical Terms for Verbs

Tense
  Indicative
    Present
    Past (Imperfect, Simple Past)

    Perfect

    Pluperfect (Past Perfect)

    Future
    Future Perfect
  Subjunctive (Subjunctive II, Secondary
      Subjunctive)
    Present Time (Imperfect Subjunctive)
    Past Time (Pluperfect Subjunctive)

    Future Time (Present Conditional)
    Future Perfect Time (Past
      Conditional)
  Alternative Indirect Discourse
  Subjunctive (Subjunctive I, Primary
      Subjunctive)
    Present Time (Present Subjunctive)
    Past Time (Perfect Subjunctive)
    Future Time (Future Subjunctive)
    Future Perfect Time (Future Perfect
      Subjunctive)
  Imperative
Number
  Singular
  Plural
Person
  First
  Second
  Third
Principal Parts
  Infinitive
  3rd pers. sg. past indicative
  Past Participle
  Present Participle
Auxiliary (helping) verb

Tempus (Zeitform)
  Indikativ (Wirklichkeitsform)
    Präsens (Gegenwart)
    Präteritum (Imperfekt,
      1. Vergangenheit)
    Perfekt (vollendete Gegenwart,
      2. Vergangenheit)
    Plusquamperfekt (3. *or* vollendete
      Vergangenheit)
    Futur I (1. *or* unvollendete Zukunft)
    Futur II (2. *or* vollendete Zukunft)
  Konjunktiv II (2. Konjunktiv,
      Möglichkeitsform)
    der Gegenwart* (Konj. Präteritum)
    der Vergangenheit (Konj.
      Plusquamperfekt)
    der Zukunft (Konditional)
    der vollendeten Zukunft (Konditional
      Perfekt)
  Konjunktiv I (1. Konjunktiv)

    der Gegenwart (Konj. Präsens)
    der Vergangenheit (Konj. Perfekt)
    der Zukunft (Konj. Futur)
    der vollendeten Zukunft (Konj.
      Futur II)
  Imperativ (Befehlsform)
Numerus
  Singular (Einzahl)
  Plural (Mehrzahl)
Person
  erste Person
  zweite Person
  dritte Person
Stammformen
  Infinitiv (Nennform, Grundform)
  3. Pers. sg. Präteritum
  Partizip perfekt
  Partizip präsens
Hilfsverb

* The latest edition of the *Duden Grammatik* gives only descriptive labels to time levels and does not label compound subjunctive forms. The terms in parentheses, though not currently favored, are still found in older grammars.

Sample English and German Conjugations

ACTIVE VOICE—ENGLISH
drink

Princ. Parts: to drink, drank, drunk
Imperative: drink!

INDICATIVE	SUBJUNCTIVE (II)	INDIR. DISC. SUBJ. (I)
Present	*Present Time*	*Present Time*
I drink (am drinking, do drink)	drank (might or would drink)	drink (may drink)
you drink	drank	drink
he (she, it) drinks	drank	drink
we drink	drank	drink
you drink	drank	drink
they drink	drank	drink
Past		
I drank (was drinking, did drink)		
you drank		
he (she, it) drank		
we drank		
you drank		
they drank		
Perfect	*Past Time*	*Past Time*
I have drunk (have been drinking)	had drunk (might or would have drunk)	have drunk (may have drunk)
you have drunk	had drunk	have drunk
he (she, it) has drunk	had drunk	has drunk
we have drunk	had drunk	have drunk
you have drunk	had drunk	have drunk
they have drunk	had drunk	have drunk
Pluperfect		
I had drunk (had been drinking)		
you had drunk		
he (she, it) had drunk		
we had drunk		
you had drunk		
they had drunk		
Future	*Future Time*	*Future Time*
I shall drink (shall be drinking)	should drink	shall drink (may drink)
you will drink	would drink	will drink
he (she, it) will drink	would drink	will drink
we shall drink	should drink	shall drink
you will drink	would drink	will drink
they will drink	would drink	will drink
Future Perfect	*Future Perfect Time*	*Future Perfect Time*
I shall have drunk	should have drunk	shall (would, may) have drunk
you will have drunk	would have drunk	will have drunk
he (she, it) will have drunk	would have drunk	will have drunk
we shall have drunk	should have drunk	shall have drunk
you will have drunk	would have drunk	will have drunk
they will have drunk	would have drunk	will have drunk

ACTIVE VOICE—GERMAN
trinken: to drink

Princ. Parts: trinken, trank, getrunken
Imperative: trink(e)!, trinkt!, trinken Sie!

INDICATIVE	SUBJUNCTIVE (II)	INDIR. DISC. SUBJ. (I)
Present	*Present Time*	*Present Time*
ich trinke	tränke	(trinke)
du trinkst	tränk(e)st	(trinkest)
er (sie, es) trinkt	tränke	trinke
wir trinken	tränken	(trinken)
ihr trinkt	tränket	(trinket)
sie trinken	tränken	(trinken)

Past
ich trank
du trankst
er (sie, es) trank
wir tranken
ihr trankt
sie tranken

Perfect	*Past Time*	*Past Time*
ich habe getrunken	hätte getrunken	(habe getrunken)
du hast getrunken	hättest getrunken	(habest getrunken)
er (sie, es) hat getrunken	hätte getrunken	habe getrunken
wir haben getrunken	hätten getrunken	(haben getrunken)
ihr habt getrunken	hättet getrunken	(habet getrunken)
sie haben getrunken	hätten getrunken	(haben getrunken)

Pluperfect
ich hatte getrunken
du hattest getrunken
er (sie, es) hatte getrunken
wir hatten getrunken
ihr hattet getrunken
sie hatten getrunken

Future	*Future Time*	*Future Time*
ich werde trinken	würde trinken	(werde trinken)
du wirst trinken	würdest trinken	(werdest trinken)
er (sie, es) wird trinken	würde trinken	werde trinken
wir werden trinken	würden trinken	(werden trinken)
ihr werdet trinken	würdet trinken	(werdet trinken)
sie werden trinken	würden trinken	(werden trinken)

Future Perfect	*Future Perfect Time*	*Future Perfect Time*
ich werde getrunken haben	würde getrunken haben	(werde getrunken haben)
du wirst getrunken haben	würdest getrunken haben	(werdest getrunken haben)
er (sie, es) wird getrunken haben	würde getrunken haben	werde getrunken haben
wir werden getrunken haben	würden getrunken haben	(werden getrunken haben)
ihr werdet getrunken haben	würdet getrunken haben	(werdet getrunken haben)
sie werden getrunken haben	würden getrunken haben	(werden getrunken haben)

to be given

INDICATIVE	SUBJUNCTIVE (II)	INDIR. DISC. SUBJ. (I)
Present	*Present Time*	*Present Time*
I am given (am being given)	were given (would, might be given)	may be given
you are given	were given	may be given
he (she, it) is given	were given	may be given
we are given	were given	may be given
you are given	were given	may be given
they are given	were given	may be given
Past		
I was given (was being given)		
you were given		
he (she, it) was given		
we were given		
you were given		
they were given		
Perfect	*Past Time*	*Past Time*
I have been given*	had been given (would, might have been given)	may have been given
you have been given	had been given	may have been given
he (she, it) has been given	had been given	may have been given
we have been given	had been given	may have been given
you have been given	had been given	may have been given
they have been given	had been given	may have been given
Pluperfect		
I had been given		
you had been given		
he (she, it) had been given		
we had been given		
you had been given		
they had been given		
Future	*Future Time*	*Future Time*
I shall be given	should be given	shall (may) be given
you will be given	would be given	will be given
he (she, it) will be given	would be given	will be given
we shall be given	should be given	shall be given
you will be given	would be given	will be given
they will be given	would be given	will be given
Future Perfect	*Future Perfect Time*	*Future Perfect Time*
I shall have been given	should have been given	shall (may, would) have been given
you will have been given	would have been given	will have been given
he (she, it) will have been given	would have been given	will have been given
we shall have been given	should have been given	shall have been given
you will have been given	would have been given	will have been given
they will have been given	would have been given	will have been given

* English also has progressive forms for the perfect, pluperfect, future, and future perfect passive: *have been being given,* etc.

haben: to have

Princ. Parts: haben, hatte, gehabt
Imperative: hab(e)!, habt!, haben Sie!

INDICATIVE	SUBJUNCTIVE (II)	INDIR. DISC. SUBJ. (I)
Present	*Present Time*	*Present Time*
ich habe	hätte	habe
du hast	hättest	habest
er hat	hätte	habe
wir haben	hätten	haben
ihr habt	hättet	habet
sie haben	hätten	haben
Past	*Past Time*	*Past Time*
ich hatte	hätte gehabt	habe gehabt
du hattest	hättest gehabt	habest gehabt
er hatte	hätte gehabt	habe gehabt
wir hatten	hätten gehabt	haben gehabt
ihr hattet	hättet gehabt	habet gehabt
sie hatten	hätten gehabt	haben gehabt

Perfect
ich habe gehabt
du hast gehabt
er hat gehabt
wir haben gehabt
ihr habt gehabt
sie haben gehabt

Pluperfect
ich hatte gehabt
du hattest gehabt
er hatte gehabt
wir hatten gehabt
ihr hattet gehabt
sie hatten gehabt

Future	*Future Time*	*Future Time*
ich werde haben	würde haben	werde haben
du wirst haben	würdest haben	werdest haben
er wird haben	würde haben	werde haben
wir werden haben	würden haben	werden haben
ihr werdet haben	würdet haben	werdet haben
sie werden haben	würden haben	werden haben
Future Perfect	*Future Perfect Time*	*Future Perfect Time*
ich werde gehabt haben	würde gehabt haben	werde gehabt haben
du wirst gehabt haben	würdest gehabt haben	werdest gehabt haben
er wird gehabt haben	würde gehabt haben	werde gehabt haben
wir werden gehabt haben	würden gehabt haben	werden gehabt haben
ihr werdet gehabt haben	würdet gehabt haben	werdet gehabt haben
sie werden gehabt haben	würden gehabt haben	werden gehabt haben

Separable
anhaben, hatte...an, angehabt
innehaben, hatte...inne, innegehabt
liebhaben, hatte...lieb, liebgehabt
vorhaben, hatte...vor, vorgehabt

1

sein

sein: to be

Princ. Parts: sein, war, ist gewesen
Imperative: sei!, seid!, seien Sie!

INDICATIVE	SUBJUNCTIVE (II)	INDIR. DISC. SUBJ. (I)
Present	*Present Time*	*Present Time*
ich bin	wäre	sei
du bist	wär(e)st	sei(e)st
er ist	wäre	sei
wir sind	wären	seien
ihr seid	wär(e)t	seiet
sie sind	wären	seien
Past	*Past Time*	*Past Time*
ich war	wäre gewesen	sei gewesen
du warst	wärest gewesen	seiest gewesen
er war	wäre gewesen	sei gewesen
wir waren	wären gewesen	seien gewesen
ihr wart	wäret gewesen	(seiet gewesen)
sie waren	wären gewesen	seien gewesen

Perfect
ich bin gewesen
du bist gewesen
er ist gewesen
wir sind gewesen
ihr seid gewesen
sie sind gewesen

Pluperfect
ich war gewesen
du warst gewesen
er war gewesen
wir waren gewesen
ihr wart gewesen
sie waren gewesen

Future	*Future Time*	*Future Time*
ich werde sein	würde sein	(werde sein)
du wirst sein	würdest sein	(werdest sein)
er wird sein	würde sein	werde sein
wir werden sein	würden sein	(werden sein)
ihr werdet sein	würdet sein	(werdet sein)
sie werden sein	würden sein	(werden sein)
Future Perfect	*Future Perfect Time*	*Future Perfect Time*
ich werde gewesen sein	würde gewesen sein	(werde gewesen sein)
du wirst gewesen sein	würdest gewesen sein	(werdest gewesen sein)
er wird gewesen sein	würde gewesen sein	werde gewesen sein
wir werden gewesen sein	würden gewesen sein	(werden gewesen sein)
ihr werdet gewesen sein	würdet gewesen sein	(werdet gewesen sein)
sie werden gewesen sein	würden gewesen sein	(werden gewesen sein)

Separable
dabeisein, war...dabei, dabeigewesen

2

werden: to become

Princ. Parts: werden, wurde,* ist geworden
Imperative: werde!, werdet!, werden Sie!

INDICATIVE	SUBJUNCTIVE (II)	INDIR. DISC. SUBJ. (I)
Present	*Present Time*	*Present Time*
ich werde	würde	(werde)
du wirst	würdest	(werdest)
er wird	würde	werde
wir werden	würden	(werden)
ihr werdet	würdet	(werdet)
sie werden	würden	(werden)
Past	*Past Time*	*Past Time*
ich wurde	wäre geworden	sei geworden
du wurdest	wär(e)st geworden	sei(e)st geworden
er wurde	wäre geworden	sei geworden
wir wurden	wären geworden	seien geworden
ihr wurdet	wär(e)t geworden	(seiet geworden)
sie wurden	wären geworden	seien geworden

Perfect
ich bin geworden
du bist geworden
er ist geworden
wir sind geworden
ihr seid geworden
sie sind geworden

Pluperfect
ich war geworden
du warst geworden
er war geworden
wir waren geworden
ihr wart geworden
sie waren geworden

Future	*Future Time*	*Future Time*
ich werde werden	würde werden	(werde werden)
du wirst werden	würdest werden	(werdest werden)
er wird werden	würde werden	werde werden
wir werden werden	würden werden	(werden werden)
ihr werdet werden	würdet werden	(werdet werden)
sie werden werden	würden werden	(werden werden)
Future Perfect	*Future Perfect Time*	*Future Perfect Time*
ich werde geworden sein	würde geworden sein	(werde geworden sein)
du wirst geworden sein	würdest geworden sein	(werdest geworden sein)
er wird geworden sein	würde geworden sein	werde geworden sein
wir werden geworden sein	würden geworden sein	(werden geworden sein)
ihr werdet geworden sein	würdet geworden sein	(werdet geworden sein)
sie werden geworden sein	würden geworden sein	(werden geworden sein)

* One still occasionally finds the older form of the past indicative, *ward,* in literary texts.

3

dürfen

dürfen (+ infinitive): to be permitted to, may   *Princ. Parts:* dürfen (+ inf.), durfte (+ inf.), hat...(+ inf.) dürfen*

INDICATIVE	SUBJUNCTIVE (II)	INDIR. DISC. SUBJ. (I)
Present	*Present Time*	*Present Time*
ich darf stören	dürfte stören	dürfe stören
du darfst stören	dürftest stören	(dürfest stören)
er darf stören	dürfte stören	dürfe stören
wir dürfen stören	dürften stören	dürfen stören
ihr dürft stören	dürftet stören	(dürfet stören)
sie dürfen stören	dürften stören	dürfen stören
Past	*Past Time*	*Past Time*
ich durfte stören	hätte stören dürfen	(habe stören dürfen)
du durftest stören	hättest stören dürfen	(habest stören dürfen)
er durfte stören	hätte stören dürfen	habe stören dürfen
wir durften stören	hätten stören dürfen	(haben stören dürfen)
ihr durftet stören	hättet stören dürfen	(habet stören dürfen)
sie durften stören	hätten stören dürfen	(haben stören dürfen)

Perfect
ich habe stören dürfen
du hast stören dürfen
er hat stören dürfen
wir haben stören dürfen
ihr habt stören dürfen
sie haben stören dürfen

Pluperfect
ich hatte stören dürfen
du hattest stören dürfen
er hatte stören dürfen
wir hatten stören dürfen
ihr hattet stören dürfen
sie hatten stören dürfen

Future	*Future Time*	*Future Time*
ich werde stören dürfen	würde stören dürfen	(werde stören dürfen)
du wirst stören dürfen	würdest stören dürfen	(werdest stören dürfen)
er wird stören dürfen	würde stören dürfen	werde stören dürfen
wir werden stören dürfen	würden stören dürfen	(werden stören dürfen)
ihr werdet stören dürfen	würdet stören dürfen	(werdet stören dürfen)
sie werden stören dürfen	würden stören dürfen	(werden stören dürfen)
Future Perfect	*Future Perfect Time*	*Future Perfect Time*
ich werde haben stören dürfen	würde haben stören dürfen	(werde haben stören dürfen)
du wirst haben stören dürfen	würdest haben stören dürfen	(werdest haben stören dürfen)
er wird haben stören dürfen	würde haben stören dürfen	werde haben stören dürfen
wir werden haben stören dürfen	würden haben stören dürfen	(werden haben stören dürfen)
ihr werdet haben stören dürfen	würdet haben stören dürfen	(werdet haben stören dürfen)
sie werden haben stören dürfen	würden haben stören dürfen	(werden haben stören dürfen)

* When the dependent infinitive is not expressed but understood, the past participle is *gedurft.*

4

können

Princ. Parts: können (+ inf.), konnte (+ inf.), hat...(+ inf.) können*

INDICATIVE	SUBJUNCTIVE (II)	INDIR. DISC. SUBJ. (I)
Present	*Present Time*	*Present Time*
ich kann gehen	könnte gehen	könne gehen
du kannst gehen	könntest gehen	(könnest gehen)
er kann gehen	könnte gehen	könne gehen
wir können gehen	könnten gehen	können gehen
ihr könnt gehen	könntet gehen	(könnet gehen)
sie können gehen	könnten gehen	können gehen
Past	*Past Time*	*Past Time*
ich konnte gehen	hätte gehen können	(habe gehen können)
du konntest gehen	hättest gehen können	(habest gehen können)
er konnte gehen	hätte gehen können	habe gehen können
wir konnten gehen	hätten gehen können	(haben gehen können)
ihr konntet gehen	hättet gehen können	(habet gehen können)
sie konnten gehen	hätten gehen können	(haben gehen können)

Perfect
ich habe gehen können
du hast gehen können
er hat gehen können
wir haben gehen können
ihr habt gehen können
sie haben gehen können

Pluperfect
ich hatte gehen können
du hattest gehen können
er hatte gehen können
wir hatten gehen können
ihr hattet gehen können
sie hatten gehen können

Future	*Future Time*	*Future Time*
ich werde gehen können	würde gehen können	(werde gehen können)
du wirst gehen können	würdest gehen können	(werdest gehen können)
er wird gehen können	würde gehen können	werde gehen können
wir werden gehen können	würden gehen können	(werden gehen können)
ihr werdet gehen können	würdet gehen können	(werdet gehen können)
sie werden gehen können	würden gehen können	(werden gehen können)
Future Perfect	*Future Perfect Time*	*Future Perfect Time*
ich werde haben gehen können	würde haben gehen können	(werde haben gehen können)
du wirst haben gehen können	würdest haben gehen können	(werdest haben gehen können)
er wird haben gehen können	würde haben gehen können	werde haben gehen können
wir werden haben gehen können	würden haben gehen können	(werden haben gehen können)
ihr werdet haben gehen können	würdet haben gehen können	(werdet haben gehen können)
sie werden haben gehen können	würden haben gehen können	(werden haben gehen können)

* When the dependent infinitive is not expressed but understood, the past participle is *gekonnt*.

5

mögen

mögen (+ infinitive): to like to

Princ. Parts: mögen (+ inf.), mochte (+ inf.), hat...(+ inf.) mögen

INDICATIVE	SUBJUNCTIVE (II)	INDIR. DISC. SUBJ. (I)
Present	*Present Time**	*Present Time*
ich mag lesen	möchte lesen	möge lesen
du magst lesen	möchtest lesen	(mögest lesen)
er mag lesen	möchte lesen	möge lesen
wir mögen lesen	möchten lesen	mögen lesen
ihr mögt lesen	möchtet lesen	(möget lesen)
sie mögen lesen	möchten lesen	mögen lesen
Past	*Past Time*	*Past Time*
ich mochte lesen	hätte lesen mögen	(habe lesen mögen)
du mochtest lesen	hättest lesen mögen	(habest lesen mögen)
er mochte lesen	hätte lesen mögen	habe lesen mögen
wir mochten lesen	hätten lesen mögen	(haben lesen mögen)
ihr mochtet lesen	hättet lesen mögen	(habet lesen mögen)
sie mochten lesen	hätten lesen mögen	(haben lesen mögen)

Perfect
ich habe lesen mögen
du hast lesen mögen
er hat lesen mögen
wir haben lesen mögen
ihr habt lesen mögen
sie haben lesen mögen

Pluperfect
ich hatte lesen mögen
du hattest lesen mögen
er hatte lesen mögen
wir hatten lesen mögen
ihr hattet lesen mögen
sie hatten lesen mögen

Future	*Future Time*	*Future Time*
ich werde lesen mögen	würde lesen mögen	(werde lesen mögen)
du wirst lesen mögen	würdest lesen mögen	(werdest lesen mögen)
er wird lesen mögen	würde lesen mögen	werde lesen mögen
wir werden lesen mögen	würden lesen mögen	(werden lesen mögen)
ihr werdet lesen mögen	würdet lesen mögen	(werdet lesen mögen)
sie werden lesen mögen	würden lesen mögen	(werden lesen mögen)
Future Perfect	*Future Perfect Time*	*Future Perfect Time*
ich werde haben lesen mögen	würde haben lesen mögen	(werde haben lesen mögen)
du wirst haben lesen mögen	würdest haben lesen mögen	(werdest haben lesen mögen)
er wird haben lesen mögen	würde haben lesen mögen	werde haben lesen mögen
wir werden haben lesen mögen	würden haben lesen mögen	(werden haben lesen mögen)
ihr werdet haben lesen mögen	würdet haben lesen mögen	(werdet haben lesen mögen)
sie werden haben lesen mögen	würden haben lesen mögen	(werden haben lesen mögen)

* The present subjunctive of *mögen* means "would like to" and is the most commonly used form of the verb.

6

müssen

müssen (+ infinitive): to have to, must

Princ. Parts: müssen (+ inf.), mußte (+ inf.), hat...(+ inf.) müssen*

INDICATIVE	SUBJUNCTIVE (II)	INDIR. DISC. SUBJ. (I)
Present	*Present Time*	*Present Time*
ich muß essen	müßte essen	müsse essen
du mußt essen	müßtest essen	(müssest essen)
er muß essen	müßte essen	müsse essen
wir müssen essen	müßten essen	müssen essen
ihr müßt essen	müßtet essen	(müsset essen)
sie müssen essen	müßten essen	müssen essen
Past	*Past Time*	*Past Time*
ich mußte essen	hätte essen müssen	(habe essen müssen)
du mußtest essen	hättest essen müssen	(habest essen müssen)
er mußte essen	hätte essen müssen	habe essen müssen
wir mußten essen	hätten essen müssen	(haben essen müssen)
ihr mußtet essen	hättet essen müssen	(habet essen müssen)
sie mußten essen	hätten essen müssen	(haben essen müssen)

Perfect
ich habe essen müssen
du hast essen müssen
er hat essen müssen
wir haben essen müssen
ihr habt essen müssen
sie haben essen müssen

Pluperfect
ich hatte essen müssen
du hattest essen müssen
er hatte essen müssen
wir hatten essen müssen
ihr hattet essen müssen
sie hatten essen müssen

Future	*Future Time*	*Future Time*
ich werde essen müssen	würde essen müssen	(werde essen müssen)
du wirst essen müssen	würdest essen müssen	(werdest essen müssen)
er wird essen müssen	würde essen müssen	werde essen müssen
wir werden essen müssen	würden essen müssen	(werden essen müssen)
ihr werdet essen müssen	würdet essen müssen	(werdet essen müssen)
sie werden essen müssen	würden essen müssen	(werden essen müssen)

Future Perfect	*Future Perfect Time*	*Future Perfect Time*
ich werde haben essen müssen	würde haben essen müssen	(werde haben essen müssen)
du wirst haben essen müssen	würdest haben essen müssen	(werdest haben essen müssen)
er wird haben essen müssen	würde haben essen müssen	(werde haben essen müssen)
wir werden haben essen müssen	würden haben essen müssen	(werden haben essen müssen)
ihr werdet haben essen müssen	würdet haben essen müssen	(werdet haben essen müssen)
sie werden haben essen müssen	würden haben essen müssen	(werden haben essen müssen)

* When the dependent infinitive is not expressed but understood, the past participle is *gemußt*.

7

sollen

sollen (+ infinitive): to be supposed to

Princ. Parts: sollen (+ inf.), sollte (+ inf.), hat...(+ inf.) sollen*

INDICATIVE	SUBJUNCTIVE (II)	INDIR. DISC. SUBJ. (I)
Present	*Present Time*	*Present Time*
ich soll warten	sollte warten	solle warten
du sollst warten	solltest warten	(sollest warten)
er soll warten	sollte warten	solle warten
wir sollen warten	sollten warten	sollen warten
ihr sollt warten	solltet warten	(sollet warten)
sie sollen warten	sollten warten	sollen warten
Past	*Past Time*	*Past Time*
ich sollte warten	hätte warten sollen	(habe warten sollen)
du solltest warten	hättest warten sollen	(habest warten sollen)
er sollte warten	hätte warten sollen	habe warten sollen
wir sollten warten	hätten warten sollen	(haben warten sollen)
ihr solltet warten	hättet warten sollen	(habet warten sollen)
sie sollten warten	hätten warten sollen	(haben warten sollen)

Perfect
ich habe warten sollen
du hast warten sollen
er hat warten sollen
wir haben warten sollen
ihr habt warten sollen
sie haben warten sollen

Pluperfect
ich hatte warten sollen
du hattest warten sollen
er hatte warten sollen
wir hatten warten sollen
ihr hattet warten sollen
sie hatten warten sollen

Future	*Future Time*	*Future Time*
ich werde warten sollen	würde warten sollen	(werde warten sollen)
du wirst warten sollen	würdest warten sollen	(werdest warten sollen)
er wird warten sollen	würde warten sollen	werde warten sollen
wir werden warten sollen	würden warten sollen	(werden warten sollen)
ihr werdet warten sollen	würdet warten sollen	(werdet warten sollen)
sie werden warten sollen	würden warten sollen	(werden warten sollen)
Future Perfect	*Future Perfect Time*	*Future Perfect Time*
ich werde haben warten sollen	würde haben warten sollen	(werde haben warten sollen)
du wirst haben warten sollen	würdest haben warten sollen	(werdest haben warten sollen)
er wird haben warten sollen	würde haben warten sollen	werde haben warten sollen
wir werden haben warten sollen	würden haben warten sollen	(werden haben warten sollen)
ihr werdet haben warten sollen	würdet haben warten sollen	(werdet haben warten sollen)
sie werden haben warten sollen	würden haben warten sollen	(werden haben warten sollen)

*When the dependent infinitive is not expressed but understood, the past participle is *gesollt.*

8

wollen (+ infinitive): to want to

Princ. Parts: wollen (+ inf.), wollte (+ inf.), hat...(+ inf.) wollen*

INDICATIVE	SUBJUNCTIVE (II)	INDIR. DISC. SUBJ. (I)
Present	*Present Time*	*Present Time*
ich will kaufen	wollte kaufen	wolle kaufen
du willst kaufen	wolltest kaufen	(wollest kaufen)
er will kaufen	wollte kaufen	wolle kaufen
wir wollen kaufen	wollten kaufen	wollen kaufen
ihr wollt kaufen	wolltet kaufen	(wollet kaufen)
sie wollen kaufen	wollten kaufen	wollen kaufen
Past	*Past Time*	*Past Time*
ich wollte kaufen	hätte kaufen wollen	(habe kaufen wollen)
du wolltest kaufen	hättest kaufen wollen	(habest kaufen wollen)
er wollte kaufen	hätte kaufen wollen	habe kaufen wollen
wir wollten kaufen	hätten kaufen wollen	(haben kaufen wollen)
ihr wolltet kaufen	hättet kaufen wollen	(habet kaufen wollen)
sie wollten kaufen	hätten kaufen wollen	(haben kaufen wollen)

Perfect
ich habe kaufen wollen
du hast kaufen wollen
er hat kaufen wollen
wir haben kaufen wollen
ihr habt kaufen wollen
sie haben kaufen wollen

Pluperfect
ich hatte kaufen wollen
du hattest kaufen wollen
er hatte kaufen wollen
wir hatten kaufen wollen
ihr hattet kaufen wollen
sie hatten kaufen wollen

Future	*Future Time*	*Future Time*
ich werde kaufen wollen	würde kaufen wollen	(werde kaufen wollen)
du wirst kaufen wollen	würdest kaufen wollen	(werdest kaufen wollen)
er wird kaufen wollen	würde kaufen wollen	werde kaufen wollen
wir werden kaufen wollen	würden kaufen wollen	(werden kaufen wollen)
ihr werdet kaufen wollen	würdet kaufen wollen	(werdet kaufen wollen)
sie werden kaufen wollen	würden kaufen wollen	(werden kaufen wollen)
Future Perfect	*Future Perfect Time*	*Future Perfect Time*
ich werde haben kaufen wollen	würde haben kaufen wollen	(werde haben kaufen wollen)
du wirst haben kaufen wollen	würdest haben kaufen wollen	(werdest haben kaufen wollen)
er wird haben kaufen wollen	würde haben kaufen wollen	werde haben kaufen wollen
wir werden haben kaufen wollen	würden haben kaufen wollen	(werden haben kaufen wollen)
ihr werdet haben kaufen wollen	würdet haben kaufen wollen	(werdet haben kaufen wollen)
sie werden haben kaufen wollen	würden haben kaufen wollen	(werden haben kaufen wollen)

*When the dependent infinitive is not expressed but understood, the past participle is *gewollt*.

achten

achten: to pay attention to; to respect

Princ. Parts: achten, achtete, geachtet
Imperative: achte!, achtet!, achten Sie!

INDICATIVE	SUBJUNCTIVE (II)	INDIR. DISC. SUBJ. (I)
Present	*Present Time*	*Present Time*
ich achte	achtete	achte
du achtest	achtetest	achtest
er achtet	achtete	achte
wir achten	achteten	achten
ihr achtet	achtetet	achtet
sie achten	achteten	achten
Past	*Past Time*	*Past Time*
ich achtete	hätte geachtet	habe geachtet
du achtetest	hättest geachtet	habest geachtet
er achtete	hätte geachtet	habe geachtet
wir achteten	hätten geachtet	haben geachtet
ihr achtetet	hättet geachtet	habet geachtet
sie achteten	hätten geachtet	haben geachtet

Perfect
ich habe geachtet
du hast geachtet
er hat geachtet
wir haben geachtet
ihr habt geachtet
sie haben geachtet

Pluperfect
ich hatte geachtet
du hattest geachtet
er hatte geachtet
wir hatten geachtet
ihr hattet geachtet
sie hatten geachtet

Future	*Future Time*	*Future Time*
ich werde achten	würde achten	werde achten
du wirst achten	würdest achten	werdest achten
er wird achten	würde achten	werde achten
wir werden achten	würden achten	werden achten
ihr werdet achten	würdet achten	werdet achten
sie werden achten	würden achten	werden achten
Future Perfect	*Future Perfect Time*	*Future Perfect Time*
ich werde geachtet haben	würde geachtet haben	werde geachtet haben
du wirst geachtet haben	würdest geachtet haben	werdest geachtet haben
er wird geachtet haben	würde geachtet haben	werde geachtet haben
wir werden geachtet haben	würden geachtet haben	werden geachtet haben
ihr werdet geachtet haben	würdet geachtet haben	werdet geachtet haben
sie werden geachtet haben	würden geachtet haben	werden geachtet haben

Inseparable
beachten, beachtete, beachtet
begutachten, begutachtete, begutachtet
mißachten, mißachtete, mißachtet
verachten, verachtete, verachtet

10

ändern: to change, alter

Princ. Parts: ändern, änderte, geändert
Imperative: änd(e)re!, ändert!, ändern Sie!

INDICATIVE	SUBJUNCTIVE (II)	INDIR. DISC. SUBJ. (I)
Present	Present Time	Present Time
ich ändere*	änderte	ändere*
du änderst	ändertest	änderst
er ändert	änderte	ändere*
wir ändern	änderten	ändern
ihr ändert	ändertet	ändert
sie ändern	änderten	ändern
Past	Past Time	Past Time
ich änderte	hätte geändert	habe geändert
du ändertest	hättest geändert	habest geändert
er änderte	hätte geändert	habe geändert
wir änderten	hätten geändert	haben geändert
ihr ändertet	hättet geändert	habet geändert
sie änderten	hätten geändert	haben geändert

Perfect
ich habe geändert
du hast geändert
er hat geändert
wir haben geändert
ihr habt geändert
sie haben geändert

Pluperfect
ich hatte geändert
du hattest geändert
er hatte geändert
wir hatten geändert
ihr hattet geändert
sie hatten geändert

Future	Future Time	Future Time
ich werde ändern	würde ändern	werde ändern
du wirst ändern	würdest ändern	werdest ändern
er wird ändern	würde ändern	werde ändern
wir werden ändern	würden ändern	werden ändern
ihr werdet ändern	würdet ändern	werdet ändern
sie werden ändern	würden ändern	werden ändern
Future Perfect	Future Perfect Time	Future Perfect Time
ich werde geändert haben	würde geändert haben	werde geändert haben
du wirst geändert haben	würdest geändert haben	werdest geändert haben
er wird geändert haben	würde geändert haben	werde geändert haben
wir werden geändert haben	würden geändert haben	werden geändert haben
ihr werdet geändert haben	würdet geändert haben	werdet geändert haben
sie werden geändert haben	würden geändert haben	werden geändert haben

* *Ich ändre*, etc., is also possible, though less common.

Separable	Inseparable
abändern, änderte...ab, abgeändert	verändern, veränderte, verändert
umändern, änderte...um, umgeändert	

antworten

antworten: to answer

INDICATIVE	SUBJUNCTIVE (II)	INDIR. DISC. SUBJ. (I)
Present	*Present Time*	*Present Time*
ich antworte	antwortete	antworte
du antwortest	antwortetest	antwortest
er antwortet	antwortete	antworte
wir antworten	antworteten	antworten
ihr antwortet	antwortetet	antwortet
sie antworten	antworteten	antworten
Past	*Past Time*	*Past Time*
ich antwortete	hätte geantwortet	habe geantwortet
du antwortetest	hättest geantwortet	habest geantwortet
er antwortete	hätte geantwortet	habe geantwortet
wir antworteten	hätten geantwortet	haben geantwortet
ihr antwortetet	hättet geantwortet	habet geantwortet
sie antworteten	hätten geantwortet	haben geantwortet

Perfect
ich habe geantwortet
du hast geantwortet
er hat geantwortet
wir haben geantwortet
ihr habt geantwortet
sie haben geantwortet

Pluperfect
ich hatte geantwortet
du hattest geantwortet
er hatte geantwortet
wir hatten geantwortet
ihr hattet geantwortet
sie hatten geantwortet

Future	*Future Time*	*Future Time*
ich werde antworten	würde antworten	werde antworten
du wirst antworten	würdest antworten	werdest antworten
er wird antworten	würde antworten	werde antworten
wir werden antworten	würden antworten	werden antworten
ihr werdet antworten	würdet antworten	werdet antworten
sie werden antworten	würden antworten	werden antworten
Future Perfect	*Future Perfect Time*	*Future Perfect Time*
ich werde geantwortet haben	würde geantwortet haben	werde geantwortet haben
du wirst geantwortet haben	würdest geantwortet haben	werdest geantwortet haben
er wird geantwortet haben	würde geantwortet haben	werde geantwortet haben
wir werden geantwortet haben	würden geantwortet haben	werden geantwortet haben
ihr werdet geantwortet haben	würdet geantwortet haben	werdet geantwortet haben
sie werden geantwortet haben	würden geantwortet haben	werden geantwortet haben

Inseparable
beantworten, beantwortete, beantwortet
verantworten, verantwortete, verantwortet

arbeiten

arbeiten: to work

Princ. Parts: arbeiten, arbeitete, gearbeitet
Imperative: arbeite!, arbeitet!, arbeiten Sie!

INDICATIVE	SUBJUNCTIVE (II)	INDIR. DISC. SUBJ. (I)
Present	*Present Time*	*Present Time*
ich arbeite	arbeitete	arbeite
du arbeitest	arbeitetest	arbeitest
er arbeitet	arbeitete	arbeite
wir arbeiten	arbeiteten	arbeiten
ihr arbeitet	arbeitetet	arbeitet
sie arbeiten	arbeiteten	arbeiten
Past	*Past Time*	*Past Time*
ich arbeitete	hätte gearbeitet	habe gearbeitet
du arbeitetest	hättest gearbeitet	habest gearbeitet
er arbeitete	hätte gearbeitet	habe gearbeitet
wir arbeiteten	hätten gearbeitet	haben gearbeitet
ihr arbeitetet	hättet gearbeitet	habet gearbeitet
sie arbeiteten	hätten gearbeitet	haben gearbeitet

Perfect
ich habe gearbeitet
du hast gearbeitet
er hat gearbeitet
wir haben gearbeitet
ihr habt gearbeitet
sie haben gearbeitet

Pluperfect
ich hatte gearbeitet
du hattest gearbeitet
er hatte gearbeitet
wir hatten gearbeitet
ihr hattet gearbeitet
sie hatten gearbeitet

Future	*Future Time*	*Future Time*
ich werde arbeiten	würde arbeiten	werde arbeiten
du wirst arbeiten	würdest arbeiten	werdest arbeiten
er wird arbeiten	würde arbeiten	werde arbeiten
wir werden arbeiten	würden arbeiten	werden arbeiten
ihr werdet arbeiten	würdet arbeiten	werdet arbeiten
sie werden arbeiten	würden arbeiten	werden arbeiten
Future Perfect	*Future Perfect Time*	*Future Perfect Time*
ich werde gearbeitet haben	würde gearbeitet haben	werde gearbeitet haben
du wirst gearbeitet haben	würdest gearbeitet haben	werdest gearbeitet haben
er wird gearbeitet haben	würde gearbeitet haben	werde gearbeitet haben
wir werden gearbeitet haben	würden gearbeitet haben	werden gearbeitet haben
ihr werdet gearbeitet haben	würdet gearbeitet haben	werdet gearbeitet haben
sie werden gearbeitet haben	würden gearbeitet haben	werden gearbeitet haben

Separable
aufarbeiten, arbeitete...auf, aufgearbeitet
ausarbeiten, arbeitete...aus, ausgearbeitet
einarbeiten, arbeitete...ein, eingearbeitet
mitarbeiten, arbeitete...mit, mitgearbeitet
zusammenarbeiten, arbeitete...zusammen,
  zusammengearbeitet

Inseparable
bearbeiten, bearbeitete, bearbeitet
erarbeiten, erarbeitete, erarbeitet
verarbeiten, verarbeitete, verarbeitet

bauen

bauen: to build

Princ. Parts: bauen, baute, gebaut
Imperative: bau(e)!, baut!, bauen Sie!

INDICATIVE	SUBJUNCTIVE (II)	INDIR. DISC. SUBJ. (I)
Present	*Present Time*	*Present Time*
ich baue	baute	baue
du baust	bautest	bauest
er baut	baute	baue
wir bauen	bauten	bauen
ihr baut	bautet	bauet
sie bauen	bauten	bauen
Past	*Past Time*	*Past Time*
ich baute	hätte gebaut	habe gebaut
du bautest	hättest gebaut	habest gebaut
er baute	hätte gebaut	habe gebaut
wir bauten	hätten gebaut	haben gebaut
ihr bautet	hättet gebaut	habet gebaut
sie bauten	hätten gebaut	haben gebaut

Perfect
ich habe gebaut
du hast gebaut
er hat gebaut
wir haben gebaut
ihr habt gebaut
sie haben gebaut

Pluperfect
ich hatte gebaut
du hattest gebaut
er hatte gebaut
wir hatten gebaut
ihr hattet gebaut
sie hatten gebaut

Future	*Future Time*	*Future Time*
ich werde bauen	würde bauen	werde bauen
du wirst bauen	würdest bauen	werdest bauen
er wird bauen	würde bauen	werde bauen
wir werden bauen	würden bauen	werden bauen
ihr werdet bauen	würdet bauen	werdet bauen
sie werden bauen	würden bauen	werden bauen
Future Perfect	*Future Perfect Time*	*Future Perfect Time*
ich werde gebaut haben	würde gebaut haben	werde gebaut haben
du wirst gebaut haben	würdest gebaut haben	werdest gebaut haben
er wird gebaut haben	würde gebaut haben	werde gebaut haben
wir werden gebaut haben	würden gebaut haben	werden gebaut haben
ihr werdet gebaut haben	würdet gebaut haben	werdet gebaut haben
sie werden gebaut haben	würden gebaut haben	werden gebaut haben

Separable
abbauen, baute...ab, abgebaut
anbauen, baute...an, angebaut
aufbauen, baute...auf, aufgebaut
ausbauen, baute...aus, ausgebaut
einbauen, baute...ein, eingebaut
umbauen, baute...um, umgebaut
wiederaufbauen, baute...wiederauf, wieder-
  aufgebaut

Inseparable
erbauen, erbaute, erbaut
umbauen, umbaute, umbaut
verbauen, verbaute, verbaut

beginnen: to begin

INDICATIVE	SUBJUNCTIVE (II)		INDIR. DISC. SUBJ. (I)
Present	*Present Time*		*Present Time*
ich beginne	begänne	begönne	beginne
du beginnst	begännest	begönnest	beginnest
er beginnt	begänne	begönne	beginne
wir beginnen	begännen *or*	begönnen	beginnen
ihr beginnt	begännet	begönnet	beginnet
sie beginnen	begännen	begönnen	beginnen
Past	*Past Time*		*Past Time*
ich begann	hätte begonnen		habe begonnen
du begannst	hättest begonnen		habest begonnen
er begann	hätte begonnen		habe begonnen
wir begannen	hätten begonnen		haben begonnen
ihr begannt	hättet begonnen		habet begonnen
sie begannen	hätten begonnen		haben begonnen

Perfect
ich habe begonnen
du hast begonnen
er hat begonnen
wir haben begonnen
ihr habt begonnen
sie haben begonnen

Pluperfect
ich hatte begonnen
du hattest begonnen
er hatte begonnen
wir hatten begonnen
ihr hattet begonnen
sie hatten begonnen

Future	*Future Time*	*Future Time*
ich werde beginnen	würde beginnen	werde beginnen
du wirst beginnen	würdest beginnen	werdest beginnen
er wird beginnen	würde beginnen	werde beginnen
wir werden beginnen	würden beginnen	werden beginnen
ihr werdet beginnen	würdet beginnen	werdet beginnen
sie werden beginnen	würden beginnen	werden beginnen

Future Perfect	*Future Perfect Time*	*Future Perfect Time*
ich werde begonnen haben	würde begonnen haben	werde begonnen haben
du wirst begonnen haben	würdest begonnen haben	werdest begonnen haben
er wird begonnen haben	würde begonnen haben	werde begonnen haben
wir werden begonnen haben	würden begonnen haben	werden begonnen haben
ihr werdet begonnen haben	würdet begonnen haben	werdet begonnen haben
sie werden begonnen haben	würden begonnen haben	werden begonnen haben

15

begleiten

begleiten: to accompany; escort

Princ. Parts: begleiten, begleitete, begleitet
Imperative: begleite!, begleitet!, begleiten Sie!

INDICATIVE	SUBJUNCTIVE (II)	INDIR. DISC. SUBJ. (I)
Present	*Present Time*	*Present Time*
ich begleite	begleitete	begleite
du begleitest	begleitetest	begleitest
er begleitet	begleitete	begleite
wir begleiten	begleiteten	begleiten
ihr begleitet	begleitetet	begleitet
sie begleiten	begleiteten	begleiten
Past	*Past Time*	*Past Time*
ich begleitete	hätte begleitet	habe begleitet
du begleitetest	hättest begleitet	habest begleitet
er begleitete	hätte begleitet	habe begleitet
wir begleiteten	hätten begleitet	haben begleitet
ihr begleitetet	hättet begleitet	habet begleitet
sie begleiteten	hätten begleitet	haben begleitet

Perfect
ich habe begleitet
du hast begleitet
er hat begleitet
wir haben begleitet
ihr habt begleitet
sie haben begleitet

Pluperfect
ich hatte begleitet
du hattest begleitet
er hatte begleitet
wir hatten begleitet
ihr hattet begleitet
sie hatten begleitet

Future	*Future Time*	*Future Time*
ich werde begleiten	würde begleiten	werde begleiten
du wirst begleiten	würdest begleiten	werdest begleiten
er wird begleiten	würde begleiten	werde begleiten
wir werden begleiten	würden begleiten	werden begleiten
ihr werdet begleiten	würdet begleiten	werdet begleiten
sie werden begleiten	würden begleiten	werden begleiten
Future Perfect	*Future Perfect Time*	*Future Perfect Time*
ich werde begleitet haben	würde begleitet haben	werde begleitet haben
du wirst begleitet haben	würdest begleitet haben	werdest begleitet haben
er wird begleitet haben	würde begleitet haben	werde begleitet haben
wir werden begleitet haben	würden begleitet haben	werden begleitet haben
ihr werdet begleitet haben	würdet begleitet haben	werdet begleitet haben
sie werden begleitet haben	würden begleitet haben	werden begleitet haben

behaupten: to maintain, claim

Princ. Parts: behaupten, behauptete, behauptet
Imperative: behaupte!, behauptet!, behaupten Sie!

INDICATIVE	SUBJUNCTIVE (II)	INDIR. DISC. SUBJ. (I)
Present	*Present Time*	*Present Time*
ich behaupte	behauptete	behaupte
du behauptest	behauptetest	behauptest
er behauptet	behauptete	behaupte
wir behaupten	behaupteten	behaupten
ihr behauptet	behauptetet	behauptet
sie behaupten	behaupteten	behaupten
Past	*Past Time*	*Past Time*
ich behauptete	hätte behauptet	habe behauptet
du behauptetest	hättest behauptet	habest behauptet
er behauptete	hätte behauptet	habe behauptet
wir behaupteten	hätten behauptet	haben behauptet
ihr behauptetet	hättet behauptet	habet behauptet
sie behaupteten	hätten behauptet	haben behauptet

Perfect
ich habe behauptet
du hast behauptet
er hat behauptet
wir haben behauptet
ihr habt behauptet
sie haben behauptet

Pluperfect
ich hatte behauptet
du hattest behauptet
er hatte behauptet
wir hatten behauptet
ihr hattet behauptet
sie hatten behauptet

Future	*Future Time*	*Future Time*
ich werde behaupten	würde behaupten	werde behaupten
du wirst behaupten	würdest behaupten	werdest behaupten
er wird behaupten	würde behaupten	werde behaupten
wir werden behaupten	würden behaupten	werden behaupten
ihr werdet behaupten	würdet behaupten	werdet behaupten
sie werden behaupten	würden behaupten	werden behaupten
Future Perfect	*Future Perfect Time*	*Future Perfect Time*
ich werde behauptet haben	würde behauptet haben	werde behauptet haben
du wirst behauptet haben	würdest behauptet haben	werdest behauptet haben
er wird behauptet haben	würde behauptet haben	werde behauptet haben
wir werden behauptet haben	würden behauptet haben	werden behauptet haben
ihr werdet behauptet haben	würdet behauptet haben	werdet behauptet haben
sie werden behauptet haben	würden behauptet haben	werden behauptet haben

bekommen

bekommen: to get, receive

Princ. Parts: bekommen, bekam, bekommen
Imperative: bekomme!, bekommt!, bekommen Sie!

INDICATIVE	SUBJUNCTIVE (II)	INDIR. DISC. SUBJ. (I)
Present	*Present Time*	*Present Time*
ich bekomme	bekäme	bekomme
du bekommst	bekämest	bekommest
er bekommt	bekäme	bekomme
wir bekommen	bekämen	bekommen
ihr bekommt	bekämet	bekommet
sie bekommen	bekämen	bekommen
Past	*Past Time*	*Past Time*
ich bekam	hätte bekommen	habe bekommen
du bekamst	hättest bekommen	habest bekommen
er bekam	hätte bekommen	habe bekommen
wir bekamen	hätten bekommen	haben bekommen
ihr bekamt	hättet bekommen	habet bekommen
sie bekamen	hätten bekommen	haben bekommen

Perfect
ich habe bekommen
du hast bekommen
er hat bekommen
wir haben bekommen
ihr habt bekommen
sie haben bekommen

Pluperfect
ich hatte bekommen
du hattest bekommen
er hatte bekommen
wir hatten bekommen
ihr hattet bekommen
sie hatten bekommen

Future	*Future Time*	*Future Time*
ich werde bekommen	würde bekommen	werde bekommen
du wirst bekommen	würdest bekommen	werdest bekommen
er wird bekommen	würde bekommen	werde bekommen
wir werden bekommen	würden bekommen	werden bekommen
ihr werdet bekommen	würdet bekommen	werdet bekommen
sie werden bekommen	würden bekommen	werden bekommen
Future Perfect	*Future Perfect Time*	*Future Perfect Time*
ich werde bekommen haben	würde bekommen haben	werde bekommen haben
du wirst bekommen haben	würdest bekommen haben	werdest bekommen haben
er wird bekommen haben	würde bekommen haben	werde bekommen haben
wir werden bekommen haben	würden bekommen haben	werden bekommen haben
ihr werdet bekommen haben	würdet bekommen haben	werdet bekommen haben
sie werden bekommen haben	würden bekommen haben	werden bekommen haben

Separable
herausbekommen, bekam...heraus, herausbekommen
mitbekommen, bekam...mit, mitbekommen
wiederbekommen, bekam...wieder, wiederbekommen
zurückbekommen, bekam...zurück, zurückbekommen

18

sich bemühen: to take pains; endeavor; exert oneself	Princ. Parts: bemühen, bemühte, bemüht Imperative: bemüh(e) dich!, bemüht euch! bemühen Sie sich!	

INDICATIVE	SUBJUNCTIVE (II)	INDIR. DISC. SUBJ. (I)
Present	*Present Time*	*Present Time*
ich bemühe mich	bemühte mich	bemühe mich
du bemühst dich	bemühtest dich	bemühest dich
er bemüht sich	bemühte sich	bemühe sich
wir bemühen uns	bemühten uns	bemühen uns
ihr bemüht euch	bemühtet euch	bemühet euch
sie bemühen sich	bemühten sich	bemühen sich
Past	*Past Time*	*Past Time*
ich bemühte mich	hätte mich bemüht	habe mich bemüht
du bemühtest dich	hättest dich bemüht	habest dich bemüht
er bemühte sich	hätte sich bemüht	habe sich bemüht
wir bemühten uns	hätten uns bemüht	haben uns bemüht
ihr bemühtet euch	hättet euch bemüht	habet euch bemüht
sie bemühten sich	hätten sich bemüht	haben sich bemüht

Perfect
ich habe mich bemüht
du hast dich bemüht
er hat sich bemüht
wir haben uns bemüht
ihr habt euch bemüht
sie haben sich bemüht

Pluperfect
ich hatte mich bemüht
du hattest dich bemüht
er hatte sich bemüht
wir hatten uns bemüht
ihr hattet euch bemüht
sie hatten sich bemüht

Future	*Future Time*	*Future Time*
ich werde mich bemühen	würde mich bemühen	werde mich bemühen
du wirst dich bemühen	würdest dich bemühen	werdest dich bemühen
er wird sich bemühen	würde sich bemühen	werde sich bemühen
wir werden uns bemühen	würden uns bemühen	werden uns bemühen
ihr werdet euch bemühen	würdet euch bemühen	werdet euch bemühen
sie werden sich bemühen	würden sich bemühen	werden sich bemühen
Future Perfect	*Future Perfect Time*	*Future Perfect Time*
ich werde mich bemüht haben	würde mich bemüht haben	werde mich bemüht haben
du wirst dich bemüht haben	würdest dich bemüht haben	werdest dich bemüht haben
er wird sich bemüht haben	würde sich bemüht haben	werde sich bemüht haben
wir werden uns bemüht haben	würden uns bemüht haben	werden uns bemüht haben
ihr werdet euch bemüht haben	würdet euch bemüht haben	werdet euch bemüht haben
sie werden sich bemüht haben	würden sich bemüht haben	werden sich bemüht haben

beobachten

beobachten: to watch, observe

Princ. Parts: beobachten, beobachtete, beobachtet
Imperative: beobachte!, beobachtet!, beobachten Sie!

INDICATIVE	SUBJUNCTIVE (II)	INDIR. DISC. SUBJ. (I)
Present	*Present Time*	*Present Time*
ich beobachte	beobachtete	beobachte
du beobachtest	beobachtetest	beobachtest
er beobachtet	beobachtete	beobachte
wir beobachten	beobachteten	beobachten
ihr beobachtet	beobachtetet	beobachtet
sie beobachten	beobachteten	beobachten
Past	*Past Time*	*Past Time*
ich beobachtete	hätte beobachtet	habe beobachtet
du beobachtetest	hättest beobachtet	habest beobachtet
er beobachtete	hätte beobachtet	habe beobachtet
wir beobachteten	hätten beobachtet	haben beobachtet
ihr beobachtetet	hättet beobachtet	habet beobachtet
sie beobachteten	hätten beobachtet	haben beobachtet

Perfect
ich habe beobachtet
du hast beobachtet
er hat beobachtet
wir haben beobachtet
ihr habt beobachtet
sie haben beobachtet

Pluperfect
ich hatte beobachtet
du hattest beobachtet
er hatte beobachtet
wir hatten beobachtet
ihr hattet beobachtet
sie hatten beobachtet

Future	*Future Time*	*Future Time*
ich werde beobachten	würde beobachten	werde beobachten
du wirst beobachten	würdest beobachten	werdest beobachten
er wird beobachten	würde beobachten	werde beobachten
wir werden beobachten	würden beobachten	werden beobachten
ihr werdet beobachten	würdet beobachten	werdet beobachten
sie werden beobachten	würden beobachten	werden beobachten
Future Perfect	*Future Perfect Time*	*Future Perfect Time*
ich werde beobachtet haben	würde beobachtet haben	werde beobachtet haben
du wirst beobachtet haben	würdest beobachtet haben	werdest beobachtet haben
er wird beobachtet haben	würde beobachtet haben	werde beobachtet haben
wir werden beobachtet haben	würden beobachtet haben	werden beobachtet haben
ihr werdet beobachtet haben	würdet beobachtet haben	werdet beobachtet haben
sie werden beobachtet haben	würden beobachtet haben	werden beobachtet haben

bereiten: to prepare, make ready

Princ. Parts: bereiten, bereitete, bereitet
Imperative: bereite!, bereitet!, bereiten Sie!

INDICATIVE	SUBJUNCTIVE (II)	INDIR. DISC. SUBJ. (I)
Present	*Present Time*	*Present Time*
ich bereite	bereitete	bereite
du bereitest	bereitetest	bereitest
er bereitet	bereitete	bereite
wir bereiten	bereiteten	bereiten
ihr bereitet	bereitetet	bereitet
sie bereiten	bereiteten	bereiten
Past	*Past Time*	*Past Time*
ich bereitete	hätte bereitet	habe bereitet
du bereitetest	hättest bereitet	habest bereitet
er bereitete	hätte bereitet	habe bereitet
wir bereiteten	hätten bereitet	haben bereitet
ihr bereitetet	hättet bereitet	habet bereitet
sie bereiteten	hätten bereitet	haben bereitet

Perfect
ich habe bereitet
du hast bereitet
er hat bereitet
wir haben bereitet
ihr habt bereitet
sie haben bereitet

Pluperfect
ich hatte bereitet
du hattest bereitet
er hatte bereitet
wir hatten bereitet
ihr hattet bereitet
sie hatten bereitet

Future	*Future Time*	*Future Time*
ich werde bereiten	würde bereiten	werde bereiten
du wirst bereiten	würdest bereiten	werdest bereiten
er wird bereiten	würde bereiten	werde bereiten
wir werden bereiten	würden bereiten	werden bereiten
ihr werdet bereiten	würdet bereiten	werdet bereiten
sie werden bereiten	würden bereiten	werden bereiten
Future Perfect	*Future Perfect Time*	*Future Perfect Time*
ich werde bereitet haben	würde bereitet haben	werde bereitet haben
du wirst bereitet haben	würdest bereitet haben	werdest bereitet haben
er wird bereitet haben	würde bereitet haben	werde bereitet haben
wir werden bereitet haben	würden bereitet haben	werden bereitet haben
ihr werdet bereitet haben	würdet bereitet haben	werdet bereitet haben
sie werden bereitet haben	würden bereitet haben	werden bereitet haben

Separable
vorbereiten, bereitete...vor, vorbereitet
zubereiten, bereitete...zu, zubereitet

berücksichtigen

berücksichtigen: to consider, take into consideration

Princ. Parts: berücksichtigen, berücksichtigte, berücksichtigt
Imperative: berücksichtig(e)!. berücksichtigt!, berücksichtigen Sie!

INDICATIVE	SUBJUNCTIVE (II)	INDIR. DISC. SUBJ. (I)
Present	*Present Time*	*Present Time*
ich berücksichtige	berücksichtigte	berücksichtige
du berücksichtigst	berücksichtigtest	berücksichtigest
er berücksichtigt	berücksichtigte	berücksichtige
wir berücksichtigen	berücksichtigten	berücksichtigen
ihr berücksichtigt	berücksichtigtet	berücksichtiget
sie berücksichtigen	berücksichtigten	berücksichtigen
Past	*Past Time*	*Past Time*
ich berücksichtigte	hätte berücksichtigt	habe berücksichtigt
du berücksichtigtest	hättest berücksichtigt	habest berücksichtigt
er berücksichtigte	hätte berücksichtigt	habe berücksichtigt
wir berücksichtigten	hätten berücksichtigt	haben berücksichtigt
ihr berücksichtigtet	hättet berücksichtigt	habet berücksichtigt
sie berücksichtigten	hätten berücksichtigt	haben berücksichtigt

Perfect
ich habe berücksichtigt
du hast berücksichtigt
er hat berücksichtigt
wir haben berücksichtigt
ihr habt berücksichtigt
sie haben berücksichtigt

Pluperfect
ich hatte berücksichtigt
du hattest berücksichtigt
er hatte berücksichtigt
wir hatten berücksichtigt
ihr hattet berücksichtigt
sie hatten berücksichtigt

Future	*Future Time*	*Future Time*
ich werde berücksichtigen	würde berücksichtigen	werde berücksichtigen
du wirst berücksichtigen	würdest berücksichtigen	werdest berücksichtigen
er wird berücksichtigen	würde berücksichtigen	werde berücksichtigen
wir werden berücksichtigen	würden berücksichtigen	werden berücksichtigen
ihr werdet berücksichtigen	würdet berücksichtigen	werdet berücksichtigen
sie werden berücksichtigen	würden berücksichtigen	werden berücksichtigen
Future Perfect	*Future Perfect Time*	*Future Perfect Time*
ich werde berücksichtigt haben	würde berücksichtigt haben	werde berücksichtigt haben
du wirst berücksichtigt haben	würdest berücksichtigt haben	werdest berücksichtigt haben
er wird berücksichtigt haben	würde berücksichtigt haben	werde berücksichtigt haben
wir werden berücksichtigt haben	würden berücksichtigt haben	werden berücksichtigt haben
ihr werdet berücksichtigt haben	würdet berücksichtigt haben	werdet berücksichtigt haben
sie werden berücksichtigt haben	würden berücksichtigt haben	werden berücksichtigt haben

Other similarly conjugated verbs:
beabsichtigen, beabsichtigte, beabsichtigt
besichtigen, besichtigte, besichtigt

22

beschäftigen: to employ; keep busy

Princ. Parts: beschäftigen, beschäftigte, beschäftigt
Imperative: beschäftig(e)!, beschäftigt!,
beschäftigen Sie!

INDICATIVE	SUBJUNCTIVE (II)	INDIR. DISC. SUBJ. (I)
Present	*Present Time*	*Present Time*
ich beschäftige	beschäftigte	beschäftige
du beschäftigst	beschäftigtest	beschäftigest
er beschäftigt	beschäftigte	beschäftige
wir beschäftigen	beschäftigten	beschäftigen
ihr beschäftigt	beschäftigtet	beschäftiget
sie beschäftigen	beschäftigten	beschäftigen
Past	*Past Time*	*Past Time*
ich beschäftigte	hätte beschäftigt	habe beschäftigt
du beschäftigtest	hättest beschäftigt	habest beschäftigt
er beschäftigte	hätte beschäftigt	habe beschäftigt
wir beschäftigten	hätten beschäftigt	haben beschäftigt
ihr beschäftigtet	hättet beschäftigt	habet beschäftigt
sie beschäftigten	hätten beschäftigt	haben beschäftigt

Perfect
ich habe beschäftigt
du hast beschäftigt
er hat beschäftigt
wir haben beschäftigt
ihr habt beschäftigt
sie haben beschäftigt

Pluperfect
ich hatte beschäftigt
du hattest beschäftigt
er hatte beschäftigt
wir hatten beschäftigt
ihr hattet beschäftigt
sie hatten beschäftigt

Future	*Future Time*	*Future Time*
ich werde beschäftigen	würde beschäftigen	werde beschäftigen
du wirst beschäftigen	würdest beschäftigen	werdest beschäftigen
er wird beschäftigen	würde beschäftigen	werde beschäftigen
wir werden beschäftigen	würden beschäftigen	werden beschäftigen
ihr werdet beschäftigen	würdet beschäftigen	werdet beschäftigen
sie werden beschäftigen	würden beschäftigen	werden beschäftigen

Future Perfect	*Future Perfect Time*	*Future Perfect Time*
ich werde beschäftigt haben	würde beschäftigt haben	werde beschäftigt haben
du wirst beschäftigt haben	würdest beschäftigt haben	werdest beschäftigt haben
er wird beschäftigt haben	würde beschäftigt haben	werde beschäftigt haben
wir werden beschäftigt haben	würden beschäftigt haben	werden beschäftigt haben
ihr werdet beschäftigt haben	würdet beschäftigt haben	werdet beschäftigt haben
sie werden beschäftigt haben	würden beschäftigt haben	werden beschäftigt haben

bestätigen

bestätigen: to confirm, certify

Princ. Parts: bestätigen, bestätigte, bestätigt
Imperative: bestätig(e)!, bestätigt!, bestätigen Sie!

INDICATIVE	SUBJUNCTIVE (II)	INDIR. DISC. SUBJ. (I)
Present	*Present Time*	*Present Time*
ich bestätige	bestätigte	bestätige
du bestätigst	bestätigtest	bestätigest
er bestätigt	bestätigte	bestätige
wir bestätigen	bestätigten	bestätigen
ihr bestätigt	bestätigtet	bestätiget
sie bestätigen	bestätigten	bestätigen
Past	*Past Time*	*Past Time*
ich bestätigte	hätte bestätigt	habe bestätigt
du bestätigtest	hättest bestätigt	habest bestätigt
er bestätigte	hätte bestätigt	habe bestätigt
wir bestätigten	hätten bestätigt	haben bestätigt
ihr bestätigtet	hättet bestätigt	habet bestätigt
sie bestätigten	hätten bestätigt	haben bestätigt

Perfect
ich habe bestätigt
du hast bestätigt
er hat bestätigt
wir haben bestätigt
ihr habt bestätigt
sie haben bestätigt

Pluperfect
ich hatte bestätigt
du hattest bestätigt
er hatte bestätigt
wir hatten bestätigt
ihr hattet bestätigt
sie hatten bestätigt

Future	*Future Time*	*Future Time*
ich werde bestätigen	würde bestätigen	werde bestätigen
du wirst bestätigen	würdest bestätigen	werdest bestätigen
er wird bestätigen	würde bestätigen	werde bestätigen
wir werden bestätigen	würden bestätigen	werden bestätigen
ihr werdet bestätigen	würdet bestätigen	werdet bestätigen
sie werden bestätigen	würden bestätigen	werden bestätigen
Future Perfect	*Future Perfect Time*	*Future Perfect Time*
ich werde bestätigt haben	würde bestätigt haben	werde bestätigt haben
du wirst bestätigt haben	würdest bestätigt haben	werdest bestätigt haben
er wird bestätigt haben	würde bestätigt haben	werde bestätigt haben
wir werden bestätigt haben	würden bestätigt haben	werden bestätigt haben
ihr werdet bestätigt haben	würdet bestätigt haben	werdet bestätigt haben
sie werden bestätigt haben	würden bestätigt haben	werden bestätigt haben

betrachten: to look at, observe

INDICATIVE	SUBJUNCTIVE (II)	INDIR. DISC. SUBJ. (I)
Present	*Present Time*	*Present Time*
ich betrachte	betrachtete	betrachte
du betrachtest	betrachtetest	betrachtest
er betrachtet	betrachtete	betrachte
wir betrachten	betrachteten	betrachten
ihr betrachtet	betrachtetet	betrachtet
sie betrachten	betrachteten	betrachten
Past	*Past Time*	*Past Time*
ich betrachtete	hätte betrachtet	habe betrachtet
du betrachtetest	hättest betrachtet	habest betrachtet
er betrachtete	hätte betrachtet	habe betrachtet
wir betrachteten	hätten betrachtet	haben betrachtet
ihr betrachtetet	hättet betrachtet	habet betrachtet
sie betrachteten	hätten betrachtet	haben betrachtet

Perfect
ich habe betrachtet
du hast betrachtet
er hat betrachtet
wir haben betrachtet
ihr habt betrachtet
sie haben betrachtet

Pluperfect
ich hatte betrachtet
du hattest betrachtet
er hatte betrachtet
wir hatten betrachtet
ihr hattet betrachtet
sie hatten betrachtet

Future	*Future Time*	*Future Time*
ich werde betrachten	würde betrachten	werde betrachten
du wirst betrachten	würdest betrachten	werdest betrachten
er wird betrachten	würde betrachten	werde betrachten
wir werden betrachten	würden betrachten	werden betrachten
ihr werdet betrachten	würdet betrachten	werdet betrachten
sie werden betrachten	würden betrachten	werden betrachten
Future Perfect	*Future Perfect Time*	*Future Perfect Time*
ich werde betrachtet haben	würde betrachtet haben	werde betrachtet haben
du wirst betrachtet haben	würdest betrachtet haben	werdest betrachtet haben
er wird betrachtet haben	würde betrachtet haben	werde betrachtet haben
wir werden betrachtet haben	würden betrachtet haben	werden betrachtet haben
ihr werdet betrachtet haben	würdet betrachtet haben	werdet betrachtet haben
sie werden betrachtet haben	würden betrachtet haben	werden betrachtet haben

bewegen

bewegen: to move, set in motion

Princ. Parts: bewegen, bewegte, bewegt
Imperative: beweg(e)!, bewegt!, bewegen Sie!

INDICATIVE	SUBJUNCTIVE (II)	INDIR. DISC. SUBJ. (I)
Present	*Present Time*	*Present Time*
ich bewege	bewege	bewege
du bewegst	bewegtest	bewegest
er bewegt	bewegte	bewege
wir bewegen	bewegten	bewegen
ihr bewegt	bewegtet	beweget
sie bewegen	bewegten	bewegen

Past	*Past Time*	*Past Time*
ich bewegte	hätte bewegt	habe bewegt
du bewegtest	hättest bewegt	habest bewegt
er bewegte	hätte bewegt	habe bewegt
wir bewegten	hätten bewegt	haben bewegt
ihr bewegtet	hättet bewegt	habet bewegt
sie bewegten	hätten bewegt	haben bewegt

Perfect
ich habe bewegt
du hast bewegt
er hat bewegt
wir haben bewegt
ihr habt bewegt
sie haben bewegt

Pluperfect
ich hatte bewegt
du hattest bewegt
er hatte bewegt
wir hatten bewegt
ihr hattet bewegt
sie hatten bewegt

Future	*Future Time*	*Future Time*
ich werde bewegen	würde bewegen	werde bewegen
du wirst bewegen	würdest bewegen	werdest bewegen
er wird bewegen	würde bewegen	werde bewegen
wir werden bewegen	würden bewegen	werden bewegen
ihr werdet bewegen	würdet bewegen	werdet bewegen
sie werden bewegen	würden bewegen	werden bewegen

Future Perfect	*Future Perfect Time*	*Future Perfect Time*
ich werde bewegt haben	würde bewegt haben	werde bewegt haben
du wirst bewegt haben	würdest bewegt haben	werdest bewegt haben
er wird bewegt haben	würde bewegt haben	werde bewegt haben
wir werden bewegt haben	würden bewegt haben	werden bewegt haben
ihr werdet bewegt haben	würdet bewegt haben	werdet bewegt haben
sie werden bewegt haben	würden bewegt haben	werden bewegt haben

Separable
fortbewegen, bewegte...fort, fortbewegt

bewegen: to induce, prevail upon, influence

Princ. Parts: bewegen, bewog, bewogen
Imperative: beweg(e)!, bewegt!, bewegen Sie!

INDICATIVE	SUBJUNCTIVE (II)	INDIR. DISC. SUBJ. (I)
Present	*Present Time*	*Present Time*
ich bewege	bewöge	bewege
du bewegst	bewög(e)st	bewegest
er bewegt	bewöge	bewege
wir bewegen	bewögen	bewegen
ihr bewegt	bewög(e)t	beweget
sie bewegen	bewögen	bewegen
Past	*Past Time*	*Past Time*
ich bewog	hätte bewogen	habe bewogen
du bewogst	hättest bewogen	habest bewogen
er bewog	hätte bewogen	habe bewogen
wir bewogen	hätten bewogen	haben bewogen
ihr bewogt	hättet bewogen	habet bewogen
sie bewogen	hätten bewogen	haben bewogen

Perfect
ich habe bewogen
du hast bewogen
er hat bewogen
wir haben bewogen
ihr habt bewogen
sie haben bewogen

Pluperfect
ich hatte bewogen
du hattest bewegen
er hatte bewogen
wir hatten bewogen
ihr hattet bewogen
sie hatten bewogen

Future	*Future Time*	*Future Time*
ich werde bewegen	würde bewegen	werde bewegen
du wirst bewegen	würdest bewegen	werdest bewegen
er wird bewegen	würde bewegen	werde bewegen
wir werden bewegen	würden bewegen	werden bewegen
ihr werdet bewegen	würdet bewegen	werdet bewegen
sie werden bewegen	würden bewegen	werden bewegen
Future Perfect	*Future Perfect Time*	*Future Perfect Time*
ich werde bewogen haben	würde bewogen haben	werde bewogen haben
du wirst bewogen haben	würdest bewogen haben	werdest bewogen haben
er wird bewogen haben	würde bewogen haben	werde bewogen haben
wir werden bewogen haben	würden bewogen haben	werden bewogen haben
ihr werdet bewogen haben	würdet bewogen haben	werdet bewogen haben
sie werden bewogen haben	würden bewogen haben	werden bewogen haben

biegen

biegen: to bend

Princ. Parts: biegen, bog, gebogen*
Imperative: bieg(e)!, biegt!, biegen Sie!

INDICATIVE	SUBJUNCTIVE (II)	INDIR. DISC. SUBJ. (I)
Present	*Present Time*	*Present Time*
ich biege	böge	biege
du biegst	bög(e)st	biegest
er biegt	böge	biege
wir biegen	bögen	biegen
ihr biegt	bög(e)t	bieget
sie biegen	bögen	biegen
Past	*Past Time*	*Past Time*
ich bog	hätte gebogen	habe gebogen
du bogst	hättest gebogen	habest gebogen
er bog	hätte gebogen	habe gebogen
wir bogen	hätten gebogen	haben gebogen
ihr bogt	hättet gebogen	habet gebogen
sie bogen	hätten gebogen	haben gebogen

Perfect
ich habe gebogen
du hast gebogen
er hat gebogen
wir haben gebogen
ihr habt gebogen
sie haben gebogen

Pluperfect
ich hatte gebogen
du hattest gebogen
er hatte gebogen
wir hatten gebogen
ihr hattet gebogen
sie hatten gebogen

Future	*Future Time*	*Future Time*
ich werde biegen	würde biegen	werde biegen
du wirst biegen	würdest biegen	werdest biegen
er wird biegen	würde biegen	werde biegen
wir werden biegen	würden biegen	werden biegen
ihr werdet biegen	würdet biegen	werdet biegen
sie werden biegen	würden biegen	werden biegen
Future Perfect	*Future Perfect Time*	*Future Perfect Time*
ich werde gebogen haben	würde gebogen haben	werde gebogen haben
du wirst gebogen haben	würdest gebogen haben	werdest gebogen haben
er wird gebogen haben	würde gebogen haben	werde gebogen haben
wir werden gebogen haben	würden gebogen haben	werden gebogen haben
ihr werdet gebogen haben	würdet gebogen haben	werdet gebogen haben
sie werden gebogen haben	würden gebogen haben	werden gebogen haben

* *Biegen* is conjugated with *sein* when used intransitively.

Separable
abbiegen, bog...ab, abgebogen
einbiegen, bog...ein, eingebogen
umbiegen, bog...um, umgebogen

Inseparable
verbiegen, verbog, verbogen

bieten: to offer

INDICATIVE	SUBJUNCTIVE (II)	INDIR. DISC. SUBJ. (I)
Present	*Present Time*	*Present Time*
ich biete	böte	biete
du bietest	bötest	bietest
er bietet	böte	biete
wir bieten	böten	bieten
ihr bietet	bötet	bietet
sie bieten	böten	bieten
Past	*Past Time*	*Past Time*
ich bot	hätte geboten	habe geboten
du botest	hättest geboten	habest geboten
er bot	hätte geboten	habe geboten
wir boten	hätten geboten	haben geboten
ihr botet	hättet geboten	habet geboten
sie boten	hätten geboten	haben geboten

Perfect
ich habe geboten
du hast geboten
er hat geboten
wir haben geboten
ihr habt geboten
sie haben geboten

Pluperfect
ich hatte geboten
du hattest geboten
er hatte geboten
wir hatten geboten
ihr hattet geboten
sie hatten geboten

Future	*Future Time*	*Future Time*
ich werde bieten	würde bieten	werde bieten
du wirst bieten	würdest bieten	werdest bieten
er wird bieten	würde bieten	werde bieten
wir werden bieten	würden bieten	werden bieten
ihr werdet bieten	würdet bieten	werdet bieten
sie werden bieten	würden bieten	werden bieten
Future Perfect	*Future Perfect Time*	*Future Perfect Time*
ich werde geboten haben	würde geboten haben	werde geboten haben
du wirst geboten haben	würdest geboten haben	werdest geboten haben
er wird geboten haben	würde geboten haben	werde geboten haben
wir werden geboten haben	würden geboten haben	werden geboten haben
ihr werdet geboten haben	würdet geboten haben	werdet geboten haben
sie werden geboten haben	würden geboten haben	werden geboten haben

Separable
anbieten, bot...an, angeboten
darbieten, bot...dar, dargeboten

Inseparable
gebieten, gebot, geboten
verbieten, verbot, verboten

bilden

bilden: to form

Princ. Parts: bilden, bildete, gebildet
Imperative: bilde!, bildet!, bilden Sie!

INDICATIVE	SUBJUNCTIVE (II)	INDIR. DISC. SUBJ. (I)
Present	*Present Time*	*Present Time*
ich bilde	bildete	bilde
du bildest	bildetest	bildest
er bildet	bildete	bilde
wir bilden	bildeten	bilden
ihr bildet	bildetet	bildet
sie bilden	bildeten	bilden
Past	*Past Time*	*Past Time*
ich bildete	hätte gebildet	habe gebildet
du bildetest	hättest gebildet	habest gebildet
er bildete	hätte gebildet	habe gebildet
wir bildeten	hätten gebildet	haben gebildet
ihr bildetet	hattet gebildet	habet gebildet
sie bildeten	hätten gebildet	haben gebildet

Perfect
ich habe gebildet
du hast gebildet
er hat gebildet
wir haben gebildet
ihr habt gebildet
sie haben gebildet

Pluperfect
ich hatte gebildet
du hattest gebildet
er hatte gebildet
wir hatten gebildet
ihr hattet gebildet
sie hatten gebildet

Future	*Future Time*	*Future Time*
ich werde bilden	würde bilden	werde bilden
du wirst bilden	würdest bilden	werdest bilden
er wird bilden	würde bilden	werde bilden
wir werden bilden	würden bilden	werden bilden
ihr werdet bilden	würdet bilden	werdet bilden
sie werden bilden	würden bilden	werden bilden
Future Perfect	*Future Perfect Time*	*Future Perfect Time*
ich werde gebildet haben	würde gebildet haben	werde gebildet haben
du wirst gebildet haben	würdest gebildet haben	werdest gebildet haben
er wird gebildet haben	würde gebildet haben	werde gebildet haben
wir werden gebildet haben	würden gebildet haben	werden gebildet haben
ihr werdet gebildet haben	würdet gebildet haben	werdet gebildet haben
sie werden gebildet haben	würden gebildet haben	werden gebildet haben

Separable
abbilden, bildete...ab,abgebildet
ausbilden, bildete...aus, ausgebildet
einbilden, bildete...ein, eingebildet
fortbilden, bildete...fort, fortgebildet
umbilden, bildete...um, umgebildet
weiterbilden, bildete...weiter, weitergebildet

binden

binden: to bind, tie

INDICATIVE	SUBJUNCTIVE (II)	INDIR. DISC. SUBJ. (I)
Present	*Present Time*	*Present Time*
ich binde	bände	binde
du bindest	bändest	bindest
er bindet	bände	binde
wir binden	bänden	binden
ihr bindet	bändet	bindet
sie binden	bänden	binden
Past	*Past Time*	*Past Time*
ich band	hätte gebunden	habe gebunden
du bandest	hättest gebunden	habest gebunden
er band	hätte gebunden	habe gebunden
wir banden	hätten gebunden	haben gebunden
ihr bandet	hättet gebunden	habet gebunden
sie banden	hätten gebunden	haben gebunden

Perfect
ich habe gebunden
du hast gebunden
er hat gebunden
wir haben gebunden
ihr habt gebunden
sie haben gebunden

Pluperfect
ich hatte gebunden
du hattest gebunden
er hatte gebunden
wir hatten gebunden
ihr hattet gebunden
sie hatten gebunden

Future	*Future Time*	*Future Time*
ich werde binden	würde binden	werde binden
du wirst binden	würdest binden	werdest binden
er wird binden	würde binden	werde binden
wir werden binden	würden binden	werden binden
ihr werdet binden	würdet binden	werdet binden
sie werden binden	würden binden	werden binden
Future Perfect	*Future Perfect Time*	*Future Perfect Time*
ich werde gebunden haben	würde gebunden haben	werde gebunden haben
du wirst gebunden haben	würdest gebunden haben	werdest gebunden haben
er wird gebunden haben	würde gebunden haben	werde gebunden haben
wir werden gebunden haben	würden gebunden haben	werden gebunden haben
ihr werdet gebunden haben	würdet gebunden haben	werdet gebunden haben
sie werden gebunden haben	würden gebunden haben	werden gebunden haben

Separable
anbinden, band...an, angebunden
festbinden, band...fest, festgebunden
zubinden, band...zu, zugebunden
zusammenbinden, band...zusammen,
  zusammengebunden

Inseparable
entbinden, entband, entbunden
verbinden, verband, verbunden

bitten

bitten: to request, ask (for), beg

Princ. Parts: bitten, bat, gebeten
Imperative: bitte!, bittet!, bitten Sie!

INDICATIVE	SUBJUNCTIVE (II)	INDIR. DISC. SUBJ. (I)
Present	*Present Time*	*Present Time*
ich bitte	bäte	bitte
du bittest	bätest	bittest
er bittet	bäte	bitte
wir bitten	bäten	bitten
ihr bittet	bätet	bittet
sie bitten	bäten	bitten
Past	*Past Time*	*Past Time*
ich bat	hätte gebeten	habe gebeten
du batest	hättest gebeten	habest gebeten
er bat	hätte gebeten	habe gebeten
wir baten	hätten gebeten	haben gebeten
ihr batet	hättet gebeten	habet gebeten
sie baten	hätten gebeten	haben gebeten

Perfect
ich habe gebeten
du hast gebeten
er hat gebeten
wir haben gebeten
ihr habt gebeten
sie haben gebeten

Pluperfect
ich hatte gebeten
du hattest gebeten
er hatte gebeten
wir hatten gebeten
ihr hattet gebeten
sie hatten gebeten

Future	*Future Time*	*Future Time*
ich werde bitten	würde bitten	werde bitten
du wirst bitten	würdest bitten	werdest bitten
er wird bitten	würde bitten	werde bitten
wir werden bitten	würden bitten	werden bitten
ihr werdet bitten	würdet bitten	werdet bitten
sie werden bitten	würden bitten	werden bitten
Future Perfect	*Future Perfect Time*	*Future Perfect Time*
ich werde gebeten haben	würde gebeten haben	werde gebeten haben
du wirst gebeten haben	würdest gebeten haben	werdest gebeten haben
er wird gebeten haben	würde gebeten haben	werde gebeten haben
wir werden gebeten haben	würden gebeten haben	werden gebeten haben
ihr werdet gebeten haben	würdet gebeten haben	werdet gebeten haben
sie werden gebeten haben	würden gebeten haben	werden gebeten haben

Inseparable
erbitten, erbat, erbeten

bleiben: to stay, remain

Princ. Parts: bleiben, blieb, ist geblieben
Imperative: bleib(e)!, bleibt!, bleiben Sie!

INDICATIVE	SUBJUNCTIVE (II)	INDIR. DISC. SUBJ. (I)
Present	*Present Time*	*Present Time*
ich bleibe	bliebe	bleibe
du bleibst	bliebest	bleibest
er bleibt	bliebe	bleibe
wir bleiben	blieben	bleiben
ihr bleibt	bliebet	bleibet
sie bleiben	blieben	bleiben
Past	*Past Time*	*Past Time*
ich blieb	wäre geblieben	sei geblieben
du bliebst	wärest geblieben	seiest geblieben
er blieb	wäre geblieben	sei geblieben
wir blieben	wären geblieben	seien geblieben
ihr bliebt	wäret geblieben	seiet geblieben
sie blieben	wären geblieben	seien geblieben

Perfect
ich bin geblieben
du bist geblieben
er ist geblieben
wir sind geblieben
ihr seid geblieben
sie sind geblieben

Pluperfect
ich war geblieben
du warst geblieben
er war geblieben
wir waren geblieben
ihr wart geblieben
sie waren geblieben

Future	*Future Time*	*Future Time*
ich werde bleiben	würde bleiben	werde bleiben
du wirst bleiben	würdest bleiben	werdest bleiben
er wird bleiben	würde bleiben	werde bleiben
wir werden bleiben	würden bleiben	werden bleiben
ihr werdet bleiben	würdet bleiben	werdet bleiben
sie werden bleiben	würden bleiben	werden bleiben
Future Perfect	*Future Perfect Time*	*Future Perfect Time*
ich werde geblieben sein	würde geblieben sein	werde geblieben sein
du wirst geblieben sein	würdest geblieben sein	werdest geblieben sein
er wird geblieben sein	würde geblieben sein	werde geblieben sein
wir werden geblieben sein	würden geblieben sein	werden geblieben sein
ihr werdet geblieben sein	würdet geblieben sein	werdet geblieben sein
sie werden geblieben sein	würden geblieben sein	werden geblieben sein

Separable
aufbleiben, blieb...auf, aufgeblieben
ausbleiben, blieb...aus, ausgeblieben
dableiben, blieb...da, dageblieben
dabeibleiben, blieb...dabei, dabeigeblieben
sitzenbleiben, blieb...sitzen, sitzengeblieben
stehenbleiben, blieb...stehen, stehen-
geblieben

wegbleiben, blieb...weg, weggeblieben
zurückbleiben, blieb...zurück, zurück-
geblieben

Inseparable
unterbleiben, unterblieb, unterblieben
verbleiben, verblieb, verblieben

brauchen

brauchen: to need

Princ. Parts: brauchen, brauchte, gebraucht
Imperative: brauch(e)!, braucht!, brauchen Sie!

INDICATIVE	SUBJUNCTIVE (II)	INDIR. DISC. SUBJ. (I)
Present	*Present Time*	*Present Time*
ich brauche	brauchte	brauche
du brauchst	brauchtest	brauchest
er braucht	brauchte	brauche
wir brauchen	brauchten	brauchen
ihr braucht	brauchtet	brauchet
sie brauchen	brauchten	brauchen
Past	*Past Time*	*Past Time*
ich brauchte	hätte gebraucht	habe gebraucht
du brauchtest	hättest gebraucht	habest gebraucht
er brauchte	hätte gebraucht	habe gebraucht
wir brauchten	hätten gebraucht	haben gebraucht
ihr brauchtet	hättet gebraucht	habet gebraucht
sie brauchten	hätten gebraucht	haben gebraucht

Perfect
ich habe gebraucht
du hast gebraucht
er hat gebraucht
wir haben gebraucht
ihr habt gebraucht
sie haben gebraucht

Pluperfect
ich hatte gebraucht
du hattest gebraucht
er hatte gebraucht
wir hatten gebraucht
ihr hattet gebraucht
sie hatten gebraucht

Future	*Future Time*	*Future Time*
ich werde brauchen	würde brauchen	werde brauchen
du wirst brauchen	würdest brauchen	werdest brauchen
er wird brauchen	würde brauchen	werde brauchen
wir werden brauchen	würden brauchen	werden brauchen
ihr werdet brauchen	würdet brauchen	werdet brauchen
sie werden brauchen	würden brauchen	werden brauchen
Future Perfect	*Future Perfect Time*	*Future Perfect Time*
ich werde gebraucht haben	würde gebraucht haben	werde gebraucht haben
du wirst gebraucht haben	würdest gebraucht haben	werdest gebraucht haben
er wird gebraucht haben	würde gebraucht haben	werde gebraucht haben
wir werden gebraucht haben	würden gebraucht haben	werden gebraucht haben
ihr werdet gebraucht haben	würdet gebraucht haben	werdet gebraucht haben
sie werden gebraucht haben	würden gebraucht haben	werden gebraucht haben

Separable
aufbrauchen, brauchte...auf, aufgebraucht

Inseparable
gebrauchen, gebrauchte, gebraucht
mißbrauchen, mißbrauchte, mißbraucht
verbrauchen, verbrauchte, verbraucht

brechen: to break

INDICATIVE	SUBJUNCTIVE (II)	INDIR. DISC. SUBJ. (I)
Present	*Present Time*	*Present Time*
ich breche	bräche	breche
du brichst	brächest	brechest
er bricht	bräche	breche
wir brechen	brächen	brechen
ihr brecht	brächet	brechet
sie brechen	brächen	brechen
Past	*Past Time*	*Past Time*
ich brach	hätte gebrochen	habe gebrochen
du brachst	hättest gebrochen	habest gebrochen
er brach	hätte gebrochen	habe gebrochen
wir brachen	hätten gebrochen	haben gebrochen
ihr bracht	hättet gebrochen	habet gebrochen
sie brachen	hätten gebrochen	haben gebrochen

Perfect
ich habe gebrochen
du hast gebrochen
er hat gebrochen
wir haben gebrochen
ihr habt gebrochen
sie haben gebrochen

Pluperfect
ich hatte gebrochen
du hattest gebrochen
er hatte gebrochen
wir hatten gebrochen
ihr hattet gebrochen
sie hatten gebrochen

Future	*Future Time*	*Future Time*
ich werde brechen	würde brechen	werde brechen
du wirst brechen	würdest brechen	werdest brechen
er wird brechen	würde brechen	werde brechen
wir werden brechen	würden brechen	werden brechen
ihr werdet brechen	würdet brechen	werdet brechen
sie werden brechen	würden brechen	werden brechen
Future Perfect	*Future Perfect Time*	*Future Perfect Time*
ich werde gebrochen haben	würde gebrochen haben	werde gebrochen haben
du wirst gebrochen haben	würdest gebrochen haben	werdest gebrochen haben
er wird gebrochen haben	würde gebrochen haben	werde gebrochen haben
wir werden gebrochen haben	würden gebrochen haben	werden gebrochen haben
ihr werdet gebrochen haben	würdet gebrochen haben	werdet gebrochen haben
sie werden gebrochen haben	würden gebrochen haben	werden gebrochen haben

Separable
abbrechen, brach...ab, abgebrochen
anbrechen, brach...an, angebrochen
aufbrechen, brach...auf, aufgebrochen
ausbrechen, brach...aus, ausgebrochen
durchbrechen, brach...durch, durchgebrochen
einbrechen, brach...ein, eingebrochen

losbrechen, brach...los, losgebrochen
zusammenbrechen, brach...zusammen,
  zusammengebrochen

Inseparable
unterbrechen, unterbrach, unterbrochen
zerbrechen, zerbrach, zerbrochen

brennen

brennen: to burn

Princ. Parts: brennen, brannte, gebrannt
Imperative: brenn(e)!, brennt!, brennen Sie!

INDICATIVE	SUBJUNCTIVE (II)	INDIR. DISC. SUBJ. (I)
Present	*Present Time*	*Present Time*
ich brenne	brenne	brenne
du brennst	brenntest	brennest
er brennt	brennte	brenne
wir brennen	brennten	brennen
ihr brennt	brenntet	brennet
sie brennen	brennten	brennen
Past	*Past Time*	*Past Time*
ich brannte	hätte gebrannt	habe gebrannt
du branntest	hättest gebrannt	habest gebrannt
er brannte	hätte gebrannt	habe gebrannt
wir brannten	hätten gebrannt	haben gebrannt
ihr branntet	hättet gebrannt	habet gebrannt
sie brannten	hätten gebrannt	haben gebrannt

Perfect
ich habe gebrannt
du hast gebrannt
er hat gebrannt
wir haben gebrannt
ihr habt gebrannt
sie haben gebrannt

Pluperfect
ich hatte gebrannt
du hattest gebrannt
er hatte gebrannt
wir hatten gebrannt
ihr hattet gebrannt
sie hatten gebrannt

Future	*Future Time*	*Future Time*
ich werde brennen	würde brennen	werde brennen
du wirst brennen	würdest brennen	werdest brennen
er wird brennen	würde brennen	werde brennen
wir werden brennen	würden brennen	werden brennen
ihr werdet brennen	würdet brennen	werdet brennen
sie werden brennen	würden brennen	werden brennen
Future Perfect	*Future Perfect Time*	*Future Perfect Time*
ich werde gebrannt haben	würde gebrannt haben	werde gebrannt haben
du wirst gebrannt haben	würdest gebrannt haben	werdest gebrannt haben
er wird gebrannt haben	würde gebrannt haben	werde gebrannt haben
wir werden gebrannt haben	würden gebrannt haben	werden gebrannt haben
ihr werdet gebrannt haben	würdet gebrannt haben	werdet gebrannt haben
sie werden gebrannt haben	würden gebrannt haben	werden gebrannt haben

Separable
abbrennen, brannte...ab, abgebrannt
anbrennen, brannte...an, angebrannt
ausbrennen, brannte...aus, ausgebrannt

Inseparable
verbrennen, verbrannte, verbrannt

36

bringen

bringen: to bring

Princ. Parts: bringen, brachte, gebracht
Imperative: bring(e)!, bringt!, bringen Sie!

INDICATIVE	SUBJUNCTIVE (II)	INDIR. DISC. SUBJ. (I)
Present	*Present Time*	*Present Time*
ich bringe	brächte	bringe
du bringst	brächtest	bringest
er bringt	brächte	bringe
wir bringen	brächten	bringen
ihr bringt	brächtet	bringet
sie bringen	brächten	bringen
Past	*Past Time*	*Past Time*
ich brachte	hätte gebracht	habe gebracht
du brachtest	hättest gebracht	habest gebracht
er brachte	hätte gebracht	habe gebracht
wir brachten	hätten gebracht	haben gebracht
ihr brachtet	hättet gebracht	habet gebracht
sie brachten	hätten gebracht	haben gebracht

Perfect
ich habe gebracht
du hast gebracht
er hat gebracht
wir haben gebracht
ihr habt gebracht
sie haben gebracht

Pluperfect
ich hatte gebracht
du hattest gebracht
er hatte gebracht
wir hatten gebracht
ihr hattet gebracht
sie hatten gebracht

Future	*Future Time*	*Future Time*
ich werde bringen	würde bringen	werde bringen
du wirst bringen	würdest bringen	werdest bringen
er wird bringen	würde bringen	werde bringen
wir werden bringen	würden bringen	werden bringen
ihr werdet bringen	würdet bringen	werdet bringen
sie werden bringen	würden bringen	werden bringen
Future Perfect	*Future Perfect Time*	*Future Perfect Time*
ich werde gebracht haben	würde gebracht haben	werde gebracht haben
du wirst gebracht haben	würdest gebracht haben	werdest gebracht haben
er wird gebracht haben	würde gebracht haben	werde gebracht haben
wir werden gebracht haben	würden gebracht haben	werden gebracht haben
ihr werdet gebracht haben	würdet gebracht haben	werdet gebracht haben
sie werden gebracht haben	würden gebracht haben	werden gebracht haben

Separable
abbringen, brachte...ab, abgebracht
anbringen, brachte...an, angebracht
aufbringen, brachte...auf, aufgebracht
beibringen, brachte...bei, beigebracht
fertigbringen, brachte...fertig, fertig-
gebracht
mitbringen, brachte...mit, mitgebracht
umbringen, brachte...um, umgebracht

zurückbringen, brachte...zurürck,
zurückgebracht
zustandebringen, brachte...zustande,
zustandegebracht

Inseparable
verbringen, verbrachte, verbracht
vollbringen, vollbrachte, vollbracht

danken

danken: to thank

Princ. Parts: danken, dankte, gedankt
Imperative: dank(e)!, dankt!, danken Sie!

INDICATIVE	SUBJUNCTIVE (II)	INDIR. DISC. SUBJ. (I)
Present	*Present Time*	*Present Time*
ich danke	dankte	danke
du dankst	danktest	dankest
er dankt	dankte	danke
wir danken	dankten	danken
ihr dankt	danktet	danket
sie danken	dankten	danken
Past	*Past Time*	*Past Time*
ich dankte	hätte gedankt	habe gedankt
du danktest	hättest gedankt	habest gedankt
er dankte	hätte gedankt	habe gedankt
wir dankten	hätten gedankt	haben gedankt
ihr danktet	hättet gedankt	habet gedankt
sie dankten	hätten gedankt	haben gedankt

Perfect
ich habe gedankt
du hast gedankt
er hat gedankt
wir haben gedankt
ihr habt gedankt
sie haben gedankt

Pluperfect
ich hatte gedankt
du hattest gedankt
er hatte gedankt
wir hatten gedankt
ihr hattet gedankt
sie hatten gedankt

Future	*Future Time*	*Future Time*
ich werde danken	würde danken	werde danken
du wirst danken	würdest danken	werdest danken
er wird danken	würde danken	werde danken
wir werden danken	würden danken	werden danken
ihr werdet danken	würdet danken	werdet danken
sie werden danken	würden danken	werden danken
Future Perfect	*Future Perfect Time*	*Future Perfect Time*
ich werde gedankt haben	würde gedankt haben	werde gedankt haben
du wirst gedankt haben	würdest gedankt haben	werdest gedankt haben
er wird gedankt haben	würde gedankt haben	werde gedankt haben
wir werden gedankt haben	würden gedankt haben	werden gedankt haben
ihr werdet gedankt haben	würdet gedankt haben	werdet gedankt haben
sie werden gedankt haben	würden gedankt haben	werden gedankt haben

Separable
abdanken, dankte...ab, abgedankt

Inseparable
bedanken, bedankte, bedankt
verdanken, verdankte, verdankt

38

dauern: to last, take (time)

INDICATIVE	SUBJUNCTIVE (II)	INDIR. DISC. SUBJ. (I)
Present	*Present Time*	*Present Time*
es dauert	dauerte	dauere
sie dauern	dauerten	dauern
Past	*Past Time*	*Past Time*
es dauerte	hätte gedauert	habe gedauert
sie dauerten	hätten gedauert	haben gedauert
Perfect		
es hat gedauert		
sie haben gedauert		
Pluperfect		
es hatte gedauert		
sie hatten gedauert		
Future	*Future Time*	*Future Time*
es wird dauern	würde dauern	werde dauern
sie werden dauern	würden dauern	werden dauern
Future Perfect	*Future Perfect Time*	*Future Perfect Time*
es wird gedauert haben	würde gedauert haben	werde gedauert haben
sie werden gedauert haben	würden gedauert haben	werden gedauert haben

* *Dauern* is an impersonal verb occurring only in the third person.

Separable
andauern, dauerte...an, angedauert
ausdauern, dauerte...aus, ausgedauert
fortdauern, dauerte...fort, fortgedauert

decken

decken: to cover

Princ. Parts: decken, deckte, gedeckt
Imperative: deck(e)!, deckt!, decken Sie!

INDICATIVE	SUBJUNCTIVE (II)	INDIR. DISC. SUBJ. (I)
Present	*Present Time*	*Present Time*
ich decke	deckte	decke
du deckst	decktest	deckest
er deckt	deckte	decke
wir decken	deckten	decken
ihr deckt	decktet	decket
sie decken	deckten	decken
Past	*Past Time*	*Past Time*
ich deckte	hätte gedeckt	habe gedeckt
du decktest	hättest gedeckt	habest gedeckt
er deckte	hätte gedeckt	habe gedeckt
wir deckten	hätten gedeckt	haben gedeckt
ihr decktet	hättet gedeckt	habet gedeckt
sie deckten	hätten gedeckt	haben gedeckt

Perfect
ich habe gedeckt
du hast gedeckt
er hat gedeckt
wir haben gedeckt
ihr habt gedeckt
sie haben gedeckt

Pluperfect
ich hatte gedeckt
du hattest gedeckt
er hatte gedeckt
wir hatten gedeckt
ihr hattet gedeckt
sie hatten gedeckt

Future	*Future Time*	*Future Time*
ich werde decken	würde decken	werde decken
du wirst decken	würdest decken	werdest decken
er wird decken	würde decken	werde decken
wir werden decken	würden decken	werden decken
ihr werdet decken	würdet decken	werdet decken
sie werden decken	würden decken	werden decken
Future Perfect	*Future Perfect Time*	*Future Perfect Time*
ich werde gedeckt haben	würde gedeckt haben	werde gedeckt haben
du wirst gedeckt haben	würdest gedeckt haben	werdest gedeckt haben
er wird gedeckt haben	würde gedeckt haben	werde gedeckt haben
wir werden gedeckt haben	würden gedeckt haben	werden gedeckt haben
ihr werdet gedeckt haben	würdet gedeckt haben	werdet gedeckt haben
sie werden gedeckt haben	würden gedeckt haben	werden gedeckt haben

Separable
abdecken, deckte...ab, abgedeckt
aufdecken, deckte...auf, aufgedeckt
zudecken, deckte...zu, zugedeckt

Inseparable
bedecken, bedeckte, bedeckt
entdecken, entdeckte, entdeckt
überdecken, überdeckte, überdeckt

denken: to think

Princ. Parts: denken, dachte, gedacht
Imperative: denk(e)! denkt!, denken Sie!

INDICATIVE	SUBJUNCTIVE (II)	INDIR. DISC. SUBJ. (I)
Present	*Present Time*	*Present Time*
ich denke	dächte	denke
du denkst	dächtest	denkest
er denkt	dächte	denke
wir denken	dächten	denken
ihr denkt	dächtet	denket
sie denken	dächten	denken
Past	*Past Time*	*Past Time*
ich dachte	hätte gedacht	habe gedacht
du dachtest	hättest gedacht	habest gedacht
er dachte	hätte gedacht	habe gedacht
wir dachten	hätten gedacht	haben gedacht
ihr dachtet	hättet gedacht	habet gedacht
sie dachten	hätten gedacht	haben gedacht
Perfect		
ich habe gedacht		
du hast gedacht		
er hat gedacht		
wir haben gedacht		
ihr habt gedacht		
sie haben gedacht		
Pluperfect		
ich hatte gedacht		
du hattest gedacht		
er hatte gedacht		
wir hatten gedacht		
ihr hattet gedacht		
sie hatten gedacht		
Future	*Future Time*	*Future Time*
ich werde denken	würde denken	werde denken
du wirst denken	würdest denken	werdest denken
er wird denken	würde denken	werde denken
wir werden denken	würden denken	werden denken
ihr werdet denken	würdet denken	werdet denken
sie werden denken	würden denken	werden denken
Future Perfect	*Future Perfect Time*	*Future Perfect Time*
ich werde gedacht haben	würde gedacht haben	werde gedacht haben
du wirst gedacht haben	würdest gedacht haben	werdest gedacht haben
er wird gedacht haben	würde gedacht haben	werde gedacht haben
wir werden gedacht haben	würden gedacht haben	werden gedacht haben
ihr werdet gedacht haben	würdet gedacht haben	werdet gedacht haben
sie werden gedacht haben	würden gedacht haben	werden gedacht haben

Separable
ausdenken, dachte...aus, ausgedacht
nachdenken, dachte...nach, nachgedacht
umdenken, dachte...um, umgedacht

Inseparable
bedenken, bedachte, bedacht
durchdenken, durchdachte, durchdacht
gedenken, gedachte, gedacht

deuten

deuten: to point to; interpret

Princ. Parts: deuten, deutete, gedeutet
Imperative: deute!, deutet!, deuten Sie!

INDICATIVE	SUBJUNCTIVE (II)	INDIR. DISC. SUBJ. (I)
Present	*Present Time*	*Present Time*
ich deute	deutete	deute
du deutest	deutetest	deutest
er deutet	deutete	deute
wir deuten	deuteten	deuten
ihr deutet	deutetet	deutet
sie deuten	deuteten	deuten
Past	*Past Time*	*Past Time*
ich deutete	hätte gedeutet	habe gedeutet
du deutetest	hättest gedeutet	habest gedeutet
er deutete	hätte gedeutet	habe gedeutet
wir deuteten	hätten gedeutet	haben gedeutet
ihr deutetet	hättet gedeutet	habet gedeutet
sie deuteten	hätten gedeutet	haben gedeutet

Perfect
ich habe gedeutet
du hast gedeutet
er hat gedeutet
wir haben gedeutet
ihr habt gedeutet
sie haben gedeutet

Pluperfect
ich hatte gedeutet
du hattest gedeutet
er hatte gedeutet
wir hatten gedeutet
ihr hattet gedeutet
sie hatten gedeutet

Future	*Future Time*	*Future Time*
ich werde deuten	würde deuten	werde deuten
du wirst deuten	würdest deuten	werdest deuten
er wird deuten	würde deuten	werde deuten
wir werden deuten	würden deuten	werden deuten
ihr werdet deuten	würdet deuten	werdet deuten
sie werden deuten	würden deuten	werden deuten
Future Perfect	*Future Perfect Time*	*Future Perfect Time*
ich werde gedeutet haben	würde gedeutet haben	werde gedeutet haben
du wirst gedeutet haben	würdest gedeutet haben	werdest gedeutet haben
er wird gedeutet haben	würde gedeutet haben	werde gedeutet haben
wir werden gedeutet haben	würden gedeutet haben	werden gedeutet haben
ihr werdet gedeutet haben	würdet gedeutet haben	werdet gedeutet haben
sie werden gedeutet haben	würden gedeutet haben	werden gedeutet haben

Separable
andeuten, deutete...an, angedeutet
hindeuten, deutete...hin, hingedeutet
umdeuten, deutete...um, umgedeutet

Inseparable
bedeuten, bedeutete, bedeutet
mißdeuten, mißdeutete, mißdeutet

dienen

dienen: to serve

Princ. Parts: dienen, diente, gedient
Imperative: dien(e)!, dient!, dienen Sie!

INDICATIVE	SUBJUNCTIVE (II)	INDIR. DISC. SUBJ. (I)
Present	*Present Time*	*Present Time*
ich diene	diente	diene
du dienst	dientest	dienest
er dient	diente	diene
wir dienen	dienten	dienen
ihr dient	dientet	dienet
sie dienen	dienten	dienen
Past	*Past Time*	*Past Time*
ich diente	hätte gedient	habe gedient
du dientest	hättest gedient	habest gedient
er diente	hätte gedient	habe gedient
wir dienten	hätten gedient	haben gedient
ihr dientet	hättet gedient	habet gedient
sie dienten	hätten gedient	haben gedient

Perfect
ich habe gedient
du hast gedient
er hat gedient
wir haben gedient
ihr habt gedient
sie haben gedient

Pluperfect
ich hatte gedient
du hattest gedient
er hatte gedient
wir hatten gedient
ihr hattet gedient
sie hatten gedient

Future	*Future Time*	*Future Time*
ich werde dienen	würde dienen	werde dienen
du wirst dienen	würdest dienen	werdest dienen
er wird dienen	würde dienen	werde dienen
wir werden dienen	würden dienen	werden dienen
ihr werdet dienen	würdet dienen	werdet dienen
sie werden dienen	würden dienen	werden dienen
Future Perfect	*Future Perfect Time*	*Future Perfect Time*
ich werde gedient haben	würde gedient haben	werde gedient haben
du wirst gedient haben	würdest gedient haben	werdest gedient haben
er wird gedient haben	würde gedient haben	werde gedient haben
wir werden gedient haben	würden gedient haben	werden gedient haben
ihr werdet gedient haben	würdet gedient haben	werdet gedient haben
sie werden gedient haben	würden gedient haben	werden gedient haben

Inseparable
bedienen, bediente, bedient
verdienen, verdiente, verdient

drängen

drängen: to press, push; urge

Princ. Parts: drängen, drängte, gedrängt
Imperative: dräng(e)!, drängt!, drängen Sie!

INDICATIVE	SUBJUNCTIVE (II)	INDIR. DISC. SUBJ. (I)
Present	*Present Time*	*Present Time*
ich dränge	drängte	dränge
du drängst	drängtest	drängest
er drängt	drängte	dränge
wir drängen	drängten	drängen
ihr drängt	drängtet	dränget
sie drängen	drangten	drängen
Past	*Past Time*	*Past Time*
ich drängte	hätte gedrängt	habe gedrängt
du drängtest	hättest gedrängt	habest gedrängt
er drängte	hätte gedrängt	habe gedrängt
wir drängten	hätten gedrängt	haben gedrängt
ihr drängtet	hättet gedrängt	habet gedrängt
sie drängten	hätten gedrängt	haben gedrängt

Perfect
ich habe gedrängt
du hast gedrängt
er hat gedrängt
wir haben gedrängt
ihr habt gedrängt
sie haben gedrängt

Pluperfect
ich hatte gedrängt
du hattest gedrängt
er hatte gedrängt
wir hatten gedrängt
ihr hattet gedrängt
sie hatten gedrängt

Future	*Future Time*	*Future Time*
ich werde drängen	würde drängen	werde drängen
du wirst drängen	würdest drängen	werdest drängen
er wird drängen	würde drängen	werde drängen
wir werden drängen	würden drängen	werden drängen
ihr werdet drängen	würdet drängen	werdet drängen
sie werden drängen	würden drängen	werden drängen
Future Perfect	*Future Perfect Time*	*Future Perfect Time*
ich werde gedrängt haben	würde gedrängt haben	werde gedrängt haben
du wirst gedrängt haben	würdest gedrängt haben	werdest gedrängt haben
er wird gedrängt haben	würde gedrängt haben	werde gedrängt haben
wir werden gedrängt haben	würden gedrängt haben	werden gedrängt haben
ihr werdet gedrängt haben	würdet gedrängt haben	werdet gedrängt haben
sie werden gedrängt haben	würden gedrängt haben	werden gedrängt haben

Separable
aufdrängen, drängte...auf, aufgedrängt
durchdrängen, drängte...durch, durchgedrängt
eindrängen, drängte...ein, eingedrängt

Inseparable
bedrängen, bedrängte, bedrängt
verdrängen, verdrängte, verdrängt

44

drehen: to turn

Princ. Parts: drehen, drehte, gedreht
Imperative: dreh(e)!, dreht!, drehen Sie!

INDICATIVE	SUBJUNCTIVE (II)	INDIR. DISC. SUBJ. (I)
Present	*Present Time*	*Present Time*
ich drehe	drehe	drehe
du drehst	drehtest	drehest
er dreht	drehe	drehe
wir drehen	drehten	drehen
ihr dreht	drehtet	drehet
sie drehen	drehten	drehen
Past	*Past Time*	*Past Time*
ich drehte	hätte gedreht	habe gedreht
du drehtest	hättest gedreht	habest gedreht
er drehte	hätte gedreht	habe gedreht
wir drehten	hätten gedreht	haben gedreht
ihr drehtet	hättet gedreht	habet gedreht
sie drehten	hätten gedreht	haben gedreht
Perfect		
ich habe gedreht		
du hast gedreht		
er hat gedreht		
wir haben gedreht		
ihr habt gedreht		
sie haben gedreht		
Pluperfect		
ich hatte gedreht		
du hattest gedreht		
er hatte gedreht		
wir hatten gedreht		
ihr hattet gedreht		
sie hatten gedreht		
Future	*Future Time*	*Future Time*
ich werde drehen	würde drehen	werde drehen
du wirst drehen	würdest drehen	werdest drehen
er wird drehen	würde drehen	werde drehen
wir werden drehen	würden drehen	werden drehen
ihr werdet drehen	würdet drehen	werdet drehen
sie werden drehen	würden drehen	werden drehen
Future Perfect	*Future Perfect Time*	*Future Perfect Time*
ich werde gedreht haben	würde gedreht haben	werde gedreht haben
du wirst gedreht haben	würdest gedreht haben	werdest gedreht haben
er wird gedreht haben	würde gedreht haben	werde gedreht haben
wir werden gedreht haben	würden gedreht haben	werden gedreht haben
ihr werdet gedreht haben	würdet gedreht haben	werdet gedreht haben
sie werden gedreht haben	würden gedreht haben	werden gedreht haben

Separable
abdrehen, drehte...ab, abgedreht
andrehen, drehte...an, angedreht
aufdrehen, drehte...auf, aufgedreht
umdrehen, drehte...um, umgedreht

Inseparable
verdrehen, verdrehte, verdreht

dringen

dringen: to force one's way through or into,
penetrate; prevail upon

Princ. Parts: dringen, drang, ist gedrungen
Imperative: dring(e)!, dringt!, dringen Sie!

INDICATIVE	SUBJUNCTIVE (II)	INDIR. DISC. SUBJ. (I)
Present	*Present Time*	*Present Time*
ich dringe	dränge	dringe
du dringst	dräng(e)st	dringest
er dringt	dränge	dringe
wir dringen	drängen	dringen
ihr dringt	dräng(e)t	dringet
sie dringen	drängen	dringen
Past	*Past Time*	*Past Time*
ich drang	wäre gedrungen	sei gedrungen
du drangst	wärest gedrungen	seiest gedrungen
er drang	wäre gedrungen	sei gedrungen
wir drangen	wären gedrungen	seien gedrungen
ihr drangt	wäret gedrungen	seiet gedrungen
sie drangen	wären gedrungen	seien gedrungen
Perfect		
ich bin gedrungen		
du bist gedrungen		
er ist gedrungen		
wir sind gedrungen		
ihr seid gedrungen		
sie sind gedrungen		
Pluperfect		
ich war gedrungen		
du warst gedrungen		
er war gedrungen		
wir waren gedrungen		
ihr wart gedrungen		
sie waren gedrungen		
Future	*Future Time*	*Future Time*
ich werde dringen	würde dringen	werde dringen
du wirst dringen	würdest dringen	werdest dringen
er wird dringen	würde dringen	werde dringen
wir werden dringen	würden dringen	werden dringen
ihr werdet dringen	würdet dringen	werdet dringen
sie werden dringen	würden dringen	werden dringen
Future Perfect	*Future Perfect Time*	*Future Perfect Time*
ich werde gedrungen sein	würde gedrungen sein	werde gedrungen sein
du wirst gedrungen sein	würdest gedrungen sein	werdest gedrungen sein
er wird gedrungen sein	würden gedrungen sein	werde gedrungen sein
wir werden gedrungen sein	würden gedrungen sein	werden gedrungen sein
ihr werdet gedrungen sein	würdet gedrungen sein	werdet gedrungen sein
sie werden gedrungen sein	würden gedrungen sein	werden gedrungen sein

Separable
durchdringen, drang...durch,
  durchgedrungen
eindringen, drang...ein, eingedrungen
vordringen, drang...vor, vorgedrungen

drohen

drohen: to threaten

Princ. Parts: drohen, drohte, gedroht
Imperative: droh(e)!, droht!, drohen Sie!

INDICATIVE	SUBJUNCTIVE (II)	INDIR. DISC. SUBJ. (I)
Present	*Present Time*	*Present Time*
ich drohe	drohte	drohe
du drohst	drohtest	drohest
er droht	drohte	drohe
wir drohen	drohten	drohen
ihr droht	drohtet	drohet
sie drohen	drohten	drohen
Past	*Past Time*	*Past Time*
ich drohte	hätte gedroht	habe gedroht
du drohtest	hättest gedroht	habest gedroht
er drohte	hätte gedroht	habe gedroht
wir drohten	hätten gedroht	haben gedroht
ihr drohtet	hättet gedroht	habet gedroht
sie drohten	hätten gedroht	haben gedroht

Perfect
ich habe gedroht
du hast gedroht
er hat gedroht
wir haben gedroht
ihr habt gedroht
sie haben gedroht

Pluperfect
ich hatte gedroht
du hattest gedroht
er hatte gedroht
wir hatten gedroht
ihr hattet gedroht
sie hatten gedroht

Future	*Future Time*	*Future Time*
ich werde drohen	würde drohen	werde drohen
du wirst drohen	würdest drohen	werdest drohen
er wird drohen	würde drohen	werde drohen
wir werden drohen	würden drohen	werden drohen
ihr werdet drohen	würdet drohen	werdet drohen
sie werden drohen	würden drohen	werden drohen
Future Perfect	*Future Perfect Time*	*Future Perfect Time*
ich werde gedroht haben	würde gedroht haben	werde gedroht haben
du wirst gedroht haben	würdest gedroht haben	werdest gedroht haben
er wird gedroht haben	würde gedroht haben	werde gedroht haben
wir werden gedroht haben	würden gedroht haben	werden gedroht haben
ihr werdet gedroht haben	würdet gedroht haben	werdet gedroht haben
sie werden gedroht haben	würden gedroht haben	werden gedroht haben

Separable
androhen, drohte...an, angedroht

Inseparable
bedrohen, bedrohte, bedroht

drücken*

drücken: to press, squeeze; oppress

Princ. Parts: drücken, drückte, gedrückt
Imperative: drück(e)!, drückt!, drücken Sie!

INDICATIVE	SUBJUNCTIVE (II)	INDIR. DISC. SUBJ. (I)
Present	*Present Time*	*Present Time*
ich drücke	drückte	drücke
du drückst	drücktest	drückest
er drückt	drückte	drücke
wir drücken	drückten	drücken
ihr drückt	drücktet	drücket
sie drücken	drückten	drücken
Past	*Past Time*	*Past Time*
ich drückte	hätte gedrückt	habe gedrückt
du drücktest	hättest gedrückt	habest gedrückt
er drückte	hätte gedrückt	habe gedrückt
wir drückten	hätten gedrückt	haben gedrückt
ihr drücktet	hättet gedrückt	habet gedrückt
sie drückten	hätten gedrückt	haben gedrückt
Perfect		
ich habe gedrückt		
du hast gedrückt		
er hat gedrückt		
wir haben gedrückt		
ihr habt gedrückt		
sie haben gedrückt		
Pluperfect		
ich hatte gedrückt		
du hattest gedrückt		
er hatte gedrückt		
wir hatten gedrückt		
ihr hattet gedrückt		
sie hatten gedrückt		
Future	*Future Time*	*Future Time*
ich werde drücken	würde drücken	werde drücken
du wirst drücken	würdest drücken	werdest drücken
er wird drücken	würde drücken	werde drücken
wir werden drücken	würden drücken	werden drücken
ihr werdet drücken	würdet drücken	werdet drücken
sie werden drücken	würden drücken	werden drücken
Future Perfect	*Future Perfect Time*	*Future Perfect Time*
ich werde gedrückt haben	würde gedrückt haben	werde gedrückt haben
du wirst gedrückt haben	würdest gedrückt haben	werdest gedrückt haben
er wird gedrückt haben	würde gedrückt haben	werde gedrückt haben
wir werden gedrückt haben	würden gedrückt haben	werden gedrückt haben
ihr werdet gedrückt haben	würdet gedrückt haben	werdet gedrückt haben
sie werden gedrückt haben	würden gedrückt haben	werden gedrückt haben

* Not to be confused with *drucken* (druckte, gedruckt), "to print."

Separable
abdrücken, drückte...ab, abgedrückt
ausdrücken, drückte...aus, ausgedrückt
eindrücken, drückte...ein, eingedrückt

Inseparable
bedrücken, bedrückte, bedrückt
zerdrücken, zerdrückte, zerdrückt

48

einigen: to unite

INDICATIVE	SUBJUNCTIVE (II)	INDIR. DISC. SUBJ. (I)
Present	*Present Time*	*Present Time*
ich einige	einigte	einige
du einigst	einigtest	einigest
er einigt	einigte	einige
wir einigen	einigten	einigen
ihr einigt	einigtet	einiget
sie einigen	einigten	einigen
Past	*Past Time*	*Past Time*
ich einigte	hätte geeinigt	habe geeinigt
du einigtest	hättest geeinigt	habest geeinigt
er einigte	hätte geeinigt	habe geeinigt
wir einigten	hätten geeinigt	haben geeinigt
ihr einigtet	hättet geeinigt	habet geeinigt
sie einigten	hätten geeinigt	haben geeinigt

Perfect
ich habe geeinigt
du hast geeinigt
er hat geeinigt
wir haben geeinigt
ihr habt geeinigt
sie haben geeinigt

Pluperfect
ich hatte geeinigt
du hattest geeinigt
er hatte geeinigt
wir hatten geeinigt
ihr hattet geeinigt
sie hatten geeinigt

Future	*Future Time*	*Future Time*
ich werde einigen	würde einigen	werde einigen
du wirst einigen	würdest einigen	werdest einigen
er wird einigen	würde einigen	werde einigen
wir werden einigen	würden einigen	werden einigen
ihr werdet einigen	würdet einigen	werdet einigen
sie werden einigen	würden einigen	werden einigen
Future Perfect	*Future Perfect Time*	*Future Perfect Time*
ich werde geeinigt haben	würde geeinigt haben	werde geeinigt haben
du wirst geeinigt haben	würdest geeinigt haben	werdest geeinigt haben
er wird geeinigt haben	würde geeinigt haben	werde geeinigt haben
wir werden geeinigt haben	würden geeinigt haben	werden geeinigt haben
ihr werdet geeinigt haben	würdet geeinigt haben	werdet geeinigt haben
sie werden geeinigt haben	würden geeinigt haben	werden geeinigt haben

Separable
wiedervereinigen, vereinigte...wieder,
  wiedervereinigt

Inseparable
vereinigen, vereinigte, vereinigt

empfehlen

empfehlen: to recommend

Princ. Parts: empfehlen, empfahl, empfohlen
Imperative: empfiel!, empfehlt!, empfehlen Sie!

INDICATIVE	SUBJUNCTIVE (II)	INDIR. DISC. SUBJ. (I)
Present	*Present Time*	*Present Time*
ich empfehle	empföhle empfähle	empfehle
du *empfielst*	empföhl(e)st empfähl(e)st	empfehlest
er *empfielt*	empföhle empfähle	empfehle
wir empfehlen	empföhlen *or* empfählen	empfehlen
ihr empfehlt	empföhl(e)t empfähl(e)t	empfehlet
sie empfehlen	empföhlen empfählen	empfehlen
Past	*Past Time*	*Past Time*
ich empfahl	hätte empfohlen	habe empfohlen
du empfahlst	hättest empfohlen	habest empfohlen
er empfahl	hätte empfohlen	habe empfohlen
wir empfahlen	hätten empfohlen	haben empfohlen
ihr empfahlt	hättet empfohlen	habet empfohlen
sie empfahlen	hätten empfohlen	haben empfohlen

Perfect
ich habe empfohlen
du hast empfohlen
er hat empfohlen
wir haben empfohlen
ihr habt empfohlen
sie haben empfohlen

Pluperfect
ich hatte empfohlen
du hattest empfohlen
er hatte empfohlen
wir hatten empfohlen
ihr hattet empfohlen
sie hatten empfohlen

Future	*Future Time*	*Future Time*
ich werde empfehlen	würde empfehlen	werde empfehlen
du wirst empfehlen	würdest empfehlen	werdest empfehlen
er wird empfehlen	würde empfehlen	werde empfehlen
wir werden empfehlen	würden empfehlen	werden empfehlen
ihr werdet empfehlen	würdet empfehlen	werdet empfehlen
sie werden empfehlen	würden empfehlen	werden empfehlen
Future Perfect	*Future Perfect Time*	*Future Perfect Time*
ich werde empfohlen haben	würde empfohlen haben	werde empfohlen haben
du wirst empfohlen haben	würdest empfohlen haben	werdest empfohlen haben
er wird empfohlen haben	würde empfohlen haben	werde empfohlen haben
wir werden empfohlen haben	würden empfohlen haben	werden empfohlen haben
ihr werdet empfohen haben	würdet empfohlen haben	werdet empfohlen haben
sie werden empfohlen haben	würden empfohlen haben	werden empfohlen haben

Inseparable
befehlen, befahl, befohlen

erhöhen

erhöhen: to heighten; raise, increase

Princ. Parts: erhöhen, erhöhte, erhöht
Imperative: erhöhe!, erhöht!, erhöhen Sie!

INDICATIVE	SUBJUNCTIVE (II)	INDIR. DISC. SUBJ. (I)
Present	*Present Time*	*Present Time*
ich erhöhe	erhöhte	erhöhe
du erhöhst	erhöhtest	erhöhest
er erhöht	erhöhte	erhöhe
wir erhöhen	erhöhten	erhöhen
ihr erhöht	erhöhtet	erhöhet
sie erhöhen	erhöhten	erhöhen
Past	*Past Time*	*Past Time*
ich erhöhte	hätte erhöht	habe erhöht
du erhöhtest	hättest erhöht	habest erhöht
er erhöhte	hätte erhöht	habe erhöht
wir erhöhten	hätten erhöht	haben erhöht
ihr erhöhtet	hättet erhöht	habet erhöht
sie erhöhten	hätten erhöht	haben erhöht
Perfect		
ich habe erhöht		
du hast erhöht		
er hat erhöht		
wir haben erhöht		
ihr habt erhöht		
sie haben erhöht		
Pluperfect		
ich hatte erhöht		
du hattest erhöht		
er hatte erhöht		
wir hatten erhöht		
ihr hattet erhöht		
sie hatten erhöht		
Future	*Future Time*	*Future Time*
ich werde erhöhen	würde erhöhen	werde erhöhen
du wirst erhöhen	würdest erhöhen	werdest erhöhen
er wird erhöhen	würde erhöhen	werde erhöhen
wir werden erhöhen	würden erhöhen	werden erhöhen
ihr werdet erhöhen	würdet erhöhen	werdet erhöhen
sie werden erhöhen	würden erhöhen	werden erhöhen
Future Perfect	*Future Perfect Time*	*Future Perfect Time*
ich werde erhöht haben	würde erhöht haben	werde erhöht haben
du wirst erhöht haben	würdest erhöht haben	werdest erhöht haben
er wird erhöht haben	würde erhöht haben	werde erhöht haben
wir werden erhöht haben	würden erhöht haben	werden erhöht haben
ihr werdet erhöht haben	würdet erhöht haben	werdet erhöht haben
sie werden erhöht haben	würden erhöht haben	werden erhöht haben

erinnern

erinnern: to remind

Princ. Parts: erinnern, erinnerte, erinnert
Imperative: erinnere!,* erinnert!, erinnern Sie!

INDICATIVE	SUBJUNCTIVE (II)	INDIR. DISC. SUBJ. (I)
Present	*Present Time*	*Present Time*
ich erinnere*	erinnerte	erinnere*
du erinnerst	erinnertest	erinnerst
er erinnert	erinnerte	erinnere
wir erinnern	erinnerten	erinnern
ihr erinnert	erinnertet	erinnert
sie erinnern	erinnerten	erinnern
Past	*Past Time*	*Past Time*
ich erinnerte	hätte erinnert	habe erinnert
du erinnertest	hättest erinnert	habest erinnert
er erinnerte	hätte erinnert	habe erinnert
wir erinnerten	hätten erinnert	haben erinnert
ihr erinnertet	hättet erinnert	habet erinnert
sie erinnerten	hätten erinnert	haben erinnert
Perfect		
ich habe erinnert		
du hast erinnert		
er hat erinnert		
wir haben erinnert		
ihr habt erinnert		
sie haben erinnert		
Pluperfect		
ich hatte erinnert		
du hattest erinnert		
er hatte erinnert		
wir hatten erinnert		
ihr hattet erinnert		
sie hatten erinnert		
Future	*Future Time*	*Future Time*
ich werde erinnern	würde erinnern	werde erinnern
du wirst erinnern	würdest erinnern	werdest erinnern
er wird erinnern	würde erinnern	werde erinnern
wir werden erinnern	würden erinnern	werden erinnern
ihr werdet erinnern	würdet erinnern	werdet erinnern
sie werden erinnern	würden erinnern	werden erinnern
Future Perfect	*Future Perfect Time*	*Future Perfect Time*
ich werde erinnert haben	würde erinnert haben	werde erinnert haben
du wirst erinnert haben	würdest erinnert haben	werdest erinnert haben
er wird erinnert haben	würde erinnert haben	werde erinnert haben
wir werden erinnert haben	würden erinnert haben	werden erinnert haben
ihr werdet erinnert haben	würdet erinnert haben	werdet erinnert haben
sie werden erinnert haben	würden erinnert haben	werden erinnert haben

* *Ich erinnre, erinnre!* is also possible, though less common.

erkennen

erkennen: to recognize

Princ. Parts: erkennen, erkannte, erkannt
Imperative: erkenn(e)!, erkennt!, erkennen Sie!

INDICATIVE	SUBJUNCTIVE (II)	INDIR. DISC. SUBJ. (I)
Present	*Present Time*	*Present Time*
ich erkenne	erkennte	erkenne
du erkennst	erkenntest	erkennest
er erkennt	erkennte	erkenne
wir erkennen	erkennten	erkennen
ihr erkennt	erkenntet	erkennet
sie erkennen	erkennten	erkennen
Past	*Past Time*	*Past Time*
ich erkannte	hätte erkannt	habe erkannt
du erkanntest	hättest erkannt	habest erkannt
er erkannte	hätte erkannt	habe erkannt
wir erkannten	hätten erkannt	haben erkannt
ihr erkanntet	hättet erkannt	habet erkannt
sie erkannten	hätten erkannt	haben erkannt
Perfect		
ich habe erkannt		
du hast erkannt		
er hat erkannt		
wir haben erkannt		
ihr habt erkannt		
sie haben erkannt		
Pluperfect		
ich hatte erkannt		
du hattest erkannt		
er hatte erkannt		
wir hatten erkannt		
ihr hattet erkannt		
sie hatten erkannt		
Future	*Future Time*	*Future Time*
ich werde erkennen	würde erkennen	werde erkennen
du wirst erkennen	würdest erkennen	werdest erkennen
er wird erkennen	würde erkennen	werde erkennen
wir werden erkennen	würden erkennen	werden erkennen
ihr werdet erkennen	würdet erkennen	werdet erkennen
sie werden erkennen	würden erkennen	werden erkennen
Future Perfect	*Future Perfect Time*	*Future Perfect Time*
ich werde erkannt haben	würde erkannt haben	werde erkannt haben
du wirst erkannt haben	würdest erkannt haben	werdest erkannt haben
er wird erkannt haben	würde erkannt haben	werde erkannt haben
wir werden erkannt haben	würden erkannt haben	werden erkannt haben
ihr werdet erkannt haben	würdet erkannt haben	werdet erkannt haben
sie werden erkannt haben	würden erkannt haben	werden erkannt haben

Separable
aberkennen, erkannte...ab, aberkannt
anerkennen, erkannte...an, anerkannt
wiedererkennen, erkannte...wieder,
    wiedererkannt
zuerkennen, erkannte...zu, zuerkannt

erlauben

Princ. Parts: erlauben, erlaubte, erlaubt
Imperative: erlaub(e)!, erlaubt!, erlauben Sie!

INDICATIVE	SUBJUNCTIVE (II)	INDIR. DISC. SUBJ. (I)
Present	*Present Time*	*Present Time*
ich erlaube	erlaubte	erlaube
du erlaubst	erlaubtest	erlaubest
er erlaubt	erlaubte	erlaube
wir erlauben	erlaubten	erlauben
ihr erlaubt	erlaubtet	erlaubet
sie erlauben	erlaubten	erlauben
Past	*Past Time*	*Past Time*
ich erlaubte	hätte erlaubt	habe erlaubt
du erlaubtest	hättest erlaubt	habest erlaubt
er erlaubte	hätte erlaubt	habe erlaubt
wir erlaubten	hätten erlaubt	haben erlaubt
ihr erlaubtet	hättet erlaubt	habet erlaubt
sie erlaubten	hätten erlaubt	haben erlaubt
Perfect		
ich habe erlaubt		
du hast erlaubt		
er hat erlaubt		
wir haben erlaubt		
ihr habt erlaubt		
sie haben erlaubt		
Pluperfect		
ich hatte erlaubt		
du hattest erlaubt		
er hatte erlaubt		
wir hatten erlaubt		
ihr hattet erlaubt		
sie hatten erlaubt		
Future	*Future Time*	*Future Time*
ich werde erlauben	würde erlauben	werde erlauben
du wirst erlauben	würdest erlauben	werdest erlauben
er wird erlauben	würde erlauben	werde erlauben
wir werden erlauben	würden erlauben	werden erlauben
ihr werdet erlauben	würdet erlauben	werdet erlauben
sie werden erlauben	würden erlauben	werden erlauben
Future Perfect	*Future Perfect Time*	*Future Perfect Time*
ich werde erlaubt haben	würde erlaubt haben	werde erlaubt haben
du wirst erlaubt haben	würdest erlaubt haben	werdest erlaubt haben
er wird erlaubt haben	würde erlaubt haben	werde erlaubt haben
wir werden erlaubt haben	würden erlaubt haben	werden erlaubt haben
ihr werdet erlaubt haben	würdet erlaubt haben	werdet erlaubt haben
sie werden erlaubt haben	würden erlaubt haben	werden erlaubt haben

erledigen

Princ. Parts: erledigen, erledigte, erledigt
Imperative: erledig(e)!, erledigt!, erledigen Sie!

erledigen: to take care of, attend to; finish

INDICATIVE	SUBJUNCTIVE (II)	INDIR. DISC. SUBJ. (I)
Present	*Present Time*	*Present Time*
ich erledige	erledigte	erledige
du erledigst	erledigtest	erledigest
er erledigt	erledigte	erledige
wir erledigen	erledigten	erledigen
ihr erledigt	erledigtet	erlediget
sie erledigen	erledigten	erledigen
Past	*Past Time*	*Past Time*
ich erledigte	hätte erledigt	habe erledigt
du erledigtest	hättest erledigt	habest erledigt
er erledigte	hätte erledigt	habe erledigt
wir erledigten	hätten erledigt	haben erledigt
ihr erledigtet	hättet erledigt	habet erledigt
sie erledigten	hätten erledigt	haben erledigt
Perfect		
ich habe erledigt		
du hast erledigt		
er hat erledigt		
wir haben erledigt		
ihr habt erledigt		
sie haben erledigt		
Pluperfect		
ich hatte erledigt		
du hattest erledigt		
er hatte erledigt		
wir hatten erledigt		
ihr hattet erledigt		
sie hatten erledigt		
Future	*Future Time*	*Future Time*
ich werde erledigen	würde erledigen	werde erledigen
du wirst erledigen	würdest erledigen	werdest erledigen
er wird erledigen	würde erledigen	werde erledigen
wir werden erledigen	würden erledigen	werden erledigen
ihr werdet erledigen	würdet erledigen	werdet erledigen
sie werden erledigen	würden erledigen	werden erledigen
Future Perfect	*Future Perfect Time*	*Future Perfect Time*
ich werde erledigt haben	würde erledigt haben	werde erledigt haben
du wirst erledigt haben	würdest erledigt haben	werdest erledigt haben
er wird erledigt haben	würde erledigt haben	werde erledigt haben
wir werden erledigt haben	würden erledigt haben	werden erledigt haben
ihr werdet erledigt haben	würdet erledigt haben	werdet erledigt haben
sie werden erledigt haben	würden erledigt haben	werden erledigt haben

erschrecken*

erschrecken: to be frightened

Princ. Parts: erschrecken, erschrak, ist erschrocken
Imperative: erschrick!, erschreckt!, erschrecken Sie!

INDICATIVE	SUBJUNCTIVE (II)	INDIR. DISC. SUBJ. (I)
Present	*Present Time*	*Present Time*
ich erschrecke	erschräke	erschrecke
du *erschrickst*	erschräk(e)st	erschreckest
er *erschrickt*	erschräke	erschrecke
wir erschrecken	erschräken	erschrecken
ihr erschreckt	erschräk(e)t	erschrecket
sie erschrecken	erschräken	erschrecken
Past	*Past Time*	*Past Time*
ich erschrak	wäre erschrocken	sei erschrocken
du erschrakst	wärest erschrocken	seiest erschrocken
er erschrak	wäre erschrocken	sei erschrocken
wir erschraken	wären erschrocken	seien erschrocken
ihr erschrakt	wäret erschrocken	seiet erschrocken
sie erschraken	wären erschrocken	seien erschrocken
Perfect		
ich bin erschrocken		
du bist erschrocken		
er ist erschrocken		
wir sind erschrocken		
ihr seid erschrocken		
sie sind erschrocken		
Pluperfect		
ich war erschrocken		
du warst erschrocken		
er war erschrocken		
wir waren erschrocken		
ihr wart erschrocken		
sie waren erschrocken		
Future	*Future Time*	*Future Time*
ich werde erschrecken	würde erschrecken	werde erschrecken
du wirst erschrecken	würdest erschrecken	werdest erschrecken
er wird erschrecken	würde erschrecken	werde erschrecken
wir werden erschrecken	würden erschrecken	werden erschrecken
ihr werdet erschrecken	würdet erschrecken	werdet erschrecken
sie werden erschrecken	würden erschrecken	werden erschrecken
Future Perfect	*Future Perfect Time*	*Future Perfect Time*
ich werde erschrocken sein	würde erschrocken sein	werde erschrocken sein
du wirst erschrocken sein	würdest erschrocken sein	werdest erschrocken sein
er wird erschrocken sein	würde erschrocken sein	werde erschrocken sein
wir werden erschrocken sein	würden erschrocken sein	werden erschrocken sein
ihr werdet erschrocken sein	würdet erschrocken sein	werdet erschrocken sein
sie werden erschrocken sein	würden erschrocken sein	werden erschrocken sein

* Not to be confused with transitive *erschrecken* "to frighten" which is conjugated regularly: *erschrecken, erschreckte, hat erschreckt.*

Separable
aufschrecken, schrak...auf, aufgeschrocken
zusammenschrecken, schrak...zusammen,
  zusammengeschrocken

essen

essen: to eat

Princ. Parts: essen, aβ, gegessen
Imperative: iβ!, eβt!, essen Sie!

INDICATIVE	SUBJUNCTIVE (II)	INDIR. DISC. SUBJ. (I)
Present	*Present Time*	*Present Time*
ich esse	äβe	esse
du iβt	äβest	essest
er iβt	äβe	esse
wir essen	äβen	essen
ihr eβt	äβet	esset
sie essen	äβen	essen
Past	*Past Time*	*Past Time*
ich aβ	hätte gegessen	habe gegessen
du aβest	hättest gegessen	habest gegessen
er aβ	hätte gegessen	habe gegessen
wir aβen	hätten gegessen	haben gegessen
ihr aβt	hättet gegessen	habet gegessen
sie aβen	hätten gegessen	haben gegessen

Perfect
ich habe gegessen
du hast gegessen
er hat gegessen
wir haben gegessen
ihr habt gegessen
sie haben gegessen

Pluperfect
ich hatte gegessen
du hattest gegessen
er hatte gegessen
wir hatten gegessen
ihr hattet gegessen
sie hatten gegessen

Future	*Future Time*	*Future Time*
ich werde essen	würde essen	werde essen
du wirst essen	würdest essen	werdest essen
er wird essen	würde essen	werde essen
wir werden essen	würden essen	werden essen
ihr werdet essen	würdet essen	werdet essen
sie werden essen	würden essen	werden essen
Future Perfect	*Future Perfect Time*	*Future Perfect Time*
ich werde gegessen haben	würde gegessen haben	werde gegessen haben
du wirst gegessen haben	würdest gegessen haben	werdest gegessen haben
er wird gegessen haben	würde gegessen haben	werde gegessen haben
wir werden gegessen haben	würden gegessen haben	werden gegessen haben
ihr werdet gegessen haben	würdet gegessen haben	werdet gegessen haben
sie werden gegessen haben	würden gegessen haben	werden gegessen haben

Separable
aufessen, aβ...auf, aufgegessen

Another similarly conjugated verb:
fressen, fraβ, gefressen

fahren

fahren: to go (by vehicle); drive

Princ. Parts: fahren, fuhr, ist gefahren
Imperative: fahr(e)!, fahrt!, fahren Sie!

INDICATIVE	SUBJUNCTIVE (II)	INDIR. DISC. SUBJ. (I)
Present	*Present Time*	*Present Time*
ich fahre	führe	fahre
du *fährst*	führ(e)st	fahrest
er *fährt*	führe	fahre
wir fahren	führen	fahren
ihr fahrt	führ(e)t	fahret
sie fahren	führen	fahren
Past	*Past Time*	*Past Time*
ich fuhr	wäre gefahren	sei gefahren
du fuhrst	wärest gefahren	seiest gefahren
er fuhr	wäre gefahren	sei gefahren
wir fuhren	wären gefahren	seien gefahren
ihr fuhrt	wäret gefahren	seiet gefahren
sie fuhren	wären gefahren	seien gefahren

Perfect
ich bin gefahren
du bist gefahren
er ist gefahren
wir sind gefahren
ihr seid gefahren
sie sind gefahren

Pluperfect
ich war gefahren
du warst gefahren
er war gefahren
wir waren gefahren
ihr wart gefahren
sie waren gefahren

Future	*Future Time*	*Future Time*
ich werde fahren	würde fahren	werde fahren
du wirst fahren	würdest fahren	werdest fahren
er wird fahren	würde fahren	werde fahren
wir werden fahren	würden fahren	werden fahren
ihr werdet fahren	würdet fahren	werdet fahren
sie werden fahren	würden fahren	werden fahren
Future Perfect	*Future Perfect Time*	*Future Perfect Time*
ich werde gefahren sein	würde gefahren sein	werde gefahren sein
du wirst gefahren sein	würdest gefahren sein	werdest gefahren sein
er wird gefahren sein	würde gefahren sein	werde gefahren sein
wir werden gefahren sein	würden gefahren sein	werden gefahren sein
ihr werdet gefahren sein	würdet gefahren sein	werdet gefahren sein
sie werden gefahren sein	würden gefahren sein	werden gefahren sein

Separable
abfahren, fuhr...ab, abgefahren
anfahren, fuhr...an, angefahren
fortfahren, fuhr...fort, fortgefahren
mitfahren, fuhr...mit, mitgefahren
radfahren, fuhr...Rad, radgefahren
spazierenfahren, fuhr...spazieren,
 spazierengefahren

überfahren, fuhr...über, übergefahren
wegfahren, fuhr...weg, weggefahren

Inseparable
erfahren, erfuhr, erfahren
überfahren, überfuhr, überfahren
verfahren, verfuhr, verfahren
widerfahren, widerfuhr, widerfahren

fallen

Princ. Parts: fallen, fiel, ist gefallen
Imperative: fall(e)!, fallt!, fallen Sie!

INDICATIVE	SUBJUNCTIVE (II)	INDIR. DISC. SUBJ. (I)
Present	*Present Time*	*Present Time*
ich falle	fiele	falle
du *fällst*	fielest	fallest
er *fällt*	fiele	falle
wir fallen	fielen	fallen
ihr fallt	fielet	fallet
sie fallen	fielen	fallen
Past	*Past Time*	*Past Time*
ich fiel	wäre gefallen	sei gefallen
du fielst	wärest gefallen	seiest gefallen
er fiel	wäre gefallen	sei gefallen
wir fielen	wären gefallen	seien gefallen
ihr fielt	wäret gefallen	seiet gefallen
sie fielen	wären gefallen	seien gefallen
Perfect		
ich bin gefallen		
du bist gefallen		
er ist gefallen		
wir sind gefallen		
ihr seid gefallen		
sie sind gefallen		
Pluperfect		
ich war gefallen		
du warst gefallen		
er war gefallen		
wir waren gefallen		
ihr wart gefallen		
sie waren gefallen		
Future	*Future Time*	*Future Time*
ich werde fallen	würde fallen	werde fallen
du wirst fallen	würdest fallen	werdest fallen
er wird fallen	würde fallen	werde fallen
wir werden fallen	würden fallen	werden fallen
ihr werdet fallen	würdet fallen	werdet fallen
sie werden faleln	würden fallen	werden fallen
Future Perfect	*Future Perfect Time*	*Future Perfect Time*
ich werde gefallen sein	würde gefallen sein	werde gefallen sein
du wirst gefallen sein	würdest gefallen sein	werdest gefallen sein
er wird gefallen sein	würde gefallen sein	werde gefallen sein
wir werden gefallen sein	würden gefallen sein	werden gefallen sein
ihr werdet gefallen sein	würdet gefallen sein	werdet gefallen sein
sie werden gefallen sein	würden gefallen sein	werden gefallen sein

Separable
abfallen, fiel...ab, abgefallen
anfallen, fiel...an, angefallen
auffallen, fiel...auf, aufgefallen
einfallen, fiel...ein, eingefallen
hinfallen, fiel...hin, hingefallen
zufallen, fiel...zu, zufallen

Inseparable
entfallen, entfiel, entfallen
gefallen, gefiel, gefallen
mißfallen, mißfiel, mißfallen
verfallen, verfiel, verfallen
zerfallen, zerfiel, zerfallen

fangen

fangen: to catch; capture

Princ. Parts: fangen, fing, gefangen
Imperative: fang(e)!, fangt!, fangen Sie!

INDICATIVE	SUBJUNCTIVE (II)	INDIR. DISC. SUBJ. (I)
Present	*Present Time*	*Present Time*
ich fange	finge	fange
du *fängst*	fingest	fangest
er *fängst*	finge	fange
wir fangen	fingen	fangen
ihr fangt	finget	fanget
sie fangen	fingen	fangen
Past	*Past Time*	*Past Time*
ich fing	hätte gefangen	habe gefangen
du fingst	hättest gefangen	habest gefangen
er fing	hätte gefangen	habe gefangen
wir fingen	hätten gefangen	haben gefangen
ihr fingt	hättet gefangen	habet gefangen
sie fingen	hätten gefangen	haben gefangen
Perfect		
ich habe gefangen		
du hast gefangen		
er hat gefangen		
wir haben gefangen		
ihr habt gefangen		
sie haben gefangen		
Pluperfect		
ich hatte gefangen		
du hattest gefangen		
er hatte gefangen		
wir hatten gefangen		
ihr hattet gefangen		
sie hatten gefangen		
Future	*Future Time*	*Future Time*
ich werde fangen	würde fangen	werde fangen
du wirst fangen	würdest fangen	werdest fangen
er wird fangen	würde fangen	werde fangen
wir werden fangen	würden fangen	werden fangen
ihr werdet fangen	würdet fangen	werdet fangen
sie werden fangen	würden fangen	werden fangen
Future Perfect	*Future Perfect Time*	*Future Perfect Time*
ich werde gefangen haben	würde gefangen haben	werde gefangen haben
du wirst gefangen haben	würdest gefangen haben	werdest gefangen haben
er wird gefangen haben	würde gefangen haben	werde gefangen haben
wir werden gefangen haben	würden gefangen haben	werden gefangen haben
ihr werdet gefangen haben	würdet gefangen haben	werdet gefangen haben
sie werden gefangen haben	würden gefangen haben	werden gefangen haben

Separable
anfangen, fing...an, angefangen

Inseparable
empfangen, empfing, empfangen
umfangen, umfing, umfangen

fassen: to seize, grasp

Princ. Parts: fassen, faβte, gefaβt
Imperative: fass(e)!, faβt!, fassen Sie!

INDICATIVE	SUBJUNCTIVE (II)	INDIR. DISC. SUBJ. (I)
Present	*Present Time*	*Present Time*
ich fasse	faβte	fasse
du faβt	faβtest	fassest
er faβt	faβte	fasse
wir fassen	faβten	fassen
ihr faβt	faβtet	fasset
sie fassen	faβten	fassen
Past	*Past Time*	*Past Time*
ich faβte	hätte gefaβt	habe gefaβt
du faβtest	hättest gefaβt	habest gefaβt
er faβte	hätte gefaβt	habe gefaβt
wir faβten	hätten gefaβt	haben gefaβt
ihr faβtet	hättet gefaβt	habet gefaβt
sie faβten	hätten gefaβt	haben gefaβt
Perfect		
ich habe gefaβt		
du hast gefaβt		
er hat gefaβt		
wir haben gefaβt		
ihr habt gefaβt		
sie haben gefaβt		
Pluperfect		
ich hatte gefaβt		
du hattest gefaβt		
er hatte gefaβt		
wir hatten gefaβt		
ihr hattet gefaβt		
sie hatten gefaβt		
Future	*Future Time*	*Future Time*
ich werde fassen	würde fassen	werde fassen
du wirst fassen	würdest fassen	werdest fassen
er wird fassen	würde fassen	werde fassen
wir werden fassen	würden fassen	werden fassen
ihr werdet fassen	würdet fassen	werdet fassen
sie werden fassen	würden fassen	werden fassen
Future Perfect	*Future Perfect Time*	*Future Perfect Time*
ich werde gefaβt haben	würde gefaβt haben	werde gefaβt haben
du wirst gefaβt haben	würdest gefaβt haben	werdest gefaβt haben
er wird gefaβt haben	würde gefaβt haben	werde gefaβt haben
wir werden gefaβt haben	würden gefaβt haben	werden gefaβt haben
ihr werdet gefaβt haben	würdet gefaβt haben	werdet gefaβt haben
sie werden gefaβt haben	würden gefaβt haben	werden gefaβt haben

Separable
anfassen, faβte...an, angefaβt
auffassen, faβte...auf, aufgefaβt
zusammenfassen, faβte...zusammen, zusammen-
gefaβt

Inseparable
befassen, befaβte, befaβt
erfassen, erfaβte, erfaβt
umfassen, umfaβte, umfaβt
verfassen, verfaβte, verfaβt

fehlen

fehlen: to be absent; be missing; lack

Princ. Parts: fehlen, fehlte, gefehlt
Imperative: fehl(e)! fehlt!, fehlen Sie!

INDICATIVE	SUBJUNCTIVE (II)	INDIR. DISC. SUBJ. (I)
Present	*Present Time*	*Present Time*
ich fehle	fehle	fehle
du fehlst	fehltest	fehlest
er fehlt	fehlte	fehle
wir fehlen	fehlten	fehlen
ihr fehlt	fehltet	fehlet
sie fehlen	fehlten	fehlen
Past	*Past Time*	*Past Time*
ich fehlte	hätte gefehlt	habe gefehlt
du fehltest	hättest gefehlt	habest gefehlt
er fehlte	hätte gefehlt	habe gefehlt
wir fehlten	hätten gefehlt	haben gefehlt
ihr fehltet	hättet gefehlt	habet gefehlt
sie fehlten	hätten gefehlt	haben gefehlt
Perfect		
ich habe gefehlt		
du hast gefehlt		
er hat gefehlt		
wir haben gefehlt		
ihr habt gefehlt		
sie haben gefehlt		
Pluperfect		
ich hatte gefehlt		
du hattest gefehlt		
er hatte gefehlt		
wir hatten gefehlt		
ihr hattet gefehlt		
sie hatten gefehlt		
Future	*Future Time*	*Future Time*
ich werde fehlen	würde fehlen	werde fehlen
du wirst fehlen	würdest fehlen	werdest fehlen
er wird fehlen	würde fehlen	werde fehlen
wir werden fehlen	würden fehlen	werden fehlen
ihr werdet fehlen	würdet fehlen	werdet fehlen
sie werden fehlen	würden fehlen	werden fehlen
Future Perfect	*Future Perfect Time*	*Future Perfect Time*
ich werde gefehlt haben	würde gefehlt haben	werde gefehlt haben
du wirst gefehlt haben	würdest gefehlt haben	werdest gefehlt haben
er wird gefehlt haben	würde gefehlt haben	werde gefehlt haben
wir werden gefehlt haben	würden gefehlt haben	werden gefehlt haben
ihr werdet gefehlt haben	würdet gefehlt haben	werdet gefehlt haben
sie werden gefehlt haben	würden gefehlt haben	werden gefehlt haben

Inseparable
verfehlen, verfehlte, verfehlt

feiern: to celebrate

Princ. Parts: feiern, feierte, gefeiert
Imperative: fei(e)re!, feiert!, feiern Sie!

INDICATIVE	SUBJUNCTIVE (II)	INDIR. DISC. SUBJ. (I)
Present	*Present Time*	*Present Time*
ich feiere*	feierte	feiere*
du feierst	feiertest	feierst
er feiert	feierte	feiere*
wir feiern	feierten	feiern
ihr feiert	feiertet	feiert
sie feiern	feierten	feiern
Past	*Past Time*	*Past Time*
ich feierte	hätte gefeiert	habe gefeiert
du feiertest	hättest gefeiert	habest gefeiert
er feierte	hätte gefeiert	habe gefeiert
wir feierten	hätten gefeiert	haben gefeiert
ihr feiertet	hättet gefeiert	habet gefeiert
sie feierten	hätten gefeiert	haben gefeiert
Perfect		
ich habe gefeiert		
du hast gefeiert		
er hat gefeiert		
wir haben gefeiert		
ihr habt gefeiert		
sie haben gefeiert		
Pluperfect		
ich hatte gefeiert		
du hattest gefeiert		
er hatte gefeiert		
wir hatten gefeiert		
ihr hattet gefeiert		
sie hatten gefeiert		
Future	*Future Time*	*Future Time*
ich werde feiern	würde feiern	werde feiern
du wirst feiern	würdest feiern	werdest feiern
er wird feiern	würde feiern	werde feiern
wir werden feiern	würden feiern	werden feiern
ihr werdet feiern	würdet feiern	werdet feiern
sie werden feiern	würden feiern	werden feiern
Future Perfect	*Future Perfect Time*	*Future Perfect Time*
ich werde gefeiert haben	würde gefeiert haben	werde gefeiert haben
du wirst gefeiert haben	würdest gefeiert haben	werdest gefeiert haben
er wird gefeiert haben	würde gefeiert haben	werde gefeiert haben
wir werden gefeiert haben	würden gefeiert haben	werden gefeiert haben
ihr werdet gefeiert haben	würdet gefeiert haben	werdet gefeiert haben
sie werden gefeiert haben	würden gefeiert haben	werden gefeiert haben

* *Ich feire* and *er feire* are possible, though not commonly used.

finden

finden: to find

Princ. Parts: finden, fand, gefunden
Imperative: finde!, findet!, finden Sie!

INDICATIVE	SUBJUNCTIVE (II)	INDIR. DISC. SUBJ. (I)
Present	*Present Time*	*Present Time*
ich finde	fände	finde
du findest	fändest	findest
er findet	fände	finde
wir finden	fänden	finden
ihr findet	fändet	findet
sie finden	fänden	finden
Past	*Past Time*	*Past Time*
ich fand	hätte gefunden	habe gefunden
du fandst	hättest gefunden	habest gefunden
er fand	hätte gefunden	habe gefunden
wir fanden	hätten gefunden	haben gefunden
ihr fandet	hättet gefunden	habet gefunden
sie fanden	hätten gefunden	haben gefunden
Perfect		
ich habe gefunden		
du hast gefunden		
er hat gefunden		
wir haben gefunden		
ihr habt gefunden		
sie haben gefunden		
Pluperfect		
ich hatte gefunden		
du hattest gefunden		
er hatte gefunden		
wir hatten gefunden		
ihr hattet gefunden		
sie hatten gefunden		
Future	*Future Time*	*Future Time*
ich werde finden	würde finden	werde finden
du wirst finden	würdest finden	werdest finden
er wird finden	würde finden	werde finden
wir werden finden	würden finden	werden finden
ihr werdet finden	würdet finden	werdet finden
sie werden finden	würden finden	werden finden
Future Perfect	*Future Perfect Time*	*Future Perfect Time*
ich werde gefunden haben	würde gefunden haben	werde gefunden haben
du wirst gefunden haben	würdest gefunden haben	werdest gefunden haben
er wird gefunden haben	würde gefunden haben	werde gefunden haben
wir werden gefunden haben	würden gefunden haben	werden gefunden haben
ihr werdet gefunden haben	würdet gefunden haben	werdet gefunden haben
sie werden gefunden haben	würden gefunden haben	werden gefunden haben

Separable
abfinden, fand...ab, abgefunden
herausfinden, fand...heraus, herausgefunden
stattfinden, fand...statt, stattgefunden

Inseparable
befinden, befand, befunden
empfinden, empfand, empfunden
erfinden, erfand, erfunden

64

fliegen: to fly

Princ. Parts: fliegen, flog, ist geflogen*
Imperative: flieg(e)!, fliegt!, fliegen Sie!

INDICATIVE	SUBJUNCTIVE (II)	INDIR. DISC. SUBJ. (I)
Present	*Present Time*	*Present Time*
ich fliege	flöge	fliege
du fliegst	flög(e)st	fliegest
er fliegt	flöge	fliege
wir fliegen	flögen	fliegen
ihr fliegt	flög(e)t	flieget
sie fliegen	flögen	fliegen
Past	*Past Time*	*Past Time*
ich flog	wäre geflogen	sei geflogen
du flogst	wärest geflogen	seiest geflogen
er flog	wäre geflogen	sei geflogen
wir flogen	wären geflogen	seien geflogen
ihr flogt	wäret geflogen	seiet geflogen
sie flogen	wären geflogen	seien geflogen
Perfect		
ich bin geflogen		
du bist geflogen		
er ist geflogen		
wir sind geflogen		
ihr seid geflogen		
sie sind geflogen		
Pluperfect		
ich war geflogen		
du warst geflogen		
er war geflogen		
wir waren geflogen		
ihr wart geflogen		
sie waren geflogen		
Future	*Future Time*	*Future Time*
ich werde fliegen	würde fliegen	werde fliegen
du wirst fliegen	würdest fliegen	werdest fliegen
er wird fliegen	würde fliegen	werde fliegen
wir werden fliegen	würden fliegen	werden fliegen
ihr werdet fliegen	würdet fliegen	werdet fliegen
sie werden fliegen	würden fliegen	werden fliegen
Future Perfect	*Future Perfect Time*	*Future Perfect Time*
ich werde geflogen sein	würde geflogen sein	werde geflogen sein
du wirst geflogen sein	würdest geflogen sein	werdest geflogen sein
er wird geflogen sein	würde geflogen sein	werde geflogen sein
wir werden geflogen sein	würden geflogen sein	werden geflogen sein
ihr werdet geflogen sein	würdet geflogen sein	werdet geflogen sein
sie werden geflogen sein	würden geflogen sein	werden geflogen sein

* *Fliegen* is conjugated with *haben* when used transitively.

Separable
abfliegen, flog...ab, abgeflogen
anfliegen, flog...an, angeflogen
fortfliegen, flog...fort, fortgeflogen
zufliegen, flog...zu, zugeflogen

fliehen

fliehen: to flee

Princ. Parts: fliehen, floh, ist geflohen*
Imperative: flieh(e)!, flieht!, fliehen Sie!

INDICATIVE	SUBJUNCTIVE (II)	INDIR. DISC. SUBJ. (I)
Present	*Present Time*	*Present Time*
ich fliehe	flöhe	fliehe
du fliehst	flöh(e)st	fliehest
er flieht	flöhe	fliehe
wir fliehen	flöhen	fliehen
ihr flieht	flöh(e)t	fliehet
sie fliehen	flöhen	fliehen
Past	*Past Time*	*Past Time*
ich floh	wäre geflohen	sei geflohen
du flohst	wärest geflohen	seiest geflohen
er floh	wäre geflohen	sei geflohen
wir flohen	wären geflohen	seien geflohen
ihr floht	wäret geflohen	seiet geflohen
sie flohen	wären geflohen	seien geflohen
Perfect		
ich bin geflohen		
du bist geflohen		
er ist geflohen		
wir sind geflohen		
ihr seid geflohen		
sie sind geflohen		
Pluperfect		
ich war geflohen		
du warst geflohen		
er war geflohen		
wir waren geflohen		
ihr wart geflohen		
sie waren geflohen		
Future	*Future Time*	*Future Time*
ich werde fliehen	würde fliehen	werde fliehen
du wirst fliehen	würdest fliehen	werdest fliehen
er wird fliehen	würde fliehen	werde fliehen
wir werden fliehen	würden fliehen	werden fliehen
ihr werdet fliehen	würdet fliehen	werdet fliehen
sie werden fliehen	würden fliehen	werden fliehen
Future Perfect	*Future Perfect Time*	*Future Perfect Time*
ich werde geflohen sein	würde geflohen sein	werde geflohen sein
du wirst geflohen sein	würdest geflohen sein	werdest geflohen sein
er wird geflohen sein	würde geflohen sein	werde geflohen sein
wir werden geflohen sein	würden geflohen sein	werden geflohen sein
ihr werdet geflohen sein	würdet geflohen sein	werdet geflohen sein
sie werden geflohen sein	würden geflohen sein	werden geflohen sein

* *Fliehen* is conjugated with *haben* when used transitively in the sense of "to avoid, shun, or flee from."

Inseparable
entfliehen, entfloh, entflohen

folgen

Princ. Parts: folgen, folgte, ist gefolgt
Imperative: folg(e)!, folgt!, folgen Sie!

INDICATIVE	SUBJUNCTIVE (II)	INDIR. DISC. SUBJ. (I)
Present	*Present Time*	*Present Time*
ich folge	folgte	folge
du folgst	folgtest	folgest
er folgt	folgte	folge
wir folgen	folgten	folgen
ihr folgt	folgtet	folget
sie folgen	folgten	folgen
Past	*Past Time*	*Past Time*
ich folgte	wäre gefolgt	sei gefolgt
du folgtest	wärest gefolgt	seiest gefolgt
er folgte	wäre gefolgt	sei gefolgt
wir folgten	wären gefolgt	seien gefolgt
ihr folgtet	wäret gefolgt	seiet gefolgt
sie folgten	wären gefolgt	seien gefolgt
Perfect		
ich bin gefolgt		
du bist gefolgt		
er ist gefolgt		
wir sind gefolgt		
ihr seid gefolgt		
sie sind gefolgt		
Pluperfect		
ich war gefolgt		
du warst gefolgt		
er wart gefolgt		
wir waren gefolgt		
ihr wart gefolgt		
sie waren gefolgt		
Future	*Future Time*	*Future Time*
ich werde folgen	würde folgen	werde folgen
du wirst folgen	würdest folgen	werdest folgen
er wird folgen	würde folgen	werde folgen
wir werden folgen	würden folgen	werden folgen
ihr werdet folgen	würdet folgen	werdet folgen
sie werden folgen	würden folgen	werden folgen
Future Perfect	*Future Perfect Time*	*Future Perfect Time*
ich werde gefolgt sein	würde gefolgt sein	werde gefolgt sein
du wirst gefolgt sein	würdest gefolt sein	werdest gefolgt sein
er wird gefolgt sein	würde gefolgt sein	werde gefolgt sein
wir werden gefolgt sein	würden gefolgt sein	werden gefolgt sein
ihr werdet gefolgt sein	würdet gefolgt sein	werdet gefolgt sein
sie werden gefolgt sein	würden gefolgt sein	werden gefolgt sein

Separable
aufeinanderfolgen, folgte...aufeinander,
   aufeinandergefolgt
nachfolgen, folgte...nach, nachgefolgt

Inseparable
erfolgen, erfolgte, erfolgt
verfolgen, verfolgte, verfolgt

fordern

fordern: to demand, require

Princ. Parts: fordern, forderte, gefordert
Imperative: ford(e)re!, fordert!, fordern Sie!

INDICATIVE	SUBJUNCTIVE (II)	INDIR. DISC. SUBJ. (I)
Present	*Present Time*	*Present Time*
ich fordere*	forderte	fordere*
du forderst	fordertest	forderst
er fordert	forderte	fordere*
wir fordern	forderten	fordern
ihr fordert	fordertet	fordert
sie fordern	forderten	fordern
Past	*Past Time*	*Past Time*
ich forderte	hätte gefordert	habe gefordert
du fordertest	hättest gefordert	habest gefordert
er forderte	hätte gefordert	habe gefordert
wir forderten	hätten gefordert	haben gefordert
ihr fordertet	hättet gefordert	habet gefordert
sie forderten	hätten gefordert	haben gefordert

Perfect
ich habe gefordert
du hast gefordert
er hat gefordert
wir haben gefordert
ihr habt gefordert
sie haben gefordert

Pluperfect
ich hatte gefordert
du hattest gefordert
er hatte gefordert
wir hatten gefordert
ihr hattet gefordert
sie hatten gefordert

Future	*Future Time*	*Future Time*
ich werde fordern	würde fordern	werde fordern
du wirst fordern	würdest fordern	werdest fordern
er wird fordern	würde fordern	werde fordern
wir werden fordern	würden fordern	werden fordern
ihr werdet fordern	würdet fordern	werdet fordern
sie werden fordern	würden fordern	werden fordern
Future Perfect	*Future Perfect Time*	*Future Perfect Time*
ich werde gefordert haben	würde gefordert haben	werde gefordert haben
du wirst gefordert haben	würdest gefordert haben	werdest gefordert haben
er wird gefordert haben	würde gefordert haben	werde gefordert haben
wir werden gefordert haben	würden gefordert haben	werden gefordert haben
ihr werdet gefordert haben	würdet gefordert haben	werdet gefordert haben
sie werden gefordert haben	würden gefordert haben	werden gefordert haben

* *Ich fordre, er fordre* are also possible, though not commonly used.

Separable
anfordern, forderte...an, angefordert
auffordern, forderte...auf, aufgefordert
herausfordern, forderte...heraus, heraus-
  gefordert

Inseparable
erfordern, erforderte, erfordert
überfordern, überforderte, überfordert

fördern

fördern: to further, advance; encourage, support; convey, transport

Princ. Parts: fördern, förderte, gefördert
Imperative: förd(e)re!, fördert, förden Sie!

INDICATIVE	SUBJUNCTIVE (II)	INDIR. DISC. SUBJ. (I)
Present	*Present Time*	*Present Time*
ich fördere*	förderte	fördere*
du förderst	fördertest	förderst
er fördert	förderte	fördere*
wir fördern	förderten	fördern
ihr fördert	fördertet	fördert
sie fördern	förderten	fördern
Past	*Past Time*	*Past Time*
ich förderte	hätte gefördert	habe gefördert
du fördertest	hättest gefördert	habest gefördert
er förderte	hätte gefördert	habe gefördert
wir förderten	hätten gefördert	haben gefördert
ihr fördertet	hättet gefördert	habet gefördert
sie förderten	hätten gefördert	haben gefördert
Perfect		
ich habe gefördert		
du hast gefördert		
er hat gefördert		
wir haben gefördert		
ihr habt gefördert		
sie haben gefördert		
Pluperfect		
ich hatte gefördert		
du hattest gefördert		
er hatte gefördert		
wir hatten gefördert		
ihr hattet gefördert		
sie hatten gefördert		
Future	*Future Time*	*Future Time*
ich werde fördern	würde fördern	werde fördern
du wirst fördern	würdest fördern	werdest fördern
er wird fördern	würde fördern	werde fördern
wir werden fördern	würden fördern	werden fördern
ihr werdet fördern	würdet fördern	werdet fördern
sie werden fördern	würden fördern	werden fördern
Future Perfect	*Future Perfect Time*	*Future Perfect Time*
ich werde gefördert haben	würde gefördert haben	werde gefördert haben
du wirst gefördert haben	würdest gefördert haben	werdest gefördert haben
er wird gefördert haben	würde gefördert haben	werde gefördert haben
wir werden gefördert haben	würden gefördert haben	werden gefördert haben
ihr werdet gefördert haben	würdet gefördert haben	werdet gefördert haben
sie werden gefördert haben	würden gefördert haben	werden gefördert haben

* *Ich fördre, er fördre* are also possible, though not as common.

Inseparable
befördern, beförderte, befördert

fragen

fragen: to ask (a question)

Princ. Parts: fragen, fragte, gefragt
Imperative: frag(e)!, fragt!, fragen Sie!

INDICATIVE	SUBJUNCTIVE (II)	INDIR. DISC. SUBJ. (I)
Present	*Present Time*	*Present Time*
ich frage	fragte	frage
du fragst	fragtest	fragest
er fragt	fragte	frage
wir fragen	fragten	fragen
ihr fragt	fragtet	fraget
sie fragen	fragten	fragen
Past	*Past Time*	*Past Time*
ich fragte	hätte gefragt	habe gefragt
du fragtest	hättest gefragt	habest gefragt
er fragte	hätte gefragt	habe gefragt
wir fragten	hätten gefragt	haben gefragt
ihr fragtet	hättet gefragt	habet gefragt
sie fragten	hätten gefragt	haben gefragt
Perfect		
ich habe gefragt		
du hast gefragt		
er hat gefragt		
wir haben gefragt		
ihr habt gefragt		
sie haben gefragt		
Pluperfect		
ich hatte gefragt		
du hattest gefragt		
er hatte gefragt		
wir hatten gefragt		
ihr hattet gefragt		
sie hatten gefragt		
Future	*Future Time*	*Future Time*
ich werde fragen	würde fragen	werde fragen
du wirst fragen	würdest fragen	werdest fragen
er wird fragen	würde fragen	werde fragen
wir werden fragen	würden fragen	werden fragen
ihr werdet fragen	würdet fragen	werdet fragen
sie werden fragen	würden fragen	werden fragen
Future Perfect	*Future Perfect Time*	*Future Perfect Time*
ich werde gefragt haben	würde gefragt haben	werde gefragt haben
du wirst gefragt haben	würdest gefragt haben	werdest gefragt haben
er wird gefragt haben	würde gefragt haben	werde gefragt haben
wir werden gefragt haben	würden gefragt haben	werden gefragt haben
ihr werdet gefragt haben	würdet gefragt haben	werdet gefragt haben
sie werden gefragt haben	würden gefragt haben	werden gefragt haben

Separable
anfragen, fragte...an, angefragt
nachfragen, fragte...nach, nachgefragt
umfragen, fragte...um, umgefragt

Inseparable
befragen, befragte, befragt
rückfragen, rückfragte, rückfragt

**sich freuen über/auf: to be happy about,
be pleased with/to look forward to**

Princ. Parts: freuen, freute, gefreut
Imperative: freu(e) dich!, freut euch!,
freuen Sie sich!

INDICATIVE	SUBJUNCTIVE (II)	INDIR. DISC. SUBJ. (I)
Present	*Present Time*	*Present Time*
ich freue mich	freute mich	freue mich
du freust dich	freutest dich	freuest dich
er freut sich	freute sich	freue sich
wir freuen uns	freuten uns	freuen uns
ihr freut euch	freutet euch	freuet euch
sie freuen sich	freuten sich	freuen sich
Past	*Past Time*	*Past Time*
ich freute mich	hätte mich gefreut	habe mich gefreut
du freutest dich	hättest dich grefreut	habest dich gefreut
er freute sich	hätte sich gefreut	habe sich gefreut
wir freuten uns	hätten uns gefreut	haben uns gefreut
ihr freutet euch	hättet euch gefreut	habet euch gefreut
sie freuten sich	hätten sich gefreut	haben sich gefreut
Perfect		
ich habe mich gefreut		
du hast dich gefreut		
er hat sich gefreut		
wir haben uns gefreut		
ihr habt euch gefreut		
sie haben sich gefreut		
Pluperfect		
ich hatte mich gefreut		
du hattest dich gefreut		
er hatte sich gefreut		
wir hatten uns gefreut		
ihr hattet euch gefreut		
sie hatten sich gefreut		
Future	*Future Time*	*Future Time*
ich werde mich freuen	würde mich freuen	werde mich freuen
du wirst dich freuen	würdest dich freuen	werdest dich freuen
er wird sich freuen	würde sich freuen	werde sich freuen
wir werden uns freuen	würden uns freuen	werden uns freuen
ihr werdet euch freuen	würdet euch freuen	werdet euch freuen
sie werden sich freuen	würden sich freuen	werden sich freuen
Future Perfect	*Future Perfect Time*	*Future Perfect Time*
ich werde mich gefreut haben	würde mich gefreut haben	werde mich gefreut haben
du wirst dich gefreut haben	würdest dich gefreut haben	werdest dich gefreut haben
er wird sich gefreut haben	würde sich gefreut haben	werde sich gefreut haben
wir werden uns gefreut haben	würden uns gefreut haben	werden uns gefreut haben
ihr werdet euch gefreut haben	würdet euch gefreut haben	werdet euch gefreut haben
sie werden sich gefreut haben	würden sich gefreut haben	werden sich gefreut haben

Inseparable
erfreuen, erfreute, erfreut

fühlen

fühlen: to feel

INDICATIVE	SUBJUNCTIVE (II)	INDIR. DISC. SUBJ. (I)
Present	*Present Time*	*Present Time*
ich fühle	fühlte	fühle
du fühlst	fühltest	fühlest
er fühlt	fühlte	fühle
wir fühlen	fühlten	fühlen
ihr fühlt	fühltet	fühlet
sie fühlen	fühlten	fühlen
Past	*Past Time*	*Past Time*
ich fühlte	hätte gefühlt	habe gefühlt
du fühltest	hättest gefühlt	habest gefühlt
er fühlte	hätte gefühlt	habe gefühlt
wir fühlten	hätten gefühlt	haben gefühlt
ihr fühltet	hättet gefühlt	habet gefühlt
sie fühlten	hätten gefühlt	haben gefühlt
Perfect		
ich habe gefühlt		
du hast gefühlt		
er hat gefühlt		
wir haben gefühlt		
ihr habt gefühlt		
sie haben gefühlt		
Pluperfect		
ich hatte gefühlt		
du hattest gefühlt		
er hatte gefühlt		
wir hatten gefühlt		
ihr hattet gefühlt		
sie hatten gefühlt		
Future	*Future Time*	*Future Time*
ich werde fühlen	würde fühlen	werde fühlen
du wirst fühlen	würdest fühlen	werdest fühlen
er wird fühlen	würde fühlen	werde fühlen
wir werden fühlen	würden fühlen	werden fühlen
ihr werdet fühlen	würdet fühlen	werdet fühlen
sie werden fühlen	würden fühlen	werden fühlen
Future Perfect	*Future Perfect Time*	*Future Perfect Time*
ich werde gefühlt haben	würde gefühlt haben	werde gefühlt haben
du wirst gefühlt haben	würdest gefühlt haben	werdest gefühlt haben
er wird gefühlt haben	würde gefühlt haben	werde gefühlt haben
wir werden gefühlt haben	würden gefühlt haben	werden gefühlt haben
ihr werdet gefühlt haben	würdet gefühlt haben	werdet gefühlt haben
sie werden gefühlt haben	würden gefühlt haben	werden gefühlt haben

Separable
anfühlen, fühlte...an, angefühlt
einfühlen, fühlte...ein, eingefühlt
nachfühlen, fühlte...nach, nachgefühlt

führen: to lead

INDICATIVE	SUBJUNCTIVE (II)	INDIR. DISC. SUBJ. (I)
Present	*Present Time*	*Present Time*
ich führe	führte	führe
du führst	führtest	führest
er führt	führte	führe
wir führen	führten	führen
ihr führt	führtet	führet
sie führen	führten	führen
Past	*Past Time*	*Past Time*
ich führte	hätte geführt	habe geführt
du führtest	hättest geführt	habest geführt
er führte	hätte geführt	habe geführt
wir führten	hätten geführt	haben geführt
ihr führtet	hättet geführt	habet geführt
sie führten	hätten geführt	haben geführt

Perfect
ich habe geführt
du hast geführt
er hat geführt
wir haben geführt
ihr habt geführt
sie haben geführt

Pluperfect
ich hatte geführt
du hattest geführt
er hatte geführt
wir hatten geführt
ihr hattet geführt
sie hatten geführt

Future	*Future Time*	*Future Time*
ich werde führen	würde führen	werde führen
du wirst führen	würdest führen	werdest führen
er wird führen	würde führen	werde führen
wir werden führen	würden führen	werden führen
ihr werdet führen	würdet führen	werdet führen
sie werden führen	würden führen	werden führen
Future Perfect	*Future Perfect Time*	*Future Perfect Time*
ich werde geführt haben	würde geführt haben	werde geführt haben
du wirst geführt haben	würdest geführt haben	werdest geführt haben
er wird geführt haben	würde geführt haben	werde geführt haben
wir werden geführt haben	würden geführt haben	werden geführt haben
ihr werdet geführt haben	würdet geführt haben	werdet geführt haben
sie werden geführt haben	würden geführt haben	werden geführt haben

Separable
abführen, führte...ab, abgeführt
anführen, führte...an, angeführt
aufführen, führte...auf, aufgeführt
ausführen, führte...aus, ausgeführt
durchführen, führte...durch, durchgeführt
einführen, führte...ein, eingeführt

hinführen, führte...hin, hingeführt
vorführen, führte...vor, vorgeführt
zuführen, führte...zu, zugeführt

Inseparable
entführen, entführte, entführt
verführen, verführte, verführt

füllen

füllen: to fill

Princ. Parts: füllen, füllte, gefüllt
Imperative: füll(e)!, füllt!, füllen Sie!

INDICATIVE	SUBJUNCTIVE (II)	INDIR. DISC. SUBJ. (I)
Present	*Present Time*	*Present Time*
ich fülle	füllte	fülle
du füllst	fülltest	füllest
er füllt	füllte	fülle
wir füllen	füllten	füllen
ihr füllt	fülltet	füllet
sie füllen	füllten	füllen
Past	*Past Time*	*Past Time*
ich füllte	hätte gefüllt	habe gefüllt
du fülltest	hättest gefüllt	habest gefüllt
er füllte	hätte gefüllt	habe gefüllt
wir füllten	hätten gefüllt	haben gefüllt
ihr fülltet	hättet gefüllt	habet gefüllt
sie füllten	hätten gefüllt	haben gefüllt

Perfect
ich habe gefüllt
du hast gefüllt
er hat gefüllt
wir haben gefüllt
ihr habt gefüllt
sie haben gefüllt

Pluperfect
ich hatte gefüllt
du hattest gefüllt
er hatte gefüllt
wir hatten gefüllt
ihr hattet gefüllt
sie hatten gefüllt

Future	*Future Time*	*Future Time*
ich werde füllen	würde füllen	werde füllen
du wirst füllen	würdest füllen	werdest füllen
er wird füllen	würde füllen	werde füllen
wir werden füllen	würden füllen	werden füllen
ihr werdet füllen	würdet füllen	werdet füllen
sie werden füllen	würden füllen	werden füllen
Future Perfect	*Future Perfect Time*	*Future Perfect Time*
ich werde gefüllt haben	würde gefüllt haben	werde gefüllt haben
du wirst gefüllt haben	würdest gefüllt haben	werdest gefüllt haben
er wird gefüllt haben	würde gefüllt haben	werde gefüllt haben
wir werden gefüllt haben	würden gefüllt haben	werden gefüllt haben
ihr werdet gefüllt haben	würdet gefüllt haben	werdet gefüllt haben
sie werden gefüllt haben	würden gefüllt haben	werden gefüllt haben

Separable
abfüllen, füllte...ab, abgefüllt
ausfüllen, füllte...aus, ausgefüllt
nachfüllen, füllte...nach, nachgefüllt
umfüllen, füllte...um, umgefüllt

Inseparable
erfüllen, erfüllte, erfüllt

fürchten: to fear, be afraid of	*Princ. Parts:* fürchten, fürchtete, gefürchtet	
	Imperative: fürchte!, fürchtet!, fürchten Sie!	

INDICATIVE	SUBJUNCTIVE (II)	INDIR. DISC. SUBJ. (I)
Present	*Present Time*	*Present Time*
ich fürchte	fürchtete	fürchte
du fürchtest	fürchtetest	fürchtest
er fürchtet	fürchtete	fürchte
wir fürchten	fürchteten	fürchten
ihr fürchtet	fürchtetet	fürchtet
sie fürchten	fürchteten	fürchten
Past	*Past Time*	*Past Time*
ich fürchtete	hätte gefürchtet	habe gefürchtet
du fürchtetest	hättest gefürchtet	habest gefürchtet
er fürchtete	hätte gefürchtet	habe gefürchtet
wir fürchteten	hätten gefürchtet	haben gefürchtet
ihr fürchtetet	hättet gefürchtet	habet gefürchtet
sie fürchteten	hätten gefürchtet	haben gefürchtet
Perfect		
ich habe gefürchtet		
du hast gefürchtet		
er hat gefürchtet		
wir haben gefürchtet		
ihr habt gefürchtet		
sie haben gefürchtet		
Pluperfect		
ich hatte gefürchtet		
du hattest gefürchtet		
er hatte gefürchtet		
wir hatten gefürchtet		
ihr hattet gefürchtet		
sie hatten gefürchtet		
Future	*Future Time*	*Future Time*
ich werde fürchten	würde fürchten	werde fürchten
du wirst fürchten	würdest fürchten	werdest fürchten
er wird fürchten	würde fürchten	werde fürchten
wir werden fürchten	würden fürchten	werden fürchten
ihr werdet fürchten	würdet fürchten	werdet fürchten
sie werden fürchten	würden fürchten	werden fürchten
Future Perfect	*Future Perfect Time*	*Future Perfect Time*
ich werde gefürchtet haben	würde gefürchtet haben	werde gefürchtet haben
du wirst gefürchtet haben	würdest gefürchtet haben	werdest gefürchtet haben
er wird gefürchtet haben	würde gefürchtet haben	werde gefürchtet haben
wir werden gefürchtet haben	würden gefürchtet haben	werden gefürchtet haben
ihr werdet gefürchtet haben	würdet gefürchtet haben	werdet gefürchtet haben
sie werden gefürchtet haben	würden gefürchtet haben	werden gefürchtet haben

Inseparable
befürchten, befürchtete, befürchtet

geben

geben: to give

Princ. Parts: geben, gab, gegeben
Imperative: gib!, gebt!, geben Sie!

INDICATIVE	SUBJUNCTIVE (II)	INDIR. DISC. SUBJ. (I)
Present	*Present Time*	*Present Time*
ich gebe	gäbe	gebe
du *gibst*	gäbest	gebest
er *gibt*	gäbe	gebe
wir geben	gäben	geben
ihr gebt	gäbet	gebet
sie geben	gäben	geben
Past	*Past Time*	*Past Time*
ich gab	hätte gegeben	habe gegeben
du gabst	hättest gegeben	habest gegeben
er gab	hätte gegeben	habe gegeben
wir gaben	hätten gegeben	haben gegeben
ihr gabt	hättet gegeben	habet gegeben
sie gaben	hätten gegeben	haben gegeben
Perfect		
ich habe gegeben		
du hast gegeben		
er hat gegeben		
wir haben gegeben		
ihr habt gegeben		
sie haben gegeben		
Pluperfect		
ich hatte gegeben		
du hattest gegeben		
er hatte gegeben		
wir hatten gegeben		
ihr hattet gegeben		
sie hatten gegeben		
Future	*Future Time*	*Future Time*
ich werde geben	würde geben	werde geben
du wirst geben	würdest geben	werdest geben
er wird geben	würde geben	werde geben
wir werden geben	würden geben	werden geben
ihr werdet geben	würdet geben	werdet geben
sie werden geben	würden geben	werden geben
Future Perfect	*Future Perfect Time*	*Future Perfect Time*
ich werde gegeben haben	würde gegeben haben	werde gegeben haben
du wirst gegeben haben	würdest gegeben haben	werdest gegeben haben
er wird gegeben haben	würde gegeben haben	werde gegeben haben
wir werden gegeben haben	würden gegeben haben	werden gegeben haben
ihr werdet gegeben haben	würdet gegeben haben	werdet gegeben haben
sie werden gegeben haben	würden gegeben haben	werden gegeben haben

Separable
abgeben, gab...ab, abgegeben
angeben, gab...an, angegeben
aufgeben, gab...auf, aufgegeben
ausgeben, gab...aus, ausgegeben
bekanntgeben, gab...bekannt,
  bekanntgegeben

herausgeben, gab...heraus, herausgegeben
nachgeben, gab...nach, nachgegeben
zugeben, gab...zu, zugegeben

Inseparable
ergeben, ergab, ergeben
vergeben, vergab, vergeben

gehen

Princ. Parts: gehen, ging, ist gegangen
Imperative: geh(e)!, geht!, gehen Sie!

gehen: to go, walk

INDICATIVE	SUBJUNCTIVE (II)	INDIR. DISC. SUBJ. (I)
Present	*Present Time*	*Present Time*
ich gehe	ginge	gehe
du gehst	gingest	gehest
er geht	ginge	gehe
wir gehen	gingen	gehen
ihr geht	ginget	gehet
sie gehen	gingen	gehen
Past	*Past Time*	*Past Time*
ich ging	wäre gegangen	sei gegangen
du gingst	wärest gegangen	seiest gegangen
er ging	wäre gegangen	sei gegangen
wir gingen	wären gegangen	seien gegangen
ihr gingt	wäret gegangen	seiet gegangen
sie gingen	wären gegangen	seien gegangen
Perfect		
ich bin gegangen		
du bist gegangen		
er ist gegangen		
wir sind gegangen		
ihr seid gegangen		
sie sind gegangen		
Perfect		
ich war gegangen		
du warst gegangen		
er war gegangen		
wir waren gegangen		
ihr wart gegangen		
sie waren gegangen		
Future	*Future Time*	*Future Time*
ich werde gehen	würde gehen	werde gehen
du wirst gehen	würdest gehen	werdest gehen
er wird gehen	würde gehen	werde gehen
wir werden gehen	würden gehen	werden gehen
ihr werdet gehen	würdet gehen	werdet gehen
sie werden gehen	würden gehen	werden gehen
Future Perfect	*Future Perfect Time*	*Future Perfect Time*
ich werde gegangen sein	würde gegangen sein	werde gegangen sein
du wirst gegangen sein	würdest gegangen sein	werdest gegangen sein
er wird gegangen sein	würde gegangen sein	werde gegangen sein
wir werden gegangen sein	würden gegangen sein	werden gegangen sein
ihr werdet gegangen sein	würdet gegangen sein	werdet gegangen sein
sie werden gegangen sein	würden gegangen sein	werden gegangen sein

Separable
abgehen, ging...ab, abgegangen
angehen, ging...an, angegangen
aufgehen, ging...auf, aufgegangen
ausgehen, ging...aus, ausgegangen
eingehen, ging...ein, eingegangen
hervorgehen, ging...hervor, hervorgegangen

spazierengehen, ging...spazieren, spazierengegangen
untergehen, ging...unter, untergegangen
vorbeigehen, ging...vorbei, vorbeigegangen
weitergehen, ging...weiter, weitergegangen

Inseparable
entgehen, entging, entgangen
vergehen, verging, vergangen

gehören

gehören: to belong to

Princ. Parts: gehören, gehörte, gehört
Imperative: gehör(e)!, gehört!, gehören Sie!

INDICATIVE	SUBJUNCTIVE (II)	INDIR. DISC. SUBJ. (I)
Present	*Present Time*	*Present Time*
ich gehöre	gehöre	gehöre
du gehörst	gehörtest	gehörest
er gehört	gehörte	gehöre
wir gehören	gehörten	gehören
ihr gehört	gehörtet	gehöret
sie gehören	gehörten	gehören
Past	*Past Time*	*Past Time*
ich gehörte	hätte gehört	habe gehört
du gehörtest	hättest gehört	habest gehört
er gehörte	hätte gehört	habe gehört
wir gehörten	hätten gehört	haben gehört
ihr gehörtet	hättet gehört	habet gehört
sie gehörten	hätten gehört	haben gehört

Perfect
ich habe gehört
du hast gehört
er hat gehört
wir haben gehört
ihr habt gehört
sie haben gehört

Pluperfect
ich hatte gehört
du hattest gehört
er hatte gehört
wir hatten gehört
ihr hattet gehört
sie hatten gehört

Future	*Future Time*	*Future Time*
ich werde gehören	würde gehören	werde gehören
du wirst gehören	würdest gehören	werdest gehören
er wird gehören	würde gehören	werde gehören
wir werden gehören	würden gehören	werden gehören
ihr werdet gehören	würdet gehören	werdet gehören
sie werden gehören	würden gehören	werden gehören
Future Perfect	*Future Perfect Time*	*Future Perfect Time*
ich werde gehört haben	würde gehört haben	werde gehört haben
du wirst gehört haben	würdest gehört haben	werdest gehört haben
er wird gehört haben	würde gehört haben	werde gehört haben
wir werden gehört haben	würden gehört haben	werden gehört haben
ihr werdet gehört haben	würdet gehört haben	werdet gehört haben
sie werden gehört haben	würden gehört haben	werden gehört haben

Separable
angehören, gehörte...an, angehört
zugehören, gehörte...zu, zugehört
zusammengehören, gehörte...zusammen,
  zusammengehört

gelingen*: to succeed, be successful   *Princ. Parts:* gelingen, gelang, ist gelungen

INDICATIVE	SUBJUNCTIVE (II)	INDIR. DISC. SUBJ. (I)
Present	*Present Time*	*Present Time*
es gelingt	gelänge	gelinge
sie gelingen	gelängen	gelingen
Past	*Past Time*	*Past Time*
es gelang	wäre gelungen	sei gelungen
sie gelangen	wären gelungen	seien gelungen
Perfect		
es ist gelungen		
sie sind gelungen		
Pluperfect		
es war gelungen		
sie waren gelungen		
Future	*Future Time*	*Future Time*
es wird gelingen	würde gelingen	werde gelingen
sie werden gelingen	würden gelingen	werden gelingen
Future Perfect	*Future Perfect Time*	*Future Perfect Time*
es wird gelungen sein	würde gelungen sein	werde gelungen sein
sie werden gelungen sein	würden gelungen sein	werden gelungen sein

* *Gelingen* and *mißlingen* are impersonal verbs occurring only in the third person.

Inseparable
mißlingen, mißlang, mißlungen

gelten

gelten: to be worth; be valid, hold good   *Princ. Parts:* gelten, galt, gegolten

INDICATIVE	SUBJUNCTIVE (II)		INDIR. DISC. SUBJ. (I)
Present	*Present Time*		*Present Time*
ich gelte	gälte	gölte	gelte
du *giltst*	gältest	göltest	geltest
er *gilt*	gälte	gölt	gelte
wir gelten	gälten or	gölten	gelten
ihr geltet	gältet	göltet	geltet
sie gelten	gälten	gölten	gelten
Past	*Past Time*		*Past Time*
ich galt	hätte gegolten		habe gegolten
du galtest	hättest gegolten		habest gegolten
er galt	hätte gegolten		habe gegolten
wir galten	hätten gegolten		haben gegolten
ihr galtet	hättet gegolten		habet gegolten
sie galten	hätten gegolten		haben gegolten
Pluperfect			
ich habe gegolten			
du hast gegolten			
er hat gegolten			
wir haben gegolten			
ihr habt gegolten			
sie haben gegolten			
Pluperfect			
ich hatte gegolten			
du hattest gegolten			
er hatte gegolten			
wir hatten gegolten			
ihr hattet gegolten			
sie hatten gegolten			
Future	*Future Time*		*Future Time*
ich werde gelten	würde gelten		werde gelten
du wirst gelten	würdest gelten		werdest gelten
er wird gelten	würde gelten		werde gelten
wir werden gelten	würden gelten		werden gelten
ihr werdet gelten	würdet gelten		werdet gelten
sie werden gelten	würden gelten		werden gelten
Future Perfect	*Future Perfect Time*		*Future Perfect Time*
ich werde gegolten haben	würde gegolten haben		werde gegolten haben
du wirst gegolten haben	würdest gegolten haben		werdest gegolten haben
er wird gegolten haben	würde gegolten haben		werde gegolten haben
wir werden gegolten haben	würden gegolten haben		werden gegolten haben
ihr werdet gegolten haben	würdet gegolten haben		werdet gegolten haben
sie werden gegolten haben	würden gegolten haben		werden gegolten haben

Inseparable
entgelten, entgalt, entgolten
vergelten, vergalt, vergolten

genießen: to enjoy

Princ. Parts: genießen, genoß, genossen
Imperative: genieß(e)!, genießt!, genießen Sie!

INDICATIVE	SUBJUNCTIVE (II)	INDIR. DISC. SUBJ. (I)
Present	*Present Time*	*Present Time*
ich genieße	genösse	genieße
du genießest	genössest	genießest
er genieße	genösse	genieße
wir genießen	genössen	genießen
ihr genießt	genösset	genießet
sie genießen	genössen	genießen
Past	*Past Time*	*Past Time*
ich genoß	hätte genossen	habe genossen
du genoßt	hättest genossen	habest genossen
er genoß	hätte genossen	habe genossen
wir genoßen	hätten genossen	haben genossen
ihr genoßt	hättet genossen	habet genossen
sie genoßen	hätten genossen	haben genossen

Perfect
ich habe genossen
du hast genossen
er hat genossen
wir haben genossen
ihr habt genossen
sie haben genossen

Pluperfect
ich hatte genossen
du hattest genossen
er hatte genossen
wir hatten genossen
ihr hattet genossen
sie hatten genossen

Future	*Future Time*	*Future Time*
ich werde genießen	würde genießen	werde genießen
du wirst genießen	würdest genießen	werdest genießen
er wird genießen	würde genießen	werde genießen
wir werden genießen	würden genießen	werden genießen
ihr werdet genießen	würdet genießen	werdet genießen
sie werden genießen	würden genießen	werden genießen
Future Perfect	*Future Perfect Time*	*Future Perfect Time*
ich werde genossen haben	würde genossen haben	werde genossen haben
du wirst genossen haben	würdest genossen haben	werdest genossen haben
er wird genossen haben	würde genossen haben	werde genossen haben
wir werden genossen haben	würden genossen haben	werden genossen haben
ihr werdet genossen haben	würdet genossen haben	werdet genossen haben
sie werden genossen haben	würden genossen haben	werden genossen haben

Separable
mitgenießen, genoß...mit, mitgenossen

geschehen*

geschehen*: to happen   *Princ. Parts:* geschehen, geschah, ist geschehen

INDICATIVE	SUBJUNCTIVE (II)	INDIR. DISC. SUBJ. (I)
Present	*Present Time*	*Present Time*
es *geschieht*	geschähe	geschehe
sie geschehen	geschähen	geschehen
Past	*Past Time*	*Past Time*
es geschah	wäre geschehen	sei geschehen
sie geschahen	wären geschehen	seien geschehen
Perfect		
es ist geschehen		
sie sind geschehen		
Pluperfect		
es war geschehen		
sie waren geschehen		
Future	*Future Time*	*Future Time*
es wird geschehen	würde geschehen	werde geschehen
sie werden geschehen	würden geschehen	werden geschehen
Future Perfect	*Future Perfect Time*	*Future Perfect Time*
es wird geschehen sein	würde geschehen sein	werde geschehen sein
sie werden geschehen sein	würden geschehen sein	werden geschehen sein

* *Geschehen* is an impersonal verb occurring only in the third person.

gewinnen

Princ. Parts: gewinnen, gewann, gewonnen
Imperative: gewinn(e)!, gewinnt!, gewinnen Sie!

INDICATIVE	SUBJUNCTIVE (II)		INDIR. DISC. SUBJ. (I)
Present	*Present Time*		*Present Time*
ich gewinne	gewönne	gewänne	gewinne
du gewinnst	gewönn(e)st	gewänn(e)st	gewinnest
er gewinnt	gewönne	gewänne	gewinne
wir gewinnen	gewönnen *or*	gewännen	gewinnen
ihr gewinnt	gewönnet	gewännet	gewinnet
sie gewinnen	gewönnen	gewännen	gewinnen
Past	*Past Time*		*Past Time*
ich gewann	hätte gewonnen		habe gewonnen
du gewannst	hättest gewonnen		habest gewonnen
er gewann	hätte gewonnen		habe gewonnen
wir gewannen	hätten gewonnen		haben gewonnen
ihr gewannt	hättet gewonnen		habet gewonnen
sie gewannen	hätten gewonnen		haben gewonnen

Perfect
ich habe gewonnen
du hast gewonnen
er hat gewonnen
wir haben gewonnen
ihr habt gewonnen
sie haben gewonnen

Pluperfect
ich hatte gewonnen
du hattest gewonnen
er hatte gewonnen
wir hatten gewonnen
ihr hattet gewonnen
sie hatten gewonnen

Future	*Future Time*	*Future Time*
ich werde gewinnen	würde gewinnen	werde gewinnen
du wirst gewinnen	würdest gewinnen	werdest gewinnen
er wird gewinnen	würde gewinnen	werde gewinnen
wir werden gewinnen	würden gewinnen	werden gewinnen
ihr werdet gewinnen	würdet gewinnen	werdet gewinnen
sie werden gewinnen	würden gewinnen	werden gewinnen
Future Perfect	*Future Perfect Time*	*Future Perfect Time*
ich werde gewonnen haben	würde gewonnen haben	werde gewonnen haben
du wirst gewonnen haben	würdest gewonnen haben	werdest gewonnen haben
er wird gewonnen haben	würde gewonnen haben	werde gewonnen haben
wir werden gewonnen haben	würden gewonnen haben	werden gewonnen haben
ihr werdet gewonnen haben	würdet gewonnen haben	werdet gewonnen haben
sie werden gewonnen haben	würden gewonnen haben	werden gewonnen haben

Separable
abgewinnen, gewann...ab, abgewonnen
liebgewinnen, gewann...lieb, liebgewonnen
wiedergewinnen, gewann...wieder,
   wiedergewonnen
zurückgewinnen, gewann...zurück,
   zurückgewonnen

sich gewöhnen

sich gewöhnen:
  to get used (or accustomed) to

Princ. Parts: gewöhnen, gewöhnte, gewöhnt
Imperative: gewöhn(e) dich!, gewöhnt euch!,
  gewöhnen Sie sich!

INDICATIVE	SUBJUNCTIVE (II)	INDIR. DISC. SUBJ. (I)
Present	*Present Time*	*Present Time*
ich gewöhne mich	gewöhnte mich	gewöhne mich
du gewöhnst dich	gewöhntest dich	gewöhnest dich
er gewöhnt sich	gewöhnte sich	gewöhne sich
wir gewöhnen uns	gewöhnten uns	gewöhnen uns
ihr gewöhnt euch	gewöhntet euch	gewöhnet euch
sie gewöhnen sich	gewöhnten sich	gewöhnen sich
Past	*Past Time*	*Past Time*
ich gewöhnte mich	hätte mich gewöhnt	habe mich gewöhnt
du gewöhntest dich	hättest dich gewöhnt	habest dich gewöhnt
er gewöhnte sich	hätte sich gewöhnt	habe sich gewöhnt
wir gewöhnten uns	hätten uns gewöhnt	haben uns gewöhnt
ihr gewöhntet euch	hättet euch gewöhnt	habet euch gewöhnt
sie gewöhnten sich	hätten sich gewöhnt	haben sich gewöhnt
Perfect		
ich habe mich gewöhnt		
du hast dich gewöhnt		
er hat sich gewöhnt		
wir haben uns gewöhnt		
ihr habt euch gewöhnt		
sie haben sich gewöhnt		
Pluperfect		
ich hatte mich gewöhnt		
du hattest dich gewöhnt		
er hatte sich gewöhnt		
wir hatten uns gewöhnt		
ihr hattet euch gewöhnt		
sie hatten sich gewöhnt		
Future	*Future Time*	*Future Time*
ich werde mich gewöhnen	würde mich gewöhnen	werde mich gewöhnen
du wirst dich gewöhnen	würdest dich gewöhnen	werdest dich gewöhnen
er wird sich gewöhnen	würde sich gewöhnen	werde sich gewöhnen
wir werden uns gewöhnen	würden uns gewöhnen	werden uns gewöhnen
ihr werdet euch gewöhnen	würdet euch gewöhnen	werdet euch gewöhnen
sie werden sich gewöhnen	würden sich gewöhnen	werden sich gewöhnen
Future Perfect	*Future Perfect Time*	*Future Perfect Time*
ich werde mich gewöhnt haben	würde mich gewöhnt haben	werde mich gewöhnt haben
du wirst dich gewöhnt haben	würdest dich gewöhnt haben	werdest dich gewöhnt haben
er wird sich gewöhnt haben	würde sich gewöhnt haben	werde sich gewöhnt haben
wir werden uns gewöhnt haben	würden uns gewöhnt haben	werden uns gewöhnt haben
ihr werdet euch gewöhnt haben	würdet euch gewöhnt haben	werdet euch gewöhnt haben
sie werden sich gewöhnt haben	würden sich gewöhnt haben	werden sich gewöhnt haben

Separable
abgewöhnen, gewöhnte...ab, abgewöhnt
angewöhnen, gewöhnte...an, angewöhnt

Inseparable
entwöhnen, entwöhnte, entwöhnt
verwöhnen, verwöhnte, verwöhnt

gießen: to pour

Princ. Parts: gießen, goß, gegossen
Imperative: gieß(e)!, gießt!, gießen Sie!

INDICATIVE	SUBJUNCTIVE (II)	INDIR. DISC. SUBJ. (I)
Present	*Present Time*	*Present Time*
ich gieße	gösse	gieße
du gießt	gössest	gießest
er gießt	gösse	gieße
wir gießen	gössen	gießen
ihr gießt	gösset	gießet
sie gießen	gössen	gießen
Past	*Past Time*	*Past Time*
ich goß	hätte gegossen	habe gegossen
du goßt	hättest gegossen	habest gegossen
er goß	hätte gegossen	habe gegossen
wir goßen	hätten gegossen	haben gegossen
ihr goßt	hättet gegossen	habet gegossen
sie goßen	hätten gegossen	haben gegossen

Perfect
ich habe gegossen
du hast gegossen
er hat gegossen
wir haben gegossen
ihr habt gegossen
sie haben gegossen

Pluperfect
ich hatte gegossen
du hattest gegossen
er hatte gegossen
wir hatten gegossen
ihr hattet gegossen
sie hatten gegossen

Future	*Future Time*	*Future Time*
ich werde gießen	würde gießen	werde gießen
du wirst gießen	würdest gießen	werdest gießen
er wird gießen	würde gießen	werde gießen
wir werden gießen	würden gießen	werden gießen
ihr werdet gießen	würdet gießen	werdet gießen
sie werden gießen	würden gießen	werden gießen
Future Perfect	*Future Perfect Time*	*Future Perfect Time*
ich werde gegossen haben	würde gegossen haben	werde gegossen haben
du wirst gegossen haben	würdest gegossen haben	werdest gegossen haben
er wird gegossen haben	würde gegossen haben	werde gegossen haben
wir werden gegossen haben	würden gegossen haben	werden gegossen haben
ihr werdet gegossen haben	würdet gegossen haben	werdet gegossen haben
sie werden gegossen haben	würden gegossen haben	werden gegossen haben

Separable
ausgießen, goß...aus, ausgegossen
eingießen, goß...ein, eingegossen
nachgießen, goß...nach, nachgegossen

Inseparable
begießen, begoß, begossen
ergießen, ergoß, ergossen

glauben

glauben: to believe

Princ. Parts: glauben, glaubte, geglaubt
Imperative: glaub(e)!, glaubt!, glauben Sie!

INDICATIVE	SUBJUNCTIVE (II)	INDIR. DISC. SUBJ. (I)
Present	*Present Time*	*Present Time*
ich glaube	glaubte	glaube
du glaubst	glaubtest	glaubest
er glaubt	glaubte	glaube
wir glauben	glaubten	glauben
ihr glaubt	glaubtet	glaubet
sie glauben	glaubten	glauben
Past	*Past Time*	*Past Time*
ich glaubte	hätte geglaubt	habe geglaubt
du glaubtest	hättest geglaubt	habest geglaubt
er glaubte	hätte geglaubt	habe geglaubt
wir glaubten	hätten geglaubt	haben geglaubt
ihr glaubtet	hättet geglaubt	habet geglaubt
sie glaubten	hätten geglaubt	haben geglaubt
Perfect		
ich habe geglaubt		
du hast geglaubt		
er hat geglaubt		
wir haben geglaubt		
ihr habt geglaubt		
sie haben geglaubt		
Pluperfect		
ich hatte geglaubt		
du hattest geglaubt		
er hatte geglaubt		
wir hatten geglaubt		
ihr hattet geglaubt		
sie hatten geglaubt		
Future	*Future Time*	*Future Time*
ich werde glauben	würde glauben	werde glauben
du wirst glauben	würdest glauben	werdest glauben
er wird glauben	würde glauben	werde glauben
wir werden glauben	würden glauben	werden glauben
ihr werdet glauben	würdet glauben	werdet glauben
sie werden glauben	würden glauben	werden glauben
Future Perfect	*Future Perfect Time*	*Future Perfect Time*
ich werde geglaubt haben	würde geglaubt haben	werde geglaubt haben
du wirst geglaubt haben	würdest geglaubt haben	werdest geglaubt haben
er wird geglaubt haben	würde geglaubt haben	werde geglaubt haben
wir werden geglaubt haben	würden geglaubt haben	werden geglaubt haben
ihr werdet geglaubt haben	würdet geglaubt haben	werdet geglaubt haben
sie werden geglaubt haben	würden geglaubt haben	werden geglaubt haben

gleichen

gleichen: to equal, be equal

Princ. Parts: gleichen, glich, geglichen
Imperative: gleich(e)!, gleicht!, gleichen Sie!

INDICATIVE	SUBJUNCTIVE (II)	INDIR. DISC. SUBJ. (I)
Present	*Present Time*	*Present Time*
ich gleiche	gliche	gleiche
du gleichst	glichest	gleichest
er gleicht	gliche	gleiche
wir gleichen	glichen	gleichen
ihr gleicht	glichet	gleichet
sie gleichen	glichen	gleichen
Past	*Past Time*	*Past Time*
ich glich	hätte geglichen	habe geglichen
du glichst	hättest geglichen	habest geglichen
er glich	hätte geglichen	habe geglichen
wir glichen	hätten geglichen	haben geglichen
ihr glicht	hättet geglichen	habet geglichen
sie glichen	hätten geglichen	haben geglichen
Perfect		
ich habe geglichen		
du hast geglichen		
er hat geglichen		
wir haben geglichen		
ihr habt geglichen		
sie haben geglichen		
Pluperfect		
ich hatte geglichen		
du hattest geglichen		
er hatte geglichen		
wir hatten geglichen		
ihr hattet geglichen		
sie hatten geglichen		
Future	*Future Time*	*Future Time*
ich werde gleichen	würde gleichen	werde gleichen
du wirst gleichen	würdest gleichen	werdest gleichen
er wird gleichen	würde gleichen	werde gleichen
wir werden gleichen	würden gleichen	werden gleichen
ihr werdet gleichen	würdet gleichen	werdet gleichen
sie werden gleichen	würden gleichen	werden gleichen
Future Perfect	*Future Perfect Time*	*Future Perfect Time*
ich werde geglichen haben	würde geglichen haben	werde geglichen haben
du wirst geglichen haben	würdest geglichen haben	werdest geglichen haben
er wird geglichen haben	würde geglichen haben	werde geglichen haben
wir werden geglichen haben	würden geglichen haben	werden geglichen haben
ihr werdet geglichen haben	würdet geglichen haben	werdet geglichen haben
sie werden geglichen haben	würden geglichen haben	werden geglichen haben

Separable
angleichen, glich...an, angeglichen
ausgleichen, glich...aus, ausgeglichen

Inseparable
vergleichen, verglich, verglichen

gleiten

Princ. Parts: gleiten, glitt, ist geglitten
Imperative: gleite!, gleitet!, gleiten Sie!

INDICATIVE	SUBJUNCTIVE (II)	INDIR. DISC. SUBJ. (I)
Present	*Present Time*	*Present Time*
ich gleite	glitte	gleite
du gleitest	glittest	gleitest
er gleitet	glitte	gleite
wir gleiten	glitten	gleiten
ihr gleitet	glittet	gleitet
sie gleiten	glitten	gleiten
Past	*Past Time*	*Past Time*
ich glitt	wäre geglitten	sei geglitten
du glittest	wärest geglitten	seiest geglitten
er glitt	wäre geglitten	sei geglitten
wir glitten	wären geglitten	seien geglitten
ihr glittet	wäret geglitten	seiet geglitten
sie glitten	wären geglitten	seien geglitten
Perfect		
ich bin geglitten		
du bist geglitten		
er ist geglitten		
wir sind geglitten		
ihr seid geglitten		
sie sind geglitten		
Pluperfect		
ich war geglitten		
du warst geglitten		
er war geglitten		
wir waren geglitten		
ihr wart geglitten		
sie waren geglitten		
Future	*Future Time*	*Future Time*
ich werde gleiten	würde gleiten	werde gleiten
du wirst gleiten	würdest gleiten	werdest gleiten
er wird gleiten	würde gleiten	werde gleiten
wir werden gleiten	würden gleiten	werden gleiten
ihr werdet gleiten	würdet gleiten	werdet gleiten
sie werden gleiten	würden gleiten	werden gleiten
Future Perfect	*Future Perfect Time*	*Future Perfect Time*
ich werde geglitten sein	würde geglitten sein	werde geglitten sein
du wirst geglitten sein	würdest geglitten sein	werdest geglitten sein
er wird geglitten sein	würde geglitten sein	werde geglitten sein
wir werden geglitten sein	würden geglitten sein	werden geglitten sein
ihr werdet geglitten sein	würdet geglitten sein	werdet geglitten sein
sie werden geglitten sein	würden geglitten sein	werden geglitten sein

Inseparable
entgleiten, entglitt, entglitten

graben

Princ. Parts: graben, grub, gegraben
Imperative: grab(e)!, grabt!, graben Sie!

graben: to dig

INDICATIVE	SUBJUNCTIVE (II)	INDIR. DISC. SUBJ. (I)
Present	*Present Time*	*Present Time*
ich grabe	grübe	grabe
du gräbst	grüb(e)st	grabest
er gräbst	grübe	grabe
wir graben	grüben	graben
ihr grabt	grüb(e)t	grabet
sie graben	grüben	graben
Past	*Past Time*	*Past Time*
ich grub	hätte gegraben	habe gegraben
du grubst	hättest gegraben	habest gegraben
er grub	hätte gegraben	habe gegraben
wir gruben	hätten gegraben	haben gegraben
ihr grubt	hättet gegraben	habet gegraben
sie gruben	hätten gegraben	haben gegraben

Perfect
ich habe gegraben
du hast gegraben
er hat gegraben
wir haben gegraben
ihr habt gegraben
sie haben gegraben

Pluperfect
ich hatte gegraben
du hattest gegraben
er hatte gegraben
wir hatten gegraben
ihr hattet gegraben
sie hatten gegraben

Future	*Future Time*	*Future Time*
ich werde graben	würde graben	werde graben
du wirst graben	würdest graben	werdest graben
er wird graben	würde graben	werde graben
wir werden graben	würden graben	werden graben
ihr werdet graben	würdet graben	werdet graben
sie werden graben	würden graben	werden graben
Future Perfect	*Future Perfect Time*	*Future Perfect Time*
ich werde gegraben haben	würde gegraben haben	werde gegraben haben
du wirst gegraben haben	würdest gegraben haben	werdest gegraben haben
er wird gegraben haben	würde gegraben haben	werde gegraben haben
wir werden gegraben haben	würden gegraben haben	werden gegraben haben
ihr werdet gegraben haben	würdet gegraben haben	werdet gegraben haben
sie werden gegraben haben	würden gegraben haben	werden gegraben haben

Separable
aufgraben, grub...auf, aufgegraben
ausgraben, grub...aus, ausgegraben
eingraben, grub...ein, eingegraben

Inseparable
begraben, begrub, begraben
untergraben, untergrub, untergraben
vergraben, vergrub, vergraben

greifen

greifen: to seize, grasp

Princ. Parts: greifen, griff, gegriffen
Imperative: greif(e)!, greift!, greifen Sie!

INDICATIVE	SUBJUNCTIVE (II)	INDIR. DISC. SUBJ. (I)
Present	*Present Time*	*Present Time*
ich greife	griffe	greife
du greifst	griffest	greifest
er greift	griffe	greife
wir greifen	griffen	greifen
ihr greift	griffet	greifet
sie greifen	griffen	greifen
Past	*Past Time*	*Past Time*
ich griff	hätte gegriffen	habe gegriffen
du griffst	hättest gegriffen	habest gegriffen
er griff	hätte gegriffen	habe gegriffen
wir griffen	hätten gegriffen	haben gegriffen
ihr grifft	hättet gegriffen	habet gegriffen
sie griffen	hätten gegriffen	haben gegriffen
Perfect		
ich habe gegriffen		
du hast gegriffen		
er hat gegriffen		
wir haben gegriffen		
ihr habt gegriffen		
sie haben gegriffen		
Pluperfect		
ich hatte gegriffen		
du hattest gegriffen		
er hatte gegriffen		
wir hatten gegriffen		
ihr hattet gegriffen		
sie hatten gegriffen		
Future	*Future Time*	*Future Time*
ich werde greifen	würde greifen	werde greifen
du wirst greifen	würdest greifen	werdest greifen
er wird greifen	würde greifen	werde greifen
wir werden greifen	würden greifen	werden greifen
ihr werdet greifen	würdet greifen	werdet greifen
sie werden greifen	würden greifen	werden greifen
Future Perfect	*Future Perfect Time*	*Future Perfect Time*
ich werde gegriffen haben	würde gegriffen haben	werde gegriffen haben
du wirst gegriffen haben	würdest gegriffen haben	werdest gegriffen haben
er wird gegriffen haben	würde gegriffen haben	werde gegriffen haben
wir werden gegriffen haben	würden gegriffen haben	werden gegriffen haben
ihr werdet gegriffen haben	würdet gegriffen haben	werdet gegriffen haben
sie werden gegriffen haben	würden gegriffen haben	werden gegriffen haben

Separable
angreifen, griff...an, angegriffen
aufgreifen, griff...auf, aufgegriffen
eingreifen, griff...ein, eingegriffen
vorgreifen, griff...vor, vorgegriffen
zugreifen, griff...zu, zugegriffen

Inseparable
begreifen, begriff, begriffen
ergreifen, ergriff, ergriffen

gründen

gründen: to found, establish

Princ. Parts: gründen, gründete, gegründet
Imperative: gründe!, gründet!, gründen Sie!

INDICATIVE	SUBJUNCTIVE (II)	INDIR. DISC. SUBJ. (I)
Present	*Present Time*	*Present Time*
ich gründe	gründete	gründe
du gründest	gründetest	gründest
er gründet	gründete	gründe
wir gründen	gründeten	gründen
ihr gründet	gründetet	gründet
sie gründen	gründeten	gründen
Past	*Past Time*	*Past Time*
ich gründete	hätte gegründet	habe gegründet
du gründetest	hättest gegründet	habest gegründet
er gründete	hätte gegründet	habe gegründet
wir gründeten	hätten gegründet	haben gegründet
ihr gründetet	hättet gegründet	habet gegründet
sie gründeten	hätten gegründet	haben gegründet

Perfect
ich habe gegründet
du hast gegründet
er hat gegründet
wir haben gegründet
ihr habt gegründet
sie haben gegründet

Pluperfect
ich hatte gegründet
du hattest gegründet
er hatte gegründet
wir hatten gegründet
ihr hattet gegründet
sie hatten gegründet

Future	*Future Time*	*Future Time*
ich werde gründen	würde gründen	werde gründen
du wirst gründen	würdest gründen	werdest gründen
er wird gründen	würde gründen	werde gründen
wir werden gründen	würden gründen	werden gründen
ihr werdet gründen	würdet gründen	werdet gründen
sie werden gründen	würden gründen	werden gründen
Future Perfect	*Future Perfect Time*	*Future Perfect Time*
ich werde gegründet haben	würde gegründet haben	werde gegründet haben
du wirst gegründet haben	würdest gegründet haben	werdest gegründet haben
er wird gegründet haben	würde gegründet haben	werde gegründet haben
wir werden gegründet haben	würden gegründet haben	werden gegründet haben
ihr werdet gegründet haben	würdet gegründet haben	werdet gegründet haben
sie werden gegründet haben	würden gegründet haben	werden gegründet haben

Inseparable
begründen, begründete, begründet
ergründen, ergründete, ergründet

grüßen

Princ. Parts: grüßen, grüßte, gegrüßt
Imperative: grüß(e)!, grüßt!, grüßen Sie!

INDICATIVE	SUBJUNCTIVE (II)	INDIR. DISC. SUBJ. (I)
Present	*Present Time*	*Present Time*
ich grüße	grüßte	grüße
du grüßt	grüßtest	grüßest
er grüßt	grüßte	grüße
wir grüßen	grüßten	grüßen
ihr grüßt	grüßtet	grüßet
sie grüßen	grüßten	grüßen
Past	*Past Time*	*Past Time*
ich grüßte	hätte gegrüßt	habe gegrüßt
du grüßtest	hättest gegrüßt	habest gegrüßt
er grüßte	hätte gegrüßt	habe gegrüßt
wir grüßten	hätten gegrüßt	haben gegrüßt
ihr grüßtet	hättet gegrüßt	habet gegrüßt
sie grüßten	hätten gegrüßt	haben gegrüßt
Perfect		
ich habe gegrüßt		
du hast gegrüßt		
er hat gegrüßt		
wir haben gegrüßt		
ihr habt gegrüßt		
sie haben gegrüßt		
Pluperfect		
ich hatte gegrüßt		
du hattest gegrüßt		
er hatte gegrüßt		
wir hatten gegrüßt		
ihr hattet gegrüßt		
sie hatten gegrüßt		
Future	*Future Time*	*Future Time*
ich werde grüßen	würde grüßen	werde grüßen
du wirst grüßen	würdest grüßen	werdest grüßen
er wird grüßen	würde grüßen	werde grüßen
wir werden grüßen	würden grüßen	werden grüßen
ihr werdet grüßen	würdet grüßen	werdet grüßen
sie werden grüßen	würden grüßen	werden grüßen
Future Perfect	*Future Perfect Time*	*Future Perfect Time*
ich werde gegrüßt haben	würde gegrüßt haben	werde gegrüßt haben
du wirst gegrüßt haben	würdest gegrüßt haben	werdest gegrüßt haben
er wird gegrüßt haben	würde gegrüßt haben	werde gegrüßt haben
wir werden gegrüßt haben	würden gegrüßt haben	werden gegrüßt haben
ihr werdet gegrüßt haben	würdet gegrüßt haben	werdet gegrüßt haben
sie werden gegrüßt haben	würden gegrüßt haben	werden gegrüßt haben

Inseparable
begrüßen, begrüßte, begrüßt

halten

halten: to hold, keep

Princ. Parts: halten, hielt, gehalten
Imperative: halt(e)!, haltet!, halten Sie!

INDICATIVE	SUBJUNCTIVE (II)	INDIR. DISC. SUBJ. (I)
Present	*Present Time*	*Present Time*
ich halte	hielte	halte
du *hältst*	hieltest	haltest
er *hält*	hielte	halte
wir halten	hielten	halten
ihr haltet	hieltet	haltet
sie halten	hielten	halten
Past	*Past Time*	*Past Time*
ich hielt	hätte gehalten	habe gehalten
du hieltest	hättest gehalten	habest gehalten
er hielt	hätte gehalten	habe gehalten
wir hielten	hätten gehalten	haben gehalten
ihr hieltet	hättet gehalten	habet gehalten
sie hielten	hätten gehalten	haben gehalten
Perfect		
ich habe gehalten		
du hast gehalten		
er hat gehalten		
wir haben gehalten		
ihr habt gehalten		
sie haben gehalten		
Pluperfect		
ich hatte gehalten		
du hattest gehalten		
er hatte gehalten		
wir hatten gehalten		
ihr hattet gehalten		
sie hatten gehalten		
Future	*Future Time*	*Future Time*
ich werde halten	würde halten	werde halten
du wirst halten	würdest halten	werdest halten
er wird halten	würde halten	werde halten
wir werden halten	würden halten	werden halten
ihr werdet halten	würdet halten	werdet halten
sie werden halten	würden halten	werden halten
Future Perfect	*Future Perfect Time*	*Future Perfect Time*
ich werde gehalten haben	würde gehalten haben	werde gehalten haben
du wirst gehalten haben	würdest gehalten haben	werdest gehalten haben
er wird gehalten haben	würde gehalten haben	werde gehalten haben
wir werden gehalten haben	würden gehalten haben	werden gehalten haben
ihr werdet gehalten haben	würdet gehalten haben	werdet gehalten haben
sie werden gehalten haben	würden gehalten haben	werden gehalten haben

Separable
abhalten, hielt...ab, abgehalten
anhalten, hielt...an, angehalten
aufhalten, hielt...auf, aufgehalten
aushalten, hielt...aus, ausgehalten
festhalten, hielt...fest, festgehalten
innehalten, hielt...inne, innegehalten
zurückhalten, hielt...zurück, zurückgehalten

Inseparable
behalten, behielt, behalten
enthalten, enthielt, enthalten
erhalten, erhielt, erhalten
unterhalten, unterhielt, unterhalten
verhalten, verhielt, verhalten

handeln

handeln: to act, take action; trade

Princ. Parts: handeln, handelte, gehandelt
Imperative: handle!,* handelt!, handeln Sie!

INDICATIVE	SUBJUNCTIVE (II)	INDIR. DISC. SUBJ. (I)
Present	*Present Time*	*Present Time*
ich handle*	handelte	handle*
du handelst	handeltest	handelst
er handelt	handelte	handle*
wir handeln	handelten	handeln
ihr handelt	handeltet	handelt
sie handeln	handelten	handeln
Past	*Past Time*	*Past Time*
ich handelte	hätte gehandelt	habe gehandelt
du handeltest	hättest gehandelt	habest gehandelt
er handelte	hätte gehandelt	habe gehandelt
wir handelten	hätten gehandelt	haben gehandelt
ihr handeltet	hättet gehandelt	habet gehandelt
sie handelten	hätten gehandelt	haben gehandelt
Perfect		
ich habe gehandelt		
du hast gehandelt		
er hat gehandelt		
wir haben gehandelt		
ihr habt gehandelt		
sie haben gehandelt		
Pluperfect		
ich hatte gehandelt		
du hattest gehandelt		
er hatte gehandelt		
wir hatten gehandelt		
ihr hattet gehandelt		
sie hatten gehandelt		
Future	*Future Time*	*Future Time*
ich werde handeln	würde handeln	werde handeln
du wirst handeln	würdest handeln	werdest handeln
er wird handeln	würde handeln	werde handeln
wir werden handeln	würden handeln	werden handeln
ihr werdet handeln	würdet handeln	werdet handeln
sie werden handeln	würden handeln	werden handeln
Future Perfect	*Future Perfect Time*	*Future Perfect Time*
ich werde gehandelt haben	würde gehandelt haben	werde gehandelt haben
du wirst gehandelt haben	würdest gehandelt haben	werdest gehandelt haben
er wird gehandelt haben	würde gehandelt haben	werde gehandelt haben
wir werden gehandelt haben	würden gehandelt haben	werden gehandelt haben
ihr werdet gehandelt haben	würdet gehandelt haben	werdet gehandelt haben
sie werden gehandelt haben	würden gehandelt haben	werden gehandelt haben

* *Ich handele, er handele, handele!* are also possible, though not as commonly used.

Separable
abhandeln, handelte...ab, abgehandelt

Inseparable
behandeln, behandelte, behandelt
mißhandeln, mißhandelte, mißhandelt
unterhandeln, unterhandelte, unterhandelt
verhandeln, verhandelte, verhandelt

hängen

hängen: to hang

Princ. Parts: hängen, hing, gehangen*
Imperative: häng(e)!, hängt!, hängen Sie!

INDICATIVE	SUBJUNCTIVE (II)	INDIR. DISC. SUBJ. (I)
Present	*Present Time*	*Present Time*
ich hänge	hinge	hänge
du hängst	hingest	hängest
er hängt	hinge	hänge
wir hängen	hingen	hängen
ihr hängt	hinget	hänget
sie hängen	hingen	hängen
Past	*Past Time*	*Past Time*
ich hing	hätte gehangen	habe gehangen
du hingst	hättest gehangen	habest gehangen
er hing	hätte gehangen	habe gehangen
wir hingen	hätten gehangen	haben gehangen
ihr hingt	hättet gehangen	habet gehangen
sie hingen	hätten gehangen	haben gehangen
Perfect		
ich habe gehangen		
du hast gehangen		
er hat gehangen		
wir haben gehangen		
ihr habt gehangen		
sie haben gehangen		
Pluperfect		
ich hatte gehangen		
du hattest gehangen		
er hatte gehangen		
wir hatten gehangen		
ihr hattet gehangen		
sie hatten gehangen		
Future	*Future Time*	*Future Time*
ich werde hängen	würde hängen	werde hängen
du wirdst hängen	würdest hängen	werdest hängen
er wird hängen	würde hängen	werde hängen
wir werden hängen	würden hängen	werden hängen
ihr werdet hängen	würdet hängen	werdet hängen
sie werden hängen	würden hängen	werden hängen
Future Perfect	*Future Perfect Time*	*Future Perfect Time*
ich werde gehangen haben	würde gehangen haben	werde gehangen haben
du wirst gehangen haben	würdest gehangen haben	werdest gehangen haben
er wird gehangen haben	würde gehangen haben	werde gehangen haben
wir werden gehangen haben	würden gehangen haben	werden gehangen haben
ihr werdet gehangen haben	würdet gehangen haben	werdet gehangen haben
sie werden gehangen haben	würden gehangen haben	werden gehangen haben

* *Hängen* has the past forms *hing, gehangen* only when used intransitively. When used transitively, the forms are *hängte, gehängt*. Similarly, the past forms of the prefix verbs listed below depend upon transitive or intransitive usage.

Separable
intransitive:
 abhängen, hing...ab, abgehangen
 zusammenhängen, hing...zusammen,
  zusammengehangen

transitive:
 abhängen, hängte...ab, abgehängt
 anhängen, hängte...an, angehängt
 aufhängen, hängte...auf, aufgehängt

heben

heben: to lift

Princ. Parts: heben, hob, gehoben
Imperative: heb(e)!, hebt!, heben Sie!

INDICATIVE	SUBJUNCTIVE (II)	INDIR. DISC. SUBJ. (I)
Present	*Present Time*	*Present Time*
ich hebe	höbe*	hebe
du hebst	höb(e)st	hebest
er hebt	höbe	hebe
wir heben	höben	heben
ihr hebt	höb(e)t	hebet
sie heben	höben	heben
Past	*Past Time*	*Past Time*
ich hob*	hätte gehoben	habe gehoben
du hobst	hättest gehoben	habest gehoben
er hob	hätte gehoben	habe gehoben
wir hoben	hätten gehoben	haben gehoben
ihr hobt	hättet gehoben	habet gehoben
sie hoben	hätten gehoben	haben gehoben
Perfect		
ich habe gehoben		
du hast gehoben		
er hat gehoben		
wir haben gehoben		
ihr habt gehoben		
sie haben gehoben		
Pluperfect		
ich hatte gehoben		
du hattest gehoben		
er hatte gehoben		
wir hatten gehoben		
ihr hattet gehoben		
sie hatten gehoben		
Future	*Future Time*	*Future Time*
ich werde heben	würde heben	werde heben
du wirst heben	würdest heben	werdest heben
er wird heben	würde heben	werde heben
wir werden heben	würden heben	werden heben
ihr werdet heben	würdet heben	werdet heben
sie werden heben	würden heben	werden heben
Future Perfect	*Future Perfect Time*	*Future Perfect Time*
ich werde gehoben haben	würde gehoben haben	werde gehoben haben
du wirst gehoben haben	würdest gehoben haben	werdest gehoben haben
er wird gehoben haben	würde gehoben haben	werde gehoben haben
wir werden gehoben haben	würden gehoben haben	werden gehoben haben
ihr werdet gehoben haben	würdet gehoben haben	werdet gehoben haben
sie werden gehoben haben	würden gehoben haben	werden gehoben haben

* The forms, *ich hub,* etc. (past indicative) and *ich hübe,* etc. (subjunctive) are archaic.

Separable
abheben, hob...ab, abgehoben
anheben, hob...an, angehoben
aufheben, hob...auf, aufgehoben
emporheben, hob...empor, emporgehoben
hervorheben, hob...hervor, hervorgehoben
hochheben, hob...hoch, hochgehoben

Inseparable
erheben, erhob, erhoben

heiraten

heiraten: to get married, marry

Princ. Parts: heiraten, heiratete, geheiratet
Imperative: heirat(e)!, heiratet!, heiraten Sie!

INDICATIVE	SUBJUNCTIVE (II)	INDIR. DISC. SUBJ. (I)
Present	*Present Time*	*Present Time*
ich heirate	heiratete	heirate
du heiratest	heiratetest	heiratest
er heiratet	heiratete	heirate
wir heiraten	heirateten	heiraten
ihr heiratet	heiratetet	heiratet
sie heiraten	heirateten	heiraten
Past	*Past Time*	*Past Time*
ich heiratete	hätte geheiratet	habe geheiratet
du heiratetest	hättest geheiratet	habest geheiratet
er heiratete	hätte geheiratet	habe geheiratet
wir heirateten	hätten geheiratet	haben geheiratet
ihr heiratetet	hättet geheiratet	habet geheiratet
sie heirateten	hätten geheiratet	haben geheiratet
Perfect		
ich habe geheiratet		
du hast geheiratet		
er hat geheiratet		
wir haben geheiratet		
ihr habt geheiratet		
sie haben geheiratet		
Pluperfect		
ich hatte geheiratet		
du hattest geheiratet		
er hatte geheiratet		
wir hatten geheiratet		
ihr hattet geheiratet		
sie hatten geheiratet		
Future	*Future Time*	*Future Time*
ich werde heiraten	würde heiraten	werde heiraten
du wirst heiraten	würdest heiraten	werdest heiraten
er wird heiraten	würde heiraten	werde heiraten
wir werden heiraten	würden heiraten	werden heiraten
ihr werdet heiraten	würdet heiraten	werdet heiraten
sie werden heiraten	würden heiraten	werden heiraten
Future Perfect	*Future Perfect Time*	*Future Perfect Time*
ich werde geheiratet haben	würde geheiratet haben	werde geheiratet haben
du wirst geheiratet haben	würdest geheiratet haben	werdest geheiratet haben
er wird geheiratet haben	würde geheiratet haben	werde geheiratet haben
wir werden geheiratet haben	würden geheiratet haben	werden geheiratet haben
ihr werdet geheiratet haben	würdet geheiratet haben	werdet geheiratet haben
sie werden geheiratet haben	würden geheiratet haben	werden geheiratet haben

Inseparable
verheiraten, verheiratete, verheiratet

97

heißen

heißen: to call; order; to be named

Princ. Parts: heißen, hieß, geheißen
Imperative: heiß(e)!, heißt!, heißen Sie!

INDICATIVE	SUBJUNCTIVE (II)	INDIR. DISC. SUBJ. (I)
Present	*Present Time*	*Present Time*
ich heiße	hieße	heiße
du heißt	hießest	heißest
er heißt	hieße	heiße
wir heißen	hießen	heißen
ihr heißt	hießet	heißet
sie heißen	hießen	heißen
Past	*Past Time*	*Past Time*
ich hieß	hätte geheißen	habe geheißen
du hießest	hättest geheißen	habest geheißen
er hieß	hätte geheißen	habe geheißen
wir hießen	hätten geheißen	haben geheißen
ihr hießt	hättet geheißen	habet geheißen
sie hießen	hätten geheißen	haben geheißen
Perfect		
ich habe geheißen		
du hast geheißen		
er hat geheißen		
wir haben geheißen		
ihr habt geheißen		
sie haben geheißen		
Pluperfect		
ich hatte geheißen		
du hattest geheißen		
er hatte geheißen		
wir hatten geheißen		
ihr hattet geheißen		
sie hatten geheißen		
Future	*Future Time*	*Future Time*
ich werde heißen	würde heißen	werde heißen
du wirst heißen	würdest heißen	werdest heißen
er wird heißen	würde heißen	werde heißen
wir werden heißen	würden heißen	werden heißen
ihr werdet heißen	würdet heißen	werdet heißen
sie werden heißen	würden heißen	werden heißen
Future Perfect	*Future Perfect Time*	*Future Perfect Time*
ich werde geheißen haben	würde geheißen haben	werde geheißen haben
du wirst geheißen haben	würdest geheißen haben	werdest geheißen haben
er wird geheißen haben	würde geheißen haben	werde geheißen haben
wir werden geheißen haben	würden geheißen haben	werden geheißen haben
ihr werdet geheißen haben	würdet geheißen haben	werdet geheißen haben
sie werden geheißen haben	würden geheißen haben	werden geheißen haben

Separable
gutheißen, hieß...gut, gutgeheißen

Inseparable
verheißen, verhieß, verheißen

helfen: to help

Princ. *Parts:* helfen, half, geholfen
Imperative: hilf!, helft!, helfen Sie!

INDICATIVE	SUBJUNCTIVE (II)	INDIR. DISC. SUBJ. (I)
Present	*Present Time*	*Present Time*
ich helfe	hülfe	helfe
du hilfst	hülfest	helfest
er hilft	hülfe	helfe
wir helfen	hülfen	helfen
ihr helft	hülfet	helfet
sie helfen	hülfen	helfen
Past	*Past Time*	*Past Time*
ich half	hätte geholfen	habe geholfen
du halfst	hättest geholfen	habest geholfen
er half	hätte geholfen	habe geholfen
wir halfen	hätten geholfen	haben geholfen
ihr halft	hättet geholfen	habet geholfen
sie helfen	hätten geholfen	haben geholfen
Perfect		
ich habe geholfen		
du hast geholfen		
er hat geholfen		
wir haben geholfen		
ihr habt geholfen		
sie haben geholfen		
Pluperfect		
ich hatte geholfen		
du hattest geholfen		
er hatte geholfen		
wir hatten geholfen		
ihr hattet geholfen		
sie hatten geholfen		
Future	*Future Time*	*Future Time*
ich werde helfen	würde helfen	werde helfen
du wirst helfen	würdest helfen	werdest helfen
er wird helfen	würde helfen	werde helfen
wir werden helfen	würden helfen	werden helfen
ihr werdet helfen	würdet helfen	werdet helfen
sie werden helfen	würden helfen	werden helfen
Future Perfect	*Future Perfect Time*	*Future Perfect Time*
ich werde geholfen haben	würde geholfen haben	werde geholfen haben
du wirst geholfen haben	würdest geholfen haben	werdest geholfen haben
er wird geholfen haben	würde geholfen haben	werde geholfen haben
wir werden geholfen haben	würden geholfen haben	werden geholfen haben
ihr werdet geholfen haben	würdet geholfen haben	werdet geholfen haben
sie werden geholfen haben	würden geholfen haben	werden geholfen haben

Separable
aushelfen, half...aus, ausgeholfen
mithelfen, half...mit, mitgeholfen
nachhelfen, half...nach, nachgeholfen

Inseparable
verhelfen, verhalf, vorholfen

hindern

hindern: to prevent, hinder

Princ. Parts: hindern, hinderte, gehindert
Imperative: hindere!*, hindert!, hindern Sie!

INDICATIVE	SUBJUNCTIVE (II)	INDIR. DISC. SUBJ. (I)
Present	*Present Time*	*Present Time*
ich hindere*	hinderte	hindere*
du hinderst	hindertest	hinderst
er hindert	hinderte	hindere*
wir hindern	hinderten	hindern
ihr hindert	hindertet	hindert
sie hindern	hinderten	hindern
Past	*Past Time*	*Past Time*
ich hinderte	hätte gehindert	habe gehindert
du hindertest	hättest gehindert	habest gehindert
er hinderte	hätte gehindert	habe gehindert
wir hinderten	hätten gehindert	haben gehindert
ihr hindertet	hättet gehindert	habet gehindert
sie hinderten	hätten gehindert	haben gehindert
Perfect		
ich habe gehindert		
du hast gehindert		
er hat gehindert		
wir haben gehindert		
ihr habt gehindert		
sie haben gehindert		
Pluperfect		
ich hatte gehindert		
du hattest gehindert		
er hatte gehindert		
wir hatten gehindert		
ihr hattet gehindert		
sie hatten gehindert		
Future	*Future Time*	*Future Time*
ich werde hindern	würde hindern	werde hindern
du wirst hindern	würdest hindern	werdest hindern
er wird hindern	würde hindern	werde hindern
wir werden hindern	würden hindern	werden hindern
ihr werdet hindern	würdet hindern	werdet hindern
sie werden hindern	würden hindern	werden hindern
Future Perfect	*Future Perfect Time*	*Future Perfect Time*
ich werde gehindert haben	würde gehindert haben	werde gehindert haben
du wirst gehindert haben	würdest gehindert haben	werdest gehindert haben
er wird gehindert haben	würde gehindert haben	werde gehindert haben
wir werden gehindert haben	würden gehindert haben	werden gehindert haben
ihr werdet gehindert haben	würdet gehindert haben	werdet gehindert haben
sie werden gehindert haben	würden gehindert haben	werden gehindert haben

* *Ich hindre, er hindre,* and *hindre!* are also possible, though not commonly used.

Inseparable
behindern, behinderte, behindert
verhindern, verhinderte, verhindert

hoffen: to hope

Princ. Parts: hoffen, hoffte, gehofft
Imperative: hoffe!, hofft!, hoffen Sie!

INDICATIVE	SUBJUNCTIVE (II)	INDIR. DISC. SUBJ. (I)
Present	*Present Time*	*Present Time*
ich hoffe	hoffte	hoffe
du hoffst	hofftest	hoffest
er hofft	hoffte	hoffe
wir hoffen	hofften	hoffen
ihr hofft	hofftet	hoffet
sie hoffen	hofften	hoffen
Past	*Past Time*	*Past Time*
ich hoffte	hätte gehofft	habe gehofft
du hofftest	hättest gehofft	habest gehofft
er hoffte	hätte gehofft	habe gehofft
wir hofften	hätten gehofft	haben gehofft
ihr hofftet	hättet gehofft	habet gehofft
sie hofften	hätten gehofft	haben gehofft
Perfect		
ich habe gehofft		
du hast gehofft		
er hat gehofft		
wir haben gehofft		
ihr habt gehofft		
sie haben gehofft		
Pluperfect		
ich hatte gehofft		
du hattest gehofft		
er hatte gehofft		
wir hatten gehofft		
ihr hattet gehofft		
sie hatten gehofft		
Future	*Future Time*	*Future Time*
ich werde hoffen	würde hoffen	werde hoffen
du wirst hoffen	würdest hoffen	werdest hoffen
er wird hoffen	würde hoffen	werde hoffen
wir werden hoffen	würden hoffen	werden hoffen
ihr werdet hoffen	würdet hoffen	werdet hoffen
sie werden hoffen	würden hoffen	werden hoffen
Future Perfect	*Future Perfect Time*	*Future Perfect Time*
ich werde gehofft haben	würde gehofft haben	werde gehofft haben
du wirst gehofft haben	würdest gehofft haben	werdest gehofft haben
er wird gehofft haben	würde gehofft haben	werde gehofft haben
wir werden gehofft haben	würden gehofft haben	werden gehofft haben
ihr werdet gehofft haben	würdet gehofft haben	werdet gehofft haben
sie werden gehofft haben	würden gehofft haben	werden gehofft haben

Inseparable
erhoffen, erhoffte, erhofft

holen

holen: to get, fetch

Princ. Parts: holen, holte, geholt
Imperative: hol(e)!, holt!, holen Sie!

INDICATIVE	SUBJUNCTIVE (II)	INDIR. DISC. SUBJ. (I)
Present	*Present Time*	*Present Time*
ich hole	holte	hole
du holst	holtest	holest
er holt	holte	hole
wir holen	holten	holen
ihr holt	holtet	holet
sie holen	holten	holen
Past	*Past Time*	*Past Time*
ich holte	hätte geholt	habe geholt
du holtest	hättest geholt	habest geholt
er holte	hätte geholt	habe geholt
wir holten	hätten geholt	haben geholt
ihr holtet	hättet geholt	habet geholt
sie holten	hätten geholt	haben geholt
Perfect		
ich habe geholt		
du hast geholt		
er hat geholt		
wir haben geholt		
ihr habt geholt		
sie haben geholt		
Pluperfect		
ich hatte geholt		
du hattest geholt		
er hatte geholt		
wir hatten geholt		
ihr hattet geholt		
sie hatten geholt		
Future	*Future Time*	*Future Time*
ich werde holen	würde holen	werde holen
du wirst holen	würdest holen	werdest holen
er wird holen	würde holen	werde holen
wir werden holen	würden holen	werden holen
ihr werdet holen	würdet holen	werdet holen
sie werden holen	würden holen	werden holen
Future Perfect	*Future Perfect Time*	*Future Perfect Time*
ich werde geholt haben	würde geholt haben	werde geholt haben
du wirst geholt haben	würdest geholt haben	werdest geholt haben
er wird geholt haben	würde geholt haben	werde geholt haben
wir werden geholt haben	würden geholt haben	werden geholt haben
ihr werdet geholt haben	würdet geholt haben	werdet geholt haben
sie werden geholt haben	würden geholt haben	werden geholt haben

Separable
abholen, holte...ab, abgeholt
ausholen, holte...aus, ausgeholt
einholen, holte...ein, eingeholt
nachholen, holte...nach, nachgeholt
zurückholen, holte...zurück, zurückgeholt

Inseparable
erholen, erholte, erholt
überholen, überholte, überholt
wiederholen, wiederholte, wiederholt

hören

hören: to hear

Princ. Parts: hören, hörte, gehört
Imperative: hör(e)!, hört!, hören Sie!

INDICATIVE	SUBJUNCTIVE (II)	INDIR. DISC. SUBJ. (I)
Present	*Present Time*	*Present Time*
ich höre	höre	höre
du hörst	hörtest	hörest
er hört	hörte	höre
wir hören	hörten	hören
ihr hört	hörtet	höret
sie hören	hörten	hören
Past	*Past Time*	*Past Time*
ich hörte	hätte gehört	habe gehört
du hörtest	hättest gehört	habest gehört
er hörte	hätte gehört	habe gehört
wir hörten	hätten gehört	haben gehört
ihr hörtet	hättet gehört	habet gehört
sie hörten	hätten gehört	haben gehört
Perfect		
ich habe gehört		
du hast gehört		
er hat gehört		
wir haben gehört		
ihr habt gehört		
sie haben gehört		
Pluperfect		
ich hatte gehört		
du hattest gehört		
er hatte gehört		
wir hatten gehört		
ihr hattet gehört		
sie hatten gehört		
Future	*Future Time*	*Future Time*
ich werde hören	würde hören	werde hören
du wirst hören	würdest hören	werdest hören
er wird hören	würde hören	werde hören
wir werden hören	würden hören	werden hören
ihr werdet hören	würdet hören	werdet hören
sie werden hören	würden hören	werden hören
Future Perfect	*Future Perfect Time*	*Future Perfect Time*
ich werde gehört haben	würde gehört haben	werde gehört haben
du wirst gehört haben	würdest gehört haben	werdest gehört haben
er wird gehört haben	würde gehört haben	werde gehört haben
wir werden gehört haben	würden gehört haben	werden gehört haben
ihr werdet gehört haben	würdet gehört haben	werdet gehört haben
sie werden gehört haben	würden gehört haben	werden gehört haben

Separable
anhören, hörte...an, angehört
aufhören, hörte...auf, aufgehört
hinhören, hörte...hin, hingehört
zuhören, hörte...zu, zugehört

Inseparable
überhören, überhörte, überhört
verhören, verhörte, verhört

irren

irren: to err, go astray

Princ. Parts: irren, irrte, geirrt
Imperative: irr(e)!, irrt!, irren Sie!

INDICATIVE	SUBJUNCTIVE (II)	INDIR. DISC. SUBJ. (I)
Present	*Present Time*	*Present Time*
ich irre	irrte	irre
du irrst	irrtest	irrest
er irrt	irrte	irre
wir irren	irrten	irren
ihr irrt	irrtet	irret
sie irren	irrten	irren
Past	*Past Time*	*Past Time*
ich irrte	hätte geirrt	habe geirrt
du irrtest	hättest geirrt	habest geirrt
er irrte	hätte geirrt	habe geirrt
wir irrten	hätten geirrt	haben geirrt
ihr irrtet	hättet geirrt	habet geirrt
sie irrten	hätten geirrt	haben geirrt
Perfect		
ich habe geirrt		
du hast geirrt		
er hat geirrt		
wir haben geirrt		
ihr habt geirrt		
sie haben geirrt		
Pluperfect		
ich hatte geirrt		
du hattest geirrt		
er hatte geirrt		
wir hatten geirrt		
ihr hattet geirrt		
sie hatten geirrt		
Future	*Future Time*	*Future Time*
ich werde irren	würde irren	werde irren
du wirst irren	würdest irren	werdest irren
er wird irren	würde irren	werde irren
wir werden irren	würden irren	werden irren
ihr werdet irren	würdet irren	werdet irren
sie werden irren	würden irren	werden irren
Future Perfect	*Future Perfect Time*	*Future Perfect Time*
ich werde geirrt haben	würde geirrt haben	werde geirrt haben
du wirst geirrt haben	würdest geirrt haben	werdest geirrt haben
er wird geirrt haben	würde geirrt haben	werde geirrt haben
wir werden geirrt haben	würden geirrt haben	werden geirrt haben
ihr werdet geirrt haben	würdet geirrt haben	werdet geirrt haben
sie werden geirrt haben	würden geirrt haben	werden geirrt haben

Inseparable
verirren, verirrte, verirrt

kämpfen

Princ. Parts: kämpfen, kämpfte, gekämpft
Imperative: kämpf(e)!, kämpft!, kämpfen Sie!

INDICATIVE	SUBJUNCTIVE (II)	INDIR. DISC. SUBJ. (I)
Present	*Present Time*	*Present Time*
ich kämpfe	kämpfte	kämpfe
du kämpfst	kämpftest	kämpfest
er kämpft	kämpfte	kämpfe
wir kämpfen	kämpften	kämpfen
ihr kämpft	kämpftet	kämpfet
sie kämpfen	kämpften	kämpfen
Past	*Past Time*	*Past Time*
ich kämpfte	hätte gekämpft	habe gekämpft
du kämpftest	hättest gekämpft	habest gekämpft
er kämpfte	hätte gekämpft	habe gekämpft
wir kämpften	hätten gekämpft	haben gekämpft
ihr kämpftet	hättet gekämpft	habet gekämpft
sie kämpften	hätten gekämpft	haben gekämpft

Perfect
ich habe gekämpft
du hast gekämpft
er hat gekämpft
wir haben gekämpft
ihr habt gekämpft
sie haben gekämpft

Pluperfect
ich hatte gekämpft
du hattest gekämpft
er hatte gekämpft
wir hatten gekämpft
ihr hattet gekämpft
sie hatten gekämpft

Future	*Future Time*	*Future Time*
ich werde kämpfen	würde kämpfen	werde kämpfen
du wirst kämpfen	würdest kämpfen	werdest kämpfen
er wird kämpfen	würde kämpfen	werde kämpfen
wir werden kämpfen	würden kämpfen	werden kämpfen
ihr werdet kämpfen	würdet kämpfen	werdet kämpfen
sie werden kämpfen	würden kämpfen	werden kämpfen
Future Perfect	*Future Perfect Time*	*Future Perfect Time*
ich werde gekämpft haben	würde gekämpft haben	werde gekämpft haben
du wirst gekämpft haben	würdest gekämpft haben	werdest gekämpft haben
er wird gekämpft haben	würde gekämpft haben	werde gekämpft haben
wir werden gekämpft haben	würden gekämpft haben	werden gekämpft haben
ihr werdet gekämpft haben	würdet gekämpft haben	werdet gekämpft haben
sie werden gekämpft haben	würden gekämpft haben	werden gekämpft haben

Separable
durchkämpfen, kämpfte...durch, durchgekämpft

Inseparable
bekämpfen, bekämpfte, bekämpft
erkämpfen, erkämpfte, erkämpft

kaufen

kaufen: to buy

Princ. Parts: kaufen, kaufte, gekauft
Imperative: kauf(e)!, kauft!, kaufen Sie!

INDICATIVE	SUBJUNCTIVE (II)	INDIR. DISC. SUBJ. (I)
Present	*Present Time*	*Present Time*
ich kaufe	kaufte	kaufe
du kaufst	kauftest	kaufest
er kauft	kaufte	kaufe
wir kaufen	kauften	kaufen
ihr kauft	kauftet	kaufet
sie kaufen	kauften	kaufen
Past	*Past Time*	*Past Time*
ich kaufte	hätte gekauft	habe gekauft
du kauftest	hättest gekauft	habest gekauft
er kaufte	hätte gekauft	habe gekauft
wir kauften	hätten gekauft	haben gekauft
ihr kauftet	hättet gekauft	habet gekauft
sie kauften	hätten gekauft	haben gekauft

Perfect
ich habe gekauft
du hast gekauft
er hat gekauft
wir haben gekauft
ihr habt gekauft
sie haben gekauft

Pluperfect
ich hatte gekauft
du hattest gekauft
er hatte gekauft
wir hatten gekauft
ihr hattet gekauft
sie hatten gekauft

Future	*Future Time*	*Future Time*
ich werde kaufen	würde kaufen	werde kaufen
du wirst kaufen	würdest kaufen	werdest kaufen
er wird kaufen	würde kaufen	werde kaufen
wir werden kaufen	würden kaufen	werden kaufen
ihr werdet kaufen	würdet kaufen	werdet kaufen
sie werden kaufen	würden kaufen	werden kaufen
Future Perfect	*Future Perfect Time*	*Future Perfect Time*
ich werde gekauft haben	würde gekauft haben	werde gekauft haben
du wirst gekauft haben	würdest gekauft haben	werdest gekauft haben
er wird gekauft haben	würde gekauft haben	werde gekauft haben
wir werden gekauft haben	würden gekauft haben	werden gekauft haben
ihr werdet gekauft haben	würdet gekauft haben	werdet gekauft haben
sie werden gekauft haben	würden gekauft haben	werden gekauft haben

Separable
abkaufen, kaufte...ab, abgekauft
ausverkaufen, verkaufte...aus, ausverkauft
einkaufen, kaufte...ein, eingekauft

Inseparable
verkaufen, verkaufte, verkauft

kennen: to know, be acquainted with

Princ. Parts: kennen, kannte, gekannt
Imperative: kenn(e)!, kennt!, kennen Sie!

INDICATIVE	SUBJUNCTIVE (II)	INDIR. DISC. SUBJ. (I)
Present	*Present Time*	*Present Time*
ich kenne	kennte	kenne
du kennst	kenntest	kennest
er kennt	kennte	kenne
wir kennen	kennten	kennen
ihr kennt	kenntet	kennet
sie kennen	kennten	kennen
Past	*Past Time*	*Past Time*
ich kannte	hätte gekannt	habe gekannt
du kanntest	hättest gekannt	habest gekannt
er kannte	hätte gekannt	habe gekannt
wir kannten	hätten gekannt	haben gekannt
ihr kanntet	hättet gekannt	habet gekannt
sie kannten	hätten gekannt	haben gekannt
Perfect		
ich habe gekannt		
du hast gekannt		
er hat gekannt		
wir haben gekannt		
ihr habt gekannt		
sie haben gekannt		
Pluperfect		
ich hatte gekannt		
du hattest gekannt		
er hatte gekannt		
wir hatten gekannt		
ihr hattet gekannt		
sie hatten gekannt		
Future	*Future Time*	*Future Time*
ich werde kennen	würde kennen	werde kennen
du wirst kennen	würdest kennen	werdest kennen
er wird kennen	würde kennen	werde kennen
wir werden kennen	würden kennen	werden kennen
ihr werdet kennen	würdet kennen	werdet kennen
sie werden kennen	würden kennen	werden kennen
Future Perfect	*Future Perfect Time*	*Future Perfect Time*
ich werde gekannt haben	würde gekannt haben	werde gekannt haben
du wirst gekannt haben	würdest gekannt haben	werdest gekannt haben
er wird gekannt haben	würde gekannt haben	werde gekannt haben
wir werden gekannt haben	würden gekannt haben	werden gekannt haben
ihr werdet gekannt haben	würdet gekannt haben	werdet gekannt haben
sie werden gekannt haben	würden gekannt haben	werden gekannt haben

Separable
auskennen, kannte...aus, ausgekannt

Inseparable
bekennen, bekannte, bekannt
verkennen, verkannte, verkannt

klagen

Princ. Parts: klagen, klagte, geklagt
Imperative: klag(e)!, klagt!, klagen Sie!

klagen: to complain

INDICATIVE	SUBJUNCTIVE (II)	INDIR. DISC. SUBJ. (I)
Present	*Present Time*	*Present Time*
ich klage	klagte	klage
du klagst	klagtest	klagest
er klagt	klagte	klage
wir klagen	klagten	klagen
ihr klagt	klagtet	klaget
sie klagen	klagten	klagen
Past	*Past Time*	*Past Time*
ich klagte	hätte geklagt	habe geklagt
du klagtest	hättest geklagt	habest geklagt
er klagte	hätte geklagt	habe geklagt
wir klagten	hätten geklagt	haben geklagt
ihr klagtet	hättet geklagt	habet geklagt
sie klagten	hätten geklagt	haben geklagt
Perfect		
ich habe geklagt		
du hast geklagt		
er hat geklagt		
wir haben geklagt		
ihr habt geklagt		
sie haben geklagt		
Pluperfect		
ich hatte geklagt		
du hattest geklagt		
er hatte geklagt		
wir hatten geklagt		
ihr hattet geklagt		
sie hatten geklagt		
Future	*Future Time*	*Future Time*
ich werde klagen	würde klagen	werde klagen
du wirst klagen	würdest klagen	werdest klagen
er wird klagen	würde klagen	werde klagen
wir werden klagen	würden klagen	werden klagen
ihr werdet klagen	würdet klagen	werdet klagen
sie werden klagen	würden klagen	werden klagen
Future Perfect	*Future Perfect Time*	*Future Perfect Time*
ich werde geklagt haben	würde geklagt haben	werde geklagt haben
du wirst geklagt haben	würdest geklagt haben	werdest geklagt haben
er wird geklagt haben	würde geklagt haben	werde geklagt haben
wir werden geklagt haben	würden geklagt haben	werden geklagt haben
ihr werdet geklagt haben	würdet geklagt haben	werdet geklagt haben
sie werden geklagt haben	würden geklagt haben	werden geklagt haben

Separable
anklagen, klagte...an, angeklagt

Inseparable
beklagen, beklagte, beklagt
verklagen, verklagte, verklagt

klären

klären: to clear (up), clarify

Princ. Parts: klären, klärte, geklärt
Imperative: klär(e)!, klärt!, klären Sie!

INDICATIVE	SUBJUNCTIVE (II)	INDIR. DISC. SUBJ. (I)
Present	*Present Time*	*Present Time*
ich kläre	klärte	kläre
du klärst	klärtest	klärest
er klärt	klärte	kläre
wir klären	klärten	klären
ihr klärt	klärtet	kläret
sie klären	klärten	klären
Past	*Past Time*	*Past Time*
ich klärte	hätte geklärt	habe geklärt
du klärtest	hättest geklärt	habest geklärt
er klärte	hätte geklärt	habe geklärt
wir klärten	hätten geklärt	haben geklärt
ihr klärtet	hättet geklärt	habet geklärt
sie klärten	hätten geklärt	haben geklärt

Perfect
ich habe geklärt
du hast geklärt
er hat geklärt
wir haben geklärt
ihr habt geklärt
sie haben geklärt

Pluperfect
ich hatte geklärt
du hattest geklärt
er hatte geklärt
wir hatten geklärt
ihr hattet geklärt
sie hatten geklärt

Future	*Future Time*	*Future Time*
ich werde klären	würde klären	werde klären
du wirst klären	würdest klären	werdest klären
er wird klären	würde klären	werde klären
wir werden klären	würden klären	werden klären
ihr werdet klären	würdet klären	werdet klären
sie werden klären	würden klären	werden klären
Future Perfect	*Future Perfect Time*	*Future Perfect Time*
ich werde geklärt haben	würde geklärt haben	werde geklärt haben
du wirst geklärt haben	würdest geklärt haben	werdest geklärt haben
er wird geklärt haben	würde geklärt haben	werde geklärt haben
wir werden geklärt haben	würden geklärt haben	werden geklärt haben
ihr werdet geklärt haben	würdet geklärt haben	werdet geklärt haben
sie werden geklärt haben	würden geklärt haben	werden geklärt haben

Separable
abklären, klärte...ab, abgeklärt
aufklären, klärte...auf, aufgeklärt

Inseparable
erklären, erklärte, erklärt

klingen

klingen: to sound

Princ. Parts: klingen, klang, geklungen
Imperative: kling(e)!, klingt!, klingen Sie!

INDICATIVE	SUBJUNCTIVE (II)	INDIR. DISC. SUBJ. (I)
Present	*Present Time*	*Present Time*
ich klinge	klänge	klinge
du klingst	kläng(e)st	klingest
er klingt	klänge	klinge
wir klingen	klängen	klingen
ihr klingt	kläng(e)t	klinget
sie klingen	klängen	klingen
Past	*Past Time*	*Past Time*
ich klang	hätte geklungen	habe geklungen
du klangst	hättest geklungen	habest geklungen
er klang	hätte geklungen	habe geklungen
wir klangen	hätten geklungen	haben geklungen
ihr klangt	hättet geklungen	habet geklungen
sie klangen	hätten geklungen	haben geklungen
Perfect		
ich habe geklungen		
du hast geklungen		
er hat geklungen		
wir haben geklungen		
ihr habt geklungen		
sie haben geklungen		
Pluperfect		
ich hatte geklungen		
du hattest geklungen		
er hatte geklungen		
wir hatten geklungen		
ihr hattet geklungen		
sie hatten geklungen		
Future	*Future Time*	*Future Time*
ich werde klingen	würde klingen	werde klingen
du wirst klingen	würdest klingen	werdest klingen
er wird klingen	würde klingen	werde klingen
wir werden klingen	würden klingen	werden klingen
ihr werdet klingen	würdet klingen	werdet klingen
sie werden klingen	würden klingen	werden klingen
Future Perfect	*Future Perfect Time*	*Future Perfect Time*
ich werde geklungen haben	würde geklungen haben	werde geklungen haben
du wirst geklungen haben	würdest geklungen haben	werdest geklungen haben
er wird geklungen haben	würde geklungen haben	werde geklungen haben
wir werden geklungen haben	würden geklungen haben	werden geklungen haben
ihr werdet geklungen haben	würdet geklungen haben	werdet geklungen haben
sie werden geklungen haben	würden geklungen haben	werden geklungen haben

Separable
abklingen, klang...ab, abgeklungen
anklingen, klang...an, angeklungen
ausklingen, klang...aus, ausgeklungen

Inseparable
erklingen, erklang, erklungen
verklingen, verklang, verklungen

110

kommen

kommen: to come

Princ. Parts: kommen, kam, ist gekommen
Imperative: komm(e)!, kommt!, kommen Sie!

INDICATIVE	SUBJUNCTIVE (II)	INDIR. DISC. SUBJ. (I)
Present	*Present Time*	*Present Time*
ich komme	käme	komme
du kommst	käm(e)st	kommest
er kommt	käme	komme
wir kommen	kämen	kommen
ihr kommt	käm(e)t	kommet
sie kommen	kämen	kommen
Past	*Past Time*	*Past Time*
ich kam	wäre gekommen	sei gekommen
du kamst	wärest gekommen	seiest gekommen
er kam	wäre gekommen	sei gekommen
wir kamen	wären gekommen	seien gekommen
ihr kamt	wäret gekommen	seiet gekommen
sie kamen	wären gekommen	seien gekommen

Perfect
ich bin gekommen
du bist gekommen
er ist gekommen
wir sind gekommen
ihr seid gekommen
sie sind gekommen

Pluperfect
ich war gekommen
du warst gekommen
er war gekommen
wir waren gekommen
ihr wart gekommen
sie waren gekommen

Future	*Future Time*	*Future Time*
ich werde kommen	würde kommen	werde kommen
du wirst kommen	würdest kommen	werdest kommen
er wird kommen	würde kommen	werde kommen
wir werden kommen	würden kommen	werden kommen
ihr werdet kommen	würdet gekommen	werdet kommen
sie werden kommen	würden kommen	werden kommen
Future Perfect	*Future Perfect Time*	*Future Perfect Time*
ich werde gekommen sein	würde gekommen sein	werde gekommen sein
du wirst gekommen sein	würdest gekommen sein	werdest gekommen sein
er wird gekommen sein	würde gekommen sein	werde gekommen sein
wir werden gekommen sein	würden gekommen sein	werden gekommen sein
ihr werdet gekommen sein	würdet gekommen sein	werdet gekommen sein
sie werden gekommen sein	würden gekommen sein	werden gekommen sein

Separable
abkommen, kam...ab, abgekommen
ankommen, kam...an, angekommen
auskommen, kam...aus, ausgekommen
durchkommen, kam...durch, durchgekommen
herauskommen, kam...heraus, herausgekommen
herkommen, kam...her, hergekommen
mitkommen, kam...mit, mitgekommen

nachkommen, kam...nach, nachgekommen
umkommen, kam...um, umgekommen
vorkommen, kam...vor, vorgekommen
zusammenkommen, kam...zusammen, zusammengekommen

Inseparable
entkommen, entkam, entkommen

111

kosten*

kosten*: to cost; to taste, sip; try

Princ. Parts: kosten, kostete, gekostet
Imperative: koste!, kostet!, kosten Sie!

INDICATIVE	SUBJUNCTIVE (II)	INDIR. DISC. SUBJ. (I)
Present	*Present Time*	*Present Time*
ich koste	koste	koste
du kostest	kostetest	kostest
er kostet	kostete	koste
wir kosten	kosteten	kosten
ihr kostet	kostetet	kostet
sie kosten	kosteten	kosten
Past	*Past Time*	*Past Time*
ich kostete	hätte gekostet	habe gekostet
du kostetest	hättest gekostet	habest gekostet
er kostete	hätte gekostet	habe gekostet
wir kosteten	hätten gekostet	haben gekostet
ihr kostetet	hättet gekostet	habet gekostet
sie kosteten	hätten gekostet	haben gekostet
Perfect		
ich habe gekostet		
du hast gekostet		
er hat gekostet		
wir haben gekostet		
ihr habt gekostet		
sie haben gekostet		
Pluperfect		
ich hatte gekostet		
du hattest gekostet		
er hatte gekostet		
wir hatten gekostet		
ihr hattet gekostet		
sie hatten gekostet		
Future	*Future Time*	*Future Time*
ich werde kosten	würde kosten	werde kosten
du wirst kosten	würdest kosten	werdest kosten
er wird kosten	würde kosten	werde kosten
wir werden kosten	würden kosten	werden kosten
ihr werdet kosten	würdet kosten	werdet kosten
sie werden kosten	würden kosten	werden kosten
Future Perfect	*Future Perfect*	*Future Perfect Time*
ich werde gekostet haben	würde gekostet haben	werde gekostet haben
du wirst gekostet haben	würdest gekostet haben	werdest gekostet haben
er wird gekostet haben	würde gekostet haben	werde gekostet haben
wir werden gekostet haben	würden gekostet haben	werden gekostet haben
ihr werdet gekostet haben	würdet gekostet haben	werdet gekostet haben
sie werden gekostet haben	würden gekostet haben	werden gekostet haben

* *Kosten* in the sense of "to cost" almost always occurs in the third person.

112

sich kümmern: to take care of;
to attend to

Princ. Parts: kümmern, kümmerte, gekümmert
Imperative: kümmere dich!,* kümmert euch!,
kümmern Sie sich!

INDICATIVE	SUBJUNCTIVE (II)	INDIR. DISC. SUBJ. (I)
Present	*Present Time*	*Present Time*
ich kümmere mich*	kümmerte mich	kümmere mich*
du kümmerst dich	kümmertest dich	kümmerst dich
er kümmert sich	kümmerte sich	kümmere sich*
wir kümmern uns	kümmerten uns	kümmern uns
ihr kümmert euch	kümmertet euch	kümmert euch
sie kümmern sich	kümmerten sich	kümmern sich
Past	*Past Time*	*Past Time*
ich kümmerte mich	hätte mich gekümmert	habe mich gekümmert
du kümmertest dich	hättest dich gekümmert	habest dich gekümmert
er kümmerte sich	hätte sich gekümmert	habe sich gekümmert
wir kümmerten uns	hätten uns gekümmert	haben uns gekümmert
ihr kümmertet euch	hättet euch gekümmert	habet euch gekümmert
sie kümmerten sich	hätten sich gekümmert	haben sich gekümmert

Perfect
ich habe mich gekümmert
du hast dich gekümmert
er hat sich gekümmert
wir haben uns gekümmert
ihr habt euch gekümmert
sie haben sich gekümmert

Pluperfect
ich hatte mich gekümmert
du hattest dich gekümmert
er hatte sich gekümmert
wir hatten uns gekümmert
ihr hattet euch gekümmert
sie hatten sich gekümmert

Future	*Future Time*	*Future Time*
ich werde mich kümmern	würde mich kümmern	werde mich kümmern
du wirst dich kümmern	würdest dich kümmern	werdest dich kümmern
er wird sich kümmern	würde sich kümmern	werde sich kümmern
wir werden uns kümmern	würden uns kümmern	werden uns kümmern
ihr werdet euch kümmern	würdet euch kümmern	werdet euch kümmern
sie werden sich kümmern	würden sich kümmern	werden sich kümmern
Future Perfect	*Future Perfect Time*	*Future Perfect Time*
ich werde mich gekümmert haben	würde mich gekümmert haben	werde mich gekümmert haben
du wirst dich gekümmert haben	würdest dich gekümmert haben	werdest dich gekümmert haben
er wird sich gekümmert haben	würde sich gekümmert haben	werde sich gekümmert haben
wir werden uns gekümmert haben	würden uns gekümmert haben	werden uns gekümmert haben
ihr werdet euch gekümmert haben	würdet euch gekümmert haben	werdet euch gekümmert haben
sie werden sich gekümmert haben	würden sich gekümmert haben	werden sich gekümmert haben

* One occasionally finds the form,
kümmre used in these cases.

Inseparable
bekümmern, bekümmerte, bekümmert
verkümmern, verkümmerte, verkümmert

laden

laden: to load; to invite

Princ. Parts: laden, lud, geladen
Imperative: lade!, ladet!, laden Sie!

INDICATIVE	SUBJUNCTIVE (II)	INDIR. DISC. SUBJ. (I)
Present	*Present Time*	*Present Time*
ich lade	lüde	lade
du *läd*st	lüd(e)st	ladest
er *läd*t	lüde	lade
wir laden	lüden	laden
ihr ladet	lüdet	ladet
sie laden	lüden	laden
Past	*Past Time*	*Past Time*
ich lud	hätte geladen	habe geladen
du ludst	hättest geladen	habest geladen
er lud	hätte geladen	habe geladen
wir luden	hätten geladen	haben geladen
ihr ludet	hättet' geladen	habet geladen
sie luden	hätten geladen	haben geladen

Perfect
ich habe geladen
du hast geladen
er hat geladen
wir haben geladen
ihr habt geladen
sie haben geladen

Pluperfect
ich hatte geladen
du hattest geladen
er hatte geladen
wir hatten geladen
ihr hattet geladen
sie hatten geladen

Future	*Future Time*	*Future Time*
ich werde laden	würde laden	werde laden
du wirst laden	würdest laden	werdest laden
er wird laden	würde laden	werde laden
wir werden laden	würden laden	werden laden
ihr werdet laden	würdet laden	werdet laden
sie werden laden	würden laden	werden laden
Future Perfect	*Future Perfect Time*	*Future Perfect Time*
ich werde geladen haben	würde geladen haben	werde geladen haben
du wirst geladen haben	würdest geladen haben	werdest geladen haben
er wird geladen haben	würde geladen haben	werde geladen haben
wir werden geladen haben	würden geladen haben	werden geladen haben
ihr werdet geladen haben	würdet geladen haben	werdet geladen haben
sie werden geladen haben	würden geladen haben	werden geladen haben

Separable
abladen, lud...ab, abgeladen
aufladen, lud...auf, aufgeladen
ausladen, lud...aus, ausgeladen
einladen, lud...ein, eingeladen

Inseparable
beladen, belud, beladen
entladen, entlud, entladen
überladen, überlud, überladen

114

lassen

lassen: to leave, abandon; to let

Princ. Parts: lassen, ließ, gelassen*
Imperative: laß(e)!, laßt!, lassen Sie!

INDICATIVE	SUBJUNCTIVE (II)	INDIR. DISC. SUBJ. (I)
Present	*Present Time*	*Present Time*
ich lasse	ließe	lasse
du läßt	ließest	lassest
er läßt	ließe	lasse
wir lassen	ließen	lassen
ihr laßt	ließet	lasset
sie lassen	ließen	lassen
Past	*Past Time*	*Past Time*
ich ließ	hätte gelassen	habe gelassen
du ließest	hättest gelassen	habest gelassen
er ließ	hätte gelassen	habe gelassen
wir ließen	hätten gelassen	haben gelassen
ihr ließt	hättet gelassen	habet gelassen
sie ließen	hätten gelassen	haben gelassen
Perfect		
ich habe gelassen		
du hast gelassen		
er hat gelassen		
wir haben gelassen		
ihr habt gelassen		
sie haben gelassen		
Pluperfect		
ich hatte gelassen		
du hattest gelassen		
er hatte gelassen		
wir hatten gelassen		
ihr hattet gelassen		
sie hatten gelassen		
Future	*Future Time*	*Future Time*
ich werde lassen	würde lassen	werde lassen
du wirst lassen	würdest lassen	werdest lassen
er wird lassen	würde lassen	werde lassen
wir werden lassen	würden lassen	werden lassen
ihr werdet lassen	würdet lassen	werdet lassen
sie werden lassen	würden lassen	werden lassen
Future Perfect	*Future Perfect Time*	*Future Perfect Time*
ich werde gelassen haben	würde gelassen haben	werde gelassen haben
du wirst gelassen haben	würdest gelassen haben	werdest gelassen haben
er wird gelassen haben	würde gelassen haben	werde gelassen haben
wir werden gelassen haben	würden gelassen haben	werden gelassen haben
ihr werdet gelassen haben	würdet gelassen haben	werdet gelassen haben
sie werden gelassen haben	würden gelassen haben	werden gelassen haben

* *Lassen* is frequently used like a modal auxiliary in the sense of "to have something done." In such cases, its past participle is *lassen*. Example: *Der König hat ihn töten lassen* (The king had him killed).

Separable
loslassen, ließ...los, losgelassen
nachlassen, ließ...nach, nachgelassen
zulassen, ließ...zu, zugelassen

Inseparable
entlassen, entließ, entlassen
überlassen, überließ, überlassen
unterlassen, unterließ, unterlassen
veranlassen, veranließ, veranlassen
verlassen, verließ, verlassen

laufen

laufen: to run

Princ. Parts: laufen, lief, ist gelaufen
Imperative: lauf(e)!, lauft!, laufen Sie!

INDICATIVE	SUBJUNCTIVE (II)	INDIR. DISC. SUBJ. (I)
Present	*Present Time*	*Present Time*
ich laufe	liefe	laufe
du *läufst*	liefest	laufest
er *läuft*	liefe	laufe
wir laufen	liefen	laufen
ihr lauft	liefet	laufet
sie laufen	liefen	laufen
Past	*Past Time*	*Past Time*
ich lief	wäre gelaufen	sei gelaufen
du liefst	wärest gelaufen	seiest gelaufen
er lief	wäre gelaufen	sei gelaufen
wir liefen	wären gelaufen	seien gelaufen
ihr lieft	wäret gelaufen	seiet gelaufen
sie liefen	wären gelaufen	seien gelaufen
Perfect		
ich bin gelaufen		
du bist gelaufen		
er ist gelaufen		
wir sind gelaufen		
ihr seid gelaufen		
sie sind gelaufen		
Pluperfect		
ich war gelaufen		
du warst gelaufen		
er war gelaufen		
wir waren gelaufen		
ihr wart gelaufen		
sie waren gelaufen		
Future	*Future Time*	*Future Time*
ich werde laufen	würde laufen	werde laufen
du wirst laufen	würdest laufen	werdest laufen
er wird laufen	würde laufen	werde laufen
wir werden laufen	würden laufen	werden laufen
ihr werdet laufen	würdet laufen	werdet laufen
sie werden laufen	würden laufen	werden laufen
Future Perfect	*Future Perfect Time*	*Future Perfect Time*
ich werde gelaufen sein	würde gelaufen sein	werde gelaufen sein
du wirst gelaufen sein	würdest gelaufen sein	werdest gelaufen sein
er wird gelaufen sein	würde gelaufen sein	werde gelaufen sein
wir werden gelaufen sein	würden gelaufen sein	werden gelaufen sein
ihr werdet gelaufen sein	würdet gelaufen sein	werdet gelaufen sein
sie werden gelaufen sein	würden gelaufen sein	werden gelaufen sein

Separable
ablaufen, lief...ab, abgelaufen
anlaufen, lief...an, angelaufen
davonlaufen, lief...davon, davongelaufen
fortlaufen, lief...fort, fortgelaufen
herumlaufen, lief...herum, herumgelaufen
nachlaufen, lief...nach, nachgelaufen
überlaufen, lief...über, übergelaufen

Inseparable
entlaufen, entlief, entlaufen
überlaufen, überlief, überlaufen
verlaufen, verlief, verlaufen

leben: to live

INDICATIVE	SUBJUNCTIVE (II)	INDIR. DISC. SUBJ. (I)
Present	*Present Time*	*Present Time*
ich lebe	lebte	lebe
du lebst	lebtest	lebest
er lebt	lebte	lebe
wir leben	lebten	leben
ihr lebt	lebtet	lebet
sie leben	lebten	leben
Past	*Past Time*	*Past Time*
ich lebte	hätte gelebt	habe gelebt
du lebtest	hättest gelebt	habest gelebt
er lebte	hätte gelebt	habe gelebt
wir lebten	hätten gelebt	haben gelebt
ihr lebtet	hättet gelebt	habet gelebt
sie lebten	hätten gelebt	haben gelebt
Perfect		
ich habe gelebt		
du hast gelebt		
er hat gelebt		
wir haben gelebt		
ihr habt gelebt		
sie haben gelebt		
Pluperfect		
ich hatte gelebt		
du hattest gelebt		
er hatte gelebt		
wir hatten gelebt		
ihr hattet gelebt		
sie hatten gelebt		
Future	*Future Time*	*Future Time*
ich werde leben	würde leben	werde leben
du wirst leben	würdest leben	werdest leben
er wird leben	würde leben	werde leben
wir werden leben	würden leben	werden leben
ihr werdet leben	würdet leben	werdet leben
sie werden leben	würden leben	werden leben
Future Perfect	*Future Perfect Time*	*Future Perfect Time*
ich werde gelebt haben	würde gelebt haben	werde gelebt haben
du wirst gelebt haben	würdest gelebt haben	werdest gelebt haben
er wird gelebt haben	würde gelebt haben	werde gelebt haben
wir werden gelebt haben	würden gelebt haben	werden gelebt haben
ihr werdet gelebt haben	würdet gelebt haben	werdet gelebt haben
sie werden gelebt haben	würden gelebt haben	werden gelebt haben

Separable
fortleben, lebte...fort, fortgelebt
miterleben, erlebte...mit, miterlebt

Inseparable
beleben, belebte, belebt
erleben, erlebte, erlebt
überleben, überlebte, überlebt
verleben, verlebte, verlebt

117

legen

legen: to place, put, lay

Princ. Parts: legen, legte, gelegt
Imperative: leg(e)!, legt!, legen Sie!

INDICATIVE	SUBJUNCTIVE (II)	INDIR. DISC. SUBJ. (I)
Present	*Present Time*	*Present Time*
ich lege	legte	lege
du legst	legtest	legest
er legt	legte	lege
wir legen	legten	legen
ihr legt	legtet	leget
sie legen	legten	legen
Past	*Past Time*	*Past Time*
ich legte	hätte gelegt	habe gelegt
du legtest	hättest gelegt	habest gelegt
er legte	hätte gelegt	habe gelegt
wir legten	hätten gelegt	haben gelegt
ihr legtet	hättet gelegt	habet gelegt
sie legten	hätten gelegt	haben gelegt
Perfect		
ich habe gelegt		
du hast gelegt		
er hat gelegt		
wir haben gelegt		
ihr habt gelegt		
sie haben gelegt		
Pluperfect		
ich hatte gelegt		
du hattest gelegt		
er hatte gelegt		
wir hatten gelegt		
ihr hattet gelegt		
sie hatten gelegt		
Future	*Future Time*	*Future Time*
ich werde legen	würde legen	werde legen
du wirst legen	würdest legen	werdest legen
er wird legen	würde legen	werde legen
wir werden legen	würden legen	werden legen
ihr werdet legen	würdet legen	werdet legen
sie werden legen	würden legen	werden legen
Future Perfect	*Future Perfect Time*	*Future Perfect Time*
ich werde gelegt haben	würde gelegt haben	werde gelegt haben
du wirst gelegt haben	würdest gelegt haben	werdest gelegt haben
er wird gelegt haben	würde gelegt haben	werde gelegt haben
wir werden gelegt haben	würden gelegt haben	werden gelegt haben
ihr werdet gelegt haben	würdet gelegt haben	werdet gelegt haben
sie werden gelegt haben	würden gelegt haben	werden gelegt haben

Separable
ablegen, legte...ab, abgelegt
anlegen, legte...an, angelegt
auflegen, legte...auf, aufgelegt
beilegen, legte...bei, beigelegt
bloßlegen, legte...bloß, bloßgelegt
festlegen, legte...fest, festgelegt
stilllegen, legte...still, stillgelegt
vorlegen, legte...vor, vorgelegt

Inseparable
belegen, belegte, belegt
überlegen, überlegte, überlegt
verlegen, verlegte, verlegt

118

lehnen

lehnen: to lean

Princ. Parts: lehnen, lehnte, gelehnt
Imperative: lehn(e)!, lehnt!, lehnen Sie!

INDICATIVE	SUBJUNCTIVE (II)	INDIR. DISC. SUBJ. (I)
Present	*Present Time*	*Present Time*
ich lehne	lehnte	lehne
du lehnst	lehntest	lehnest
er lehnt	lehnte	lehne
wir lehnen	lehnten	lehnen
ihr lehnt	lehntet	lehnet
sie lehnen	lehnten	lehnen
Past	*Past Time*	*Past Time*
ich lehnte	hätte gelehnt	habe gelehnt
du lehntest	hättest gelehnt	habest gelehnt
er lehnte	hätte gelehnt	habe gelehnt
wir lehnten	hätten gelehnt	haben gelehnt
ihr lehntet	hättet gelehnt	habet gelehnt
sie lehnten	hätten gelehnt	haben gelehnt
Perfect		
ich habe gelehnt		
du hast gelehnt		
er hat gelehnt		
wir haben gelehnt		
ihr habt gelehnt		
sie haben gelehnt		
Pluperfect		
ich hatte gelehnt		
du hattest gelehnt		
er hatte gelehnt		
wir hatten gelehnt		
ihr hattet gelehnt		
sie hatten gelehnt		
Future	*Future Time*	*Future Time*
ich werde lehnen	würde lehnen	werde lehnen
du wirst lehnen	würdest lehnen	werdest lehnen
er wird lehnen	würde lehnen	werde lehnen
wir werden lehnen	würden lehnen	werden lehnen
ihr werdet lehnen	würdet lehnen	werdet lehnen
sie werden lehnen	würden lehnen	werden lehnen
Future Perfect	*Future Perfect Time*	*Future Perfect Time*
ich werde gelehnt haben	würde gelehnt haben	werde gelehnt haben
du wirst gelehnt haben	würdest gelehnt haben	werdest gelehnt haben
er wird gelehnt haben	würde gelehnt haben	werde gelehnt haben
wir werden gelehnt haben	würden gelehnt haben	werden gelehnt haben
ihr werdet gelehnt haben	würdet gelehnt haben	werdet gelehnt haben
sie werden gelehnt haben	würden gelehnt haben	werden gelehnt haben

Separable
ablehnen, lehnte...ab, abgelehnt
anlehnen, lehnte...an, angelehnt
auflehnen, lehnte...auf, aufgelehnt
hinauslehnen, lehnte...hinaus, hinausgelehnt
zurücklehnen, lehnte...zurück, zurückgelehnt

leiden

leiden: to suffer

Princ. Parts: leiden, litt, gelitten
Imperative: leide!, leidet!, leiden Sie!

INDICATIVE	SUBJUNCTIVE (II)	INDIR. DISC. SUBJ. (I)
Present	*Present Time*	*Present Time*
ich leide	litte	leide
du leidest	littest	leidest
er leidet	litte	leide
wir leiden	litten	leiden
ihr leidet	littet	leidet
sie leiden	litten	leiden
Past	*Past Time*	*Past Time*
ich litt	hätte gelitten	habe gelitten
du littest	hättest gelitten	habest gelitten
er litt	hätte gelitten	habe gelitten
wir litten	hätten gelitten	haben gelitten
ihr littet	hättet gelitten	habet gelitten
sie litten	hätten gelitten	haben gelitten

Perfect
ich habe gelitten
du hast gelitten
er hat gelitten
wir haben gelitten
ihr habt gelitten
sie haben gelitten

Pluperfect
ich hatte gelitten
du hattest gelitten
er hatte gelitten
wir hatten gelitten
ihr hattet gelitten
sie hatten gelitten

Future	*Future Time*	*Future Time*
ich werde leiden	würde leiden	werde leiden
du wirst leiden	würdest leiden	werdest leiden
er wird leiden	würde leiden	werde leiden
wir werden leiden	würden leiden	werden leiden
ihr werdet leiden	würdet leiden	werdet leiden
sie werden leiden	würden leiden	werden leiden
Future Perfect	*Future Perfect Time*	*Future Perfect Time*
ich werde gelitten haben	würde gelitten haben	werde gelitten haben
du wirst gelitten haben	würdest gelitten haben	werdest gelitten haben
er wird gelitten haben	würde gelitten haben	werde gelitten haben
wir werden gelitten haben	würden gelitten haben	werden gelitten haben
ihr werdet gelitten haben	würdet gelitten haben	werdet gelitten haben
sie werden gelitten haben	würden gelitten haben	werden gelitten haben

Inseparable
erleiden, erlitt, erlitten
BUT:
    bemitleiden, bemitleidete, bemitleidet

leihen: to lend; to borrow

Princ. Parts: leihen, lieh, geliehen
Imperative: leih(e)!, leiht!, leihen Sie!

INDICATIVE	SUBJUNCTIVE (II)	INDIR. DISC. SUBJ. (I)
Present	*Present Time*	*Present Time*
ich leihe	liehe	leihe
du leihst	liehest	leihest
er leiht	liehe	leihe
wir leihen	liehen	leihen
ihr leiht	liehet	leihet
sie leihen	liehen	leihen
Past	*Past Time*	*Past Time*
ich lieh	hätte geliehen	habe geliehen
du liehst	hättest geliehen	habest geliehen
er lieh	hätte geliehen	habe geliehen
wir liehen	hätten geliehen	haben geliehen
ihr lieht	hättet geliehen	habet geliehen
sie liehen	hätten geliehen	haben geliehen
Perfect		
ich habe geliehen		
du hast geliehen		
er hat geliehen		
wir haben geliehen		
ihr habt geliehen		
sie haben geliehen		
Pluperfect		
ich hatte geliehen		
du hattest geliehen		
er hatte geliehen		
wir hatten geliehen		
ihr hattet geliehen		
sie hatten geliehen		
Future	*Future Time*	*Future Time*
ich werde leihen	würde leihen	werde leihen
du wirst leihen	würdest leihen	werdest leihen
er wird leihen	würde leihen	werde leihen
wir werden leihen	würden leihen	werden leihen
ihr werdet leihen	würdet leihen	werdet leihen
sie werden leihen	würden leihen	werden leihen
Future Perfect	*Future Perfect Time*	*Future Perfect Time*
ich werde geliehen haben	würde geliehen haben	werde geliehen haben
du wirst geliehen haben	würdest geliehen haben	werdest geliehen haben
er wird geliehen haben	würde geliehen haben	werde geliehen haben
wir werden geliehen haben	würden geliehen haben	werden geliehen haben
ihr werdet geliehen haben	würdet geliehen haben	werdet geliehen haben
sie werden geliehen haben	würden geliehen haben	werden geliehen haben

Separable
ausleihen, lieh...aus, ausgeliehen

Inseparable
entleihen, entlieh, entliehen
verleihen, verlieh, verliehen

leisten

leisten: to do, perform; carry out; accomplish

Princ. Parts: leisten, leistete, geleistet
Imperative: leiste!, leistet!, leisten Sie!

INDICATIVE	SUBJUNCTIVE (II)	INDIR. DISC. SUBJ. (I)
Present	*Present Time*	*Present Time*
ich leiste	leistete	leiste
du leistest	leistetest	leistest
er leistet	leistete	leiste
wir leisten	leisteten	leisten
ihr leistet	leistetet	leistet
sie leisten	leisteten	leisten
Past	*Past Time*	*Past Time*
ich leistete	hätte geleistet	habe geleistet
du leistetest	hättest geleistet	habest geleistet
er leistete	hätte geleistet	habe geleistet
wir leisteten	hätten geleistet	haben geleistet
ihr leistetet	hättet geleistet	habet geleistet
sie leisteten	hätten geleistet	haben geleistet

Perfect
ich habe geleistet
du hast geleistet
er hat geleistet
wir haben geleistet
ihr habt geleistet
sie haben geleistet

Pluperfect
ich hatte geleistet
du hattest geleistet
er hatte geleistet
wir hatten geleistet
ihr hattet geleistet
sie hatten geleistet

Future	*Future Time*	*Future Time*
ich werde leisten	würde leisten	werde leisten
du wirst leisten	würdest leisten	werdest leisten
er wird leisten	würde leisten	werde leisten
wir werden leisten	würden leisten	werden leisten
ihr werdet leisten	würdet leisten	werdet leisten
sie werden leisten	würden leisten	werden leisten
Future Perfect	*Future Perfect Time*	*Future Perfect Time*
ich werde geleistet haben	würde geleistet haben	werde geleistet haben
du wirst geleistet haben	würdest geleistet haben	werdest geleistet haben
er wird geleistet haben	würde geleistet haben	werde geleistet haben
wir werden geleistet haben	würden geleistet haben	werden geleistet haben
ihr werdet geleistet haben	würdet geleistet haben	werdet geleistet haben
sie werden geleistet haben	würden geleistet haben	werden geleistet haben

Another similarly conjugated verb:
leiten, leitete, geleitet

Inseparable
gewährleisten, gewährleistete, gewährleistet

Princ. Parts: lernen, lernte, gelernt
lernen: to learn   Imperative: lerne!, lernt!, lernen Sie!

INDICATIVE	SUBJUNCTIVE (II)	INDIR. DISC. SUBJ. (I)
Present	*Present Time*	*Present Time*
ich lerne	lerne	lerne
du lernst	lerntest	lernest
er lernt	lernte	lerne
wir lernen	lernten	lernen
ihr lernt	lerntet	lernet
sie lernen	lernten	lernen
Past	*Past Time*	*Past Time*
ich lernte	hätte gelernt	habe gelernt
du lerntest	hättest gelernt	habest gelernt
er lernte	hätte gelernt	habe gelernt
wir lernten	hätten gelernt	haben gelernt
ihr lerntet	hättet gelernt	habet gelernt
sie lernten	hätten gelernt	haben gelernt

Perfect
ich habe gelernt
du hast gelernt
er hat gelernt
wir haben gelernt
ihr habt gelernt
sie haben gelernt

Pluperfect
ich hatte gelernt
du hattest gelernt
er hatte gelernt
wir hatten gelernt
ihr hattet gelernt
sie hatten gelernt

Future	*Future Time*	*Future Time*
ich werde lernen	würde lernen	werde lernen
du wirst lernen	würdest lernen	werdest lernen
er wird lernen	würde lernen	werde lernen
wir werden lernen	würden lernen	werden lernen
ihr werdet lernen	würdet lernen	werdet lernen
sie werden lernen	würden lernen	werden lernen
Future Perfect	*Future Perfect Time*	*Future Perfect Time*
ich werde gelernt haben	würde gelernt haben	werde gelernt haben
du wirst gelernt haben	würdest gelernt haben	werdest gelernt haben
er wird gelernt haben	würde gelernt haben	werde gelernt haben
wir werden gelernt haben	würden gelernt haben	werden gelernt haben
ihr werdet gelernt haben	würdet gelernt haben	werdet gelernt haben
sie werden gelernt haben	würden gelernt haben	werden gelernt haben

Separable
anlernen, lernte...an, angelernt
auslernen, lernte...aus, ausgelernt
kennenlernen, lernte...kennen, kennengelernt
umlernen, lernte...um, umgelernt
zulernen, lernte...zu, zugelernt

Inseparable
erlernen, erlernte, erlernt
verlernen, verlernte, verlernt

lesen

Princ. Parts: lesen, las, gelesen
Imperative: lies!, lest!, lesen Sie!

INDICATIVE	SUBJUNCTIVE (II)	INDIR. DISC. SUBJ. (I)
Present	*Present Time*	*Present Time*
ich lese	läse	lese
du *liest*	läsest	lesest
er *liest*	läse	lese
wir lesen	läsen	lesen
ihr lest	läs(e)t	leset
sie lesen	läsen	lesen
Past	*Past Time*	*Past Time*
ich las	hätte gelesen	habe gelesen
du last	hättest gelesen	habest gelesen
er las	hätte gelesen	habe gelesen
wir lasen	hätten gelesen	haben gelesen
ihr last	hättet gelesen	habet gelesen
sie lasen	hätten gelesen	haben gelesen
Perfect		
ich habe gelesen		
du hast gelesen		
er hat gelesen		
wir haben gelesen		
ihr habt gelesen		
sie haben gelesen		
Pluperfect		
ich hatte gelesen		
du hattest gelesen		
er hatte gelesen		
wir hatten gelesen		
ihr hattet gelesen		
sie hatten gelesen		
Future	*Future Time*	*Future Time*
ich werde lesen	würde lesen	werde lesen
du wirst lesen	würdest lesen	werdest lesen
er wird lesen	würde lesen	werde lesen
wir werden lesen	würden lesen	werden lesen
ihr werdet lesen	würdet lesen	werdet lesen
sie werden lesen	würden lesen	werden lesen
Future Perfect	*Future Perfect Time*	*Future Perfect Time*
ich werde gelesen haben	würde gelesen haben	werde gelesen haben
du wirst gelesen haben	würdest gelesen haben	werdest gelesen haben
er wird gelesen haben	würde gelesen haben	werde gelesen haben
wir werden gelesen haben	würden gelesen haben	werden gelesen haben
ihr werdet gelesen haben	würdet gelesen haben	werdet gelesen haben
sie werden gelesen haben	würden gelesen haben	werden gelesen haben

Separable
auslesen, las...aus, ausgelesen
durchlesen, las...durch, durchgelesen
hineinlesen, las...hinein, hineingelesen
nachlesen, las...nach, nachgelesen
vorlesen, las...vor, vorgelesen

Inseparable
erlesen, erlas, erlesen
verlesen, verlas, verlesen

Princ. Parts: lieben, liebte, geliebt
Imperative: lieb(e)!, liebt!, lieben Sie!

lieben: to love

INDICATIVE	SUBJUNCTIVE (II)	INDIR. DISC. SUBJ. (I)
Present	*Present Time*	*Present Time*
ich liebe	liebte	liebe
du liebst	liebtest	liebest
er liebt	liebte	liebe
wir lieben	liebten	lieben
ihr liebt	liebtet	liebet
sie lieben	liebten	lieben
Past	*Past Time*	*Past Time*
ich liebte	hätte geliebt	habe geliebt
du liebtest	hättest geliebt	habest geliebt
er liebte	hätte geliebt	habe geliebt
wir liebten	hätten geliebt	haben geliebt
ihr liebtet	hättet geliebt	habet geliebt
sie liebten	hätten geliebt	haben geliebt
Perfect		
ich habe geliebt		
du hast geliebt		
er hat geliebt		
wir haben geliebt		
ihr habt geliebt		
sie haben geliebt		
Pluperfect		
ich hatte geliebt		
du hattest geliebt		
er hatte geliebt		
wir hatten geliebt		
ihr hattet geliebt		
sie hatten geliebt		
Future	*Future Time*	*Future Time*
ich werde lieben	würde lieben	werde lieben
du wirst lieben	würdest lieben	werdest lieben
er wird lieben	würde lieben	werde lieben
wir werden lieben	würden lieben	werden lieben
ihr werdet lieben	würdet lieben	werdet lieben
sie werden lieben	würden lieben	werden lieben
Future Perfect	*Future Perfect Time*	*Future Perfect Time*
ich werde geliebt haben	würde geliebt haben	werde geliebt haben
du wirst geliebt haben	würdest geliebt haben	werdest geliebt haben
er wird geliebt haben	würde geliebt haben	werde geliebt haben
wir werden geliebt haben	würden geliebt haben	werden geliebt haben
ihr werdet geliebt haben	würdet geliebt haben	werdet geliebt haben
sie werden geliebt haben	würden geliebt haben	werden geliebt haben

Inseparable
verlieben, verliebte, verliebt

liefern

liefern: to deliver; furnish

Princ. Parts: liefern, lieferte, geliefert
Imperative: liefere!,* liefert!, liefern Sie!

INDICATIVE	SUBJUNCTIVE (II)	INDIR. DISC. SUBJ. (I)
Present	*Present Time*	*Present Time*
ich liefere*	liefere*	liefere*
du lieferst	liefertest	lieferst
er liefert	lieferte	liefere*
wir liefern	lieferten	liefern
ihr liefert	liefertet	liefert
sie liefern	lieferten	liefern
Past	*Past Time*	*Past Time*
ich lieferte	hätte geliefert	habe geliefert
du liefertest	hättest geliefert	habest geliefert
er lieferte	hätte geliefert	habe geliefert
wir lieferten	hätten geliefert	haben geliefert
ihr liefertet	hättet geliefert	habet geliefert
sie lieferten	hätten geliefert	haben geliefert
Perfect		
ich habe geliefert		
du hast geliefert		
er hat geliefert		
wir haben geliefert		
ihr habt geliefert		
sie haben geliefert		
Pluperfect		
ich hatte geliefert		
du hattest geliefert		
er hatte geliefert		
wir hatten geliefert		
ihr hattet geliefert		
sie hatten geliefert		
Future	*Future Time*	*Future Time*
ich werde liefern	würde liefern	werde liefern
du wirst liefern	würdest liefern	werdest liefern
er wird liefern	würde liefern	werde liefern
wir werden liefern	würden liefern	werden liefern
ihr werdet liefern	würdet liefern	werdet liefern
sie werden liefern	würden liefern	werden liefern
Future Perfect	*Future Perfect Time*	*Future Perfect Time*
ich werde geliefert haben	würde geliefert haben	werde geliefert haben
du wirst geliefert haben	würdest geliefert haben	werdest geliefert haben
er wird geliefert haben	würde geliefert haben	werde geliefert haben
wir werden geliefert haben	würden geliefert haben	werden geliefert haben
ihr werdet geliefert haben	würdet geliefert haben	werdet geliefert haben
sie werden geliefert haben	würden geliefert haben	werden geliefert haben

* *Ich liefre, er liefre,* and *liefre!* are also correct forms, though not commonly used.

Separable
abliefern, lieferte...ab, abgeliefert
anliefern, lieferte...an, angeliefert
nachliefern, lieferte...nach, nachgeliefert

Inseparable
beliefern, belieferte, beliefert

liegen: to lie, be lying; be; be situated

Princ. Parts: liegen, lag, gelegen
Imperative: lieg(e)!, liegt!, liegen Sie!

INDICATIVE	SUBJUNCTIVE (II)	INDIR. DISC. SUBJ. (I)
Present	*Present Time*	*Present Time*
ich liege	läge	liege
du liegst	läg(e)st	liegest
er liegt	läge	liege
wir liegen	lägen	liegen
ihr liegt	läg(e)t	lieget
sie liegen	lägen	liegen
Past	*Past Time*	*Past Time*
ich lag	hätte gelegen	habe gelegen
du lagst	hättest gelegen	habest gelegen
er lag	hätte gelegen	habe gelegen
wir lagen	hätten gelegen	haben gelegen
ihr lagt	hättet gelegen	habet gelegen
sie lagen	hätten gelegen	haben gelegen

Perfect
ich habe gelegen
du hast gelegen
er hat gelegen
wir haben gelegen
ihr habt gelegen
sie haben gelegen

Pluperfect
ich hatte gelegen
du hattest gelegen
er hatte gelegen
wir hatten gelegen
ihr hattet gelegen
sie hatten gelegen

Future	*Future Time*	*Future Time*
ich werde liegen	würde liegen	werde liegen
du wirst liegen	würdest liegen	werdest liegen
er wird liegen	würde liegen	werde liegen
wir werden liegen	würden liegen	werden liegen
ihr werdet liegen	würdet liegen	werdet liegen
sie werden liegen	würden liegen	werden liegen
Future Perfect	*Future Perfect Time*	*Future Perfect Time*
ich werde gelegen haben	würde gelegen haben	werde gelegen haben
du wirst gelegen haben	würdest gelegen haben	werdest gelegen haben
er wird gelegen haben	würde gelegen haben	werde gelegen haben
wir werden gelegen haben	würden gelegen haben	werden gelegen haben
ihr werdet gelegen haben	würdet gelegen haben	werdet gelegen haben
sie werden gelegen haben	würden gelegen haben	werden gelegen haben

Separable
anliegen, lag...an, angelegen
herumliegen, lag...herum, herumgelegen
naheliegen, lag...nahe, nahegelegen
obliegen, lag...ob, obgelegen
vorliegen, lag...vor, vorgelegen

lohnen

lohnen: to reward, compensate

Princ. Parts: lohnen, lohnte, gelohnt
Imperative: lohn(e)!, lohnt!, lohnen Sie!

INDICATIVE	SUBJUNCTIVE (II)	INDIR. DISC. SUBJ. (I)
Present	*Present Time*	*Present Time*
ich lohne	lohnte	lohne
du lohnst	lohntest	lohnest
er lohnt	lohnte	lohne
wir lohnen	lohnten	lohnen
ihr lohnt	lohntet	lohnet
sie lohnen	lohnten	lohnen
Past	*Past Time*	*Past Time*
ich lohnte	hätte gelohnt	habe gelohnt
du lohntest	hättest gelohnt	habest gelohnt
er lohnte	hätte gelohnt	habe gelohnt
wir lohnten	hätten gelohnt	haben gelohnt
ihr lohntet	hättet gelohnt	habet gelohnt
sie lohnten	hätten gelohnt	haben gelohnt
Perfect		
ich habe gelohnt		
du hast gelohnt		
er hat gelohnt		
wir haben gelohnt		
ihr habt gelohnt		
sie haben gelohnt		
Pluperfect		
ich hatte gelohnt		
du hattest gelohnt		
er hatte gelohnt		
wir hatten gelohnt		
ihr hattet gelohnt		
sie hatten gelohnt		
Future	*Future Time*	*Future Time*
ich werde lohnen	würde lohnen	werde lohnen
du wirst lohnen	würdest lohnen	werdest lohnen
er wird lohnen	würde lohnen	werde lohnen
wir werden lohnen	würden lohnen	werden lohnen
ihr werdet lohnen	würdet lohnen	werdet lohnen
sie werden lohnen	würden lohnen	werden lohnen
Future Perfect	*Future Perfect Time*	*Future Perfect Time*
ich werde gelohnt haben	würde gelohnt haben	werde gelohnt haben
du wirst gelohnt haben	würdest gelohnt haben	werdest gelohnt haben
er wird gelohnt haben	würde gelohnt haben	werde gelohnt haben
wir werden gelohnt haben	würden gelohnt haben	werden gelohnt haben
ihr werdet gelohnt haben	würdet gelohnt haben	werdet gelohnt haben
sie werden gelohnt haben	würden gelohnt haben	werden gelohnt haben

Separable
ablohnen, lohnte...ab, abgelohnt

Inseparable
belohnen, belohnte, belohnt
entlohnen, entlohnte, entlohnt

lösen

lösen: to undo, loosen; solve; dissolve;
buy (a ticket)

Princ. Parts: lösen, löste, gelöst
Imperative: löse!, löst!, lösen Sie!

INDICATIVE	SUBJUNCTIVE (II)	INDIR. DISC. SUBJ. (I)
Present	*Present Time*	*Present Time*
ich löse	löste	löse
du lösest	löstest	lösest
er löst	löste	löse
wir lösen	lösten	lösen
ihr löst	löstet	löset
sie lösen	lösten	lösen
Past	*Past Time*	*Past Time*
ich löste	hätte gelöst	habe gelöst
du löstest	hättest gelöst	habest gelöst
er löste	hätte gelöst	habe gelöst
wir lösten	hätten gelöst	haben gelöst
ihr löstet	hättet gelöst	habet gelöst
sie lösten	hätten gelöst	haben gelöst
Perfect		
ich habe gelöst		
du hast gelöst		
er hat gelöst		
wir haben gelöst		
ihr habt gelöst		
sie haben gelöst		
Pluperfect		
ich hatte gelöst		
du hattest gelöst		
er hatte gelöst		
wir hatten gelöst		
ihr hattet gelöst		
sie hatten gelöst		
Future	*Future Time*	*Future Time*
ich werde lösen	würde lösen	werde lösen
du wirst lösen	würdest lösen	werdest lösen
er wird lösen	würde lösen	werde lösen
wir werden lösen	würden lösen	werden lösen
ihr werdet lösen	würdet lösen	werdet lösen
sie werden lösen	würden lösen	werden lösen
Future Perfect	*Future Perfect Time*	*Future Perfect Time*
ich werde gelöst haben	würde gelöst haben	werde gelöst haben
du wirst gelöst haben	würdest gelöst haben	werdest gelöst haben
er wird gelöst haben	würde gelöst haben	werde gelöst haben
wir werden gelöst haben	würden gelöst haben	werden gelöst haben
ihr werdet gelöst haben	würdet gelöst haben	werdet gelöst haben
sie werden gelöst haben	würden gelöst haben	werden gelöst haben

Separable
ablösen, löste...ab, abgelöst
auflösen, löste...auf, aufgelöst
auslösen, löste...aus, ausgelöst
einlösen, löste...ein, eingelöst

Inseparable
erlösen, erlöste, erlöst

lügen

lügen: to tell a lie

Princ. Parts: lügen, log, gelogen
Imperative: lüg(e)!, lügt!, lügen Sie!

INDICATIVE	SUBJUNCTIVE (II)	INDIR. DISC. SUBJ. (I)
Present	*Present Time*	*Present Time*
ich lüge	löge	lüge
du lügst	lög(e)st	lügest
er lügt	löge	lüge
wir lügen	lögen	lügen
ihr lügt	lög(e)t	lüget
sie lügen	lögen	lügen
Past	*Past Time*	*Past Time*
ich log	hätte gelogen	habe gelogen
du logst	hättest gelogen	habest gelogen
er log	hätte gelogen	habe gelogen
wir logen	hätten gelogen	haben gelogen
ihr logt	hättet gelogen	habet gelogen
sie logen	hätten gelogen	haben gelogen
Perfect		
ich habe gelogen		
du hast gelogen		
er hat gelogen		
wir haben gelogen		
ihr habt gelogen		
sie haben gelogen		
Pluperfect		
ich hatte gelogen		
du hattest gelogen		
er hatte gelogen		
wir hatten gelogen		
ihr hattet gelogen		
sie hatten gelogen		
Future	*Future Time*	*Future Time*
ich werde lügen	würde lügen	werde lügen
du wirst lügen	würdest lügen	werdest lügen
er wird lügen	würde lügen	werde lügen
wir werden lügen	würden lügen	werden lügen
ihr werdet lügen	würdet lügen	werdet lügen
sie werden lügen	würden lügen	werden lügen
Future Perfect	*Future Perfect Time*	*Future Perfect Time*
ich werde gelogen haben	würde gelogen haben	werde gelogen haben
du wirst gelogen haben	würdest gelogen haben	werdest gelogen haben
er wird gelogen haben	würde gelogen haben	werde gelogen haben
wir werden gelogen haben	würden gelogen haben	werden gelogen haben
ihr werdet gelogen haben	würdet gelogen haben	werdet gelogen haben
sie werden gelogen haben	würden gelogen haben	werden gelogen haben

Separable
anlügen, log...an, angelogen

Inseparable
belügen, belog, belogen

Princ. Parts: machen, machte, gemacht
Imperative: mach(e)!, macht!, machen Sie!

machen: to make, do

INDICATIVE	SUBJUNCTIVE (II)	INDIR. DISC. SUBJ. (I)
Present	*Present Time*	*Present Time*
ich mache	machte	mache
du machst	machtest	machest
er macht	machte	mache
wir machen	machten	machen
ihr macht	machtet	machet
sie machen	machten	machen
Past	*Past Time*	*Past Time*
ich machte	hätte gemacht	habe gemacht
du machtest	hättest gemacht	habest gemacht
er machte	hätte gemacht	habe gemacht
wir machten	hätten gemacht	haben gemacht
ihr machtet	hättet gemacht	habet gemacht
sie machten	hätten gemacht	haben gemacht
Perfect		
ich habe gemacht		
du hast gemacht		
er hat gemacht		
wir haben gemacht		
ihr habt gemacht		
sie haben gemacht		
Pluperfect		
ich hatte gemacht		
du hattest gemacht		
er hatte gemacht		
wir hatten gemacht		
ihr hattet gemacht		
sie hatten gemacht		
Future	*Future Time*	*Future Time*
ich werde machen	würde machen	werde machen
du wirst machen	würdest machen	werdest machen
er wird machen	würde machen	werde machen
wir werden machen	würden machen	werden machen
ihr werdet machen	würdet machen	werdet machen
sie werden machen	würden machen	werden machen
Future Perfect	*Future Perfect Time*	*Future Perfect Time*
ich werde gemacht haben	würde gemacht haben	werde gemacht haben
du wirst gemacht haben	würdest gemacht haben	werdest gemacht haben
er wird gemacht haben	würde gemacht haben	werde gemacht haben
wir werden gemacht haben	würden gemacht haben	werden gemacht haben
ihr werdet gemacht haben	würdet gemacht haben	werdet gemacht haben
sie werden gemacht haben	würden gemacht haben	werden gemacht haben

Separable
anmachen, machte...an, angemacht
aufmachen, machte...auf, aufgemacht
ausmachen, machte...aus, ausgemacht
bekanntmachen, machte...bekannt,
  bekanntgemacht
fertigmachen, machte...fertig,
  fertiggemacht

irremachen, machte...irre, irregemacht
mitmachen, machte...mit, mitgemacht
nachmachen, machte...nach, nachgemacht
saubermachen, machte...sauber,
  saubergemacht
weitermachen, machte...weiter,
  weitergemacht
zumachen, machte...zu, zugemacht

meiden

meiden: to avoid

Princ. Parts: meiden, mied, gemieden
Imperative: meide!, meidet!, meiden!

INDICATIVE	SUBJUNCTIVE (II)	INDIR. DISC. SUBJ. (I)
Present	*Present Time*	*Present Time*
ich meide	miede	meide
du meidest	miedest	meidest
er meidet	miede	meide
wir meiden	mieden	meiden
ihr meidet	miedet	meidet
sie meiden	mieden	meiden
Past	*Past Time*	*Past Time*
ich mied	hätte gemieden	habe gemieden
du miedest	hättest gemieden	habest gemieden
er mied	hätte gemieden	habe gemieden
wir mieden	hätten gemieden	haben gemieden
ihr miedet	hättet gemieden	habet gemieden
sie mieden	hätten gemieden	haben gemieden
Perfect		
ich habe gemieden		
du hast gemieden		
er hat gemieden		
wir haben gemieden		
ihr habt gemieden		
sie haben gemieden		
Pluperfect		
ich hatte gemieden		
du hattest gemieden		
er hatte gemieden		
wir hatten gemieden		
ihr hattet gemieden		
sie hatten gemieden		
Future	*Future Time*	*Future Time*
ich werde meiden	würde meiden	werde meiden
du wirst meiden	würdest meiden	werdest meiden
er wird meiden	würde meiden	werde meiden
wir werden meiden	würden meiden	werden meiden
ihr werdet meiden	würdet meiden	werdet meiden
sie werden meiden	würden meiden	werden meiden
Future Perfect	*Future Perfect Time*	*Future Perfect Time*
ich werde gemieden haben	würde gemieden haben	werde gemieden haben
du wirst gemieden haben	würdest gemieden haben	werdest gemieden haben
er wird gemieden haben	würde gemieden haben	werde gemieden haben
wir werden gemieden haben	würden gemieden haben	werden gemieden haben
ihr werdet gemieden haben	würdet gemieden haben	werdet gemieden haben
sie werden gemieden haben	würden gemieden haben	werden gemieden haben

Inseparable
vermeiden, vermied, vermieden

meinen

meinen: to mean; believe;
  be of the opinion

Princ. Parts: meinen, meinte, gemeint
Imperative: mein(e)!, meint!, meinen Sie!

INDICATIVE	SUBJUNCTIVE (II)	INDIR. DISC. SUBJ. (I)
Present	*Present Time*	*Present Time*
ich meine	meinte	meine
du meinst	meintest	meinest
er meint	meinte	meine
wir meinen	meinten	meinen
ihr meint	meintet	meinet
sie meinen	meinten	meinen
Past	*Past Time*	*Past Time*
ich meinte	hätte gemeint	habe gemeint
du meintest	hättest gemeint	habest gemeint
er meinte	hätte gemeint	habe gemeint
wir meinten	hätten gemeint	haben gemeint
ihr meintet	hättet gemeint	habet gemeint
sie meinten	hätten gemeint	haben gemeint
Perfect		
ich habe gemeint		
du hast gemeint		
er hat gemeint		
wir haben gemeint		
ihr habt gemeint		
sie haben gemeint		
Pluperfect		
ich hatte gemeint		
du hattest gemeint		
er hatte gemeint		
wir hatten gemeint		
ihr hattet gemeint		
sie hatten gemeint		
Future	*Future Time*	*Future Time*
ich werde meinen	würde meinen	werde meinen
du wirst meinen	würdest meinen	werdest meinen
er wird meinen	würde meinen	werde meinen
wir werden meinen	würden meinen	werden meinen
ihr werdet meinen	würdet meinen	werdet meinen
sie werden meinen	würden meinen	werden meinen
Future Perfect	*Future Perfect Time*	*Future Perfect Time*
ich werde gemeint haben	würde gemeint haben	werde gemeint haben
du wirst gemeint haben	würdest gemeint haben	werdest gemeint haben
er wird gemeint haben	würde gemeint haben	werde gemeint haben
wir werden gemeint haben	würden gemeint haben	werden gemeint haben
ihr werdet gemeint haben	würdet gemeint haben	werdet gemeint haben
sie werden gemeint haben	würden gemeint haben	werden gemeint haben

Inseparable
vermeinen, vermeinte, vermeint

melden

melden: to inform; report

Princ. Parts: melden, meldete, gemeldet
Imperative: melde!, meldet!, melden Sie!

INDICATIVE	SUBJUNCTIVE (II)	INDIR. DISC. SUBJ. (I)
Present	*Present Time*	*Present Time*
ich melde	meldete	melde
du meldest	meldetest	meldest
er meldet	meldete	melde
wir melden	meldeten	melden
ihr meldet	meldetet	meldet
sie melden	meldeten	melden
Past	*Past Time*	*Past Time*
ich meldete	hätte gemeldet	habe gemeldet
du meldetest	hättest gemeldet	habest gemeldet
er meldete	hätte gemeldet	habe gemeldet
wir meldeten	hätten gemeldet	haben gemeldet
ihr meldetet	hättet gemeldet	habet gemeldet
sie meldeten	hätten gemeldet	haben gemeldet

Perfect
ich habe gemeldet
du hast gemeldet
er hat gemeldet
wir haben gemeldet
ihr habt gemeldet
sie haben gemeldet

Pluperfect
ich hatte gemeldet
du hattest gemeldet
er hatte gemeldet
wir hatten gemeldet
ihr hattet gemeldet
sie hatten gemeldet

Future	*Future Time*	*Future Time*
ich werde melden	würde melden	werde melden
du wirst melden	würdest melden	werdest melden
er wird melden	würde melden	werde melden
wir werden melden	würden melden	werden melden
ihr werdet melden	würdet melden	werdet melden
sie werden melden	würden melden	werden melden
Future Perfect	*Future Perfect Time*	*Future Perfect Time*
ich werde gemeldet haben	würde gemeldet haben	werde gemeldet haben
du wirst gemeldet haben	würdest gemeldet haben	werdest gemeldet haben
er wirst gemeldet haben	würde gemeldet haben	werde gemeldet haben
wir werden gemeldet haben	würden gemeldet haben	werden gemeldet haben
ihr werdet gemeldet haben	würdet gemeldet haben	werdet gemeldet haben
sie werden gemeldet haben	würden gemeldet haben	werden gemeldet haben

Separable
abmelden, meldete...ab, abgemeldet
anmelden, meldete...an, angemeldet
zurückmelden, meldete...zurück, zurückge-
  meldet

merken

merken: to notice, perceive, note;
  to pay attention to

Princ. Parts: merken, merkte, gemerkt
Imperative: merke!, merkt!, merken Sie!

INDICATIVE	SUBJUNCTIVE (II)	INDIR. DISC. SUBJ. (I)
Present	*Present Time*	*Present Time*
ich merke	merke	merke
du merkst	merktest	merkest
er merkt	merkte	merke
wir merken	merkten	merken
ihr merkt	merktet	merket
sie merken	merkten	merken
Past	*Past Time*	*Past Time*
ich merkte	hätte gemerkt	habe gemerkt
du merktest	hättest gemerkt	habest gemerkt
er merkte	hätte gemerkt	habe gemerkt
wir merkten	hätten gemerkt	haben gemerkt
ihr merktet	hättet gemerkt	habet gemerkt
sie merkten	hätten gemerkt	haben gemerkt

Perfect
ich habe gemerkt
du hast gemerkt
er hat gemerkt
wir haben gemerkt
ihr habt gemerkt
sie haben gemerkt

Pluperfect
ich hatte gemerkt
du hattest gemerkt
er hatte gemerkt
wir hatten gemerkt
ihr hattet gemerkt
sie hatten gemerkt

Future	*Future Time*	*Future Time*
ich werde merken	würde merken	werde merken
du wirst merken	würdest merken	werdest merken
er wird merken	würde merken	werde merken
wir werden merken	würden merken	werden merken
ihr werdet merken	würdet merken	werdet merken
sie werden merken	würden merken	werden merken
Future Perfect	*Future Perfect Time*	*Future Perfect Time*
ich werde gemerkt haben	würde gemerkt haben	werde gemerkt haben
du wirst gemerkt haben	würdest gemerkt haben	werdest gemerkt haben
er wird gemerkt haben	würde gemerkt haben	werde gemerkt haben
wir werden gemerkt haben	würden gemerkt haben	werden gemerkt haben
ihr werdet gemerkt haben	würdet gemerkt haben	werdet gemerkt haben
sie werden gemerkt haben	würden gemerkt haben	werden gemerkt haben

Separable
anmerken, merkte...an, angemerkt
aufmerken, merkte...auf, aufgemerkt
vormerken, merkte...vor, vorgemerkt

Inseparable
bemerken, bemerkte, bemerkt
vermerken, vermerkte, vermerkt

messen

Princ. Parts: messen, maß, gemessen
Imperative: miß!, meßt!, messen Sie!

INDICATIVE	SUBJUNCTIVE (II)	INDIR. DISC. SUBJ. (I)
Present	*Present Time*	*Present Time*
ich messe	mäße	messe
du mißt	mäßest	messest
er mißt	mäße	messe
wir messen	mäßen	messen
ihr meßt	mäßet	messet
sie messen	mäßen	messen
Past	*Past Time*	*Past Time*
ich maß	hätte gemessen	habe gemessen
du maßest	hättest gemessen	habest gemessen
er maß	hätte gemessen	habe gemessen
wir maßen	hätten gemessen	haben gemessen
ihr maßt	hättet gemessen	habet gemessen
sie maßen	hätten gemessen	haben gemessen
Perfect		
ich habe gemessen		
du hast gemessen		
er hat gemessen		
wir haben gemessen		
ihr habt gemessen		
sie haben gemessen		
Pluperfect		
ich hatte gemessen		
du hattest gemessen		
er hatte gemessen		
wir hatten gemessen		
ihr hattet gemessen		
sie hatten gemessen		
Future	*Future Time*	*Future Time*
ich werde messen	würde messen	werde messen
du wirst messen	würdest messen	werdest messen
er wird messen	würde messen	werde messen
wir werden messen	würden messen	werden messen
ihr werdet messen	würdet messen	werdet messen
sie werden messen	würden messen	werden messen
Future Perfect	*Future Perfect Time*	*Future Perfect Time*
ich werde gemessen haben	würde gemessen haben	werde gemessen haben
du wirst gemessen haben	würdest gemessen haben	werdest gemessen haben
er wird gemessen haben	würde gemessen haben	werde gemessen haben
wir werden gemessen haben	würden gemessen haben	werden gemessen haben
ihr werdet gemessen haben	würdet gemessen haben	werdet gemessen haben
sie werden gemessen haben	würden gemessen haben	werden gemessen haben

Separable
abmessen, maß...ab, abgemessen
beimessen, maß...bei, beigemessen
nachmessen, maß...nach, nachgemessen
zumessen, maß...zu, zugemessen

Inseparable
ermessen, ermaß, ermessen
vermessen, vermaß, vermessen

nehmen: to take

INDICATIVE	SUBJUNCTIVE (II)	INDIR. DISC. SUBJ. (I)
Present	*Present Time*	*Present Time*
ich nehme	nähme	nehme
du *nimmst*	nähm(e)st	nehmest
er *nimmt*	nähme	nehme
wir nehmen	nähmen	nehmen
ihr nehmt	nähm(e)t	nehmet
sie nehmen	nähmen	nehmen
Past	*Past Time*	*Past Time*
ich nahm	hätte genommen	habe genommen
du nahmst	hättest genommen	habest genommen
er nahm	hätte genommen	habe genommen
wir nahmen	hätten genommen	haben genommen
ihr nahmt	hättet genommen	habet genommen
sie nahmen	hätten genommen	haben genommen

Perfect
ich habe genommen
du hast genommen
er hat genommen
wir haben genommen
ihr habt genommen
sie haben genommen

Pluperfect
ich hatte genommen
du hattest genommen
er hatte genommen
wir hatten genommen
ihr hattet genommen
sie hatten genommen

Future	*Future Time*	*Future Time*
ich werde nehmen	würde nehmen	werde nehmen
du wirst nehmen	würdest nehmen	werdest nehmen
er wird nehmen	würde nehmen	werde nehmen
wir werden nehmen	würden nehmen	werden nehmen
ihr werdet nehmen	würdet nehmen	werdet nehmen
sie werden nehmen	würden nehmen	werden nehmen
Future Perfect	*Future Perfect Time*	*Future Perfect Time*
ich werde genommen haben	würde genommen haben	werde genommen haben
du wirst genommen haben	würdest genommen haben	werdest genommen haben
er wird genommen haben	würde genommen haben	werde genommen haben
wir werden genommen haben	würden genommen haben	werden genommen haben
ihr werdet genommen haben	würdet genommen haben	werdet genommen haben
sie werden genommen haben	würden genommen haben	werden genommen haben

Separable
abnehmen, nahm...ab, abgenommen
annehmen, nahm...an, angenommen
aufnehmen, nahm...auf, aufgenommen
einnehmen, nahm...ein, eingenommen
teilnehmen, nahm...teil, teilgenommen
vornehmen, nahm...vor, vorgenommen

wahrnehmen, nahm...wahr, wahrgenommen
zunehmen, nahm...zu, zugenommen

Inseparable
entnehmen, entnahm, entnommen
übernehmen, übernahm, übernommen
unternehmen, unternahm, unternommen
vernehmen, vernahm, vernommen

nennen

nennen: to name

Princ. Parts: nennen, nannte, genannt
Imperative: nenn(e)!, nennt!, nennen Sie!

INDICATIVE	SUBJUNCTIVE (II)	INDIR. DISC. SUBJ. (I)
Present	*Present Time*	*Present Time*
ich nenne	nennte	nenne
du nennst	nenntest	nennest
er nennt	nennte	nenne
wir nennen	nennten	nennen
ihr nennt	nenntet	nennet
sie nennen	nennten	nennen
Past	*Past Time*	*Past Time*
ich nannte	hätte genannt	habe genannt
du nanntest	hättest genannt	habest genannt
er nannte	hätte genannt	habe genannt
wir nannten	hätten genannt	haben genannt
ihr nanntet	hättet genannt	habet genannt
sie nannten	hätten genannt	haben genannt
Perfect		
ich habe genannt		
du hast genannt		
er hat genannt		
wir haben genannt		
ihr habt genannt		
sie haben genannt		
Pluperfect		
ich hatte genannt		
du hattest genannt		
er hatte genannt		
wir hatten genannt		
ihr hattet genannt		
sie hatten genannt		
Future	*Future Time*	*Future Time*
ich werde nennen	würde nennen	werde nennen
du wirst nennen	würdest nennen	werdest nennen
er wird nennen	würde nennen	werde nennen
wir werden nennen	würden nennen	werden nennen
ihr werdet nennen	würdet nennen	werdet nennen
sie werden nennen	würden nennen	werden nennen
Future Perfect	*Future Perfect Time*	*Future Perfect Time*
ich werde genannt haben	würde genannt haben	werde genannt haben
du wirst genannt haben	würdest genannt haben	werdest genannt haben
er wird genannt haben	würde genannt haben	werde genannt haben
wir werden genannt haben	würden genannt haben	werden genannt haben
ihr werdet genannt haben	würdet genannt haben	werdet genannt haben
sie werden genannt haben	würden genannt haben	werden genannt haben

Another similarly conjugated verb:
  rennen, rannte, gerannt

Inseparable
  benennen, benannte, benannt
  ernennen, ernannte, ernannt

138

**nutzen/nützen: to be useful *or*
of benefit to; use, utilize**

Princ. Parts: nutzen, nutzte, genutzt
Imperative: nutze!, nutzt!, nutzen Sie!

INDICATIVE	SUBJUNCTIVE (II)	INDIR. DISC. SUBJ. (I)
Present	*Present Time*	*Present Time*
ich nutze	nutzte	nutze
du nutzt	nutztest	nutzest
er nutzt	nutzte	nutze
wir nutzen	nutzten	nutzen
ihr nutzt	nutztet	nutzet
sie nutzen	nutzten	nutzen
Past	*Past Time*	*Past Time*
ich nutzte	hätte genutzt	habe genutzt
du nutztest	hättest genutzt	habest genutzt
er nutzte	hätte genutzt	habe genutzt
wir nutzten	hätten genutzt	haben genutzt
ihr nutztet	hättet genutzt	habet genutzt
sie nutzten	hätten genutzt	haben genutzt
Perfect		
ich habe genutzt		
du hast genutzt		
er hat genutzt		
wir haben genutzt		
ihr habt genutzt		
sie haben genutzt		
Pluperfect		
ich hatte genutzt		
du hattest genutzt		
er hatte genutzt		
wir hatten genutzt		
ihr hattet genutzt		
sie hatten genutzt		
Future	*Future Time*	*Future Time*
ich werde nutzen	würde nutzen	werde nutzen
du wirst nutzen	würdest nutzen	werdest nutzen
er wird nutzen	würde nutzen	werde nutzen
wir werden nutzen	würden nutzen	werden nutzen
ihr werdet nutzen	würdet nutzen	werdet nutzen
sie werden nutzen	würden nutzen	werden nutzen
Future Perfect	*Future Perfect Time*	*Future Perfect Time*
ich werde genutzt haben	würde genutzt haben	werde genutzt haben
du wirst genutzt haben	würdest genutzt haben	werdest genutzt haben
er wird genutzt haben	würde genutzt haben	werde genutzt haben
wir werden genutzt haben	würden genutzt haben	werden genutzt haben
ihr werdet genutzt haben	würdet genutzt haben	werdet genutzt haben
sie werden genutzt haben	würden genutzt haben	werden genutzt haben

* *Nutzen* and *nützen* have the same meaning and are conjugated in the same manner. There is no difference in usage.

Separable
abnutzen, nutzte...ab, abgenutzt
ausnutzen, nutzte...aus, ausgenutzt
mitbenutzen, benutzte...mit, mitbenutzt

Inseparable
benutzen, benutzte, benutzt

öffnen

öffnen: to open

Princ. Parts: öffnen, öffnete, geöffnet
Imperative: öffne!, öffnet!, öffnen Sie!

INDICATIVE	SUBJUNCTIVE (II)	INDIR. DISC. SUBJ. (I)
Present	*Present Time*	*Present Time*
ich öffne	öffnete	öffne
du öffnest	öffnetest	öffnest
er öffnet	öffnete	öffne
wir öffnen	öffneten	öffnen
ihr öffnet	öffnetet	öffnet
sie öffnen	öffneten	öffnen
Past	*Past Time*	*Past Time*
ich öffnete	hätte geöffnet	habe geöffnet
du öffnetest	hättest geöffnet	habest geöffnet
er öffnete	hätte geöffnet	habe geöffnet
wir öffneten	hätten geöffnet	haben geöffnet
ihr öffnetet	hättet geöffnet	habet geöffnet
sie öffneten	hätten geöffnet	haben geöffnet
Perfect		
ich habe geöffnet		
du hast geöffnet		
er hat geöffnet		
wir haben geöffnet		
ihr habt geöffnet		
sie haben geöffnet		
Pluperfect		
ich hatte geöffnet		
du hattest geöffnet		
er hatte geöffnet		
wir hatten geöffnet		
ihr hattet geöffnet		
sie hatten geöffnet		
Future	*Future Time*	*Future Time*
ich werde öffnen	würde öffnen	werde öffnen
du wirst öffnen	würdest öffnen	werdest öffnen
er wird öffnen	würde öffnen	werde öffnen
wir werden öffnen	würden öffnen	werden öffnen
ihr werdet öffnen	würdet öffnen	werdet öffnen
sie werden öffnen	würden öffnen	werden öffnen
Future Perfect	*Future Perfect Time*	*Future Perfect Time*
ich werde geöffnet haben	würde geöffnet haben	werde geöffnet haben
du wirst geöffnet haben	würdest geöffnet haben	werdest geöffnet haben
er wird geöffnet haben	würde geöffnet haben	werde geöffnet haben
wir werden geöffnet haben	würden geöffnet haben	werden geöffnet haben
ihr werdet geöffnet haben	würdet geöffnet haben	werdet geöffnet haben
sie werden geöffnet haben	würden geöffnet haben	werden geöffnet haben

Inseparable
eröffnen, eröffnete, eröffnet

140

passen: to be appropriate or suitable;
    to suit; to fit

Princ. Parts: passen, paβte, gepaβt
Imperative: paβ(e)!, paβt!, passen Sie!

INDICATIVE	SUBJUNCTIVE (II)	INDIR. DISC. SUBJ. (I)
Present	*Present Time*	*Present Time*
ich passe	paβte	passe
du paβt	paβtest	passest
er paβt	paβte	passe
wir passen	paβten	passen
ihr paβt	paβtet	passet
sie passen	paβten	passen
Past	*Past Time*	*Past Time*
ich paβte	hätte gepaβt	habe gepaβt
du paβtest	hättest gepaβt	habest gepaβt
er paβte	hätte gepaβt	habe gepaβt
wir paβten	hätten gepaβt	haben gepaβt
ihr paβtet	hättet gepaβt	habet gepaβt
sie paβten	hätten gepaβt	haben gepaβt

Perfect
ich habe gepaβt
du hast gepaβt
er hat gepaβt
wir haben gepaβt
ihr habt gepaβt
sie haben gepaβt

Pluperfect
ich hatte gepaβt
du hattest gepaβt
er hatte gepaβt
wir hatten gepaβt
ihr hattet gepaβt
sie hatten gepaβt

Future	*Future Time*	*Future Time*
ich werde passen	würde passen	werde passen
du wirst passen	würdest passen	werdest passen
er wird passen	würde passen	werde passen
wir werden passen	würden passen	werden passen
ihr werdet passen	würdet passen	werdet passen
sie werden passen	würden passen	werden passen
Future Perfect	*Future Perfect Time*	*Future Perfect Time*
ich werde gepaβt haben	würde gepaβt haben	werde gepaβt haben
du wirst gepaβt haben	würdest gepaβt haben	werdet gepaβt haben
er wird gepaβt haben	würde gepaβt haben	werde gepaβt haben
wir werden gepaβt haben	würden gepaβt haben	werden gepaβt haben
ihr werdet gepaβt haben	würdet gepaβt haben	werdet gepaβt haben
sie werden gepaβt haben	würden gepaβt haben	werden gepaβt haben

Separable
anpassen, paβte...an, angepaβt
aufpassen, paβte...auf, aufgepaβt
zusammenpassen, paβte...zusammen,
  zusammengepaβt

Inseparable
verpassen, verpaβte, verpaβt

141

passieren

passieren: to pass (by *or* through), cross;   *Princ. Parts:* passieren, passierte, passiert
to happen, occur*   *Imperative:* passier(e)!, passiert!, passieren Sie!

INDICATIVE	SUBJUNCTIVE (II)	INDIR. DISC. SUBJ. (I)
Present	*Present Time*	*Present Time*
ich passiere	passierte	passiere
du passierst	passiertest	passierst
er passiert	passierte	passiere
wir passieren	passierten	passieren
ihr passiert	passiertet	passiert
sie passieren	passierten	passieren
Past	*Past Time*	*Past Time*
ich passierte	hätte passiert	habe passiert
du passiertest	hättest passiert	habest passiert
er passierte	hätte passiert	habe passiert
wir passierten	hätten passiert	haben passiert
ihr passiertet	hättet passiert	habet passiert
sie passierten	hätten passiert	haben passiert
Perfect		
ich habe passiert		
du hast passiert		
er hat passiert		
wir haben passiert		
ihr habt passiert		
sie haben passiert		
Pluperfect		
ich hatte passiert		
du hattest passiert		
er hatte passiert		
wir hatten passiert		
ihr hattet passiert		
sie hatten passiert		
Future	*Future Time*	*Future Time*
ich werde passieren	würde passieren	werde passieren
du wirst passieren	würdest passieren	werdest passieren
er wird passieren	würde passieren	werde passieren
wir werden passieren	würden passieren	werden passieren
ihr werdet passieren	würdet passieren	werdet passieren
sie werden passieren	würden passieren	werden passieren
Future Perfect	*Future Perfect Time*	*Future Perfect Time*
ich werde passiert haben	würde passiert haben	werde passiert haben
du wirst passiert haben	würdest passiert haben	werdest passiert haben
er wird passiert haben	würde passiert haben	werde passiert haben
wir werden passiert haben	würden passiert haben	werden passiert haben
ihr werdet passiert haben	würdet passiert haben	werdet passiert haben
sie werden passiert haben	würden passiert haben	werden passiert haben

* *Passieren* in the sense of "to happen" is conjugated with *sein* and occurs only in the 3rd person singular: *was ist passiert?* = "what happened?"

Other similarly conjugated verbs:
argumentieren, argumentierte, argumentiert
charakterisieren, charakterisierte,
    charakterisiert
demonstrieren, demonstrierte, demonstriert

interessieren, interessierte, interessiert
konkurrieren, konkurrierte, konkurriert
kontrollieren, kontrollierte, kontrolliert
konzentrieren, konzentrierte, konzentriert

pflegen

**pflegen: to take care of, tend, nurse;
to encourage, cultivate; to pursue,
occupy oneself with**

Princ. Parts: pflegen, pflegte, gepflegt
Imperative: pfleg(e)!, pflegt!, pflegen Sie!

INDICATIVE	SUBJUNCTIVE (II)	INDIR. DISC. SUBJ. (I)
Present	*Present Time*	*Present Time*
ich pflege	pflegte	pflege
du pflegst	pflegtest	pflegest
er pflegt	pflegte	pflege
wir pflegen	pflegten	pflegen
ihr pflegt	pflegtet	pfleget
sie pflegen	pflegten	pflegen
Past	*Past Time*	*Past Time*
ich pflegte	hätte gepflegt	habe gepflegt
du pflegtest	hättest gepflegt	habest gepflegt
er pflegte	hätte gepflegt	habe gepflegt
wir pflegten	hätten gepflegt	haben gepflegt
ihr pflegtet	hättet gepflegt	habet gepflegt
sie pflegten	hätten gepflegt	haben gepflegt
Perfect		
ich habe gepflegt		
du hast gepflegt		
er hat gepflegt		
wir haben gepflegt		
ihr habt gepflegt		
sie haben gepflegt		
Pluperfect		
ich hatte gepflegt		
du hattest gepflegt		
er hatte gepflegt		
wir hatten gepflegt		
ihr hattet gepflegt		
sie hatten gepflegt		
Future	*Future Time*	*Future Time*
ich werde pflegen	würde pflegen	werde pflegen
du wirst pflegen	würdest pflegen	werdest pflegen
er wird pflegen	würde pflegen	werde pflegen
wir werden pflegen	würden pflegen	werden pflegen
ihr werdet pflegen	würdet pflegen	werdet pflegen
sie werden pflegen	würden pflegen	werden pflegen
Future Perfect	*Future Perfect Time*	*Future Perfect Time*
ich werde gepflegt haben	würde gepflegt haben	werde gepflegt haben
du wirst gepflegt haben	würdest gepflegt haben	werdest gepflegt haben
er wird gepflegt haben	würde gepflegt haben	werde gepflegt haben
wir werden gepflegt haben	würden gepflegt haben	werden gepflegt haben
ihr werdet gepflegt haben	würdet gepflegt haben	werdet gepflegt haben
sie werden gepflegt haben	würden gepflegt haben	werden gepflegt haben

Inseparable
verpflegen, verpflegte, verpflegt

143

prüfen

prüfen: to test, check

Princ. Parts: prüfen, prüfte, geprüft
Imperative: prüf(e)!, prüft!, prüfen Sie!

INDICATIVE	SUBJUNCTIVE (II)	INDIR. DISC. SUBJ. (I)
Present	*Present Time*	*Present Time*
ich prüfe	prüfte	prüfe
du prüfst	prüftest	prüfest
er prüft	prüfte	prüfe
wir prüfen	prüften	prüfen
ihr prüft	prüftet	prüfet
sie prüfen	prüften	prüfen
Past	*Past Time*	*Past Time*
ich prüfte	hätte geprüft	habe geprüft
du prüftest	hättest geprüft	habest geprüft
er prüfte	hätte geprüft	habe geprüft
wir prüften	hätten geprüft	haben geprüft
ihr prüftet	hättet geprüft	habet geprüft
sie prüften	hätten geprüft	haben geprüft
Perfect		
ich habe geprüft		
du hast geprüft		
er hat geprüft		
wir haben geprüft		
ihr habt geprüft		
sie haben geprüft		
Pluperfect		
ich hatte geprüft		
du hattest geprüft		
er hatte geprüft		
wir hatten geprüft		
ihr hattet geprüft		
sie hatten geprüft		
Future	*Future Time*	*Future Time*
ich werde prüfen	würde prüfen	werde prüfen
du wirst prüfen	würdest prüfen	werdest prüfen
er wird prüfen	würde prüfen	werde prüfen
wir werden prüfen	würden prüfen	werden prüfen
ihr werdet prüfen	würdet prüfen	werdet prüfen
sie werden prüfen	würden prüfen	werden prüfen
Future Perfect	*Future Perfect Time*	*Future Perfect Time*
ich werde geprüft haben	würde geprüft haben	werde geprüft haben
du wirst geprüft haben	würdest geprüft haben	werdest geprüft haben
er wird geprüft haben	würde geprüft haben	werde geprüft haben
wir werden geprüft haben	würden geprüft haben	werden geprüft haben
ihr werdet geprüft haben	würdet geprüft haben	werdet geprüft haben
sie werden geprüft haben	würden geprüft haben	werden geprüft haben

Separable
durchprüfen, prüfte...durch, durchgeprüft
nachprüfen, prüfte...nach, nachgeprüft

Inseparable
überprüfen, überprüfte, überprüft

144

raten: to advise; to guess

Princ. Parts: raten, riet, geraten
Imperative: rat(e)!, ratet!, raten Sie!

INDICATIVE	SUBJUNCTIVE (II)	INDIR. DISC. SUBJ. (I)
Present	*Present Time*	*Present Time*
ich rate	riete	rate
du rätst	rietest	ratest
er rät	riete	rate
wir raten	rieten	raten
ihr ratet	rietet	ratet
sie raten	rieten	raten
Past	*Past Time*	*Past Time*
ich riet	hätte geraten	habe geraten
du rietst	hättest geraten	habest geraten
er riet	hätte geraten	habe geraten
wir rieten	hätten geraten	haben geraten
ihr rietet	hättet geraten	habet geraten
sie rieten	hätten geraten	haben geraten
Perfect		
ich habe geraten		
du hast geraten		
er hat geraten		
wir haben geraten		
ihr habt geraten		
sie haben geraten		
Pluperfect		
ich hatte geraten		
du hattest geraten		
er hatte geraten		
wir hatten geraten		
ihr hattet geraten		
sie hatten geraten		
Future	*Future Time*	*Future Time*
ich werde raten	würde raten	werde raten
du wirst raten	würdest raten	werdest raten
er wird raten	würde raten	werde raten
wir werden raten	würden raten	werden raten
ihr werdet raten	würdet raten	werdet raten
sie werden raten	würden raten	werden raten
Future Perfect	*Future Perfect Time*	*Future Perfect Time*
ich werde geraten haben	würde geraten haben	werde geraten haben
du wirst geraten haben	würdest geraten haben	werdest geraten haben
er wird geraten haben	würde geraten haben	werde geraten haben
wir werden geraten haben	würden geraten haben	werden geraten haben
ihr werdet geraten haben	würdet geraten haben	werdet geraten haben
sie werden geraten haben	würden geraten haben	werden geraten haben

Separable
abraten, riet...ab, abgeraten
anraten, riet...an, angeraten

Inseparable
beraten, beriet, beraten
erraten, erriet, erraten
geraten, geriet, geraten
verraten, verriet, verraten
widerraten, widerriet, widerraten

rechnen

rechnen: to reckon, calculate, figure

Princ. Parts: rechnen, rechnete, gerechnet
Imperative: rechne!, rechnet!, rechnen Sie!

INDICATIVE	SUBJUNCTIVE (II)	INDIR. DISC. SUBJ. (I)
Present	*Present Time*	*Present Time*
ich rechne	rechne	rechne
du rechnest	rechnetest	rechnest
er rechnet	rechnete	rechne
wir rechnen	rechneten	rechnen
ihr rechnet	rechnetet	rechnet
sie rechnen	rechneten	rechnen
Past	*Past Time*	*Past Time*
ich rechnete	hätte gerechnet	habe gerechnet
du rechnetest	hättest gerechnet	habest gerechnet
er rechnete	hätte gerechnet	habe gerechnet
wir rechneten	hätten gerechnet	haben gerechnet
ihr rechnetet	hättet gerechnet	habet gerechnet
sie rechneten	hätten gerechnet	haben gerechnet

Perfect
ich habe gerechnet
du hast gerechnet
er hat gerechnet
wir haben gerechnet
ihr habt gerechnet
sie haben gerechnet

Pluperfect
ich hatte gerechnet
du hattest gerechnet
er hatte gerechnet
wir hatten gerechnet
ihr hattet gerechnet
sie hatten gerechnet

Future	*Future Time*	*Future Time*
ich werde rechnen	würde rechnen	werde rechnen
du wirst rechnen	würdest rechnen	werdest rechnen
er wird rechnen	würde rechnen	werde rechnen
wir werden rechnen	würden rechnen	werden rechnen
ihr werdet rechnen	würdet rechnen	werdet rechnen
sie werden rechnen	würden rechnen	werden rechnen
Future Perfect	*Future Perfect Time*	*Future Perfect Time*
ich werde gerechnet haben	würde gerechnet haben	werde gerechnet haben
du wirst gerechnet haben	würdest gerechnet haben	werdest gerechnet haben
er wird gerechnet haben	würde gerechnet haben	werde gerechnet haben
wir werden gerechnet haben	würden gerechnet haben	werden gerechnet haben
ihr werdet gerechnet haben	würdet gerechnet haben	werdet gerechnet haben
sie werden gerechnet haben	würden gerechnet haben	werden gerechnet haben

Separable
abrechnen, rechnete...ab, abgerechnet
anrechnen, rechnete...an, angerechnet
ausrechnen, rechnete...aus, ausgerechnet
nachrechnen, rechnete...nach,
  nachgerechnet
umrechnen, rechnete...um, umgerechnet

zusammenrechnen, rechnete...zusammen,
  zusammengerechnet

Inseparable
berechnen, berechnete, berechnet
verrechnen, verrechnete, verrechnet

146

reden

reden: to talk, speak

Princ. Parts: reden, redete, geredet
Imperative: rede!, redet!, reden Sie!

INDICATIVE	SUBJUNCTIVE (II)	INDIR. DISC. SUBJ. (I)
Present	*Present Time*	*Present Time*
ich rede	redete	rede
du redest	redetest	redest
er redet	redete	rede
wir reden	redeten	reden
ihr redet	redetet	redet
sie reden	redeten	reden
Past	*Past Time*	*Past Time*
ich redete	hätte geredet	habe geredet
du redetest	hättest geredet	habest geredet
er redete	hätte geredet	habe geredet
wir redeten	hätten geredet	haben geredet
ihr redetet	hättet geredet	habet geredet
sie redeten	hätten geredet	haben geredet

Perfect
ich habe geredet
du hast geredet
er hat geredet
wir haben geredet
ihr habt geredet
sie haben geredet

Pluperfect
ich hatte geredet
du hattest geredet
er hatte geredet
wir hatten geredet
ihr hattet geredet
sie hatten geredet

Future	*Future Time*	*Future Time*
ich werde reden	würde reden	werde reden
du wirst reden	würdest reden	werdest reden
er wird reden	würde reden	werde reden
wir werden reden	würden reden	werden reden
ihr werdet reden	würdet reden	werdet reden
sie werden reden	würden reden	werden reden
Future Perfect	*Future Perfect Time*	*Future Perfect Time*
ich werde geredet haben	würde geredet haben	werde geredet haben
du wirst geredet haben	würdest geredet haben	werdest geredet haben
er wird geredet haben	würde geredet haben	werde geredet haben
wir werden geredet haben	würden geredet haben	werden geredet haben
ihr werdet geredet haben	würdet geredet haben	werdet geredet haben
sie werden geredet haben	würden geredet haben	werden geredet haben

Separable
anreden, redete...an, angeredet
ausreden, redete...aus, ausgeredet
einreden, redete...ein, eingeredet

Inseparable
verabreden, verabredete, verabredet

147

regieren

regieren: to govern, rule

Princ. Parts: regieren, regierte, regiert
Imperative: regier(e)!, regiert!, regieren Sie!

INDICATIVE	SUBJUNCTIVE (II)	INDIR. DISC. SUBJ. (I)
Present	*Present Time*	*Present Time*
ich regiere	regierte	regiere
du regierst	regiertest	regierest
er regiert	regierte	regiere
wir regieren	regierten	regieren
ihr regiert	regiertet	regieret
sie regieren	regierten	regieren
Past	*Past Time*	*Past Time*
ich regierte	hätte regiert	habe regiert
du regiertest	hättest regiert	habest regiert
er regierte	hätte regiert	habe regiert
wir regierten	hätten regiert	haben regiert
ihr regiertet	hättet regiert	habet regiert
sie regierten	hätten regiert	haben regiert
Perfect		
ich habe regiert		
du hast regiert		
er hat regiert		
wir haben regiert		
ihr habt regiert		
sie haben regiert		
Pluperfect		
ich hatte regiert		
du hattest regiert		
er hatte regiert		
w.r hatten regiert		
ihr hattet regiert		
sie hatten regiert		
Future	*Future Time*	*Future Time*
ich werde regieren	würde regieren	werde regieren
du wirst regieren	würdest regieren	werdest regieren
er wird regieren	würde regieren	werde regieren
wir werden regieren	würden regieren	werden regieren
ihr werdet regieren	würdet regieren	werdet regieren
sie werden regieren	würden regieren	werden regieren
Future Perfect	*Future Perfect Time*	*Future Perfect Time*
ich werde regiert haben	würde regiert haben	würde regiert haben
du wirst regiert haben	würdest regiert haben	würdest regiert haben
er wird regiert haben	würde regiert haben	würde regiert haben
wir werden regiert haben	würden regiert haben	würden regiert haben
ihr werdet regiert haben	würdet regiert haben	würdet regiert haben
sie werden regiert haben	würden regiert haben	würden regiert haben

Other similarly conjugated verbs:
kritisieren, kritisierte, kritisiert
protestieren, protestierte, protestiert
qualifizieren, qualifizierte, qualifiziert
reagieren, reagierte, reagiert
repairieren, reparierte, repariert

riskieren, riskierte, riskiert
studieren, studierte, studiert
telefonieren, telefonierte, telefoniert
trainieren, trainierte, trainiert
zitieren, zitierte, zitiert

regnen*: to rain

INDICATIVE	SUBJUNCTIVE (II)	INDIR. DISC. SUBJ. (I)
Present es regnet	*Present Time* regnete	*Present Time* regne
Past es regnete	*Past Time* hätte geregnet	*Past Time* habe geregnet
Perfect es hat geregnet		
Pluperfect es hatte geregnet		
Future es wird regnen	*Future Time* würde regnen	*Future Time* werde regnen
Future Perfect es wird geregnet haben	*Future Perfect Time* würde geregnet haben	*Future Perfect Time* werde geregnet haben

* *Regnen* is one of a group of "weather verbs" that occur only with *es* (it) as their subject like they do in English (it's raining, it's snowing, etc.). Two others are:
  schneien, schneite, geschneit: "to snow"
  hageln, hagelte, gehagelt: "to hail"

reichen

reichen: to reach, extend to; to last;
to pass, hand; to be enough

Princ. Parts: reichen, reichte, gereicht
Imperative: reich(e)!, reicht!, reichen Sie!

INDICATIVE	SUBJUNCTIVE (II)	INDIR. DISC. SUBJ. (I)
Present	*Present Time*	*Present Time*
ich reiche	reichte	reiche
du reichst	reichtest	reichest
er reicht	reichte	reiche
wir reichen	reichten	reichen
ihr reicht	reichtet	reichet
sie reichen	reichten	reichen
Past	*Past Time*	*Past Time*
ich reichte	hätte gereicht	habe gereicht
du reichtest	hättest gereicht	habest gereicht
er reichte	hätte gereicht	habe gereicht
wir reichten	hätten gereicht	haben gereicht
ihr reichtet	hättet gereicht	habet gereicht
sie reichten	hätten gereicht	haben gereicht
Perfect		
ich habe gereicht		
du hast gereicht		
er hat gereicht		
wir haben gereicht		
ihr habt gereicht		
sie haben gereicht		
Pluperfect		
ich hatte gereicht		
du hattest gereicht		
er hatte gereicht		
wir hatten gereicht		
ihr hattet gereicht		
sie hatten gereicht		
Future	*Future Time*	*Future Time*
ich werde reichen	würde reichen	werde reichen
du wirst reichen	würdest reichen	werdest reichen
er wird reichen	würde reichen	werde reichen
wir werden reichen	würden reichen	werden reichen
ihr werdet reichen	würdet reichen	werdet reichen
sie werden reichen	würden reichen	werden reichen
Future Perfect	*Future Perfect Time*	*Future Perfect Time*
ich werde gereicht haben	würde gereicht haben	werde gereicht haben
du wirst gereicht haben	würdest gereicht haben	werdest gereicht haben
er wird gereicht haben	würde gereicht haben	werde gereicht haben
wir werden gereicht haben	würden gereicht haben	werden gereicht haben
ihr werdet gereicht haben	würdet gereicht haben	werdet gereicht haben
sie werden gereicht haben	würden gereicht haben	werden gereicht haben

Separable
ausreichen, reichte...aus, ausgereicht
einreichen, reichte...ein, eingereicht
herreichen, reichte...her, hergereicht
herumreichen, reichte...herum,
    herumgereicht
zureichen, reichte...zu, zugereicht

Inseparable
erreichen, erreichte, erreicht
überreichen, überreichte, überreicht

reisen

reisen: to travel

Princ. Parts: reisen, reiste, ist gereist
Imperative: reis(e)!, reist!, reisen Sie!

INDICATIVE	SUBJUNCTIVE (II)	INDIR. DISC. SUBJ. (I)
Present	*Present Time*	*Present Time*
ich reise	reise	reise
du reist	reistest	reisest
er reist	reiste	reise
wir reisen	reisten	reisen
ihr reist	reistet	reiset
sie reisen	reisten	reisen
Past	*Past Time*	*Past Time*
ich reiste	wäre gereist	sei gereist
du reistest	wärest gereist	seiest gereist
er reiste	wäre gereist	sei gereist
wir reisten	wären gereist	seien gereist
ihr reistet	wäret gereist	seiet gereist
sie reisten	wären gereist	seien gereist
Perfect		
ich bin gereist		
du bist gereist		
er ist gereist		
wir sind gereist		
ihr seid gereist		
sie sind gereist		
Pluperfect		
ich war gereist		
du warst gereist		
er war gereist		
wir waren gereist		
ihr wart gereist		
sie waren gereist		
Future	*Future Time*	*Future Time*
ich werde reisen	würde reisen	werde reisen
du wirst reisen	würdest reisen	werdest reisen
er wird reisen	würde reisen	werde reisen
wir werden reisen	würden reisen	werden reisen
ihr werdet reisen	würdet reisen	werdet reisen
sie werden reisen	würden reisen	werden reisen
Future Perfect	*Future Perfect Time*	*Future Perfect Time*
ich werde gereist sein	würde gereist sein	werde gereist sein
du wirst gereist sein	würdest gereist sein	werdest gereist sein
er wird gereist sein	würde gereist sein	werde gereist sein
wir werden gereist sein	würden gereist sein	werden gereist sein
ihr werdet gereist sein	würdet gereist sein	werdet gereist sein
sie werden gereist sein	würden gereist sein	werden gereist sein

Separable
abreisen, reiste...ab, abgereist
anreisen, reiste...an, angereist
einreisen, reiste...ein, eingereist
mitreisen, reiste...mit, mitgereist

Inseparable
bereisen, bereiste, bereist
verreisen, verreiste, verreist

reißen

reißen: to tear

Princ. Parts: reißen, riß, gerissen*
Imperative: reiß(e)!, reißt!, reißen Sie!

INDICATIVE	SUBJUNCTIVE (II)	INDIR. DISC. SUBJ. (I)
Present	*Present Time*	*Present Time*
ich reiße	risse	reiße
du reißt	rissest	reißest
er reißt	risse	reiße
wir reißen	rissen	reißen
ihr reißt	risset	reißet
sie reißen	rissen	reißen
Past	*Past Time*	*Past Time*
ich riß	hätte gerissen	habe gerissen
du rissest	hättest gerissen	habest gerissen
er riß	hätte gerissen	habe gerissen
wir rissen	hätten gerissen	haben gerissen
ihr rißt	hättet gerissen	habet gerissen
sie rissen	hätten gerissen	haben gerissen
Perfect		
ich habe gerissen		
du hast gerissen		
er hat gerissen		
wir haben gerissen		
ihr habt gerissen		
sie haben gerissen		
Pluperfect		
ich hatte gerissen		
du hattest gerissen		
er hatte gerissen		
wir hatten gerissen		
ihr hattet gerissen		
sie hatten gerissen		
Future	*Future Time*	*Future Time*
ich werde reißen	würde reißen	werde reißen
du wirst reißen	würdest reißen	werdest reißen
er wird reißen	würde reißen	werde reißen
wir werden reißen	würden reißen	werden reißen
ihr werdet reißen	würdet reißen	werdet reißen
sie werden reißen	würden reißen	werden reißen
Future Perfect	*Future Perfect Time*	*Future Perfect Time*
ich werde gerissen haben	würde gerissen haben	werde gerissen haben
du wirst gerissen haben	würdest gerissen haben	werdest gerissen haben
er wird gerissen haben	würde gerissen haben	werde gerissen haben
wir werden gerissen haben	würden gerissen haben	werden gerissen haben
ihr werdet gerissen haben	würdet gerissen haben	werdet gerissen haben
sie werden gerissen haben	würden gerissen haben	werden gerissen haben

* When used intransitively, *reißen* is conjugated with *sein*.

Separable
abreißen, riß...ab, abgerissen
ausreißen, riß...aus, ausgerissen
entzweireißen, riß...entzwei,
   entzweigerissen
niederreißen, riß...nieder,
   niedergerissen

Inseparable
entreißen, entriß, entrissen
zerreißen, zerriß, zerrissen

retten: to save, rescue

INDICATIVE	SUBJUNCTIVE (II)	INDIR. DISC. SUBJ. (I)
Present	*Present Time*	*Present Time*
ich rette	rettete	rette
du rettest	rettetest	rettest
er rettet	rettete	rette
wir retten	retteten	retten
ihr rettet	rettetet	rettet
sie retten	retteten	retten
Past	*Past Time*	*Past Time*
ich rettete	hätte gerettet	habe gerettet
du rettetest	hättest gerettet	habest gerettet
er rettete	hätte gerettet	habe gerettet
wir retteten	hätten gerettet	haben gerettet
ihr rettetet	hättet gerettet	habet gerettet
sie retteten	hätten gerettet	haben gerettet
Perfect		
ich habe gerettet		
du hast gerettet		
er hat gerettet		
wir haben gerettet		
ihr habt gerettet		
sie haben gerettet		
Pluperfect		
ich hatte gerettet		
du hattest gerettet		
er hatte gerettet		
wir hatten gerettet		
ihr hattet gerettet		
sie hatten gerettet		
Future	*Future Time*	*Future Time*
ich werde retten	würde retten	werde retten
du wirst retten	würdest retten	werdest retten
er wird retten	würde retten	werde retten
wir werden retten	würden retten	werden retten
ihr werdet retten	würdet retten	werdet retten
sie werden retten	würden retten	werden retten
Future Perfect	*Future Perfect Time*	*Future Perfect Time*
ich werde gerettet haben	würde gerettet haben	werde gerettet haben
du wirst gerettet haben	würdest gerettet haben	werdest gerettet haben
er wird gerettet haben	würde gerettet haben	werde gerettet haben
wir werden gerettet haben	würden gerettet haben	werden gerettet haben
ihr werdet gerettet haben	würdet gerettet haben	werdet gerettet haben
sie werden gerettet haben	würden gerettet haben	werden gerettet haben

Inseparable
erretten, errettete, errettet

richten

richten: to arrange, adjust; direct

Princ. Parts: richten, richtete, gerichtet
Imperative: richt(e)!, richtet!, richten Sie!

INDICATIVE	SUBJUNCTIVE (II)	INDIR. DISC. SUBJ. (I)
Present	*Present Time*	*Present Time*
ich richte	richtete	richte
du richtest	richtetest	richtest
er richtet	richtete	richte
wir richten	richteten	richten
ihr richtet	richtetet	richtet
sie richten	richteten	richten
Past	*Past Time*	*Past Time*
ich richtete	hätte gerichtet	habe gerichtet
du richtetest	hättest gerichtet	habest gerichtet
er richtete	hätte gerichtet	habe gerichtet
wir richteten	hätten gerichtet	haben gerichtet
ihr richtetet	hättet gerichtet	habet gerichtet
sie richteten	hätten gerichtet	haben gerichtet
Perfect		
ich habe gerichtet		
du hast gerichtet		
er hat gerichtet		
wir haben gerichtet		
ihr habt gerichtet		
sie haben gerichtet		
Pluperfect		
ich hatte gerichtet		
du hattest gerichtet		
er hatte gerichtet		
wir hatten gerichtet		
ihr hattet gerichtet		
sie hatten gerichtet		
Future	*Future Time*	*Future Time*
ich werde richten	würde richten	werde richten
du wirst richten	würdest richten	werdest richten
er wird richten	würde richten	werde richten
wir werden richten	würden richten	werden richten
ihr werdet richten	würdet richten	werdet richten
sie werden richten	würden richten	werden richten
Future Perfect	*Future Perfect Time*	*Future Perfect Time*
ich werde gerichtet haben	würde gerichtet haben	werde gerichtet haben
du wirst gerichtet haben	würdest gerichtet haben	werdest gerichtet haben
er wird gerichtet haben	würde gerichtet haben	werde gerichtet haben
wir werden gerichtet haben	würden gerichtet haben	werden gerichtet haben
ihr werdet gerichtet haben	würdet gerichtet haben	werdet gerichtet haben
sie werden gerichtet haben	würden gerichtet haben	werden gerichtet haben

Separable
anrichten, richtete...an, angerichtet
aufrichten, richtete...auf, aufgerichtet
ausrichten, richtete...aus, ausgerichtet
einrichten, richtete...ein, eingerichtet
hinrichten, richtete...hin, hingerichtet

Inseparable
berichten, berichtete, berichtet
entrichten, entrichtete, entrichtet
errichten, errichtete, errichtet
unterrichten, unterrichtete, unterrichtet
verrichten, verrichtete, verrichtet

rufen

Princ. Parts: rufen, rief, gerufen
Imperative: ruf(e)!, ruft!, rufen Sie!

rufen: to call, call out

INDICATIVE	SUBJUNCTIVE (II)	INDIR. DISC. SUBJ. (I)
Present	*Present Time*	*Present Time*
ich rufe	riefe	rufe
du rufst	riefest	rufest
er ruft	riefe	rufe
wir rufen	riefen	rufen
ihr ruft	riefet	rufet
sie rufen	riefen	rufen
Past	*Past Time*	*Past Time*
ich rief	hätte gerufen	habe gerufen
du riefst	hättest gerufen	habest gerufen
er rief	hätte gerufen	habe gerufen
wir riefen	hätten gerufen	haben gerufen
ihr rieft	hättet gerufen	habet gerufen
sie riefen	hätten gerufen	haben gerufen
Perfect		
ich habe gerufen		
du hast gerufen		
er hat gerufen		
wir haben gerufen		
ihr habt gerufen		
sie haben gerufen		
Pluperfect		
ich hatte gerufen		
du hattest gerufen		
er hatte gerufen		
wir hatten gerufen		
ihr hattet gerufen		
sie hatten gerufen		
Future	*Future Time*	*Future Time*
ich werde rufen	würde rufen	werde rufen
du wirst rufen	würdest rufen	werdest rufen
er wird rufen	würde rufen	werde rufen
wir werden rufen	würden rufen	werden rufen
ihr werdet rufen	würdet rufen	werdet rufen
sie werden rufen	würden rufen	werden rufen
Future Perfect	*Future Perfect Time*	*Future Perfect Time*
ich werde gerufen haben	würde gerufen haben	werde gerufen haben
du wirst gerufen haben	würdest gerufen haben	werdest gerufen haben
er wird gerufen haben	würde gerufen haben	werde gerufen haben
wir werden gerufen haben	würden gerufen haben	werden gerufen haben
ihr werdet gerufen haben	würdet gerufen haben	werdet gerufen haben
sie werden gerufen haben	würden gerufen haben	werden gerufen haben

Separable
abrufen, rief...ab, abgerufen
anrufen, rief...an, angerufen
ausrufen, rief...aus, ausgerufen

Inseparable
berufen, berief, berufen

ruhen

ruhen: to rest

Princ. Parts: ruhen, ruhte, geruht
Imperative: ruh(e)!, ruht!, ruhen Sie!

INDICATIVE	SUBJUNCTIVE (II)	INDIR. DISC. SUBJ. (I)
Present	*Present Time*	*Present Time*
ich ruhe	ruhe	ruhe
du ruhst	ruhtest	ruhest
er ruht	ruhte	ruhe
wir ruhen	ruhten	ruhen
ihr ruht	ruhtet	ruhet
sie ruhen	ruhten	ruhen
Past	*Past Time*	*Past Time*
ich ruhte	hätte geruht	habe geruht
du ruhtest	hättest geruht	habest geruht
er ruhte	hätte geruht	habe geruht
wir ruhten	hätten geruht	haben geruht
ihr ruhtet	hättet geruht	habet geruht
sie ruhten	hätten geruht	haben geruht
Perfect		
ich habe geruht		
du hast geruht		
er hat geruht		
wir haben geruht		
ihr habt geruht		
sie haben geruht		
Pluperfect		
ich hatte geruht		
du hattest geruht		
er hatte geruht		
wir hatten geruht		
ihr hattet geruht		
sie hatten geruht		
Future	*Future Time*	*Future Time*
ich werde ruhen	würde ruhen	werde ruhen
du wirst ruhen	würdest ruhen	werdest ruhen
er wird ruhen	würde ruhen	werde ruhen
wir werden ruhen	würden ruhen	werden ruhen
ihr werdet ruhen	würdet ruhen	werdet ruhen
sie werden ruhen	würden ruhen	werden ruhen
Future Perfect	*Future Perfect Time*	*Future Perfect Time*
ich werde geruht haben	würde geruht haben	werde geruht haben
du wirst geruht haben	würdest geruht haben	werdest geruht haben
er wird geruht haben	würde geruht haben	werde geruht haben
wir werden geruht haben	würden geruht haben	werden geruht haben
ihr werdet geruht haben	würdet geruht haben	werdet geruht haben
sie werden geruht haben	würden geruht haben	werden geruht haben

Separable
ausruhen, ruhte...aus, ausgeruht

Inseparable
beruhen, beruhte, beruht

rühren: to stir; to move

INDICATIVE	SUBJUNCTIVE (II)	INDIR. DISC. SUBJ. (I)
Present	*Present Time*	*Present Time*
ich rühre	rühre	rühre
du rührst	rührtest	rührest
er rührt	rührte	rühre
wir rühren	rührten	rühren
ihr rührt	rührtet	rühret
sie rühren	rührten	rühren
Past	*Past Time*	*Past Time*
ich rührte	hätte gerührt	habe gerührt
du rührtest	hättest gerührt	habest gerührt
er rührte	hätte gerührt	habe gerührt
wir rührten	hätten gerührt	haben gerührt
ihr rührtet	hättet gerührt	habet gerührt
sie rührten	hätten gerührt	haben gerührt

Perfect
ich habe gerührt
du hast gerührt
er hat gerührt
wir haben gerührt
ihr habt gerührt
sie haben gerührt

Pluperfect
ich hatte gerührt
du hattest gerührt
er hatte gerührt
wir hatten gerührt
ihr hattet gerührt
sie hatten gerührt

Future	*Future Time*	*Future Time*
ich werde rühren	würde rühren	werde rühren
du wirst rühren	würdest rühren	werdest rühren
er wird rühren	würde rühren	werde rühren
wir werden rühren	würden rühren	werden rühren
ihr werdet rühren	würdet rühren	werdet rühren
sie werden rühren	würden rühren	werden rühren
Future Perfect	*Future Perfect Time*	*Future Perfect Time*
ich werde gerührt haben	würde gerührt haben	werde gerührt haben
du wirst gerührt haben	würdest gerührt haben	werdest gerührt haben
er wird gerührt haben	würde gerührt haben	werde gerührt haben
wir werden gerührt haben	würden gerührt haben	werden gerührt haben
ihr werdet gerührt haben	würdet gerührt haben	werdet gerührt haben
sie werden gerührt haben	würden gerührt haben	werden gerührt haben

Separable
anrühren, rührte...an, angerührt
aufrühren, rührte...auf, aufgerührt
umrühren, rührte...um, umgerührt

Inseparable
berühren, berührte, berührt

sagen

sagen: to say

Princ. Parts: sagen, sagte, gesagt
Imperative: sag(e)!, sagt!, sagen Sie!

INDICATIVE	SUBJUNCTIVE (II)	INDIR. DISC. SUBJ. (I)
Present	*Present Time*	*Present Time*
ich sage	sage	sage
du sagst	sagtest	sagest
er sagt	sagte	sage
wir sagen	sagten	sagen
ihr sagt	sagtet	saget
sie sagen	sagten	sagen
Past	*Past Time*	*Past Time*
ich sagte	hätte gesagt	habe gesagt
du sagtest	hättest gesagt	habest gesagt
er sagte	hätte gesagt	habe gesagt
wir sagten	hätten gesagt	haben gesagt
ihr sagtet	hättet gesagt	habet gesagt
sie sagten	hätten gesagt	haben gesagt
Perfect		
ich habe gesagt		
du hast gesagt		
er hat gesagt		
wir haben gesagt		
ihr habt gesagt		
sie haben gesagt		
Pluperfect		
ich hatte gesagt		
du hattest gesagt		
er hatte gesagt		
wir hatten gesagt		
ihr hattet gesagt		
sie hatten gesagt		
Future	*Future Time*	*Future Time*
ich werde sagen	würde sagen	werde sagen
du wirst sagen	würdest sagen	werdest sagen
er wird sagen	würde sagen	werde sagen
wir werden sagen	würden sagen	werden sagen
ihr werdet sagen	würdet sagen	werdet sagen
sie werden sagen	würden sagen	werden sagen
Future Perfect	*Future Perfect Time*	*Future Perfect Time*
ich werde gesagt haben	würde gesagt haben	werde gesagt haben
du wirst gesagt haben	würdest gesagt haben	werdest gesagt haben
er wird gesagt haben	würde gesagt haben	werde gesagt haben
wir werden gesagt haben	würden gesagt haben	werden gesagt haben
ihr werdet gesagt haben	würdet gesagt haben	werdet gesagt haben
sie werden gesagt haben	würden gesagt haben	werden gesagt haben

Separable
absagen, sagte...ab, abgesagt
ansagen, sagte...an, angesagt
voraussagen, sagte...voraus, vorausgesagt
vorhersagen, sagte...vorher, vorhergesagt
zusagen, sagte...zu, zugesagt

Inseparable
entsagen, entsagte, entsagt
versagen, versagte, versagt

158

Princ. Parts: sammeln, sammelte, gesammelt

sammeln: to gather, collect, accumulate *Imperative:* sammle!,* sammelt!, sammeln Sie!

INDICATIVE	SUBJUNCTIVE (II)	INDIR. DISC. SUBJ. (I)
Present	*Present Time*	*Present Time*
ich sammle*	sammle*	sammle*
du sammelst	sammeltest	sammelst
er sammelt	sammelte	sammle*
wir sammeln	sammelten	sammeln
ihr sammelt	sammeltet	sammelt
sie sammeln	sammelten	sammeln
Past	*Past Time*	*Past Time*
ich sammelte	hätte gesammelt	habe gesammelt
du sammeltest	hättest gesammelt	habest gesammelt
er sammelte	hätte gesammelt	habe gesammelt
wir sammelten	hätten gesammelt	haben gesammelt
ihr sammeltet	hättet gesammelt	habet gesammelt
sie sammelten	hätten gesammelt	haben gesammelt
Perfect		
ich habe gesammelt		
du hast gesammelt		
er hat gesammelt		
wir haben gesammelt		
ihr habt gesammelt		
sie haben gesammelt		
Pluperfect		
ich hatte gesammelt		
du hattest gesammelt		
er hatte gesammelt		
wir hatten gesammelt		
ihr hattet gesammelt		
sie hatten gesammelt		
Future	*Future Time*	*Future Time*
ich werde sammeln	würde sammeln	werde sammeln
du wirst sammeln	würdest sammeln	werdest sammeln
er wird sammeln	würde sammeln	werde sammeln
wir werden sammeln	würden sammeln	werden sammeln
ihr werdet sammeln	würdet sammeln	werdet sammeln
sie werden sammeln	würden sammeln	werden sammeln
Future Perfect	*Future Perfect Time*	*Future Perfect Time*
ich werde gesammelt haben	würde gesammelt haben	werde gesammelt haben
du wirst gesammelt haben	würdest gesammelt haben	werdest gesammelt haben
er wird gesammelt haben	würde gesammelt haben	werde gesammelt haben
wir werden gesammelt haben	würden gesammelt haben	werden gesammelt haben
ihr werdet gesammelt haben	würdet gesammelt haben	werdet gesammelt haben
sie werden gesammelt haben	würden gesammelt haben	werden gesammelt haben

* *Ich sammele, er sammele, sammele!* are also possible, though not as commonly used.

Separable
ansammeln, sammelte...an, angesammelt
aufsammeln, sammelte...auf, aufgesammelt
einsammeln, sammelte...ein, eingesammelt

Inseparable
versammeln, versammelte, versammelt

schaffen

**schaffen: to do, work; to accomplish,
manage; to be at work; procure**

Princ. Parts: schaffen, schaffte, geschafft
Imperative: schaff(e)!, schafft!, schaffen Sie!

INDICATIVE	SUBJUNCTIVE (II)	INDIR. DISC. SUBJ. (I)
Present	*Present Time*	*Present Time*
ich schaffe	schaffte	schaffe
du schaffst	schafftest	schaffest
er schafft	schaffte	schaffe
wir schaffen	schafften	schaffen
ihr schafft	schafftet	schaffet
sie schaffen	schafften	schaffen
Past	*Past Time*	*Past Time*
ich schaffte	hätte geschafft	habe geschafft
du schafftest	hättest geschafft	habest geschafft
er schaffte	hätte geschafft	habe geschafft
wir schafften	hätten geschafft	haben geschafft
ihr schafftet	hättet geschafft	habet geschafft
sie schafften	hätten geschafft	haben geschafft
Perfect		
ich habe geschafft		
du hast geschafft		
er hat geschafft		
wir haben geschafft		
ihr habt geschafft		
sie haben geschafft		
Pluperfect		
ich hatte geschafft		
du hattest geschafft		
er hatte geschafft		
wir hatten geschafft		
ihr hattet geschafft		
sie hatten geschafft		
Future	*Future Time*	*Future Time*
ich werde schaffen	würde schaffen	werde schaffen
du wirst schaffen	würdest schaffen	werdest schaffen
er wird schaffen	würde schaffen	werde schaffen
wir werden schaffen	würden schaffen	werden schaffen
ihr werdet schaffen	würdet schaffen	werdet schaffen
sie werden schaffen	würden schaffen	werden schaffen
Future Perfect	*Future Perfect Time*	*Future Perfect Time*
ich werde geschafft haben	würde geschafft haben	werde geschafft haben
du wirst geschafft haben	würdest geschafft haben	werdest geschafft haben
er wird geschafft haben	würde geschafft haben	werde geschafft haben
wir werden geschafft haben	würden geschafft haben	werden geschafft haben
ihr werdet geschafft haben	würdet geschafft haben	werdet geschafft haben
sie werden geschafft haben	würden geschafft haben	werden geschafft haben

Separable
abschaffen, schaffte...ab, abgeschafft
anschaffen, schaffte...an, angeschafft
fortschaffen, schaffte...fort, fortgeschafft

Inseparable
beschaffen, beschaffte, beschafft

schaffen: to create

Princ. Parts: schaffen, schuf, geschaffen
Imperative: schaff(e)!, schafft!, schaffen Sie!

INDICATIVE	SUBJUNCTIVE (II)	INDIR. DISC. SUBJ. (I)
Present	*Present Time*	*Present Time*
ich schaffe	schüfe	schaffe
du shaffst	schüf(e)st	schaffest
er schafft	schüfe	schaffe
wir schaffen	schüfen	schaffen
ihr schafft	schüf(e)t	schaffet
sie schaffen	schüfen	schaffen
Past	*Past Time*	*Past Time*
ich schuf	hätte geschaffen	habe geschaffen
du schufst	hättest geschaffen	habest geschaffen
er schuf	hätte geschaffen	habe geschaffen
wir schufen	hätten geschaffen	haben geschaffen
ihr schuft	hättet geschaffen	habet geschaffen
sie schufen	hätten geschaffen	haben geschaffen
Perfect		
ich habe geschaffen		
du hast geschaffen		
er hat geschaffen		
wir haben geschaffen		
ihr habt geschaffen		
sie haben geschaffen		
Pluperfect		
ich hatte geschaffen		
du hattest geschaffen		
er hatte geschaffen		
w'r hatten geschaffen		
ihr hattet geschaffen		
sie hatten geschaffen		
Future	*Future Time*	*Future Time*
ich werde schaffen	würde schaffen	werde schaffen
du wirst schaffen	würdest schaffen	werdest schaffen
er wird schaffen	würde schaffen	werde schaffen
wir werden schaffen	würden schaffen	werden schaffen
ihr werdet schaffen	würdet schaffen	werdet schaffen
sie werden schaffen	würden schaffen	werden schaffen
Future Perfect	*Future Perfect Time*	*Future Perfect Time*
ich werde geschaffen haben	würde geschaffen haben	werde geschaffen haben
du wirst geschaffen haben	würdest geschaffen haben	werdest geschaffen haben
er wird geschaffen haben	würde geschaffen haben	werde geschaffen haben
wir werden geschaffen haben	würden geschaffen haben	werden geschaffen haben
ihr werdet geschaffen haben	würdet geschaffen haben	werdet geschaffen haben
sie werden geschaffen haben	würden geschaffen haben	werden geschaffen haben

Inseparable
erschaffen, erschuf, erschaffen

schauen

schauen: to see, perceive; view;
to look, gaze

Princ. Parts: schauen, schaute, geschaut
Imperative: schau(e)!, schaut!, schauen Sie!

INDICATIVE	SUBJUNCTIVE (II)	INDIR. DISC. SUBJ. (I)
Present	*Present Time*	*Present Time*
ich schaue	schaute	schaue
du schaust	schautest	schauest
er schaut	schaute	schaue
wir schauen	schauten	schauen
ihr schaut	schautet	schauet
sie schauen	schauten	schauen
Past	*Past Time*	*Past Time*
ich schaute	hätte geschaut	habe geschaut
du schautest	hättest geschaut	habest geschaut
er schaute	hätte geschaut	habe geschaut
wir schauten	hätten geschaut	haben geschaut
ihr schautet	hättet geschaut	habet geschaut
sie schauten	hätten geschaut	haben geschaut

Perfect
ich habe geschaut
du hast geschaut
er hat geschaut
wir haben geschaut
ihr habt geschaut
sie haben geschaut

Pluperfect
ich hatte geschaut
du hattest geschaut
er hatte geschaut
wir hatten geschaut
ihr hattet geschaut
sie hatten geschaut

Future	*Future Time*	*Future Time*
ich werde schauen	würde schauen	werde schauen
du wirst schauen	würdest schauen	werdest schauen
er wird schauen	würde schauen	werde schauen
wir werden schauen	würden schauen	werden schauen
ihr werdet schauen	würdet schauen	werdet schauen
sie werden schauen	würden schauen	werden schauen
Future Perfect	*Future Perfect Time*	*Future Perfect Time*
ich werde geschaut haben	würde geschaut haben	werde geschaut haben
du wirst geschaut haben	würdest gescaut haben	werdest geschaut haben
er wird geschaut haben	würde geschaut haben	werde geschaut haben
wir werden geschaut haben	würden geschaut haben	werden geschaut haben
ihr werdet geschaut haben	würdet geschaut haben	werdet geschaut haben
sie werden geschaut haben	würden geschaut haben	werden geschaut haben

Separable
anschauen, schaute...an, angeschaut
durchschauen, schaute...durch, durchgeschaut
zuschauen, schaute...zu, zugeschaut

Inseparable
durchschauen, durchschaute, durchschaut
überschauen, überschaute, überschaut

scheiden: to separate, divide

Princ. Parts: scheiden, schied, geschieden*
Imperative: scheid(e)!, scheidet!, scheiden Sie!

INDICATIVE	SUBJUNCTIVE (II)	INDIR. DISC. SUBJ. (I)
Present	*Present Time*	*Present Time*
ich scheide	schiede	scheide
du scheidest	schiedest	scheidest
er scheidet	schiede	scheide
wir scheiden	schieden	scheiden
ihr scheidet	schiedet	scheidet
sie scheiden	schieden	scheiden
Past	*Past Time*	*Past Time*
ich schied	hätte geschieden	habe geschieden
du schiedest	hättest geschieden	habest geschieden
er schied	hätte geschieden	habe geschieden
wir schieden	hätten geschieden	haben geschieden
ihr schiedet	hättet geschieden	habet geschieden
sie schieden	hätten geschieden	haben geschieden
Perfect		
ich habe geschieden		
du hast geschieden		
er hat geschieden		
wir haben geschieden		
ihr habt geschieden		
sie haben geschieden		
Pluperfect		
ich hatte geschieden		
du hattest geschieden		
er hatte geschieden		
wir hatten geschieden		
ihr hattet geschieden		
sie hatten geschieden		
Future	*Future Time*	*Future Time*
ich werde scheiden	würde scheiden	werde scheiden
du wirst scheiden	würdest scheiden	werdest scheiden
er wird scheiden	würde scheiden	werde scheiden
wir werden scheiden	würden scheiden	werden scheiden
ihr werdet scheiden	würdet scheiden	werdet scheiden
sie werden scheiden	würden scheiden	werden scheiden
Future Perfect	*Future Perfect Time*	*Future Perfect Time*
ich werde geschieden haben	würde geschieden haben	werde geschieden haben
du wirst geschieden haben	würdest geschieden haben	werdest geschieden haben
er wird geschieden haben	würde geschieden haben	werde geschieden haben
wir werden geschieden haben	würden geschieden haben	werden geschieden haben
ihr werdet geschieden haben	würdet geschieden haben	werdet geschieden haben
sie werden geschieden haben	würden geschieden haben	werden geschieden haben

* *Scheiden* is conjugated with *sein* when it means "to depart; retire."

Separable
ausscheiden, schied...aus, ausgeschieden

Inseparable
entscheiden, entschied, entschieden
unterscheiden, unterschied, unterschieden

scheinen

scheinen: to shine; seem

Princ. Parts: scheinen, schien, geschienen
Imperative: schein(e)!, scheint!, scheinen Sie!

INDICATIVE	SUBJUNCTIVE (II)	INDIR. DISC. SUBJ. (I)
Present	*Present Time*	*Present Time*
ich scheine	schiene	scheine
du scheinst	schienest	scheinest
er scheint	schiene	scheine
wir scheinen	schienen	scheinen
ihr scheint	schienet	scheinet
sie scheinen	schienen	scheinen
Past	*Past Time*	*Past Time*
ich schien	hätte geschienen	habe geschienen
du schienst	hättest geschienen	habest geschienen
er schien	hätte geschienen	habe geschienen
wir schienen	hätten geschienen	haben geschienen
ihr schient	hättet geschienen	habet geschienen
sie schienen	hätten geschienen	haben geschienen
Perfect		
ich habe geschienen		
du hast geschienen		
er hat geschienen		
wir haben geschienen		
ihr habt geschienen		
sie haben geschienen		
Pluperfect		
ich hatte geschienen		
du hattest geschienen		
er hatte geschienen		
wir hatten geschienen		
ihr hattet geschienen		
sie hatten geschienen		
Future	*Future Time*	*Future Time*
ich werde scheinen	würde scheinen	werde scheinen
du wirst scheinen	würdest scheinen	werdest scheinen
er wird scheinen	würde scheinen	werde scheinen
wir werden scheinen	würden scheinen	werden scheinen
ihr werdet scheinen	würdet scheinen	werdet scheinen
sie werden scheinen	würden scheinen	werden scheinen
Future Perfect	*Future Perfect Time*	*Future Perfect Time*
ich werde geschienen haben	würde geschienen haben	werde geschienen haben
du wirst geschienen haben	würdest geschienen haben	werdest geschienen haben
er wird geschienen haben	würde geschienen haben	werde geschienen haben
wir werden geschienen haben	würden geschienen haben	werden geschienen haben
ihr werdet geschienen haben	würdet geschienen haben	werdet geschienen haben
sie werden geschienen haben	würden geschienen haben	werden geschienen haben

Inseparable
erscheinen, erschien, erschienen

Princ. Parts: schicken, schickte, geschickt
Imperative: schick(e)!, schickt!, schicken Sie!

schicken: to send

INDICATIVE	SUBJUNCTIVE (II)	INDIR. DISC. SUBJ. (I)
Present	*Present Time*	*Present Time*
ich schicke	schickte	schicke
du schickst	schicktest	schickest
er schickt	schickte	schicke
wir schicken	schickten	schicken
ihr schickt	schicktet	schicket
sie schicken	schickten	schicken
Past	*Past Time*	*Past Time*
ich schickte	hätte geschickt	habe geschickt
du schicktest	hättest geschickt	habest geschickt
er schickte	hätte geschickt	habe geschickt
wir schickten	hätten geschickt	haben geschickt
ihr schicktet	hättet geschickt	habet geschickt
sie schickten	hätten geschickt	haben geschickt

Perfect
ich habe geschickt
du hast geschickt
er hat geschickt
wir haben geschickt
ihr habt geschickt
sie haben geschickt

Pluperfect
ich hatte geschickt
du hattest geschickt
er hatte geschickt
wir hatten geschickt
ihr hattet geschickt
sie hatten geschickt

Future	*Future Time*	*Future Time*
ich werde schicken	würde schicken	werde schicken
du wirst schicken	würdest schicken	werdest schicken
er wird schicken	würde schicken	werde schicken
wir werden schicken	würden schicken	werden schicken
ihr werdet schicken	würdet schicken	werdet schicken
sie werden schicken	würden schicken	werden schicken
Future Perfect	*Future Perfect Time*	*Future Perfect Time*
ich werde geschickt haben	würde geschickt haben	werde geschickt haben
du wirst geschickt haben	würdest geschickt haben	werdest geschickt haben
er wird geschickt haben	würde geschickt haben	werde geschickt haben
wir werden geschickt haben	würden geschickt haben	werden geschickt haben
ihr werdet geschickt haben	würdet geschickt haben	werdet geschickt haben
sie werden geschickt haben	würden geschickt haben	werden geschickt haben

Separable
abschicken, schickte...ab, abgeschickt
fortschicken, schickte...fort, fortgeschickt
heimschicken, schickte...heim, heimgeschickt
nachschicken, schickte...nach, nachgeschickt
zurückschicken, schickte...zurück,
    zurückgeschickt
zuschicken, schickte...zu, zugeschickt

Inseparable
verschicken, verschickte, verschickt

schieben

schieben: to push, shove; move

Princ. Parts: schieben, schob, geschoben
Imperative: schieb(e)!, schiebt!, schieben Sie!

INDICATIVE	SUBJUNCTIVE (II)	INDIR. DISC. SUBJ. (I)
Present	*Present Time*	*Present Time*
ich schiebe	schöbe	schiebe
du schiebst	schöb(e)st	schiebest
er schiebt	schöbe	schiebe
wir schieben	schöben	schieben
ihr schiebt	schöb(e)t	schiebet
sie schieben	schöben	schieben
Past	*Past Time*	*Past Time*
ich schob	hätte geschoben	habe geschoben
du schobst	hättest geschoben	habest geschoben
er schob	hätte geschoben	habe beschoben
wir schoben	hätten geschoben	haben geschoben
ihr schobt	hättet geschoben	habet geschoben
sie schoben	hätten geschoben	haben geschoben

Perfect
ich habe geschoben
du hast geschoben
er hat geschoben
wir haben geschoben
ihr habt geschoben
sie haben geschoben

Pluperfect
ich hatte geschoben
du hattest geschoben
er hatte geschoben
wir hatten geschoben
ihr hattet geschoben
sie hatten geschoben

Future	*Future Time*	*Future Time*
ich werde schieben	würde schieben	werde schieben
du wirst schieben	würdest schieben	werdest schieben
er wird schieben	würde schieben	werde schieben
wir werden schieben	würden schieben	werden schieben
ihr werdet schieben	würdet schieben	werdet schieben
sie werden schieben	würden schieben	werden schieben
Future Perfect	*Future Perfect Time*	*Future Perfect Time*
ich werde geschoben haben	würde geschoben haben	werde geschoben haben
du wirst geschoben haben	würdest geschoben haben	werdest geschoben haben
er wird geschoben haben	würde geschoben haben	werde geschoben haben
wir werden geschoben haben	würden geschoben haben	werden geschoben haben
ihr werdet geschoben haben	würdet geschoben haben	werdet geschoben haben
sie werden geschoben haben	würden geschoben haben	werden geschoben haben

Separable
anschieben, schob...an, angeschoben
aufschieben, schob...auf, aufgeschoben
einschieben, schob...ein, eingeschoben
zuschieben, schob...zu, zugeschoben

Inseparable
verschieben, verschob, verschoben

schlafen

schlafen: to sleep

Princ. Parts: schlafen, schlief, geschlafen
Imperative: schlaf(e)!, schlaft!, schlafen Sie!

INDICATIVE	SUBJUNCTIVE (II)	INDIR. DISC. SUBJ. (I)
Present	*Present Time*	*Present Time*
ich schlafe	schliefe	schlafe
du *schläfst*	schliefest	schlafest
er *schläft*	schliefe	schlafe
wir schlafen	schliefen	schlafen
ihr schlaft	schliefet	schlafet
sie schlafen	schliefen	schlafen
Past	*Past Time*	*Past Time*
ich schlief	hätte geschlafen	habe geschlafen
du schliefst	hättest geschlafen	habest geschlafen
er schlief	hätte geschlafen	habe geschlafen
wir schliefen	hätten geschlafen	haben geschlafen
ihr schlieft	hättet geschlafen	habet geschlafen
sie schliefen	hätten geschlafen	haben geschlafen

Perfect
ich habe geschlafen
du hast geschlafen
er hat geschlafen
wir haben geschlafen
ihr habt geschlafen
sie haben geschlafen

Pluperfect
ich hatte geschlafen
du hattest geschlafen
er hatte geschlafen
wir hatten geschlafen
ihr hattet geschlafen
sie hatten geschlafen

Future	*Future Time*	*Future Time*
ich werde schlafen	würde schlafen	werde schlafen
du wirst schlafen	würdest schlafen	werdest schlafen
er wird schlafen	würde schlafen	werde schlafen
wir werden schlafen	würden schlafen	werden schlafen
ihr werdet schlafen	würdet schlafen	werdet schlafen
sie werden schlafen	würden schlafen	werden schlafen
Future Perfect	*Future Perfect Time*	*Future Perfect Time*
ich werde geschlafen haben	würde geschlafen haben	werde geschlafen haben
du wirst geschlafen haben	würdest geschlafen haben	werdest geschlafen haben
er wird geschlafen haben	würde geschlafen haben	werde geschlafen haben
wir werden geschlafen haben	würden geschlafen haben	werden geschlafen haben
ihr werdet geschlafen haben	würdet geschlafen haben	werdet geschlafen haben
sie werden geschlafen haben	würden geschlafen haben	werden geschlafen haben

Separable
ausschlafen, schlief...aus, ausgeschlafen
einschlafen, schlief...ein, eingeschlafen

Inseparable
verschlafen, verschlief, verschlafen

167

schlagen

schlagen: to beat, hit, strike

Princ. Parts: schlagen, schlug, geschlagen*
Imperative: schlag(e)!, schlagt!, schlagen Sie!

INDICATIVE	SUBJUNCTIVE (II)	INDIR. DISC. SUBJ. (I)
Present	*Present Time*	*Present Time*
ich schlage	schlüge	schlage
du *schlägst*	schlüg(e)st	schlagest
er *schlägt*	schlüge	schlage
wir schlagen	schlügen	schlagen
ihr schlagt	schlüg(e)t	schlaget
sie schlagen	schlügen	schlagen
Past	*Past Time*	*Past Time*
ich schlug	hätte geschlagen	habe geschlagen
du schlugst	hättest geschlagen	habest geschlagen
er schlug	hätte geschlagen	habe geschlagen
wir schlugen	hätten geschlagen	haben geschlagen
ihr schlugt	hättet geschlagen	habet geschlagen
sie schlugen	hätten geschlagen	haben geschlagen
Perfect		
ich habe geschlagen		
du hast geschlagen		
er hat geschlagen		
wir haben geschlagen		
ihr habt geschlagen		
sie haben geschlagen		
Pluperfect		
ich hatte geschlagen		
du hattest geschlagen		
er hatte geschlagen		
wir hatten geschlagen		
ihr hattet geschlagen		
sie hatten geschlagen		
Future	*Future Time*	*Future Time*
ich werde schlagen	würde schlagen	werde schlagen
du wirst schlagen	würdest schlagen	werdest schlagen
er wird schlagen	würde schlagen	werde schlagen
wir werden schlagen	würden schlagen	werden schlagen
ihr werdet schlagen	würdet schlagen	werdet schlagen
sie werden schlagen	würden schlagen	werden schlagen
Future Perfect	*Future Perfect Time*	*Future Perfect Time*
ich werde geschlagen haben	würde geschlagen haben	werde geschlagen haben
du wirst geschlagen haben	würdest geschlagen haben	werdest geschlagen haben
er wird geschlagen haben	würde geschlagen haben	werde geschlagen haben
wir werden geschlagen haben	würden geschlagen haben	werden geschlagen haben
ihr werdet geschlagen haben	würdet geschlagen haben	werdet geschlagen haben
sie werden geschlagen haben	würden geschlagen haben	werden geschlagen haben

* When used intransitively, *schlagen* is conjugated with *sein*.

Separable
abschlagen, schlug...ab, abgeschlagen
anschlagen, schlug...an, angeschlagen
aufschlagen, schlug...auf, aufgeschlagen
nachschlagen, schlug...nach, nachgeschlagen

vorschlagen, schlug...vor, vorgeschlagen
zuschlagen, schlug...zu, zugeschlagen

Inseparable
erschlagen, erschlug, erschlagen
zerschlagen, zerschlug, erschlagen

schließen

schließen: to shut; lock; conclude

Princ. Parts: schließen, schloß, geschlossen
Imperative: schließ(e)!, schließt!, schließen Sie!

INDICATIVE	SUBJUNCTIVE (II)	INDIR. DISC. SUBJ. (I)
Present	*Present Time*	*Present Time*
ich schließe	schlösse	schließe
du schließt	schlössest	schließest
er schließt	schlösse	schließe
wir schließen	schlössen	schließen
ihr schließt	schlösset	schließet
sie schließen	schlössen	schließen
Past	*Past Time*	*Past Time*
ich schloß	hätte geschlossen	habe geschlossen
du schlossest	hättest geschlossen	habest geschlossen
er schloß	hätte geschlossen	habe geschlossen
wir schlossen	hätten geschlossen	haben geschlossen
ihr schloßt	hättet geschlossen	habet geschlossen
sie schlossen	hätten geschlossen	haben geschlossen

Perfect
ich habe geschlossen
du hast geschlossen
er hat geschlossen
wir haben geschlossen
ihr habt geschlossen
sie haben geschlossen

Pluperfect
ich hatte geschlossen
du hattest geschlossen
er hatte geschlossen
wir hatten geschlossen
ihr hattet geschlossen
sie hatten geschlossen

Future	*Future Time*	*Future Time*
ich werde schließen	würde schließen	werde schließen
du wirst schließen	würdest schließen	werdest schließen
er wird schließen	würde schließen	werde schreiben
wir werden schließen	würden schließen	werden schließen
ihr werdet schließen	würdet schließen	werdet schließen
sie werden schließen	würden schließen	werden schließen
Future Perfect	*Future Perfect Time*	*Future Perfect Time*
ich werde geschlossen haben	würde geschlossen haben	werde geschlossen haben
du wirst geschlossen haben	würdest geschlossen haben	werdest geschlossen haben
er wird geschlossen haben	würde geschlossen haben	werde geschlossen haben
wir werden geschlossen haben	würden geschlossen haben	werden geschlossen haben
ihr werdet geschlossen haben	würdet geschlossen haben	werdet geschlossen haben
sie werden geschlossen haben	würden geschlossen haben	werden geschlossen haben

Separable
abschließen, schloß...ab, abgeschlossen
anschließen, schloß...an, angeschlossen
aufschließen, schloß...auf, aufgeschlossen
ausschließen, schloß...aus, ausgeschlossen
einschließen, schloß...ein, eingeschlossen
zuschließen, schloß...zu, zugeschlossen

Inseparable
beschließen, beschloß, beschlossen
entschließen, entschloß, entschlossen
erschließen, erschloß, erschlossen
verschließen, verschloß, verschlossen

schneiden

schneiden: to cut

Princ. Parts: schneiden, schnitt, geschnitten
Imperative: schneide!, schneidet!, schneiden Sie!

INDICATIVE	SUBJUNCTIVE (II)	INDIR. DISC. SUBJ. (I)
Present	*Present Time*	*Present Time*
ich schneide	schnitte	schneide
du schneidest	schnittest	schneidest
er schneidet	schnitte	schneide
wir schneiden	schnitten	schneiden
ihr schneidet	schnittet	schneidet
sie schneiden	schnitten	schneiden
Past	*Past Time*	*Past Time*
ich schnitt	hätte geschnitten	habe geschnitten
du schnittest	hättest geschnitten	habest geschnitten
er schnitt	hätte geschnitten	habe geschnitten
wir schnitten	hätten geschnitten	haben geschnitten
ihr schnittet	hättet geschnitten	habet geschnitten
sie schnitten	hätten geschnitten	haben geschnitten
Perfect		
ich habe geschnitten		
du hast geschnitten		
er hat geschnitten		
wir haben geschnitten		
ihr habt geschnitten		
sie haben geschnitten		
Pluperfect		
ich hatte geschnitten		
du hattest geschnitten		
er hatte geschnitten		
wir hatten geschnitten		
ihr hattet geschnitten		
sie hatten geschnitten		
Future	*Future Time*	*Future Time*
ich werde schneiden	würde schneiden	werde schneiden
du wirst schneiden	würdest schneiden	werdest schneiden
er wird schneiden	würde schneiden	werde schneiden
wir werden schneiden	würden schneiden	werden schneiden
ihr werdet schneiden	würdet schneiden	werdet schneiden
sie werden schneiden	würden schneiden	werden schneiden
Future Perfect	*Future Perfect Time*	*Future Perfect Time*
ich werde geschnitten haben	würde geschnitten haben	werde geschnitten haben
du wirst geschnitten haben	würdest geschnitten haben	werdest geschnitten haben
er wird geschnitten haben	würde geschnitten haben	werde geschnitten haben
wir werden geschnitten haben	würden geschnitten haben	werden geschnitten haben
ihr werdet geschnitten haben	würdet geschnitten haben	werdet geschnitten haben
sie werden geschnitten haben	würden geschnitten haben	werden geschnitten haben

Separable
abschneiden, schnitt...ab, abgeschnitten
anschneiden, schnitt...an, angeschnitten
aufschneiden, schnitt...auf, aufgeschnitten
durchschneiden, schnitt...durch, durchgeschnitten
einschneiden, schnitt...ein, eingeschnitten
kleinschneiden, schnitt...klein, kleingeschnitten

Inseparable
beschneiden, beschnitt, beschnitten

170

schreiben

schreiben: to write

Princ. Parts: schreiben, schrieb, geschrieben
Imperative: schreib(e)!, schreibt!, schreiben Sie!

INDICATIVE	SUBJUNCTIVE (II)	INDIR. DISC. SUBJ. (I)
Present	*Present Time*	*Present Time*
ich schreibe	schriebe	schreibe
du schreibst	schriebest	schreibest
er schreibt	schriebe	schreibe
wir schreiben	schrieben	schreiben
ihr schreibt	schriebet	schreibet
sie schreiben	schrieben	schreiben
Past	*Past Time*	*Past Time*
ich schrieb	hätte geschrieben	habe geschrieben
du schriebst	hättest geschrieben	habest geschrieben
er schrieb	hätte geschrieben	habe geschrieben
wir schrieben	hätten geschrieben	haben geschrieben
ihr schriebt	hättet geschrieben	habet geschrieben
sie schrieben	hätten geschrieben	haben geschrieben

Perfect
ich habe geschrieben
du hast geschrieben
er hat geschrieben
wir haben geschrieben
ihr habt geschrieben
sie haben geschrieben

Pluperfect
ich hatte geschrieben
du hattest geschrieben
er hatte geschrieben
wir hatten geschrieben
ihr hattet geschrieben
sie hatten geschrieben

Future	*Future Time*	*Future Time*
ich werde schreiben	würde schreiben	werde schreiben
du wirst schreiben	würdest schreiben	werdest schreiben
er wird schreiben	würde schreiben	werde schreiben
wir werden schreiben	würdest schreiben	werden schreiben
ihr werdet schreiben	würdet schreiben	werdet schreiben
sie werden schreiben	würden schreiben	werden schreiben

Future Perfect	*Future Perfect Time*	*Future Perfect Time*
ich werde geschrieben haben	würde geschrieben haben	werde geschrieben haben
du wirst geschrieben haben	würdest geschrieben haben	werdest geschrieben haben
er wird geschrieben haben	würde geschrieben haben	werde geschrieben haben
wir werden geschrieben haben	würden geschrieben haben	werden geschrieben haben
ihr werdet geschrieben haben	würdet geschrieben haben	werdet geschrieben haben
sie werden geschrieben haben	würden geschrieben haben	werden geschrieben haben

Separable
abschreiben, schrieb...ab, abgeschrieben
ausschreiben, schrieb...aus, ausgeschrieben
einschreiben, schrieb...ein, eingeschrieben
gutschreiben, schrieb...gut, gutgeschrieben
vorschreiben, schrieb...vor, vorgeschrieben
zuschreiben, schrieb...zu, zugeschrieben

Inseparable
beschreiben, beschrieb, beschrieben
unterschreiben, unterschrieb, unterschrieben
verschreiben, verschrieb, verschrieben

schreien

schreien: to cry out, shout, yell, scream

Princ. Parts: schreien, schrie, geschrie(e)n
Imperative: schrei(e)!, schreit!, schreien Sie!

INDICATIVE	SUBJUNCTIVE (II)	INDIR. DISC. SUBJ. (I)
Present	*Present Time*	*Present Time*
ich schreie	schreie	schreie
du schreist	schrieest	schreiest
er schreit	schriee	schreie
wir schrei(e)n*	schrie(e)n	schrei(e)n
ihr schreit	schrieet	schreiet
sie schrei(e)n	schrie(e)n	schrei(e)n
Past	*Past Time*	*Past Time*
ich schrie	hätte geschrieen	habe geschrieen
du schriest	hättest geschrieen	habest geschrieen
er schrie	hätte geschrieen	habe geschrieen
wir schrie(e)n	hätten geschrieen	haben geschrieen
ihr schriet	hättet geschrieen	habet geschrieen
sie schrie(e)n	hätten geschrieen	haben geschrieen
Perfect		
ich habe geschrieen**		
du hast geschrieen		
er hat geschrieen		
wir haben geschrieen		
ihr habt geschrieen		
sie haben geschrieen		
Pluperfect		
ich hatte geschrieen		
du hattest geschrieen		
er hatte geschrieen		
wir hatten geschrieen		
ihr hattet geschrieen		
sie hatten geschrieen		
Future	*Future Time*	*Future Time*
ich werde schreien	würde schreien	werde schreien
du wirst schreien	würdest schreien	werdest schreien
er wird schreien	würde schreien	werde schreien
wir werden schreien	würden schreien	werden schreien
ihr werdet schreien	würdet schreien	werdet schreien
sie werden schreien	würden schreien	werden schreien
Future Perfect	*Future Perfect Time*	*Future Perfect Time*
ich werde geschrieen haben	würde geschrieen haben	werde geschrieen haben
du wirst geschrieen haben	würdest geschrieen haben	werdest geschrieen haben
er wird geschrieen haben	würde geschrieen haben	werde geschrieen haben
wir werden geschrieen haben	würden geschrieen haben	werden geschrieen haben
ihr werdet geschrieen haben	würdet geschrieen haben	werdet geschrieen haben
sie werden geschrieen haben	würden geschrieen haben	werden geschrieen haben

* The second *e* can be omitted, as is often done in poetry and colloquial speech.
** As indicated above, the second *e* is optional in the past participle.

Separable
anschreien, schrie...an, angeschrieen

172

schulden: to owe

Princ. Parts: schulden, schuldete, geschuldet
Imperative: schulde!, schuldet!, schulden Sie!

INDICATIVE	SUBJUNCTIVE (II)	INDIR. DISC. SUBJ. (I)
Present	*Present Time*	*Present Time*
ich schulde	schuldete	schulde
du schuldest	schuldetest	schuldest
er schuldet	schuldete	schulde
wir schulden	schuldeten	schulden
ihr schuldet	schuldetet	schuldet
sie schulden	schuldeten	schulden
Past	*Past Time*	*Past Time*
ich schuldete	hätte geschuldet	habe geschuldet
du schuldetest	hättest geschuldet	habest geschuldet
er schuldete	hätte geschuldet	habe geschuldet
wir schuldeten	hätten geschuldet	haben geschuldet
ihr schuldetet	hättet geschuldet	habet geschuldet
sie schuldeten	hätten geschuldet	haben geschuldet
Perfect		
ich habe geschuldet		
du hast geschuldet		
er hat geschuldet		
wir haben geschuldet		
ihr habt geschuldet		
sie haben getschuldet		
Pluperfect		
ich hatte geschuldet		
du hattest geschuldet		
er hatte geschuldet		
wir hatten geschuldet		
ihr hattet geschuldet		
sie hatten geschuldet		
Future	*Future Time*	*Future Time*
ich werde schulden	würde schulden	werde schulden
du wirst schulden	würdest schulden	werdest schulden
er wird schulden	würde schulden	werde schulden
wir werden schulden	würden schulden	werden schulden
ihr werdet schulden	würdet schulden	werdet schulden
sie werden schulden	würden schulden	werden schulden
Future Perfect	*Future Perfect Time*	*Future Perfect Time*
ich werde geschuldet haben	würde geschuldet haben	werde geschuldet haben
du wirst geschuldet haben	würdest geschuldet haben	werdest geschuldet haben
er wird geschuldet haben	würde geschuldet haben	werde geschuldet haben
wir werden geschuldet haben	würden geschuldet haben	werden geschuldet haben
ihr werdet geschuldet haben	würdet geschuldet haben	werdet geschuldet haben
sie werden geschuldet haben	würden geschuldet haben	werden geschuldet haben

Inseparable
verschulden, verschuldete, verschuldet

schweigen

schweigen: to be silent

Princ. Parts: schweigen, schwieg, geschwiegen
Imperative: schweig(e)!, schweigt!, schweigen Sie!

INDICATIVE	SUBJUNCTIVE (II)	INDIR. DISC. SUBJ. (I)
Present	*Present Time*	*Present Time*
ich schweige	schwiege	schweige
du schweigst	schwiegest	schweigest
er schweigt	schwiege	schweige
wir schweigen	schwiegen	schweigen
ihr schweigt	schwieget	schweiget
sie schweigen	schwiegen	schweigen
Past	*Past Time*	*Past Time*
ich schwieg	hätte geschwiegen	habe geschwiegen
du schwiegst	hättest geschwiegen	habest geschwiegen
er schwieg	hätte geschwiegen	habe geschwiegen
wir schwiegen	hätten geschwiegen	haben geschwiegen
ihr schwiegt	hättet geschwiegen	habet geschwiegen
sie schwiegen	hätten geschwiegen	haben geschwiegen

Perfect
ich habe geschwiegen
du hast geschwiegen
er hat geschwiegen
wir haben geschwiegen
ihr habt geschwiegen
sie haben geschwiegen

Pluperfect
ich hatte geschwiegen
du hattest geschwiegen
er hatte geschwiegen
wir hatten geschwiegen
ihr hattet geschwiegen
sie hatten geschwiegen

Future	*Future Time*	*Future Time*
ich werde schweigen	würde schweigen	werde schweigen
du wirst schweigen	würdest schweigen	werdest schweigen
er wird schweigen	würde schweigen	werde schweigen
wir werden schweigen	würden schweigen	werden schweigen
ihr werdet schweigen	würdet schweigen	werdet schweigen
sie werden schweigen	würden schweigen	werden schweigen
Future Perfect	*Future Perfect Time*	*Future Perfect Time*
ich werde geschwiegen haben	würde geschwiegen haben	werde geschwiegen haben
du wirst geschwiegen haben	würdest geschwiegen haben	werdest geschwiegen haben
er wird geschwiegen haben	würde geschwiegen haben	werde geschwiegen haben
wir werden geschwiegen haben	würden geschwiegen haben	werden geschwiegen haben
ihr werdet geschwiegen haben	würdet geschwiegen haben	werdet geschwiegen haben
sie werden geschwiegen haben	würden geschwiegen haben	werden geschwiegen haben

Separable
stillschweigen, schwieg...still,
stillgeschwiegen

Inseparable
verschweigen, verschwieg, verschwiegen

174

schwimmen

schwimmen: to swim

Princ. Parts: schwimmen, schwamm, ist geschwommen*
Imperative: schwimm(e)!, schwimmt!, schwimmen Sie!

INDICATIVE	SUBJUNCTIVE (II)		INDIR. DISC. SUBJ. (I)
Present	*Present Time*		*Present Time*
ich schwimme	schwömme	schwämme	schwimme
du schwimmst	schwömm(e)st	schwämm(e)st	schwimmest
er schwimmt	schwömme	schwämme	schwimme
wir schwimmen	schwömmen	schwämmen	schwimmen
ihr schwimmt	schwömm(e)t	schwämm(e)t	schwimmet
sie schwimmen	schwömmen	schwämmen	schwimmen
Past	*Past Time*		*Past Time*
ich schwamm	wäre geschwommen		sei geschwommen
du schwammst	wärest geschwommen		seiest geschwommen
er schwamm	wäre geschwommen		sei geschwommen
wir schwammen	wären geschwommen		seien geschwommen
ihr schwammt	wäret geschwommen		seiet geschwommen
sie schwammen	wären geschwommen		seien geschwommen
Perfect			
ich bin geschwommen			
du bist geschwommen			
er ist geschwommen			
wir sind geschwommen			
ihr seid geschwommen			
sie sind geschwommen			
Pluperfect			
ich war geschwommen			
du warst geschwommen			
er war geschwommen			
wir waren geschwommen			
ihr wart geschwommen			
sie waren geschwommen			
Future	*Future Time*		*Future Time*
ich werde schwimmen	würde schwimmen		werde schwimmen
du wirst schwimmen	würdest schwimmen		werdest schwimmen
er wird schwimmen	würde schwimmen		werde schwimmen
wir werden schwimmen	würden schwimmen		werden schwimmen
ihr werdet schwimmen	würdet schwimmen		werdet schwimmen
sie werden schwimmen	würden schwimmen		werden schwimmen
Future Perfect	*Future Perfect Time*		*Future Perfect Time*
ich werde geschwommen sein	würde geschwommen sein		werde geschwommen sein
du wirst geschwommen sein	würdest geschwommen sein		werdest geschwommen sein
er wird geschwommen sein	würde geschwommen sein		werde geschwommen sein
wir werden geschwommen sein	würden geschwommen sein		werden geschwommen sein
ihr werdet geschwommen sein	würdet geschwommen sein		werdet geschwommen sein
sie werden geschwommen sein	würden geschwommen sein		werden geschwommen sein

* Use of *haben* or *sein* with *schwimmen* depends on the speaker's/writer's point-of-view. *Haben* is used to emphasize the activity, *sein* to emphasize the locomotion or change in location. Usage of *sein* is increasing.

sehen

sehen: to see

Princ. Parts: sehen, sah, gesehen
Imperative: sieh!, seht!, sehen Sie!*

INDICATIVE	SUBJUNCTIVE (II)	INDIR. DISC. SUBJ. (I)
Present	*Present Time*	*Present Time*
ich sehe	sähe	sehe
du *siehst*	säh(e)st	sehest
er *sieht*	sähe	sehe
wir sehen	sähen	sehen
ihr seht	säh(e)t	sehet
sie sehen	sähen	sehen
Past	*Past Time*	*Past Time*
ich sah	hätte gesehen	habe gesehen
du sahst	hättest gesehen	habest gesehen
er sah	hätte gesehen	habe gesehen
wir sahen	hätten gesehen	haben gesehen
ihr saht	hättet gesehen	habet gesehen
sie sahen	hätten gesehen	haben gesehen
Perfect		
ich habe gesehen		
du hast gesehen		
er hat gesehen		
wir haben gesehen		
ihr habt gesehen		
sie haben gesehen		
Pluperfect		
ich hatte gesehen		
du hattest gesehen		
er hatte gesehen		
wir hatten gesehen		
ihr hattet gesehen		
sie hatten gesehen		
Future	*Future Time*	*Future Time*
ich werde sehen	würde sehen	werde sehen
du wirst sehen	würdest sehen	werdest sehen
er wird sehen	würde sehen	werde sehen
wir werden sehen	würden sehen	werden sehen
ihr werdet sehen	würdet sehen	werdet sehen
sie werden sehen	würden sehen	werden sehen
Future Perfect	*Future Perfect Time*	*Future Perfect Time*
ich werde gesehen haben	würde gesehen haben	werde gesehen haben
du wirst gesehen haben	würdest gesehen haben	werdest gesehen haben
er wird gesehen haben	würde gesehen haben	werde gesehen haben
wir werden gesehen haben	würden gesehen haben	werden gesehen haben
ihr werdet gesehen haben	würdet gesehen haben	werdet gesehen haben
sie werden gesehen haben	würden gesehen haben	werden gesehen haben

* Another form of the imperative, *siehe,* is used by authors to refer the reader to other works.

Separable
absehen, sah...ab, abgesehen
aussehen, sah...aus, ausgesehen
einsehen, sah...ein, eingesehen
fernsehen, sah...fern, ferngesehen
nachsehen, sah...nach, nachgesehen
vorsehen, sah...vor, vorgesehen

umsehen, sah...um, umgesehen
wiedersehen, sah...wieder, wiedergesehen
zusehen, sah...zu, zugesehen

Inseparable
übersehen, übersah, übersehen
versehen, versah, versehen

176

senden: to send

Princ. Parts: senden, sandte, gesandt*
Imperative: sende!, sendet!, senden Sie!

INDICATIVE	SUBJUNCTIVE (II)	INDIR. DISC. SUBJ. (I)
Present	*Present Time*	*Present Time*
ich sende	sendete	sende
du sendest	sendetest	sendest
er sendet	sendete	sende
wir senden	sendeten	senden
ihr sendet	sendetet	sendet
sie senden	sendeten	senden
Past	*Past Time*	*Past Time*
ich sandte	hätte gesandt	habe gesandt
du sandtest	hättest gesandt	habest gesandt
er sandte	hätte gesandt	habe gesandt
wir sandten	hätten gesandt	haben gesandt
ihr sandtet	hättet gesandt	habet gesandt
sie sandten	hätten gesandt	haben gesandt
Perfect		
ich habe gesandt		
du hast gesandt		
er hat gesandt		
wir haben gesandt		
ihr habt gesandt		
sie haben gesandt		
Pluperfect		
ich hatte gesandt		
du hattest gesandt		
er hatte gesandt		
wir hatten gesandt		
ihr hattet gesandt		
sie hatten gesandt		
Future	*Future Time*	*Future Time*
ich werde senden	würde senden	werde senden
du wirst senden	würdest senden	werdest senden
er wird senden	würde senden	werde senden
wir werden senden	würden senden	werden senden
ihr werdet senden	würdet senden	werdet senden
sie werden senden	würden senden	werden senden
Future Perfect	*Future Perfect Time*	*Future Perfect Time*
ich werde gesandt haben	würde gesandt haben	werde gesandt haben
du wirst gesandt haben	würdest gesandt haben	werdest gesandt haben
er wird gesandt haben	würde gesandt haben	werde gesandt haben
wir werden gesandt haben	würden gesandt haben	werden gesandt haben
ihr werdet gesandt haben	würdet gesandt haben	werdet gesandt haben
sie werden gesandt haben	würden gesandt haben	werden gesandt haben

* *Senden* meaning "to broadcast, telecast" is regular: *senden, sendete, gesendet.*

Separable
absenden, sandte...ab, abgesandt
einsenden, sandte...ein, eingesandt
nachsenden, sandte...nach, nachgesandt
zurücksenden, sandte...zurück,
  zurückgesandt

Inseparable
entsenden, entsandte, entsandt
übersenden, übersandte, übersandt
versenden, versandte, versandt

setzen

setzen: to set, put, place

Princ. Parts: setzen, setzte, gesetzt
Imperative: setze!, setzt!, setzen Sie!

INDICATIVE	SUBJUNCTIVE (II)	INDIR. DISC. SUBJ. (I)
Present	*Present Time*	*Present Time*
ich setze	setzte	setze
du setzt	setztest	setzest
er setzt	setzte	setze
wir setzen	setzten	setzen
ihr setzt	setztet	setzet
sie setzen	setzten	setzen
Past	*Past Time*	*Past Time*
ich setzte	hätte gesetzt	habe gesetzt
du setztest	hättest gesetzt	habest gesetzt
er setzte	hätte gesetzt	habe gesetzt
wir setzten	hätten gesetzt	haben gesetzt
ihr setztet	hättet gesetzt	habet gesetzt
sie setzten	hätten gesetzt	haben gesetzt
Perfect		
ich habe gesetzt		
du hast gesetzt		
er hat gesetzt		
wir haben gesetzt		
ihr habt gesetzt		
sie haben gesetzt		
Pluperfect		
ich hatte gesetzt		
du hattest gesetzt		
er hatte gesetzt		
wir hatten gesetzt		
ihr hattet gesetzt		
sie hatten gesetzt		
Future	*Future Time*	*Future Time*
ich werde setzen	würde setzen	werde setzen
du wirst setzen	würdest setzen	werdest setzen
er wird setzen	würde setzen	werde setzen
wir werden setzen	würden setzen	werden setzen
ihr werdet setzen	würdet setzen	werdet setzen
sie werden setzen	würden setzen	werden setzen
Future Perfect	*Future Perfect Time*	*Future Perfect Time*
ich werde gesetzt haben	würde gesetzt haben	werde gesetzt haben
du wirst gesetzt haben	würdest gesetzt haben	werdest gesetzt haben
er wird gesetzt haben	würde gesetzt haben	werde gesetzt haben
wir werden gesetzt haben	würden gesetzt haben	werden gesetzt haben
ihr werdet gesetzt haben	würdet gesetzt haben	werdet gesetzt haben
sie werden gesetzt haben	würden gesetzt haben	werden gesetzt haben

Separable
auseinandersetzen, setzte...auseinander, auseinandergesetzt
aufsetzen, setzte...auf, aufgesetzt
beisetzen, setzte...bei, beigesetzt
durchsetzen, setzte...durch, durchgesetzt
einsetzen, setzte...ein, eingesetzt
hinsetzen, setzte...hin, hingesetzt
voraussetzen, setzte...voraus, vorausgesetzt

zusammensetzen, setzte...zusammen, zusammengesetzt

Inseparable
besetzen, besetzte, besetzt
ersetzen, ersetzte, ersetzt
übersetzen, übersetzte, übersetzt
versetzten, versetzte, versetzt

sitzen: to sit

INDICATIVE	SUBJUNCTIVE (II)	INDIR. DISC. SUBJ. (I)
Present	*Present Time*	*Present Time*
ich sitze	säße	sitze
du sitzt	säßest	sitzest
er sitzt	säße	sitze
wir sitzen	säßen	sitzen
ihr sitzt	säßet	sitzet
sie sitzen	säßen	sitzen
Past	*Past Time*	*Past Time*
ich saß	hätte gesessen	habe gesessen
du saßest	hättest gesessen	habest gesessen
er saß	hätte gesessen	habe gesessen
wir saßen	hätten gesessen	haben gesessen
ihr saßt	hättet gesessen	habet gesessen
sie saßen	hätten gesessen	haben gesessen

Perfect
ich habe gesessen
du hast gesessen
er hat gesessen
wir haben gesessen
ihr habt gesessen
sie haben gesessen

Pluperfect
ich hatte gesessen
du hattest gesessen
er hatte gesessen
wir hatten gesessen
ihr hattet gesessen
sie hatten gesessen

Future	*Future Time*	*Future Time*
ich werde sitzen	würde sitzen	werde sitzen
du wirst sitzen	würdest sitzen	werdest sitzen
er wird sitzen	würde sitzen	werde sitzen
wir werden sitzen	würden sitzen	werden sitzen
ihr werdet sitzen	würdet sitzen	werdet sitzen
sie werden sitzen	würden sitzen	werden sitzen
Future Perfect	*Future Perfect Time*	*Future Perfect Time*
ich werde gesessen haben	würde gesessen haben	werde gesessen haben
du wirst gesessen haben	würdest gesessen haben	werdest gesessen haben
er wird gesessen haben	würde gesessen haben	werde gesessen haben
wir werden gesessen haben	würden gesessen haben	werden gesessen haben
ihr werdet gesessen haben	würdet gesessen haben	werdet gesessen haben
sie werden gesessen haben	würden gesessen haben	werden gesessen haben

Separable
aufsitzen, saß...auf, aufgesessen
festsitzen, saß...fest, festgesessen

Inseparable
besitzen, besaß, besessen

sorgen

sorgen: to care for, attend to; to worry

Princ. Parts: sorgen, sorgte, gesorgt
Imperative: sorge!, sorgt!, sorgen Sie!

INDICATIVE	SUBJUNCTIVE (II)	INDIR. DISC. SUBJ. (I)
Present	*Present Time*	*Present Time*
ich sorge	sorge	sorge
du sorgst	sorgtest	sorgest
er sorgt	sorgte	sorge
wir sorgen	sorgten	sorgen
ihr sorgt	sorgtet	sorget
sie sorgen	sorgten	sorgen
Past	*Past Time*	*Past Time*
ich sorgte	hätte gesorgt	habe gesorgt
du sorgest	hättest gesorgt	habest gesorgt
er sorgte	hätte gesorgt	habe gesorgt
wir sorgten	hätten gesorgt	haben gesorgt
ihr sorgtet	hättet gesorgt	habet gesorgt
sie sorgten	hätten gesorgt	haben gesorgt
Perfect		
ich habe gesorgt		
du hast gesorgt		
er hat gesorgt		
wir haben gesorgt		
ihr habt gesorgt		
sie haben gesorgt		
Pluperfect		
ich hatte gesorgt		
du hattest gesorgt		
er hatte gesorgt		
wir hatten gesorgt		
ihr hattet gesorgt		
sie hatten gesorgt		
Future	*Future Time*	*Future Time*
ich werde sorgen	würde sorgen	werde sorgen
du wirst sorgen	würdest sorgen	werdest sorgen
er wird sorgen	würde sorgen	werde sorgen
wir werden sorgen	würden sorgen	werden sorgen
ihr werdet sorgen	würdet sorgen	werdet sorgen
sie werden sorgen	würden sorgen	werden sorgen
Future Perfect	*Future Perfect Time*	*Future Perfect Time*
ich werde gesorgt haben	würde gesorgt haben	werde gesorgt haben
du wirst gesorgt haben	würdest gesorgt haben	werdest gesorgt haben
er wird gesorgt haben	würde gesorgt haben	werde gesorgt haben
wir werden gesorgt haben	würden gesorgt haben	werden gesorgt haben
ihr werdet gesorgt haben	würdet gesorgt haben	werdet gesorgt haben
sie werden gesorgt haben	würden gesorgt haben	werden gesorgt haben

Separable
vorsorgen, sorgte...vor, vorgesorgt

Inseparable
besorgen, besorgte, besorgt
versorgen, versorgte, versorgt

sparen: to save; to economize

INDICATIVE	SUBJUNCTIVE (II)	INDIR. DISC. SUBJ. (I)
Present	*Present Time*	*Present Time*
ich spare	sparte	spare
du sparst	spartest	sparest
er spart	sparte	spare
wir sparen	sparten	sparen
ihr spart	spartet	sparet
sie sparen	sparten	sparen
Past	*Past Time*	*Past Time*
ich sparte	hätte gespart	habe gespart
du spartest	hättest gespart	habest gespart
er sparte	hätte gespart	habe gespart
wir sparten	hätten gespart	haben gespart
ihr spartet	hättet gespart	habet gespart
sie sparten	hätten gespart	haben gespart
Perfect		
ich habe gespart		
du hast gespart		
er hat gespart		
wir haben gespart		
ihr habt gespart		
sie haben gespart		
Pluperfect		
ich hatte gespart		
du hattest gespart		
er hatte gespart		
wir hatten gespart		
ihr hattet gespart		
sie hatten gespart		
Future	*Future Time*	*Future Time*
ich werde sparen	würde sparen	werde sparen
du wirst sparen	würdest sparen	werdest sparen
er wird sparen	würde sparen	werde sparen
wir werden sparen	würden sparen	werden sparen
ihr werdet sparen	würdet sparen	werdet sparen
sie werden sparen	würden sparen	werden sparen
Future Perfect	*Future Perfect Time*	*Future Perfect Time*
ich werde gespart haben	würde gespart haben	werde gespart haben
du wirst gespart haben	würdest gespart haben	werdest gespart haben
er wird gespart haben	würde gespart haben	werde gespart haben
wir werden gespart haben	würden gespart haben	werden gespart haben
ihr werdet gespart haben	würdet gespart haben	werdet gespart haben
sie werden gespart haben	würden gespart haben	werden gespart haben

Separable
aufsparen, sparte...auf, aufgespart

Inseparable
ersparen, ersparte, erspart

spielen

spielen: to play

Princ. Parts: spielen, spielte, gespielt
Imperative: spiel(e)!, spielt!, spielen Sie!

INDICATIVE	SUBJUNCTIVE (II)	INDIR. DISC. SUBJ. (I)
Present	*Present Time*	*Present Time*
ich spiele	spielte	spiele
du spielst	spieltest	spielest
er spielt	spielte	spiele
wir spielen	spielten	spielen
ihr spielt	spieltet	spielet
sie spielen	spielten	spielen
Past	*Past Time*	*Past Time*
ich spielte	hätte gespielt	habe gespielt
du spieltest	hättest gespielt	habest gespielt
er spielte	hätte gespielt	habe gespielt
wir spielten	hätten gespielt	haben gespielt
ihr spieltet	hättet gespielt	habet gespielt
sie spielten	hätten gespielt	haben gespielt
Perfect		
ich habe gespielt		
du hast gespielt		
er hat gespielt		
wir haben gespielt		
ihr habt gespielt		
sie haben gespielt		
Pluperfect		
ich hatte gespielt		
du hattest gespielt		
er hatte gespielt		
wir hatten gespielt		
ihr hattet gespielt		
sie hatten gespielt		
Future	*Future Time*	*Future Time*
ich werde spielen	würde spielen	werde spielen
du wirst spielen	würdest spielen	werdest spielen
er wird spielen	würde spielen	werde spielen
wir werden spielen	würden spielen	werden spielen
ihr werdet spielen	würdet spielen	werdet spielen
sie werden spielen	würden spielen	werden spielen
Future Perfect	*Future Perfect Time*	*Future Perfect Time*
ich werde gespielt haben	würde gespielt haben	werde gespielt haben
du wirst gespielt haben	würdest gespielt haben	werdest gespielt haben
er wird gespielt haben	würde gespielt haben	werde gespielt haben
wir werden gespielt haben	würden gespielt haben	werden gespielt haben
ihr werdet gespielt haben	würdet gespielt haben	werdet gespielt haben
sie werden gespielt haben	würden gespielt haben	werden gespielt haben

Separable
abspielen, spielte...ab, abgespielt
anspielen, spielte...an, angespielt
mitspielen, spielte...mit, mitgespielt

Inseparable
verspielen, verspielte, verspielt

sprechen

sprechen: to speak, talk

Princ. Parts: sprechen, sprach, gesprochen
Imperative: sprich!, spricht!, sprechen Sie!

INDICATIVE	SUBJUNCTIVE (II)	INDIR. DISC. SUBJ. (I)
Present	*Present Time*	*Present Time*
ich spreche	spräche	spreche
du *sprichst*	spräch(e)st	sprechest
er *spricht*	spräche	spreche
wir sprechen	sprächen	sprechen
ihr sprecht	spräch(e)t	sprechet
sie sprechen	sprächen	sprechen
Past	*Past Time*	*Past Time*
ich sprach	hätte gesprochen	habe gesprochen
du sprachst	hättest gesprochen	habest gesprochen
er sprach	hätte gesprochen	habe gesprochen
wir sprachen	hätten gesprochen	haben gesprochen
ihr spracht	hättet gesprochen	habet gesprochen
sie sprachen	hätten gesprochen	haben gesprochen
Perfect		
ich habe gesprochen		
du hast gesprochen		
er hat gesprochen		
wir haben gesprochen		
ihr habt gesprochen		
sie haben gesprochen		
Pluperfect		
ich hatte gesprochen		
du hattest gesprochen		
er hatte gesprochen		
wir hatten gesprochen		
ihr hattet gesprochen		
sie hatten gesprochen		
Future	*Future Time*	*Future Time*
ich werde sprechen	würde sprechen	werde sprechen
du wirst sprechen	würdest sprechen	werdest sprechen
er wird sprechen	würde sprechen	werde sprechen
wir werden sprechen	würden sprechen	werden sprechen
ihr werdet sprechen	würdet sprechen	werdet sprechen
sie werden sprechen	würden sprechen	werden sprechen
Future Perfect	*Future Perfect Time*	*Future Perfect Time*
ich werde gesprochen haben	würde gesprochen haben	werde gesprochen haben
du wirst gesprochen haben	würdest gesprochen haben	werdest gesprochen haben
er wird gesprochen haben	würde gesprochen haben	werde gesprochen haben
wir werden gesprochen haben	würden gesprochen haben	werden gesprochen haben
ihr werdet gesprochen haben	würdet gesprochen haben	werdet gesprochen haben
sie werden gesprochen haben	würden gesprochen haben	werden gesprochen haben

Separable
absprechen, sprach...ab, abgesprochen
ansprechen, sprach...an, angesprochen
aussprechen, sprach...aus, ausgesprochen
durchsprechen, sprach...durch, durchgesprochen
herumsprechen, sprach...herum, herumgesprochen

mitsprechen, sprach...mit, mitgesprochen
vorsprechen, sprach...vor, vorgesprochen

Inseparable
besprechen, besprach, besprochen
entsprechen, entsprach, entsprochen
versprechen, versprach, versprochen
widersprechen, widersprach, widersprochen

springen

springen: to jump, leap; bounce

Princ. Parts: springen, sprang, ist gesprungen
Imperative: spring(e)!, springt!, springen Sie!

INDICATIVE	SUBJUNCTIVE (II)	INDIR. DISC. SUBJ. (I)
Present	*Present Time*	*Present Time*
ich springe	spränge	springe
du springst	spräng(e)st	springest
er springt	spränge	springe
wir springen	sprängen	springen
ihr springt	spräng(e)t	springet
sie springen	sprängen	springen
Past	*Past Time*	*Past Time*
ich sprang	wäre gesprungen	sei gesprungen
du sprangst	wärest gesprungen	seiest gesprungen
er sprang	wäre gesprungen	sei gesprungen
wir sprangen	wären gesprungen	seien gesprungen
ihr sprangt	wäret gesprungen	seiet gesprungen
sie sprangen	wären gesprungen	seien gesprungen
Perfect		
ich bin gesprungen		
du bist gesprungen		
er ist gesprungen		
wir sind gesprungen		
ihr seid gesprungen		
sie sind gesprungen		
Pluperfect		
ich war gesprungen		
du warst gesprungen		
er war gesprungen		
wir waren gesprungen		
ihr wart gesprungen		
sie waren gesprungen		
Future	*Future Time*	*Future Time*
ich werde springen	würde springen	werde springen
du wirst springen	würdest springen	werdest springen
er wird springen	würde springen	werde springen
wir werden springen	würden springen	werden springen
ihr werdet springen	würdet springen	werdet springen
sie werden springen	würden springen	werden springen
Future Perfect	*Future Perfect Time*	*Future Perfect Time*
ich werde gesprungen sein	würde gesprungen sein	werde gesprungen sein
du wirst gesprungen sein	würdest gesprungen sein	werdest gesprungen sein
er wird gesprungen sein	würde gesprungen sein	werde gesprungen sein
wir werden gesprungen sein	würden gesprungen sein	werden gesprungen sein
ihr werdet gesprungen sein	würdet gesprungen sein	werdet gesprungen sein
sie werden gesprungen sein	würden gesprungen sein	werden gesprungen sein

Separable
abspringen, sprang...ab, abgesprungen
anspringen, sprang...an, angesprungen
aufspringen, sprang...auf, aufgesprungen
einspringen, sprang...ein, eingesprungen
zuspringen, sprang...zu, zugesprungen

184

stammen: to come from, stem from
   originate from

Princ. Parts: stammen, stammte, gestammt
Imperative: stamm(e)!, stammt!, stammen Sie!

INDICATIVE	SUBJUNCTIVE (II)	INDIR. DISC. SUBJ. (I)
Present	*Present Time*	*Present Time*
ich stamme	stammte	stamme
du stammst	stammtest	stammest
er stammt	stammte	stamme
wir stammen	stammten	stammen
ihr stammt	stammtet	stammet
sie stammen	stammten	stammen
Past	*Past Time*	*Past Time*
ich stammte	hätte gestammt	habe gestammt
du stammtest	hättest gestammt	habest gestammt
er stammte	hätte gestammt	habe gestammt
wir stammten	hätten gestammt	haben gestammt
ihr stammtet	hättet gestammt	habet gestammt
sie stammten	hätten gestammt	haben gestammt
Perfect		
ich habe gestammt		
du hast gestammt		
er hat gestammt		
wir haben gestammt		
ihr habt gestammt		
sie haben gestammt		
Pluperfect		
ich hatte gestammt		
du hattest gestammt		
er hatte gestammt		
wir hatten gestammt		
ihr hattet gestammt		
sie hatten gestammt		
Future	*Future Time*	*Future Time*
ich werde stammen	würde stammen	werde stammen
du wirst stammen	würdest stammen	werdest stammen
er wird stammen	würde stammen	werde stammen
wir werden stammen	würden stammen	werden stammen
ihr werdet stammen	würdet stammen	werdet stammen
sie werden stammen	würden stammen	werden stammen
Future Perfect	*Future Perfect Time*	*Future Perfect Time*
ich werde gestammt haben	würde gestammt haben	werde gestammt haben
du wirst gestammt haben	würdest gestammt haben	werdest gestammt haben
er wird gestammt haben	würde gestammt haben	werde gestammt haben
wir werden gestammt haben	würden gestammt haben	werden gestammt haben
ihr werdet gestammt haben	würdet gestammt haben	werdet gestammt haben
sie werden gestammt haben	würden gestammt haben	werden gestammt haben

Separable
abstammen, stammte...ab, abgestammt
herstammen, stammte...her, hergestammt

Inseparable
entstammen, entstammte, entstammt

185

staunen

staunen: to be astonished

Princ. Parts: staunen, staunte, gestaunt
Imperative: staun(e)!, staunt!, staunen Sie!

INDICATIVE	SUBJUNCTIVE (II)	INDIR. DISC. SUBJ. (I)
Present	*Present Time*	*Present Time*
ich staune	staune	staune
du staunst	stauntest	staunest
er staunt	staunte	staune
wir staunen	staunten	staunen
ihr staunt	stauntet	staunet
sie staunen	staunten	staunen
Past	*Past Time*	*Past Time*
ich staunte	hätte gestaunt	habe gestaunt
du stauntest	hättest gestaunt	habest gestaunt
er staunte	hätte gestaunt	habe gestaunt
wir staunten	hätten gestaunt	haben gestaunt
ihr stauntet	hättet gestaunt	habet gestaunt
sie staunten	hätten gestaunt	haben gestaunt

Perfect
ich habe gestaunt
du hast gestaunt
er hat gestaunt
wir haben gestaunt
ihr habt gestaunt
sie haben gestaunt

Pluperfect
ich hatte gestaunt
du hattest gestaunt
er hatte gestaunt
wir hatten gestaunt
ihr hattet gestaunt
sie hatten gestaunt

Future	*Future Time*	*Future Time*
ich werde staunen	würde staunen	werde staunen
du wirst staunen	würdest staunen	werdest staunen
er wird staunen	würde staunen	werde staunen
wir werden staunen	würden staunen	werden staunen
ihr werdet staunen	würdet staunen	werdet staunen
sie werden staunen	würden staunen	werden staunen
Future Perfect	*Future Perfect Time*	*Future Perfect Time*
ich werde gestaunt haben	würde gestaunt haben	werde gestaunt haben
du wirst gestaunt haben	würdest gestaunt haben	werdest gestaunt haben
er wird gestaunt haben	würde gestaunt haben	werde gestaunt haben
wir werden gestaunt haben	würden gestaunt haben	werden gestaunt haben
ihr werdet gestaunt haben	würdet gestaunt haben	werdet gestaunt haben
sie werden gestaunt haben	würden gestaunt haben	werden gestaunt haben

Separable
anstaunen, staunte...an, angestaunt

Inseparable
erstaunen, erstaunte, erstaunt

stehen: to stand; to be

Princ. Parts: stehen, stand, gestanden
Imperative: steh(e)!, steht!, stehen Sie!

INDICATIVE	SUBJUNCTIVE (II)		INDIR. DISC. SUBJ. (I)
Present	*Present Time*		*Present Time*
ich stehe	stünde	stände	stehe
du stehst	stündest	ständest	stehest
er steht	stünde	stände	stehe
wir stehen	stünden *or*	ständen	stehen
ihr steht	stündet	ständet	stehet
sie stehen	stünden	ständen	stehen
Past	*Past Time*		*Past Time*
ich stand	hätte gestanden		habe gestanden
du standest	hättest gestanden		habest gestanden
er stand	hätte gestanden		habe gestanden
wir standen	hätten gestanden		haben gestanden
ihr standet	hättet gestanden		habet gestanden
sie standen	hätten gestanden		haben gestanden

Perfect
ich habe gestanden
du hast gestanden
er hat gestanden
wir haben gestanden
ihr habt gestanden
sie haben gestanden

Pluperfect
ich hatte gestanden
du hattest gestanden
er hatte gestanden
wir hatten gestanden
ihr hattet gestanden
sie hatten gestanden

Future	*Future Time*	*Future Time*
ich werde stehen	würde stehen	werde stehen
du wirst stehen	würdest stehen	werdest stehen
er wird stehen	würde stehen	werde stehen
wir werden stehen	würden stehen	werden stehen
ihr werdet stehen	würdet stehen	werdet stehen
sie werden stehen	würden stehen	werden stehen
Future Perfect	*Future Perfect Time*	*Future Perfect Time*
ich werde gestanden haben	würde gestanden haben	werde gestanden haben
du wirst gestanden haben	würdest gestanden haben	werdest gestanden haben
er wird gestanden haben	würde gestanden haben	werde gestanden haben
wir werden gestanden haben	würden gestanden haben	werden gestanden haben
ihr werdet gestanden haben	würdet gestanden haben	werdet gestanden haben
sie werden gestanden haben	würden gestanden haben	werden gestanden haben

Separable
aufstehen, stand...auf, aufgestanden
ausstehen, stand...aus, ausgestanden
beistehen, stand...bei, beigestanden
feststehen, stand...fest, festgestanden

Inseparable
bestehen, bestand, bestanden
entstehen, entstand, entstanden
gestehen, gestand, gestanden
verstehen, verstand, verstanden
widerstehen, widerstand, widerstanden

steigen

steigen: to climb; go up, rise

Princ. Parts: steigen, stieg, ist gestiegen
Imperative: steig(e)!, steigt!, steigen Sie!

INDICATIVE	SUBJUNCTIVE (II)	INDIR. DISC. SUBJ. (I)
Present	*Present Time*	*Present Time*
ich steige	stiege	steige
du steigst	stiegest	steigest
er steigt	stiege	steige
wir steigen	stiegen	steigen
ihr steigt	stieget	steiget
sie steigen	stiegen	steigen
Past	*Past Time*	*Past Time*
ich stieg	wäre gestiegen	sei gestiegen
du stiegst	wärest gestiegen	seiest gestiegen
er stieg	wäre gestiegen	sei gestiegen
wir stiegen	wären gestiegen	seien gestiegen
ihr stiegt	wäret gestiegen	seiet gestiegen
sie stiegen	wären gestiegen	seien gestiegen
Perfect		
ich bin gestiegen		
du bist gestiegen		
er ist gestiegen		
wir sind gestiegen		
ihr seid gestiegen		
sie sind gestiegen		
Pluperfect		
ich war gestiegen		
du warst gestiegen		
er war gestiegen		
wir waren gestiegen		
ihr wart gestiegen		
sie waren gestiegen		
Future	*Future Time*	*Future Time*
ich werde steigen	würde steigen	werde steigen
du wirst steigen	würdest steigen	werdest steigen
er wird steigen	würde steigen	werde steigen
wir werden steigen	würden steigen	werden steigen
ihr werdet steigen	würdet steigen	werdet steigen
sie werden steigen	würden steigen	werden steigen
Future Perfect	*Future Perfect Time*	*Future Perfect Time*
ich werde gestiegen sein	würde gestiegen sein	werde gestiegen sein
du wirst gestiegen sein	würdest gestiegen sein	werdest gestiegen sein
er wird gestiegen sein	würde gestiegen sein	werde gestiegen sein
wir werden gestiegen sein	würden gestiegen sein	werden gestiegen sein
ihr werdet gestiegen sein	würdet gestiegen sein	werdet gestiegen sein
sie werden gestiegen sein	würden gestiegen sein	werden gestiegen sein

Separable
absteigen, stieg...ab, abgestiegen
ansteigen, stieg...an, angestiegen
aufsteigen, stieg...auf, aufgestiegen
aussteigen, stieg...aus, ausgestiegen
einsteigen, stieg...ein, eingestiegen
heraufsteigen, stieg...herauf, heraufgestiegen
umsteigen, stieg...um, umgestiegen

Inseparable
besteigen, bestieg, bestiegen

steigern: to raise, augment, intensify

Princ. Parts: steigern, steigerte, gesteigert
Imperative: steig(e)re!, steigert!, steigern Sie!

INDICATIVE	SUBJUNCTIVE (II)	INDIR. DISC. SUBJ. (I)
Present	*Present Time*	*Present Time*
ich steigere*	steigerte	steigere*
du steigerst	steigertest	steigerst
er steigert	steigerte	steigere*
wir steigern	steigerten	steigern
ihr steigert	steigertet	steigert
sie steigern	steigerten	steigern
Past	*Past Time*	*Past Time*
ich steigerte	hätte gesteigert	habe gesteigert
du steigertest	hättest gesteigert	habest gesteigert
er steigerte	hätte gesteigert	habe gesteigert
wir steigerten	hätten gesteigert	haben gesteigert
ihr steigertet	hättet gesteigert	habet gesteigert
sie steigerten	hätten gesteigert	haben gesteigert
Perfect		
ich habe gesteigert		
du hast gesteigert		
er hat gesteigert		
wir haben gesteigert		
ihr habt gesteigert		
sie haben gesteigert		
Pluperfect		
ich hatte gesteigert		
du hattest gesteigert		
er hatte gesteigert		
wir hatten gesteigert		
ihr hattet gesteigert		
sie hatten gesteigert		
Future	*Future Time*	*Future Time*
ich werde steigern	würde steigern	werde steigern
du wirst steigern	würdest steigern	werdest steigern
er wird steigern	würde steigern	werde steigern
wir werden steigern	würden steigern	werden steigern
ihr werdet steigern	würdet steigern	werdet steigern
sie werden steigern	würden steigern	werden steigern
Future Perfect	*Future Perfect Time*	*Future Perfect Time*
ich werde gesteigert haben	würde gesteigert haben	werde gesteigert haben
du wirst gesteigert haben	würdest gesteigert haben	werdest gesteigert haben
er wird gesteigert haben	würde gesteigert haben	werde gesteigert haben
wir werden gesteigert haben	würden gesteigert haben	werden gesteigert haben
ihr werdet gesteigert haben	würdet gesteigert haben	werdet gesteigert haben
sie werden gesteigert haben	würden gesteigert haben	werden gesteigert haben

Inseparable
versteigern, versteigerte, versteigert

stellen

Princ. Parts: stellen, stellte, gestellt
Imperative: stell(e)!, stellt!, stellen Sie!

INDICATIVE	SUBJUNCTIVE (II)	INDIR. DISC. SUBJ. (I)
Present	*Present Time*	*Present Time*
ich stelle	stellte	stelle
du stellst	stelltest	stellest
er stellt	stellte	stelle
wir stellen	stellten	stellen
ihr stellt	stelltet	stellet
sie stellen	stellten	stellen
Past	*Past Time*	*Past Time*
ich ste'lte	hätte gestellt	habe gestellt
du stelltest	hättest gestellt	habest gestellt
er stellte	hätte gestellt	habe gestellt
wir stellten	hätten gestellt	haben gestellt
ihr stelltet	hättet gestellt	habet gestellt
sie stellten	hätten gestellt	haben gestellt
Perfect		
ich habe gestellt		
du hast gestellt		
er hat gestellt		
wir haben gestel't		
ihr habt gestellt		
sie haben gestellt		
Pluperfect		
ich hatte gestellt		
du hattest gestellt		
er hatte gestellt		
wir hatten gestellt		
ihr hattet gestellt		
sie hatten gestellt		
Future	*Future Time*	*Future Time*
ich werde stellen	würde stellen	werde stellen
du wirst stellen	würdest stellen	werdest stellen
er wird stellen	würde stellen	werde stellen
wir werden stellen	würden stellen	werden stellen
ihr werdet stellen	würdet stellen	werdet stellen
sie werden stellen	würden stellen	werden stellen
Future Perfect	*Future Perfect Time*	*Future Perfect Time*
ich werde gestellt haben	würde gestellt haben	werde gestellt haben
du wirst gestellt haben	würdest gestellt haben	werdest gestellt haben
er wird gestellt haben	würde gestellt haben	werde gestellt haben
wir werden gestellt haben	würden gestellt haben	werden gestellt haben
ihr werdet gestellt haben	würdet gestellt haben	werdet gestellt haben
sie werden gestellt haben	würden gestellt haben	werden gestellt haben

Separable
anstellen, stellte...an, angestellt
aufstellen, stellte...auf, aufgestellt
ausstellen, stellte...aus, ausgestellt
darstellen, stellte...dar, dargestellt
einstellen, stellte...ein, eingestellt
feststellen, stellte...fest, festgestellt
herausstellen, stellte...heraus,
   herausgestellt

herstellen, stellte...her, hergestellt
hinstellen, stellte...hin, hingestellt
vorstellen, stellte...vor, vorgestellt

Inseparable
bestellen, bestellte, bestellt
entstellen, entstellte, entstellt

sterben: to die

Princ. Parts: sterben, starb, ist gestorben
Imperative: stirb!, sterbt!, sterben Sie!

INDICATIVE	SUBJUNCTIVE (II)	INDIR. DISC. SUBJ. (I)
Present	*Present Time*	*Present Time*
ich sterbe	stürbe	sterbe
du *stirbst*	stürb(e)st	sterbest
er *stirbt*	stürbe	sterbe
wir sterben	stürben	sterben
ihr sterbt	stürb(e)t	sterbet
sie sterben	stürben	sterben
Past	*Past Time*	*Past Time*
ich starb	wäre gestorben	sei gestorben
du starbst	wärest gestorben	seiest gestorben
er starb	wäre gestorben	sei gestorben
wir starben	wären gestorben	seien gestorben
ihr starbt	wäret gestorben	seiet gestorben
sie starben	wären gestorben	seien gestorben
Perfect		
ich bin gestorben		
du bist gestorben		
er ist gestorben		
wir sind gestorben		
ihr seid gestorben		
sie sind gestorben		
Pluperfect		
ich war gestorben		
du warst gestorben		
er war gestorben		
wir waren gestorben		
ihr wart gestorben		
sie waren gestorben		
Future	*Future Time*	*Future Time*
ich werde sterben	würde sterben	werde sterben
du wirst sterben	würdest sterben	werdest sterben
er wird sterben	würde sterben	werde sterben
wir werden sterben	würden sterben	werden sterben
ihr werdet sterben	würdet sterben	werdet sterben
sie werden sterben	würden sterben	werden sterben
Future Perfect	*Future Perfect Time*	*Future Perfect Time*
ich werde gestorben sein	würde gestorben sein	werde gestorben sein
du wirst gestorben sein	würdest gestorben sein	werdest gestorben sein
er wird gestorben sein	würde gestorben sein	werde gestorben sein
wir werden gestorben sein	würden gestorben sein	werden gestorben sein
ihr werdet gestorben sein	würdet gestorben sein	werdet gestorben sein
sie werden gestorben sein	würden gestorben sein	werden gestorben sein

Separable
absterben, starb...ab, abgestorben
aussterben, starb...aus, ausgestorben

stimmen

stimmen: to be correct, be true;
to harmonize, be in tune

Princ. Parts: stimmen, stimmte, gestimmt
Imperative: stimm(e)!, stimmt!, stimmen Sie!

INDICATIVE	SUBJUNCTIVE (II)	INDIR. DISC. SUBJ. (I)
Present	*Present Time*	*Present Time*
ich stimme	stimmte	stimme
du stimmst	stimmtest	stimmest
er stimmt	stimmte	stimme
wir stimmen	stimmten	stimmen
ihr stimmt	stimmtet	stimmet
sie stimmen	stimmten	stimmen
Past	*Past Time*	*Past Time*
ich stimmte	hätte gestimmt	habe gestimmt
du stimmtest	hättest gestimmt	habest gestimmt
er stimmte	hätte gestimmt	habe gestimmt
wir stimmten	hätten gestimmet	haben gestimmt
ihr stimmtet	hättet gestimmt	habet gestimmt
sie stimmten	hätten gestimmet	haben gestimmt
Perfect		
ich habe gestimmt		
du hast gestimmt		
er hat gestimmt		
wir haben gestimmt		
ihr habt gestimmt		
sie haben gestimmt		
Pluperfect		
ich hatte gestimmt		
du hattest gestimmt		
er hatte gestimmt		
wir hatten gestimmt		
ihr hattet gestimmt		
sie hatten gestimmt		
Future	*Future Time*	*Future Time*
ich werde stimmen	würde stimmen	werde stimmen
du wirst stimmen	würdest stimmen	werdest stimmen
er wird stimmen	würde stimmen	werde stimmen
wir werden stimmen	würden stimmen	werden stimmen
ihr werdet stimmen	würdet stimmen	werdet stimmen
sie werden stimmen	würden stimmen	werden stimmen
Future Perfect	*Future Perfect Time*	*Future Perfect Time*
ich werde gestimmt haben	würde gestimmt haben	werde gestimmt haben
du wirst gestimmt haben	würdest gestimmt haben	werdest gestimmt haben
er wird gestimmt haben	würde gestimmt haben	werde gestimmt haben
wir werden gestimmt haben	würden gestimmt haben	werden gestimmt haben
ihr werdet gestimmt haben	würdet gestimmt haben	werdet gestimmt haben
sie werden gestimmt haben	würden gestimmt haben	werden gestimmt haben

Separable
abstimmen, stimmte...ab, abgestimmt
übereinstimmen, stimmte...überein,
   übereingestimmt
zustimmen, stimmte...zu, zugestimmt
mitbestimmen, bestimmte...mit, mitbestimmt

Inseparable
bestimmen, bestimmte, bestimmt
verstimmen, verstimmte, verstimmt

stören: to disturb

INDICATIVE	SUBJUNCTIVE (II)	INDIR. DISC. SUBJ. (I)
Present	*Present Time*	*Present Time*
ich störe	störte	störe
du störst	störtest	störest
er stört	störte	störe
wir stören	störten	stören
ihr stört	störtet	störet
sie stören	störten	stören
Past	*Past Time*	*Past Time*
ich störte	hätte gestört	habe gestört
du störtest	hättest gestört	habest gestört
er störte	hätte gestört	habe gestört
wir störten	hätten gestört	haben gestört
ihr störtet	hättet gestört	habet gestört
sie störten	hätten gestört	haben gestört
Perfect		
ich habe gestört		
du hast gestört		
er hat gestört		
wir haben gestört		
ihr habt gestört		
sie haben gestört		
Pluperfect		
ich hatte gestört		
du hattest gestört		
er hatte gestört		
wir hatten gestört		
ihr hattet gestört		
sie hatten gestört		
Future	*Future Time*	*Future Time*
ich werde stören	würde stören	werde stören
du wirst stören	würdest stören	werdest stören
er wird stören	würde stören	werde stören
wir werden stören	würden stören	werden stören
ihr werdet stören	würdet stören	werdet stören
sie werden stören	würden stören	werden stören
Future Perfect	*Future Perfect Time*	*Future Perfect Time*
ich werde gestört haben	würde gestört haben	werde gestört haben
du wirst gestört haben	würdest gestört haben	werdest gestört haben
er wird gestört haben	würde gestört haben	werde gestört haben
wir werden gestört haben	würden gestört haben	werden gestört haben
ihr werdet gestört haben	würdet gestört haben	werdet gestört haben
sie werden gestört haben	würden gestört haben	werden gestört haben

Inseparable
zerstören, zerstörte, zerstört

stoßen

stoßen: to kick; push

Princ. Parts: stoßen, stieß, gestoßen*
Imperative: stoß(e)!, stoßt!, stoßen Sie!

INDICATIVE	SUBJUNCTIVE (II)	INDIR. DISC. SUBJ. (I)
Present	*Present Time*	*Present Time*
ich stoße	stieße	stoße
du stößt	stießest	stoßest
er stößt	stieße	stoße
wir stoßen	stießen	stoßen
ihr stoßt	stießet	stoßet
sie stoßen	stießen	stoßen
Past	*Past Time*	*Past Time*
ich stieß	hätte gestoßen	habe gestoßen
du stießest	hättest gestoßen	habest gestoßen
er stieß	hätte gestoßen	habe gestoßen
wir stießen	hätten gestoßen	haben gestoßen
ihr stießt	hättet gestoßen	habet gestoßen
sie stießen	hätten gestoßen	haben gestoßen
Perfect		
ich habe gestoßen		
du hast gestoßen		
er hat gestoßen		
wir haben gestoßen		
ihr habt gestoßen		
sie haben gestoßen		
Pluperfect		
ich hatte gestoßen		
du hattest gestoßen		
er hatte gestoßen		
wir hatten gestoßen		
ihr hatten gestoßen		
sie hatten gestoßen		
Future	*Future Time*	*Future Time*
ich werde stoßen	würde stoßen	werde stoßen
du wirst stoßen	würdest stoßen	werdest stoßen
er wird stoßen	würde stoßen	werde stoßen
wir werden stoßen	würden stoßen	werden stoßen
ihr werdet stoßen	würdet stoßen	werdet stoßen
sie werden stoßen	würden stoßen	werden stoßen
Future Perfect	*Future Perfect Time*	*Future Perfect Time*
ich werde gestoßen haben	würde gestoßen haben	werde gestoßen haben
du wirst gestoßen haben	würdest gestoßen haben	werdest gestoßen haben
er wird gestoßen haben	würde gestoßen haben	werde gestoßen haben
wir werden gestoßen haben	würden gestoßen haben	werden gestoßen haben
ihr werdet gestoßen haben	würdet gestoßen haben	werdet gestoßen haben
sie werden gestoßen haben	würden gestoßen haben	werden gestoßen haben

* *Stoßen auf,* "to happen to; run across, bump into" is conjugated with *sein.*

Separable
anstoßen, stieß...an, angestoßen
einstoßen, stieß...ein, eingestoßen
zusammenstoßen, stieß...zusammen,
  zusammengestoßen

Inseparable
verstoßen, verstieß, verstoßen

Princ. Parts: strafen, strafte, gestraft
Imperative: straf(e)!, straft!, strafen Sie!

strafen: to punish

INDICATIVE	SUBJUNCTIVE (II)	INDIR. DISC. SUBJ. (I)
Present	*Present Time*	*Present Time*
ich strafe	strafe	strafe
du strafst	straftest	strafest
er straft	strafte	strafe
wir strafen	straften	strafen
ihr straft	straftet	strafet
sie strafen	straften	strafen
Past	*Past Time*	*Past Time*
ich strafte	hätte gestraft	habe gestraft
du straftest	hättest gestraft	habest gestraft
er strafte	hätte gestraft	habe gestraft
wir straften	hätten gestraft	haben gestraft
ihr straftet	hättet gestraft	habet gestraft
sie straften	hätten gestraft	haben gestraft
Perfect		
ich habe gestraft		
du hast gestraft		
er hat gestraft		
wir haben gestraft		
ihr habet gestraft		
sie haben gestraft		
Pluperfect		
ich hatte gestraft		
du hattest gestraft		
er hatte gestraft		
wir hatten gestraft		
ihr hattet gestraft		
sie hatten gestraft		
Future	*Future Time*	*Future Time*
ich werde strafen	würde strafen	werde strafen
du wirst strafen	würdest strafen	werdest strafen
er wird strafen	würde strafen	werde strafen
wir werden strafen	würden strafen	werden strafen
ihr werdet strafen	würdet strafen	werdet strafen
sie werden strafen	würden strafen	werden strafen
Future Perfect	*Future Perfect Time*	*Future Perfect Time*
ich werde gestraft haben	würde gestraft haben	werde gestraft haben
du wirst gestraft haben	würdest gestraft haben	werdest gestraft haben
er wird gestraft haben	würde gestraft haben	werde gestraft haben
wir werden gestraft haben	würden gestraft haben	werden gestraft haben
ihr werdet gestraft haben	würdet gestraft haben	werdet gestraft haben
sie werden gestraft haben	würden gestraft haben	werden gestraft haben

Inseparable
bestrafen, bestrafte, bestraft

streiten

streiten: to argue, fight

Princ. Parts: streiten, stritt, gestritten
Imperative: streite!, streitet!, streiten Sie!

INDICATIVE	SUBJUNCTIVE (II)	INDIR. DISC. SUBJ. (I)
Present	*Present Time*	*Present Time*
ich streite	stritte	streite
du streitest	strittest	streitest
er streitet	stritte	streite
wir streiten	stritten	streiten
ihr streitet	strittet	streitet
sie streiten	stritten	streiten
Past	*Past Time*	*Past Time*
ich stritt	hätte gestritten	habe gestritten
du strittest	hättest gestritten	habest gestritten
er stritt	hätte gestritten	habe gestritten
wir stritten	hätten gestritten	haben gestritten
ihr strittet	hättet gestritten	habet gestritten
sie stritten	hätten gestritten	haben gestritten
Perfect		
ich habe gestritten		
du hast gestritten		
er hat gestritten		
wir haben gestritten		
ihr habt gestritten		
sie haben gestritten		
Pluperfect		
ich hatte gestritten		
du hattest gestritten		
er hatte gestritten		
wir hatten gestritten		
ihr hattet gestritten		
sie hatten gestritten		
Future	*Future Time*	*Future Time*
ich werde streiten	würde streiten	werde streiten
du wirst streiten	würdest streiten	werdest streiten
er wird streiten	würde streiten	werde streiten
wir werden streiten	würden streiten	werden streiten
ihr werdet streiten	würdet streiten	werdet streiten
sie werden streiten	würden streiten	werden streiten
Future Perfect	*Future Perfect Time*	*Future Perfect Time*
ich werde gestritten haben	würde gestritten haben	werde gestritten haben
du wirst gestritten haben	würdest gestritten haben	werdest gestritten haben
er wird gestritten haben	würde gestritten haben	werde gestritten haben
wir werden gestritten haben	würden gestritten haben	werden gestritten haben
ihr werdet gestritten haben	würdet gestritten haben	werdet gestritten haben
sie werden gestritten haben	würden gestritten haben	werden gestritten haben

Separable
abstreiten, stritt...ab, abgestritten

Inseparable
widerstreiten, widerstritt, widerstritten

stürzen: to crash, tumble, fall

Princ. Parts: stürzen, stürzte, ist gestürzt*
Imperative: stürze!, stürzt!, stürzen Sie!

INDICATIVE	SUBJUNCTIVE (II)	INDIR. DISC. SUBJ. (I)
Present	*Present Time*	*Present Time*
ich stürze	stürze	stürze
du stürzt	stürztest	stürzest
er stürzt	stürzte	stürze
wir stürzen	stürzten	stürzen
ihr stürzt	stürztet	stürzet
sie stürzen	stürzten	stürzen
Past	*Past Time*	*Past Time*
ich stürzte	wäre gestürzt	sei gestürzt
du stürztest	wärest gestürzt	seiest gestürzt
er stürzte	wäre gestürzt	sei gestürzt
wir stürzten	wären gestürzt	seien gestürzt
ihr stürztet	wäret gestürzt	seiet gestürzt
sie stürzten	wären gestürzt	seien gestürzt

Perfect
ich bin gestürzt
du bist gestürzt
er ist gestürzt
wir sind gestürzt
ihr seid gestürzt
sie sind gestürzt

Pluperfect
ich war gestürzt
du warst gestürzt
er war gestürzt
wir waren gestürzt
ihr wart gestürzt
sie waren gestürzt

Future	*Future Time*	*Future Time*
ich werde stürzen	würde stürzen	werde stürzen
du wirst stürzen	würdest stürzen	werdest stürzen
er wird stürzen	würde stürzen	werde stürzen
wir werden stürzen	würden stürzen	werden stürzen
ihr werdet stürzen	würdet stürzen	werdet stürzen
sie werden stürzen	würden stürzen	werden stürzen
Future Time	*Future Perfect Time*	*Future Perfect Time*
ich werde gestürzt sein	würde gestürzt sein	werde gestürzt sein
du wirst gestürzt sein	würdest gestürzt sein	werdest gestürzt sein
er wird gestürzt sein	würde gestürzt sein	werde gestürzt sein
wir werden gestürzt sein	würden gestürzt sein	werden gestürzt sein
ihr werdet gestürzt sein	würdet gestürzt sein	werdet gestürzt sein
sie werden gestürzt sein	würden gestürzt sein	werden gestürzt sein

* *Stürzen* is conjugated with *haben* when it is transitive ("to overturn, overthrow").

Separable
abstürzen, stürzte...ab, abgestürzt
einstürzen, stürzte...ein, eingestürzt
hereinstürzen, stürzte...herein,
    hereingestürzt
umstürzen, stürzte...um, umgestürzt

Inseparable
bestürzen, bestürzte, bestürzt

stützen

stützen: to support

INDICATIVE	SUBJUNCTIVE (II)	INDIR. DISC. SUBJ. (I)
Present	*Present Time*	*Present Time*
ich stütze	stützte	stütze
du stützt	stütztest	stützest
er stützt	stützte	stütze
wir stützen	stützten	stützen
ihr stützt	stütztet	stützet
sie stützen	stützten	stützen
Past	*Past Time*	*Past Time*
ich stützte	hätte gestützt	habe gestützt
du stütztest	hättest gestützt	habest gestützt
er stützte	hätte gestützt	habe gestützt
wir stützten	hätten gestützt	haben gestützt
ihr stütztet	hättet gestützt	habet gestützt
sie stützten	hätten gestützt	haben gestützt
Perfect		
ich habe gestützt		
du hast gestützt		
er hat gestützt		
wir haben gestützt		
ihr habt gestützt		
sie haben gestützt		
Pluperfect		
ich hatte gestützt		
du hattest gestützt		
er hatte gestützt		
wir hatten gestützt		
ihr hattet gestützt		
sie hatten gestützt		
Future	*Future Time*	*Future Time*
ich werde stützen	würde stützen	werde stützen
du wirst stützen	würdest stützen	werdest stützen
er wird stützen	würde stützen	werde stützen
wir werden stützen	würden stützen	werden stützen
ihr werdet stützen	würdet stützen	werdet stützen
sie werden stützen	würden stützen	werden stützen
Future Perfect	*Future Perfect Time*	*Future Perfect Time*
ich werde gestützt haben	würde gestützt haben	werde gestützt haben
du wirst gestützt haben	würdest gestützt haben	werdest gestützt haben
er wird gestützt haben	würde gestützt haben	werde gestützt haben
wir werden gestützt haben	würden gestützt haben	werden gestützt haben
ihr werdet gestützt haben	würdet gestützt haben	werdet gestützt haben
sie werden gestützt haben	würden gestützt haben	werden gestützt haben

Separable
aufstützen, stützte...auf, aufgestützt

Inseparable
unterstützen, unterstützte, unterstützt

suchen: to look for, seek	*Princ. Parts:* suchen, suchte, gesucht
	Imperative: such(e)!, sucht!, suchen Sie!

INDICATIVE	SUBJUNCTIVE (II)	INDIR. DISC. SUBJ. (I)
Present	*Present Time*	*Present Time*
ich suche	suchte	suche
du suchst	suchtest	suchest
er sucht	suchte	suche
wir suchen	suchten	suchen
ihr sucht	suchtet	suchet
sie suchen	suchten	suchen
Past	*Past Time*	*Past Time*
ich suchte	hätte gesucht	habe gesucht
du suchtest	hättest gesucht	habest gesucht
er suchte	hätte gesucht	habe gesucht
wir suchten	hätten gesucht	haben gesucht
ihr suchtet	hättet gesucht	habet gesucht
sie suchten	hätten gesucht	haben gesucht

Perfect
ich habe gesucht
du hast gesucht
er hat gesucht
wir haben gesucht
ihr habt gesucht
sie haben gesucht

Pluperfect
ich hatte gesucht
du hattest gesucht
er hatte gesucht
wir hatten gesucht
ihr hattet gesucht
sie hatten gesucht

Future	*Future Time*	*Future Time*
ich werde suchen	würde suchen	werde suchen
du wirst suchen	würdest suchen	werdest suchen
er wird suchen	würde suchen	werde suchen
wir werden suchen	würden suchen	werden suchen
ihr werdet suchen	würdet suchen	werdet suchen
sie werden suchen	würden suchen	werden suchen
Future Perfect	*Future Perfect Time*	*Future Perfect Time*
ich werde gesucht haben	würde gesucht haben	werde gesucht haben
du wirst gesucht haben	würdest gesucht haben	werdest gesucht haben
er wird gesucht haben	würde gesucht haben	werde gesucht haben
wir werden gesucht haben	würden gesucht haben	werden gesucht haben
ihr werdet gesucht haben	würdet gesucht haben	werdet gesucht haben
sie werden gesucht haben	würden gesucht haben	werden gesucht haben

Separable
ansuchen, suchte...an, angesucht
aussuchen, suchte...aus, ausgesucht

Inseparable
besuchen, besuchte, besucht
ersuchen, ersuchte, ersucht
durchsuchen, durchsuchte, durchsucht
untersuchen, untersuchte, untersucht
versuchen, versuchte, versucht

tauschen

tauschen: to trade, swap; to change places

Princ. Parts: tauschen, tauschte, getauscht
Imperative: tausch(e)!, tauscht!, tauschen Sie!

INDICATIVE	SUBJUNCTIVE (II)	INDIR. DISC. SUBJ. (I)
Present	*Present Time*	*Present Time*
ich tausche	tauschte	tausche
du tauschst	tauschtest	tauschest
er tauscht	tauschte	tausche
wir tauschen	tauschten	tauschen
ihr tauscht	tauschtet	tauschet
sie tauschen	tauschten	tauschen
Past	*Past Time*	*Past Time*
ich tauschte	hätte getauscht	habe getauscht
du tauschtest	hättest getauscht	habest getauscht
er tauschte	hätte getauscht	habe getauscht
wir tauschten	hätten getauscht	haben getauscht
ihr tauschtet	hättet getauscht	habet getauscht
sie tauschten	hätten getauscht	haben getauscht
Perfect		
ich habe getauscht		
du hast getauscht		
er hat getauscht		
wir haben getauscht		
ihr habt getauscht		
sie haben getauscht		
Pluperfect		
ich hatte getauscht		
du hattest getauscht		
er hatte getauscht		
wir hatten getauscht		
ihr hattet getauscht		
sie hatten getauscht		
Future	*Future Time*	*Future Time*
ich werde tauschen	würde tauschen	werde tauschen
du wirst tauschen	würdest tauschen	werdest tauschen
er wird tauschen	würde tauschen	werde tauschen
wir werden tauschen	würden tauschen	werden tauschen
ihr werdet tauschen	würdet tauschen	werdet tauschen
sie werden tauschen	würden tauschen	werden tauschen
Future Perfect	*Future Perfect Time*	*Future Perfect Time*
ich werde getauscht haben	würde getauscht haben	werde getauscht haben
du wirst getauscht haben	würdest getauscht haben	werdest getauscht haben
er wird getauscht haben	würde getauscht haben	werde getauscht haben
wir werden getauscht haben	würden getauscht haben	werden getauscht haben
ihr werdet getauscht haben	würdet getauscht haben	werdet getauscht haben
sie werden getauscht haben	würden getauscht haben	werden getauscht haben

Separable
austauchen, tauschte...aus, ausgetauscht
eintauschen, tauschte...ein, eingetauscht
umtauschen, tauschte...um, umgetauscht

Inseparable
vertauschen, vertauschte, vertauscht

200

täuschen: to deceive, be deceptive

Princ. Parts: täuschen, täuschte, getäuscht
Imperative: täusch(e)!, täuscht!, täuschen Sie!

INDICATIVE	SUBJUNCTIVE (II)	INDIR. DISC. SUBJ. (I)
Present	*Present Time*	*Present Time*
ich täusche	täuschte	täusche
du täuschst	täuschtest	täuschest
er täuscht	täuschte	täusche
wir täuschen	täuschten	täuschen
ihr täuscht	täuschtet	täuschet
sie täuschen	täuschten	täuschen
Past	*Past Time*	*Past Time*
ich täuschte	hätte getäuscht	habe getäuscht
du täuschtest	hättest getäuscht	habest getäuscht
er täuschte	hätte getäuscht	habe getäuscht
wir täuschten	hätten getäuscht	haben getäuscht
ihr täuschtet	hättet getäuscht	habet getäuscht
sie täuschten	hätten getäuscht	haben getäuscht
Perfect		
ich habe getäuscht		
du hast getäuscht		
er hat getäuscht		
wir haben getäuscht		
ihr habt getäuscht		
sie haben getäuscht		
Pluperfect		
ich hatte getäuscht		
du hattest getäuscht		
er hatte getäuscht		
wir hatten getäuscht		
ihr hattet getäuscht		
sie hatten getäuscht		
Future	*Future Time*	*Future Time*
ich werde täuschen	würde täuschen	werde täuschen
du wirst täuschen	würdest täuschen	werdest täuschen
er wird täuschen	würde täuschen	werde täuschen
wir werden täuschen	würden täuschen	werden täuschen
ihr werdet täuschen	würdet täuschen	werdet täuschen
sie werden täuschen	würden täuschen	werden täuschen
Future Perfect	*Future Perfect Time*	*Future Perfect Time*
ich werde getäuscht haben	würde getäuscht haben	werde getäuscht haben
du wirst getäuscht haben	würdest getäuscht haben	werdest getäuscht haben
er wird getäuscht haben	würde getäuscht haben	werde getäuscht haben
wir werden getäuscht haben	würden getäuscht haben	werden getäuscht haben
ihr werdet getäuscht haben	würdet getäuscht haben	werdet getäuscht haben
sie werden getäuscht haben	würden getäuscht haben	werden getäuscht haben

Separable
vortäuschen, täuschte...vor, vorgetäuscht

Inseparable
enttäuschen, enttäuschte, enttäuscht

teilen

teilen: to divide

Princ. Parts: teilen, teilte, geteilt
Imperative: teil(e)!, teilt!, teilen Sie!

INDICATIVE	SUBJUNCTIVE (II)	INDIR. DISC. SUBJ. (I)
Present	*Present Time*	*Present Time*
ich teile	teilte	teile
du teilst	teiltest	teilest
er teilt	teilte	teile
wir teilen	teilten	teilen
ihr teilt	teiltet	teilet
sie teilen	teilten	teilen
Past	*Past Time*	*Past Time*
ich teilte	hätte geteilt	habe geteilt
du teiltest	hättest geteilt	habest geteilt
er teilte	hätte geteilt	habe geteilt
wir teilten	hätten geteilt	haben geteilt
ihr teiltet	hättet geteilt	habet geteilt
sie teilten	hätten geteilt	haben geteilt
Perfect		
ich habe geteilt		
du hast geteilt		
er hat geteilt		
wir haben geteilt		
ihr habt geteilt		
sie haben geteilt		
Pluperfect		
ich hatte geteilt		
du hattest geteilt		
er hatte geteilt		
wir hatten geteilt		
ihr hattet geteilt		
sie hatten geteilt		
Future	*Future Time*	*Future Time*
ich werde teilen	würde teilen	werde teilen
du wirst teilen	würdest teilen	werdest teilen
er wird teilen	würde teilen	werde teilen
wir werden teilen	würden teilen	werden teilen
ihr werdet teilen	würdet teilen	werdet teilen
sie werden teilen	würden teilen	werden teilen
Future Perfect	*Future Perfect Time*	*Future Perfect Time*
ich werde geteilt haben	würde geteilt haben	werde geteilt haben
du wirst geteilt haben	würdest geteilt haben	werdest geteilt haben
er wird geteilt haben	würde geteilt haben	werde geteilt haben
wir werden geteilt haben	würden geteilt haben	werden geteilt haben
ihr werdet geteilt haben	würdet geteilt haben	werdet geteilt haben
sie werden geteilt haben	würden geteilt haben	werden geteilt haben

Separable
abteilen, teilte...ab, abgeteilt
aufteilen, teilte...auf, aufgeteilt
austeilen, teilte...aus, ausgeteilt
einteilen, teilte...ein, eingeteilt
mitteilen, teilte...mit, mitgeteilt

Inseparable
erteilen, erteilte, erteilt
verteilen, verteilte, verteilt
zerteilen, zerteilte, zerteilt

töten: to kill

Princ. Parts: töten, tötete, getötet
Imperative: töte!, tötet!, töten Sie!

INDICATIVE	SUBJUNCTIVE (II)	INDIR. DISC. SUBJ. (I)
Present	*Present Time*	*Present Time*
ich töte	tötete	töte
du tötest	tötetest	tötest
er tötet	tötete	töte
wir töten	töteten	töten
ihr tötet	tötetet	tötet
sie töten	töteten	töten
Past	*Past Time*	*Past Time*
ich tötete	hätte getötet	habe getötet
du tötetest	hättest getötet	habest getötet
er tötete	hätte getötet	habe getötet
wir töteten	hätten getötet	haben getötet
ihr tötetet	hättet getötet	habet getötet
sie töteten	hätten getötet	haben getötet
Perfect		
ich habe getötet		
du hast getötet		
er hat getötet		
wir haben getötet		
ihr habt getötet		
sie haben getötet		
Pluperfect		
ich hatte getötet		
du hattest getötet		
er hatte getötet		
wir hatten getötet		
ihr hattet getötet		
sie hatten getötet		
Future	*Future Time*	*Future Time*
ich werde töten	würde töten	werde töten
du wirst töten	würdest töten	werdest töten
er wird töten	würde töten	werde töten
wir werden töten	würden töten	werden töten
ihr werdet töten	würdet töten	werdet töten
sie werden töten	würden töten	werden töten
Future Perfect	*Future Perfect Time*	*Future Perfect Time*
ich werde getötet haben	würde getötet haben	werde getötet haben
du wirst getötet haben	würdest getötet haben	werdest getötet haben
er wird getötet haben	würde getötet haben	werde getötet haben
wir werden getötet haben	würden getötet haben	werden getötet haben
ihr werdet getötet haben	würdet getötet haben	werdet getötet haben
sie werden getötet haben	würden getötet haben	werden getötet haben

tragen

tragen: to carry; to wear

Princ. Parts: tragen, trug, getragen
Imperative: trag(e)!, tragt!, tragen Sie!

INDICATIVE	SUBJUNCTIVE (II)	INDIR. DISC. SUBJ. (I)
Present	*Present Time*	*Present Time*
ich trage	trüge	trage
du *trägst*	trüg(e)st	tragest
er *trägt*	trüge	trage
wir tragen	trügen	tragen
ihr tragt	trüg(e)t	traget
sie tragen	trügen	tragen
Past	*Past Time*	*Past Time*
ich trug	hätte getragen	habe getragen
du trugst	hättest getragen	habest getragen
er trug	hätte getragen	habe getragen
wir trugen	hätten getragen	haben getragen
ihr trugt	hättet getragen	habet getragen
sie trugen	hätten getragen	haben getragen
Perfect		
ich habe getragen		
du hast getragen		
er hat getragen		
wir haben getragen		
ihr habt getragen		
sie haben getragen		
Pluperfect		
ich hatte getragen		
du hattest getragen		
er hatte getragen		
wir hatten getragen		
ihr hattet getragen		
sie hatten getragen		
Future	*Future Time*	*Future Time*
ich werde tragen	würde tragen	werde tragen
du wirst tragen	würdest tragen	werdest tragen
er wird tragen	würde tragen	werde tragen
wir werden tragen	würden tragen	werden tragen
ihr werdet tragen	würdet tragen	werdet tragen
sie werden tragen	würden tragen	werden tragen
Future Perfect	*Future Perfect Time*	*Future Perfect Time*
ich werde getragen haben	würde getragen haben	werde getragen haben
du wirst getragen haben	würdest getragen haben	werdest getragen haben
er wird getragen haben	würde getragen haben	werde getragen haben
wir werden getragen haben	würden getragen haben	werden getragen haben
ihr werdet getragen haben	würdet getragen haben	werdet getragen haben
sie werden getragen haben	würden getragen haben	werden getragen haben

Separable
abtragen, trug...ab, abgetragen
beitragen, trug...bei, beigetragen
eintragen, trug...ein, eingetragen
vortragen, trug...vor, vorgetragen

Inseparable
betragen, betrug, betragen
ertragen, ertrug, ertragen
übertragen, übertrug, übertragen
vertragen, vertrug, vertragen
BUT:
beantragen, beantrug, beantragen

204

Princ. Parts: trauen, traute, getraut
Imperative: trau(e)!, traut!, trauen Sie!

trauen: to trust; to marry

INDICATIVE	SUBJUNCTIVE (II)	INDIR. DISC. SUBJ. (I)
Present	*Present Time*	*Present Time*
ich traue	traute	traue
du traust	trautest	trauest
er traut	traute	traue
wir trauen	trauten	trauen
ihr traut	trautet	trauet
sie trauen	trauten	trauen
Past	*Past Time*	*Past Time*
ich traute	hätte getraut	habe getraut
du trautest	hättest getraut	habest getraut
er traute	hätte getraut	habe getraut
wir trauten	hätten getraut	haben getraut
ihr trautet	hättet getraut	habet getraut
sie trauten	hätten getraut	haben getraut
Perfect		
ich habe getraut		
du hast getraut		
er hat getraut		
wir haben getraut		
ihr habt getraut		
sie haben getraut		
Pluperfect		
ich hatte getraut		
du hattest getraut		
er hatte getraut		
wir hatten getraut		
ihr hattet getraut		
sie hatten getraut		
Future	*Future Time*	*Future Time*
ich werde trauen	würde trauen	werde trauen
du wirst trauen	würdest trauen	werdest trauen
er wird trauen	würde trauen	werde trauen
wir werden trauen	würden trauen	werden trauen
ihr werdet trauen	würdet trauen	werdet trauen
sie werden trauen	würden trauen	werden trauen
Future Perfect	*Future Perfect Time*	*Future Perfect Time*
ich werde getraut haben	würde getraut haben	werde getraut haben
du wirst getraut haben	würdest getraut haben	werdest getraut haben
er wird getraut haben	würde getraut haben	werde getraut haben
wir werden getraut haben	würden getraut haben	werden getraut haben
ihr werdet getraut haben	würdet getraut haben	werdet getraut haben
sie werden getraut haben	würden getraut haben	werden getraut haben

Separable
zutrauen, traute...zu, zugetraut
anvertrauen, vertraute...an, anvertraut

Inseparable
mißtrauen, mißtraute, mißtraut
vertrauen, vertraute, vertraut

träumen

träumen: to dream

Princ. Parts: träumen, träumte, geträumt
Imperative: träum(e)!, träumt!, träumen Sie!

INDICATIVE	SUBJUNCTIVE (II)	INDIR. DISC. SUBJ. (I)
Present	*Present Time*	*Present Time*
ich träume	träume	träume
du träumst	träumtest	träumest
er träumt	träumte	träume
wir träumen	träumten	träumen
ihr träumt	träumtet	träumet
sie träumen	träumten	träumen
Past	*Past Time*	*Past Time*
ich träumte	hätte geträumt	habe geträumt
du träumtest	hättest geträumt	habest geträumt
er träumte	hätte geträumt	habe geträumt
wir träumten	hätten geträumt	haben geträumt
ihr träumtet	hättet geträumt	habet geträumt
sie träumten	hätten geträumt	haben geträumt

Perfect
ich habe geträumt
du hast geträumt
er hat geträumt
wir haben geträumt
ihr habt geträumt
sie haben geträumt

Pluperfect
ich hatte geträumt
du hattest geträumt
er hatte geträumt
wir hatten geträumt
ihr hattet geträumt
sie hatten geträumt

Future	*Future Time*	*Future Time*
ich werde träumen	würde träumen	werde träumen
du wirst träumen	würdest träumen	werdest träumen
er wird träumen	würde träumen	werde träumen
wir werden träumen	würden träumen	werden träumen
ihr werdet träumen	würdet träumen	werdet träumen
sie werden träumen	würden träumen	werden träumen
Future Perfect	*Future Perfect Time*	*Future Perfect Time*
ich werde geträumt haben	würde geträumt haben	werde geträumt haben
du wirst geträumt haben	würdest geträumt haben	werdest geträumt haben
er wird geträumt haben	würde geträumt haben	werde geträumt haben
wir werden geträumt haben	würden geträumt haben	werden geträumt haben
ihr werdet geträumt haben	würdet geträumt haben	werdet gegträumt haben
sie werden geträumt haben	würden geträumt haben	werden geträumt haben

Inseparable:
erträumen, erträumte, erträumt

treffen: to meet

Princ. Parts: treffen, traf, getroffen
Imperative: triff!, trefft!, treffen Sie!

INDICATIVE	SUBJUNCTIVE (II)	INDIR. DISC. SUBJ. (I)
Present	*Present Time*	*Present Time*
ich treffe	träfe	treffe
du *triffst*	träf(e)st	treffest
er *trifft*	träfe	treffe
wir treffen	träfen	treffen
ihr trefft	träf(e)t	treffet
sie treffen	träfen	treffen
Past	*Past Time*	*Past Time*
ich traf	hätte getroffen	habe getroffen
du trafst	hättest getroffen	habest getroffen
er traf	hätte getroffen	habe getroffen
wir trafen	hätten getroffen	haben getroffen
ihr traft	hättet getroffen	habet getroffen
sie trafen	hätten getroffen	haben getroffen
Perfect		
ich habe getroffen		
du hast getroffen		
er hat getroffen		
wir haben getroffen		
ihr habt getroffen		
sie haben getroffen		
Pluperfect		
ich hatte getroffen		
du hattest getroffen		
er hatte getroffen		
wir hatten getroffen		
ihr hattet getroffen		
sie hatten getroffen		
Future	*Future Time*	*Future Time*
ich werde treffen	würde treffen	werde treffen
du wirst treffen	würdest treffen	werdest treffen
er wird treffen	würde treffen	werde treffen
wir werden treffen	würden treffen	werden treffen
ihr werdet treffen	würdet treffen	werdet treffen
sie werden treffen	würden treffen	werden treffen
Future Perfect	*Future Perfect Time*	*Future Perfect Time*
ich werde getroffen haben	würde getroffen haben	werde getroffen haben
du wirst getroffen haben	würdest getroffen haben	werdest getroffen haben
er wird getroffen haben	würde getroffen haben	werde getroffen haben
wir werden getroffen haben	würden getroffen haben	werden getroffen haben
ihr werdet getroffen haben	würdet getroffen haben	werdet getroffen haben
sie werden getroffen haben	würden getroffen haben	werden getroffen haben

Separable
antreffen, traf...an, angetroffen
danebentreffen, traf...daneben,
  danebengetroffen
eintreffen, traf...ein, eingetroffen
zusammentreffen, traf...zusammen,
  zusammengetroffen
zutreffen, traf...zu, zugetroffen

Inseparable
betreffen, betraf, betroffen
übertreffen, übertraf, übertroffen

treiben

treiben: to drive, propel, impel;
to go in for

Princ. Parts: treiben, trieb, getrieben*
Imperative: treib(e)!, treibt!, treiben Sie!

INDICATIVE	SUBJUNCTIVE (II)	INDIR. DISC. SUBJ. (I)
Present	*Present Time*	*Present Time*
ich treibe	triebe	treibe
du treibst	triebest	treibest
er treibt	triebe	treibe
wir treiben	trieben	treiben
ihr treibt	triebet	treibet
sie treiben	trieben	treiben
Past	*Past Time*	*Past Time*
ich trieb	hätte getrieben	habe getrieben
du triebst	hättest getrieben	habest getrieben
er trieb	hätte getrieben	habe getrieben
wir trieben	hätten getrieben	haben getrieben
ihr triebt	hättet getrieben	habet getrieben
sie trieben	hätten getrieben	haben getrieben

Perfect
ich habe getrieben
du hast getrieben
er hat getrieben
wir haben getrieben
ihr habt getrieben
sie haben getrieben

Pluperfect
ich hatte getrieben
du hattest getrieben
er hatte getrieben
wir hatten getrieben
ihr hattet getrieben
sie hatten getrieben

Future	*Future Time*	*Future Time*
ich werde treiben	würde treiben	werde treiben
du wirst treiben	würdest treiben	werdest treiben
er wird treiben	würde treiben	werde treiben
wir werden treiben	würden treiben	werden treiben
ihr werdet treiben	würdet treiben	werdet treiben
sie werden treiben	würden treiben	werden treiben
Future Perfect	*Future Perfect Time*	*Future Perfect Time*
ich werde getrieben haben	würde getrieben haben	werde getrieben haben
du wirst getrieben haben	würdest getrieben haben	werdest getrieben haben
er wird getrieben haben	würde getrieben haben	werde getrieben haben
wir werden getrieben haben	würden getrieben haben	werden getrieben haben
ihr werdet getrieben haben	würdet getrieben haben	werdet getrieben haben
sie werden getrieben haben	würden getrieben haben	werden getrieben haben

* When used intransively in the sense of "to drive; drift, float", *treiben* is conjugated
with *sein*.

Separable
antreiben, trieb...an, angetrieben
vorantreiben, trieb...voran, vorangetrieben

Inseparable
betreiben, betrieb, betrieben
übertreiben, übertrieb, übertrieben
vertreiben, vertrieb, vertrieben

trennen: to separate

Princ. Parts: trennen, trennte, getrennt
Imperative: trenn(e)!, trennt!, trennen Sie!

INDICATIVE	SUBJUNCTIVE (II)	INDIR. DISC. SUBJ. (I)
Present	*Present Time*	*Present Time*
ich trenne	trennte	trenne
du trennst	trenntest	trennest
er trennt	trennte	trenne
wir trennen	trennten	trennen
ihr trennt	trenntet	trennet
sie trennen	trennten	trennen
Past	*Past Time*	*Past Time*
ich trennte	hätte getrennt	habe getrennt
du trenntest	hättest getrennt	habest getrennt
er trennte	hätte getrennt	habe getrennt
wir trennten	hätten getrennt	haben getrennt
ihr trenntet	hättet getrennt	habet getrennt
sie trennten	hätten getrennt	haben getrennt
Perfect		
ich habe getrennt		
du hast getrennt		
er hat getrennt		
wir haben getrennt		
ihr habt getrennt		
sie haben getrennt		
Pluperfect		
ich hatte getrennt		
du hattest getrennt		
er hatte getrennt		
wir hatten getrennt		
ihr hattet getrennt		
sie hatten getrennt		
Future	*Future Time*	*Future Time*
ich werde trennen	würde trennen	werde trennen
du wirst trennen	würdest trennen	werdest trennen
er wird trennen	würde trennen	werde trennen
wir werden trennen	würden trennen	werden trennen
ihr werdet trennen	würdet trennen	werdet trennen
sie werden trennen	würden trennen	werden trennen
Future Perfect	*Future Perfect Time*	*Future Perfect Time*
ich werde getrennt haben	würde getrennt haben	werde getrennt haben
du wirst getrennt haben	würdest getrennt haben	werdest getrennt haben
er wird getrennt haben	würde getrennt haben	werde getrennt haben
wir werden getrennt haben	würden getrennt haben	werden getrennt haben
ihr werdet getrennt haben	würdet getrennt haben	werdet getrennt haben
sie werden getrennt haben	würden getrennt haben	werden getrennt haben

Separable
abtrennen, trennte...ab, abgetrennt
auftrennen, trennte...auf, aufgetrennt

treten

treten: to step

Princ. Parts: treten, trat, ist getreten*
Imperative: tritt!, tretet!, treten Sie!

INDICATIVE	SUBJUNCTIVE (II)	INDIR. DISC. SUBJ. (I)
Present	*Present Time*	*Present Time*
ich trete	träte	trete
du *trittst*	trätest	tretest
er *tritt*	träte	trete
wir treten	träten	treten
ihr tretet	trätet	tretet
sie treten	träten	treten
Past	*Past Time*	*Past Time*
ich trat	wäre getreten	sei getreten
du tratst	wärest getreten	seiest getreten
er trat	wäre getreten	sei getreten
wir traten	wären getreten	seien getreten
ihr tratet	wäret getreten	seiet getreten
sie traten	wären getreten	seien getreten
Perfect		
ich bin getreten		
du bist getreten		
er ist getreten		
wir sind getreten		
ihr seid getreten		
sie sind getreten		
Pluperfect		
ich war getreten		
du warst getreten		
er war getreten		
wir waren getreten		
ihr wart getreten		
sie waren getreten		
Future	*Future Time*	*Future Time*
ich werde treten	würde treten	werde treten
du wirst treten	würdest treten	werdest treten
er wird treten	würde treten	werde treten
wir werden treten	würden treten	werden treten
ihr werdet treten	würdet treten	werdet treten
sie werden treten	würden treten	werden treten
Future Perfect	*Future Perfect Time*	*Future Perfect Time*
ich werde getreten sein	würde getreten sein	werde getreten sein
du wirst getreten sein	würdest getreten sein	werdest getreten sein
er wird getreten sein	würde getreten sein	werde getreten sein
wir werden getreten sein	würden getreten sein	werden getreten sein
ihr werdet getreten sein	würdet getreten sein	werdet getreten sein
sie werden getreten sein	würden getreten sein	werden getreten sein

* *Treten* is conjugated with *haben* when used transitively in the sense of "to tread."

Separable
antreten, trat...an, angetreten
auftreten, trat...auf, aufgetreten
austreten, trat...aus, ausgetreten
eintreten, trat...ein, eingetreten
hervortreten, trat...hervor, hervorgetreten

Inseparable
betreten, betrat, betreten
vertreten, vertrat, vertreten

trinken

trinken: to drink

Princ. Parts: trinken, trank, getrunken
Imperative: trink(e)!, trinkt!, trinken Sie!

INDICATIVE	SUBJUNCTIVE (II)	INDIR. DISC. SUBJ. (I)
Present	*Present Time*	*Present Time*
ich trinke	tränke	trinke
du trinkst	tränk(e)st	trinkest
er trinkt	tränke	trinke
wir trinken	tränken	trinken
ihr trinkt	tränk(e)t	trinket
sie trinken	tränken	trinken
Past	*Past Time*	*Past Time*
ich trank	hätte getrunken	habe getrunken
du trankst	hättest getrunken	habest getrunken
er trank	hätte getrunken	habe getrunken
wir tranken	hätten getrunken	haben getrunken
ihr trankt	hättet getrunken	habet getrunken
sie tranken	hätten getrunken	haben getrunken

Perfect
ich habe getrunken
du hast getrunken
er hat getrunken
wir haben getrunken
ihr habt getrunken
sie haben getrunken

Pluperfect
ich hatte getrunken
du hattest getrunken
er hatte getrunken
wir hatten getrunken
ihr hattet getrunken
sie hatten getrunken

Future	*Future Time*	*Future Time*
ich werde trinken	würde trinken	werde trinken
du wirst trinken	würdest trinken	werdest trinken
er wird trinken	würde trinken	werde trinken
wir werden trinken	würden trinken	werden trinken
ihr werdet trinken	würdet trinken	werdet trinken
sie werden trinken	würden trinken	werden trinken
Future Perfect	*Future Perfect Time*	*Future Perfect Time*
ich werde getrunken haben	würde getrunken haben	werde getrunken haben
du wirst getrunken haben	würdest getrunken haben	werdest getrunken haben
er wird getrunken haben	würde getrunken haben	werde getrunken haben
wir werden getrunken haben	würden getrunken haben	werden getrunken haben
ihr werdet getrunken haben	würdet getrunken haben	werdet getrunken haben
sie werden getrunken haben	würden getrunken haben	werden getrunken haben

Separable
austrinken, trank...aus, ausgetrunken
mittrinken, trank...mit, mitgetrunken
zutrinken, trank...zu, zugetrunken

Inseparable
betrinken, betrank, betrunken
ertrinken, ertrank, ertrunken

Other similarly conjugated verbs:
    ringen, rang, gerungen
    singen, sang, gesungen
    sinken, sank, gesunken
    stinken, stank, gestunken

tun

Princ. Parts: tun, tat, getan
Imperative: tu(e)!, tut!, tun Sie!

INDICATIVE	SUBJUNCTIVE (II)	INDIR. DISC. SUBJ. (I)
Present	*Present Time*	*Present Time*
ich tue	täte	tue
du tust	tätest	tuest
er tut	täte	tue
wir tun	täten	tuen
ihr tut	tätet	tuet
sie tun	täten	tuen
Past	*Past Time*	*Past Time*
ich tat	hätte getan	habe getan
du tatest	hättest getan	habest getan
er tat	hätte getan	habe getan
wir taten	hätten getan	haben getan
ihr tatet	hättet getan	habet getan
sie taten	hätten getan	haben getan
Perfect		
ich habe getan		
du hast getan		
er hat getan		
wir haben getan		
ihr habt getan		
sie haben getan		
Pluperfect		
ich hatte getan		
du hattest getan		
er hatte getan		
wir hatten getan		
ihr hattet getan		
sie hatten getan		
Future	*Future Time*	*Future Time*
ich werde tun	würde tun	werde tun
du wirst tun	würdest tun	werdest tun
er wird tun	würde tun	werde tun
wir werden tun	würden tun	werden tun
ihr werdet tun	würdet tun	werdet tun
sie werden tun	würden tun	werden tun
Future Perfect	*Future Perfect Time*	*Future Perfect Time*
ich werde getan haben	würde getan haben	werde getan haben
du wirst getan haben	würdest getan haben	werdest getan haben
er wird getan haben	würde getan haben	werde getan haben
wir werden getan haben	würden getan haben	werden getan haben
ihr werdet getan haben	würdet getan haben	werdet getan haben
sie werden getan haben	würden getan haben	werden getan haben

Separable
antun, tat...an, angetan
dazutun, tat...dazu, dazugetan
großtun, tat...groß, großgetan
guttun, tat...gut, gutgetan
wehtun, tat...weh, wehgetan

Inseparable
vertun, vertat, vertan

212

Princ. Parts: üben, übte, geübt
Imperative: übe!, übt!, üben Sie!

üben: to practice

INDICATIVE	SUBJUNCTIVE (II)	INDIR. DISC. SUBJ. (I)
Present	*Present Time*	*Present Time*
ich übe	übte	übe
du übst	übtest	übest
er übt	übte	übe
wir üben	übten	üben
ihr übt	übtet	übet
sie üben	übten	üben
Past	*Past Time*	*Past Time*
ich übte	hätte geübt	habe geübt
du übtest	hättest geübt	habest geübt
er übte	hätte geübt	habe geübt
wir übten	hätten geübt	haben geübt
ihr übtet	hättet geübt	habet geübt
sie übten	hätten geübt	haben geübt
Perfect		
ich habe geübt		
du hast geübt		
er hat geübt		
wir haben geübt		
ihr habt geübt		
sie haben geübt		
Pluperfect		
ich hatte geübt		
du hattest geübt		
er hatte geübt		
wir hatten geübt		
ihr hattet geübt		
sie hatten geübt		
Future	*Future Time*	*Future Time*
ich werde üben	würde üben	werde üben
du wirst üben	würdest üben	werdest üben
er wird üben	würde üben	werde üben
wir werden üben	würden üben	werden üben
ihr werdet üben	würdet üben	werdet üben
sie werden üben	würden üben	werden üben
Future Perfect	*Future Perfect Time*	*Future Perfect Time*
ich werde geübt haben	würde geübt haben	werde geübt haben
du wirst geübt haben	würdest geübt haben	werdest geübt haben
er wird geübt haben	würde geübt haben	werde geübt haben
wir werden geübt haben	würden geübt haben	werden geübt haben
ihr werdet geübt haben	würdet geübt haben	werdet geübt haben
sie werden geübt haben	würden geübt haben	werden geübt haben

Separable
ausüben, übte...aus, ausgeübt
einüben, übte...ein, eingeübt

Inseparable
verüben, verübte, verübt

213

überraschen

Princ. Parts: überraschen, überraschte, überrascht
Imperative: überrasch(e)!, überrascht!, überraschen Sie!

INDICATIVE	SUBJUNCTIVE (II)	INDIR. DISC. SUBJ. (I)
Present	*Present Time*	*Present Time*
ich überrasche	überraschte	überrasche
du überraschst	überraschtest	überraschest
er überrascht	überraschte	überrasche
wir überraschen	überraschten	überraschen
ihr überrascht	überraschtet	überraschet
sie überraschen	überraschten	überraschen
Past	*Past Time*	*Past Time*
ich überraschte	hätte überrascht	habe überrascht
du überraschtest	hättest überrascht	habest überrascht
er überraschte	hätte überrascht	habe überrascht
wir überraschten	hätten überrascht	haben überrascht
ihr überraschtet	hättet überrascht	habet überrascht
sie überraschten	hätten überrascht	haben überrascht
Perfect		
ich habe überrascht		
du hast überrascht		
er hat überrascht		
wir haben überrascht		
ihr habt überrascht		
sie haben überrascht		
Pluperfect		
ich hatte überrascht		
du hattest überrascht		
er hatte überrascht		
wir hatten überrascht		
ihr hattet überrascht		
sie hatten überrascht		
Future	*Future Time*	*Future Time*
ich werde überraschen	würde überraschen	werde überraschen
du wirst überraschen	würdest überraschen	werdest überraschen
er wird überraschen	würde überraschen	werde überraschen
wir werden überraschen	würden überraschen	werden überraschen
ihr werdet überraschen	würdet überraschen	werdet überraschen
sie werden überraschen	würden überraschen	werden überraschen
Future Perfect	*Future Perfect Time*	*Future Perfect Time*
ich werde überrascht haben	würde überrascht haben	werde überrascht haben
du wirst überrascht haben	würdest überrascht haben	werdest überrascht haben
er wird überrascht haben	würde überrascht haben	werde überrascht haben
wir werden überrascht haben	würden überrascht haben	werden überrascht haben
ihr werdet überrascht haben	würdet überrascht haben	werdet überrascht haben
sie werden überrascht haben	würden überrascht haben	werden überrascht haben

urteilen: to judge

INDICATIVE	SUBJUNCTIVE (II)	INDIR. DISC. SUBJ. (I)
Present	*Present Time*	*Present Time*
ich urteile	urteilte	urteile
du urteilst	urteiltest	urteilest
er urteilt	urteilte	urteile
wir urteilen	urteilten	urteilen
ihr urteilt	urteiltet	urteilet
sie urteilen	urteilten	urteilen
Past	*Past Time*	*Past Time*
ich urteilte	hätte geurteilt	habe geurteilt
du urteiltest	hättest geurteilt	habest geurteilt
er urteilte	hätte geurteilt	habe geurteilt
wir urteilten	hätten geurteilt	haben geurteilt
ihr urteiltet	hättet geurteilt	habet geurteilt
sie urteilten	hätten geurteilt	haben geurteilt
Perfect		
ich habe geurteilt		
du hast geurteilt		
er hat geurteilt		
wir haben geurteilt		
ihr habt geurteilt		
sie haben geurteilt		
Pluperfect		
ich hatte geurteilt		
du hattest geurteilt		
er hatte geurteilt		
wir hatten geurteilt		
ihr hattet geurteilt		
sie hatten geurteilt		
Future	*Future Time*	*Future Time*
ich werde urteilen	würde urteilen	werde urteilen
du wirst urteilen	würdest urteilen	werdest urteilen
er wird urteilen	würde urteilen	werde urteilen
wir werden urteilen	würden urteilen	werden urteilen
ihr werdet urteilen	würdet urteilen	werdet urteilen
sie werden urteilen	würden urteilen	werden urteilen
Future Perfect	*Future Perfect Time*	*Future Perfect Time*
ich werde geurteilt haben	würde geurteilt haben	werde geurteilt haben
du wirst geurteilt haben	würdest geurteilt haben	werdest geurteilt haben
er wird geurteilt haben	würde geurteilt haben	werde geurteilt haben
wir werden geurteilt haben	würden geurteilt haben	werden geurteilt haben
ihr werdet geurteilt haben	würdet geurteilt haben	werdet geurteilt haben
sie werden geurteilt haben	würden geurteilt haben	werden geurteilt haben

Separable
aburteilen, urteilte...ab, abgeurteilt

Inseparable
beurteilen, beurteilte, beurteilt
verurteilen, verurteilte, verurteilt

vergessen

vergessen: to forget

Princ. Parts: vergessen, vergaβ, vergessen
Imperative: vergiβ!, vergeβt!, vergessen Sie!

INDICATIVE	SUBJUNCTIVE (II)	INDIR. DISC. SUBJ. (I)
Present	*Present Time*	*Present Time*
ich vergesse	vergäβe	vergesse
du vergiβt	vergäβest	vergessest
er vergiβt	vergäβe	vergesse
wir vergessen	vergäβen	vergessen
ihr vergeβt	vergäβ(e)t	vergesset
sie vergessen	vergäβen	vergessen
Past	*Past Time*	*Past Time*
ich vergaβ	hätte vergessen	habe vergessen
du vergaβt	hättest vergessen	habest vergessen
er vergaβ	hätte vergessen	habe vergessen
wir vergaβen	hätten vergessen	haben vergessen
ihr vergaβt	hättet vergessen	habet vergessen
sie vergaβen	hätten vergessen	haben vergessen
Perfect		
ich habe vergessen		
du hast vergessen		
er hat vergessen		
wir haben vergessen		
ihr habt vergessen		
sie haben vergessen		
Pluperfect		
ich hatte vergessen		
du hattest vergessen		
er hatte vergessen		
wir hatten vergessen		
ihr hattet vergessen		
sie hatten vergessen		
Future	*Future Time*	*Future Time*
ich werde vergessen	würde vergessen	werde vergessen
du wirst vergessen	würdest vergessen	werdest vergessen
er wird vergessen	würde vergessen	werde vergessen
wir werden vergessen	würden vergessen	werden vergessen
ihr werdet vergessen	würdet vergessen	werdet vergessen
sie werden vergessen	würden vergessen	werden vergessen
Future Perfect	*Future Perfect Time*	*Future Perfect Time*
ich werde vergessen haben	würde vergessen haben	werde vergessen haben
du wirst vergessen haben	würdest vergessen haben	werdest vergessen haben
er wird vergessen haben	würde vergessen haben	werde vergessen haben
wir werden vergessen haben	würden vergessen haben	werden vergessen haben
ihr werdet vergessen haben	würdet vergessen haben	werdet vergessen haben
sie werden vergessen haben	würden vergessen haben	werden vergessen haben

verlangen: to demand; desire; require

Princ. Parts: verlangen, verlangte, verlangt
Imperative: verlang(e)!, verlangt!, verlangen Sie!

INDICATIVE	SUBJUNCTIVE (II)	INDIR. DISC. SUBJ. (I)
Present	*Present Time*	*Present Time*
ich verlange	verlangte	verlange
du verlangst	verlangtest	verlangest
er verlangt	verlangte	verlange
wir verlangen	verlangten	verlangen
ihr verlangt	verlangtet	verlanget
sie verlangen	verlangten	verlangen
Past	*Past Time*	*Past Time*
ich verlangte	hätte verlangt	habe verlangt
du verlangtest	hättest verlangt	habest verlangt
er verlangte	hätte verlangt	habe verlangt
wir verlangten	hätten verlangt	haben verlangt
ihr verlangtet	hättet verlangt	habet verlangt
sie verlangten	hätten verlangt	haben verlangt
Perfect		
ich habe verlangt		
du hast verlangt		
er hat verlangt		
wir haben verlangt		
ihr habt verlangt		
sie haben verlangt		
Pluperfect		
ich hatte verlangt		
du hattest verlangt		
er hatte verlangt		
wir hatten verlangt		
ihr hattet verlangt		
sie hatten verlangt		
Future	*Future Time*	*Future Time*
ich werde verlangen	würde verlangen	werde verlangen
du wirst verlangen	würdest verlangen	werdest verlangen
er wird verlangen	würde verlangen	werde verlangen
wir werden verlangen	würden verlangen	werden verlangen
ihr werdet verlangen	würdet verlangen	werdet verlangen
sie werden verlangen	würden verlangen	werden verlangen
Future Perfect	*Future Perfect Time*	*Future Perfect Time*
ich werde verlangt haben	würde verlangt haben	werde verlangt haben
du wirst verlangt haben	würdest verlangt haben	werdest verlangt haben
er wird verlangt haben	würde verlangt haben	werde verlangt haben
wir werden verlangt haben	würden verlangt haben	werden verlangt haben
ihr werdet verlangt haben	würdet verlangt haben	werdet verlangt haben
sie werden verlangt haben	würden verlangt haben	werden verlangt haben

verletzen

verletzen: to injure; to violate (law)

Princ. Parts: verletzen, verletzte, verletzt
Imperative: verletze!, verletzt!, verletzen Sie!

INDICATIVE	SUBJUNCTIVE (II)	INDIR. DISC. SUBJ. (I)
Present	*Present Time*	*Present Time*
ich verletze	verletzte	verletze
du verletzt	verletztest	verletzest
er verletzt	verletzte	verletze
wir verletzen	verletzten	verletzen
ihr verletzt	verletztet	verletzet
sie verletzen	verletzten	verletzen
Past	*Past Time*	*Past Time*
ich verletzte	hätte verletzt	habe verletzt
du verletztest	hättest verletzt	habest verletzt
er verletzte	hätte verletzt	habe verletzt
wir verletzten	hätten verletzt	haben verletzt
ihr verletztet	hättet verletzt	habet verletzt
sie verletzten	hätten verletzt	haben verletzt
Perfect		
ich habe verletzt		
du hast verletzt		
er hat verletzt		
wir haben verletzt		
ihr habt verletzt		
sie haben verletzt		
Pluperfect		
ich hatte verletzt		
du hattest verletzt		
er hatte verletzt		
wir hatten verletzt		
ihr hattet verletzt		
sie hatten verletzt		
Future	*Future Time*	*Future Time*
ich werde verletzen	würde verletzen	werde verletzen
du wirst verletzen	würdest verletzen	werdest verletzen
er wird verletzen	würde verletzen	werde verletzen
wir werden verletzen	würden verletzen	werden verletzen
ihr werdet verletzen	würdet verletzen	werdet verletzen
sie werden verletzen	würden verletzen	werden verletzen
Future Perfect	*Future Perfect Time*	*Future Perfect Time*
ich werde verletzt haben	würde verletzt haben	werde verletzt haben
du wirst verletzt haben	würdest verletzt haben	werdest verletzt haben
er wird verletzt haben	würde verletzt haben	werde verletzt haben
wir werden verletzt haben	würden verletzt haben	werden verletzt haben
ihr werdet verletzt haben	würdet verletzt haben	werdet verletzt haben
sie werden verletzt haben	würden verletzt haben	werden verletzt haben

verlieren: to lose

Princ. Parts: verlieren, verlor, verloren
Imperative: verlier(e)!, verliert!, verlieren Sie!

INDICATIVE	SUBJUNCTIVE (II)	INDIR. DISC. SUBJ. (I)
Present	*Present Time*	*Present Time*
ich verliere	verlöre	verliere
du verlierst	verlör(e)st	verlierest
er verliert	verlöre	verliere
wir verlieren	verlören	verlieren
ihr verliert	verlör(e)t	verlieret
sie verlieren	verlören	verlieren
Past	*Past Time*	*Past Time*
ich verlor	hätte verloren	habe verloren
du verlorst	hättest verloren	habest verloren
er verlor	hätte verloren	habe verloren
wir verloren	hätten verloren	haben verloren
ihr verlort	hättet verloren	habet verloren
sie verloren	hätten verloren	haben verloren
Perfect		
ich habe verloren		
du hast verloren		
er hat verloren		
wir haben verloren		
ihr habt verloren		
sie haben verloren		
Pluperfect		
ich hatte verloren		
du hattest verloren		
er hatte verloren		
wir hatten verloren		
ihr hattet verloren		
sie hatten verloren		
Future	*Future Time*	*Future Time*
ich werde verlieren	würde verlieren	werde verlieren
du wirst verlieren	würdest verlieren	werdest verlieren
er wird verlieren	würde verlieren	werde verlieren
wir werden verlieren	würden verlieren	werden verlieren
ihr werdet verlieren	würdet verlieren	werdet verlieren
sie werden verlieren	würden verlieren	werden verlieren
Future Perfect	*Future Perfect Time*	*Future Perfect Time*
ich werde verloren haben	würde verloren haben	werde verloren haben
du wirst verloren haben	würdest verloren haben	werdest verloren haben
er wird verloren haben	würde verloren haben	werde verloren haben
wir werden verloren haben	würden verloren haben	werden verloren haben
ihr werdet verloren haben	würdet verloren haben	werdet verloren haben
sie werden verloren haben	würden verloren haben	werden verloren haben

vermuten

vermuten: to suspect, suppose

Princ. Parts: vermuten, vermutete, vermutet
Imperative: vermute!, vermutet!, vermuten Sie!

INDICATIVE	SUBJUNCTIVE (II)	INDIR. DISC. SUBJ. (I)
Present	*Present Time*	*Present Time*
ich vermute	vermute	vermute
du vermutest	vermutetest	vermutest
er vermutet	vermutete	vermute
wir vermuten	vermuteten	vermuten
ihr vermutet	vermutetet	vermutet
sie vermuten	vermuteten	vermuten
Past	*Past Time*	*Past Time*
ich vermutete	hätte vermutet	habe vermutet
du vermutetest	hättest vermutet	habest vermutet
er vermutete	hätte vermutet	habe vermutet
wir vermuteten	hätten vermutet	haben vermutet
ihr vermutetet	hättet vermutet	habet vermutet
sie vermuteten	hätten vermutet	haben vermutet
Perfect		
ich habe vermutet		
du hast vermutet		
er hat vermutet		
wir haben vermutet		
ihr habt vermutet		
sie haben vermutet		
Pluperfect		
ich hatte vermutet		
du hattest vermutet		
er hatte vermutet		
wir hatten vermutet		
ihr hattet vermutet		
sie hatten vermutet		
Future	*Future Time*	*Future Time*
ich werde vermuten	würde vermuten	werde vermuten
du wirst vermuten	würdest vermuten	werdest vermuten
er wird vermuten	würde vermuten	werde vermuten
wir werden vermuten	würden vermuten	werden vermuten
ihr werdet vermuten	würdet vermuten	werdet vermuten
sie werden vermuten	würden vermuten	werden vermuten
Future Perfect	*Future Perfect Time*	*Future Perfect Time*
ich werde vermutet haben	würde vermutet haben	werde vermutet haben
du wirst vermutet haben	würdest vermutet haben	werdest vermutet haben
er wird vermutet haben	würde vermutet haben	werde vermutet haben
wir werden vermutet haben	würden vermutet haben	werden vermutet haben
ihr werdet vermutet haben	würdet vermutet haben	werdet vermutet haben
sie werden vermutet haben	würden vermutet haben	werden vermutet haben

Separable
zumuten, mutete...zu, zugemutet

verschwinden: to disappear

Princ. Parts: verschwinden, verschwand, ist verschwunden
Imperative: verschwinde!, verschwindet!, verschwinden Sie!

INDICATIVE	SUBJUNCTIVE (II)	INDIR. DISC. SUBJ. (I)
Present	*Present Time*	*Present Time*
ich verschwinde	verschwände	verschwinde
du verschwindest	verschwändest	verschwindest
er verschwinde	verschwände	verschwinde
wir verschwinden	verschwänden	verschwinden
ihr verschwindet	verschwändet	verschwindet
sie verschwinden	verschwänden	verschwinden
Past	*Past Time*	*Past Time*
ich verschwand	wäre verschwunden	sei verschwunden
du verschwandest	wärest verschwunden	seiest verschwunden
er verschwand	wäre verschwunden	sei verschwunden
wir verschwanden	wären verschwunden	seien verschwunden
ihr verschwandet	wäret verschwunden	seiet verschwunden
sie verschwanden	wären verschwunden	seien verschwunden
Perfect		
ich bin verschwunden		
du bist verschwunden		
er ist verschwunden		
wir sind verschwunden		
ihr seid verschwunden		
sie sind verschwunden		
Pluperfect		
ich war verschwunden		
du warst verschwunden		
er war verschwunden		
wir waren verschwunden		
ihr wart verschwunden		
sie waren verschwunden		
Future	*Future Time*	*Future Time*
ich werde verschwinden	würde verschwinden	werde verschwinden
du wirst verschwinden	würdest verschwinden	werdest verschwinden
er wird verschwinden	würde verschwinden	werde verschwinden
wir werden verschwinden	würden verschwinden	werden verschwinden
ihr werdet verschwinden	würdet verschwinden	werdet verschwinden
sie werden verschwinden	würden verschwinden	werden verschwinden
Future Perfect	*Future Perfect Time*	*Future Perfect Time*
ich werde verschwunden sein	würde verschwunden sein	werde verschwunden sein
du wirst verschwunden sein	würdest verschwunden sein	werdest verschwunden sein
er wird verschwunden sein	würde verschwunden sein	werde verschwunden sein
wir werden verschwunden sein	würden verschwunden sein	werden verschwunden sein
ihr werdet verschwunden sein	würdet verschwunden sein	werdet verschwunden sein
sie werden verschwunden sein	würden verschwunden sein	werden verschwunden sein

Another similarly conjugated verb:
schwinden, schwand, geschwunden

verwirklichen

verwirklichen: to realize, translate into reality

Princ. Parts: verwirklichen, verwirklichte, verwirklicht
Imperative: verwirklich(e)!, verwirklicht!, verwirklichen Sie!

INDICATIVE	SUBJUNCTIVE (II)	INDIR. DISC. SUBJ. (I)
Present	*Present Time*	*Present Time*
ich verwirkliche	verwirklichte	verwirkliche
du verwirklichst	verwirklichtest	verwirklichest
er verwirklicht	verwirklichte	verwirkliche
wir verwirklichen	verwirklichten	verwirklichen
ihr verwirklicht	verwirklichtet	verwirklichet
sie verwirklichen	verwirklichten	verwirklichen
Past	*Past Time*	*Past Time*
ich verwirklichte	hätte verwirklicht	habe verwirklicht
du verwirklichtest	hättest verwirklicht	habest verwirklicht
er verwirklichte	hätte verwirklicht	habe verwirklicht
wir verwirklichten	hätten verwirklicht	haben verwirklicht
ihr verwirklichtet	hättet verwirklicht	habet verwirklicht
sie verwirklichten	hätten verwirklicht	haben verwirklicht
Perfect		
ich habe verwirklicht		
du hast verwirklicht		
er hat verwirklicht		
wir haben verwirklicht		
ihr habt verwirklicht		
sie haben verwirklicht		
Pluperfect		
ich hatte verwirklicht		
du hattest verwirklicht		
er hatte verwirklicht		
wir hatten verwirklicht		
ihr hattet verwirklicht		
sie hatten verwirklicht		
Future	*Future Time*	*Future Time*
ich werde verwirklichen	würde verwirklichen	werde verwirklichen
du wirst verwirklichen	würdest verwirklichen	werdest verwirklichen
er wird verwirklichen	würde verwirklichen	werde verwirklichen
wir werden verwirklichen	würden verwirklichen	werden verwirklichen
ihr werdet verwirklichen	würdet verwirklichen	werdet verwirklichen
sie werden verwirklichen	würden verwirklichen	werden verwirklichen
Future Perfect	*Future Perfect Time*	*Future Perfect Time*
ich werde verwirklicht haben	würde verwirklicht haben	werde verwirklicht haben
du wirst verwirklicht haben	würdest verwirklicht haben	werdest verwirklicht haben
er wird verwirklicht haben	würde verwirklicht haben	werde verwirklicht haben
wir werden verwirklicht haben	würden verwirklicht haben	werden verwirklicht haben
ihr werdet verwirklicht haben	würdet verwirklicht haben	werdet verwirklicht haben
sie werden verwirklicht haben	würden verwirklicht haben	werden verwirklicht haben

verzeihen: to pardon

Princ. Parts: verzeihen, verzieh, verziehen
Imperative: verzeih(e)!, verzeiht!, verzeihen Sie!

INDICATIVE	SUBJUNCTIVE (II)	INDIR. DISC. SUBJ. (I)
Present	*Present Time*	*Present Time*
ich verzeihe	verziehe	verzeihe
du verzeihst	verziehest	verzeihest
er verzeiht	verziehe	verzeihe
wir verzeihen	verziehen	verzeihen
ihr verzeiht	verziehet	verzeihet
sie verzeihen	verziehen	verzeihen
Past	*Past Time*	*Past Time*
ich verzieh	hätte verziehen	habe verziehen
du verziehest	hättest verziehen	habest verziehen
er verzieh	hätte verziehen	habe verziehen
wir verziehen	hätten verziehen	haben verziehen
ihr verzieht	hättet verziehen	habet verziehen
sie verziehen	hätten verziehen	haben verziehen

Perfect
ich habe verziehen
du hast verziehen
er hat verziehen
wir haben verziehen
ihr habt verziehen
sie haben verziehen

Pluperfect
ich hatte verziehen
du hattest verziehen
er hatte verziehen
wir hatten verziehen
ihr hattet verziehen
sie hatten verziehen

Future	*Future Time*	*Future Time*
ich werde verzeihen	würde verzeihen	werde verzeihen
du wirst verzeihen	würdest verzeihen	werdest verzeihen
er wird verzeihen	würde verzeihen	werde verzeihen
wir werden verzeihen	würden verzeihen	werden verzeihen
ihr werdet verzeihen	würdet verzeihen	werdet verzeihen
sie werden verzeihen	würden verzeihen	werden verzeihen
Future Perfect	*Future Perfect Time*	*Future Perfect Time*
ich werde verziehen haben	würde verziehen haben	werde verziehen haben
du wirst verziehen haben	würdest verziehen haben	werdest verziehen haben
er wird verziehen haben	würde verziehen haben	werde verziehen haben
wir werden verziehen haben	würden verziehen haben	werden verziehen haben
ihr werdet verziehen haben	würdet verziehen haben	werdet verziehen haben
sie werden verziehen haben	würden verziehen haben	werden verziehen haben

Another similarly conjugated verb:
  zeihen, zieh, geziehen

verzichten

verzichten: to do without; renounce
one's claim to

Princ. Parts: verzichten, verzichtete, verzichtet
Imperative: verzichte!, verzichtet!, verzichten Sie!

INDICATIVE	SUBJUNCTIVE (II)	INDIR. DISC. SUBJ. (I)
Present	*Present Time*	*Present Time*
ich verzichte	verzichtete	verzichte
du verzichtest	verzichtetest	verzichtest
er verzichtet	verzichtete	verzichte
wir verzichten	verzichteten	verzichten
ihr verzichtet	verzichtetet	verzichtet
sie verzichten	verzichteten	verzichten
Past	*Past Time*	*Past Time*
ich verzichtete	hätte verzichtet	habe verzichtet
du verzichtetest	hättest verzichtet	habest verzichtet
er verzichtete	hätte verzichtet	habe verzichtet
wir verzichteten	hätten verzichtet	haben verzichtet
ihr verzichtetet	hättet verzichtet	habet verzichtet
sie verzichteten	hätten verzichtet	haben verzichtet

Perfect
ich habe verzichtet
du hast verzichtet
er hat verzichtet
wir haben verzichtet
ihr habt verzichtet
sie haben verzichtet

Pluperfect
ich hatte verzichtet
du hattest verzichtet
er hatte verzichtet
wir hatten verzichtet
ihr hattet verzichtet
sie hatten verzichtet

Future	*Future Time*	*Future Time*
ich werde verzichten	würde verzichten	werde verzichten
du wirst verzichten	würdest verzichten	werdest verzichten
er wird verzichten	würde verzichten	werde verzichten
wir werden verzichten	würden verzichten	werden verzichten
ihr werdet verzichten	würdet verzichten	werdet verzichten
sie werden verzichten	würden verzichten	werden verzichten
Future Perfect	*Future Perfect Time*	*Future Perfect Time*
ich werde verzichtet haben	würde verzichtet haben	werde verzichtet haben
du wirst verzichtet haben	würdest verzichtet haben	werdest verzichtet haben
er wird verzichtet haben	würde verzichtet haben	werde verzichtet haben
wir werden verzichtet haben	würden verzichtet haben	werden verzichtet haben
ihr werdet verzichtet haben	würdet verzichtet haben	werdet verzichtet haben
sie werden verzichtet haben	würden verzichtet haben	werden verzichtet haben

Princ. Parts: wachsen, wuchs, ist gewachsen
Imperative: wachs(e)!, wachst!, wachsen Sie!

wachsen: to grow

INDICATIVE	SUBJUNCTIVE (II)	INDIR. DISC. SUBJ. (I)
Present	*Present Time*	*Present Time*
ich wachse	wüchse	wachse
du wächst	wüchsest	wachsest
er wächst	wüchse	wachse
wir wachsen	wüchsen	wachsen
ihr wachst	wüchset	wachset
sie wachsen	wüchsen	wachsen
Past	*Past Time*	*Past Time*
ich wuchs	wäre gewachsen	sei gewachsen
du wuchst	wärest gewachsen	seiest gewachsen
er wuchs	wäre gewachsen	sei gewachsen
wir wuchsen	wären gewachsen	seien gewachsen
ihr wuchst	wäret gewachsen	seiet gewachsen
sie wuchsen	wären gewachsen	seien gewachsen

Perfect
ich bin gewachsen
du bist gewachsen
er ist gewachsen
wir sind gewachsen
ihr seid gewachsen
sie sind gewachsen

Pluperfect
ich war gewachsen
du warst gewachsen
er war gewachsen
wir waren gewachsen
ihr wart gewachsen
sie waren gewachsen

Future	*Future Time*	*Future Time*
ich werde wachsen	würde wachsen	werde wachsen
du wirst wachsen	würdest wachsen	werdest wachsen
er wird wachsen	würde wachsen	werde wachsen
wir werden wachsen	würden wachsen	werden wachsen
ihr werdet wachsen	würdet wachsen	werdet wachsen
sie werden wachsen	würden wachsen	werden wachsen
Future Perfect	*Future Perfect Time*	*Future Perfect Time*
ich werde gewachsen sein	würde gewachsen sein	werde gewachsen sein
du wirst gewachsen sein	würdest gewachsen sein	werdest gewachsen sein
er wird gewachsen sein	würde gewachsen sein	werde gewachsen sein
wir werden gewachsen sein	würden gewachsen sein	werden gewachsen sein
ihr werdet gewachsen sein	würdet gewachsen sein	werdet gewachsen sein
sie werden gewachsen sein	würden gewachsen sein	werden gewachsen sein

Separable
anwachsen, wuchs...an, angewachsen
aufwachsen, wuchs...auf, aufgewachsen
heranwachsen, wuchs...heran, herangewachsen

Inseparable
erwachsen, erwuchs, erwachsen
überwachsen, überwuchs, überwachsen
verwachsen, verwuchs, verwachsen

225

wägen

wägen: to weigh, ponder

Princ. Parts: wägen, wog, gewogen
Imperative: wäg(e)!, wägt!, wägen Sie!

INDICATIVE	SUBJUNCTIVE (II)	INDIR. DISC. SUBJ. (I)
Present	*Present Time*	*Present Time*
ich wäge	wöge	wäge
du wägst	wög(e)st	wägest
er wägt	wöge	wäge
wir wägen	wögen	wägen
ihr wägt	wög(e)t	wäget
sie wägen	wögen	wägen
Past	*Past Time*	*Past Time*
ich wog	hätte gewogen	habe gewogen
du wogst	hättest gewogen	habest gewogen
er wog	hätte gewogen	habe gewogen
wir wogen	hätten gewogen	haben gewogen
ihr wogt	hättet gewogen	habet gewogen
sie wogen	hätten gewogen	haben gewogen
Perfect		
ich habe gewogen		
du hast gewogen		
er hat gewogen		
wir haben gewogen		
ihr habt gewogen		
sie haben gewogen		
Pluperfect		
ich hatte gewogen		
du hattest gewogen		
er hatte gewogen		
wir hatten gewogen		
ihr hattet gewogen		
sie hatten gewogen		
Future	*Future Time*	*Future Time*
ich werde wägen	würde wägen	werde wägen
du wirst wägen	würdest wägen	werdest wägen
er wird wägen	würde wägen	werde wägen
wir werden wägen	würden wägen	werden wägen
ihr werdet wägen	würdet wägen	werdet wägen
sie werden wägen	würden wägen	werden wägen
Future Perfect	*Future Perfect Time*	*Future Perfect Time*
ich werde gewogen haben	würde gewogen haben	werde gewogen haben
du wirst gewogen haben	würdest gewogen haben	werdest gewogen haben
er wird gewogen haben	würde gewogen haben	werde gewogen haben
wir werden gewogen haben	würden gewogen haben	werden gewogen haben
ihr werdet gewogen haben	würdet gewogen haben	werdet gewogen haben
sie werden gewogen haben	würden gewogen haben	werden gewogen haben

Separable
abwägen, wog...ab, abgewogen

Inseparable
erwägen, erwog, erwogen

wählen: to choose; to vote, elect

Princ. Parts: wählen, wählte, gewählt
Imperative: wähl(e)!, wählt!, wählen Sie!

INDICATIVE	SUBJUNCTIVE (II)	INDIR. DISC. SUBJ. (I)
Present	*Present Time*	*Present Time*
ich wähle	wählte	wähle
du wählst	wähltest	wählest
er wählt	wählte	wähle
wir wählen	wählten	wählen
ihr wählt	wähltet	wählet
sie wählen	wählten	wählen
Past	*Past Time*	*Past Time*
ich wählte	hätte gewählt	habe gewählt
au wähltest	hättest gewählt	habest gewählt
er wählte	hätte gewählt	habe gewählt
wir wählten	hätten gewählt	haben gewählt
ihr wähltet	hättet gewählt	habet gewählt
sie wählten	hätten gewählt	haben gewählt
Perfect		
ich habe gewählt		
du hast gewählt		
er hat gewählt		
wir haben gewählt		
ihr habt gewählt		
sie haben gewählt		
Pluperfect		
ich hatte gewählt		
du hattest gewählt		
er hatte gewählt		
wir hatten gewählt		
ihr hattet gewählt		
sie hatten gewählt		
Future	*Future Time*	*Future Time*
ich werde wählen	würde wählen	werde wählen
du wirst wählen	würdest wählen	werdest wählen
er wird wählen	würde wählen	werde wählen
wir werden wählen	würden wählen	werden wählen
ihr werdet wählen	würdet wählen	werdet wählen
sie werden wählen	würden wählen	werden wählen
Future Perfect	*Future Perfect Time*	*Future Perfect Time*
ich werde gewählt haben	würde gewählt haben	werde gewählt haben
du wirst gewählt haben	würdest gewählt haben	werdest gewählt haben
er wird gewählt haben	würde gewählt haben	werde gewählt haben
wir werden gewählt haben	würden gewählt haben	werden gewählt haben
ihr werdet gewählt haben	würdet gewählt haben	werdet gewählt haben
sie werden gewählt haben	würden gewählt haben	werden gewählt haben

Separable
auswählen, wählte...aus, ausgewählt
wiederwählen, wählte...wieder, wiedergewählt
auserwählen, erwählte...aus, auserwählt

Inseparable
erwählen, erwählte, erwählt

warten

warten: to wait for

Princ. Parts: warten, wartete, gewartet
Imperative: warte!, wartet!, warten Sie!

INDICATIVE	SUBJUNCTIVE (II)	INDIR. DISC. SUBJ. (I)
Present	*Present Time*	*Present Time*
ich warte	wartete	warte
du wartest	wartetest	wartest
er wartet	wartete	warte
wir warten	warteten	warten
ihr wartet	wartetet	wartet
sie warten	warteten	warten
Past	*Past Time*	*Past Time*
ich wartete	hätte gewartet	habe gewartet
du wartetest	hättest gewartet	habest gewartet
er wartete	hätte gewartet	habe gewartet
wir warteten	hätten gewartet	haben gewartet
ihr wartetet	hättet gewartet	habet gewartet
sie warteten	hätten gewartet	haben gewartet
Perfect		
ich habe gewartet		
du hast gewartet		
er hat gewartet		
wir haben gewartet		
ihr habt gewartet		
sie haben gewartet		
Pluperfect		
ich hatte gewartet		
du hattest gewartet		
er hatte gewartet		
wir hatten gewartet		
ihr hattet gewartet		
sie hatten gewartet		
Future	*Future Time*	*Future Time*
ich werde warten	würde warten	werde warten
du wirst warten	würdest warten	werdest warten
er wird warten	würde warten	werde warten
wir werden warten	würden warten	werden warten
ihr werdet warten	würdet warten	werdet warten
sie werden warten	würden warten	werden warten
Future Perfect	*Future Perfect Time*	*Future Perfect Time*
ich werde gewartet haben	würde gewartet haben	werde gewartet haben
du wirst gewartet haben	würdest gewartet haben	werdest gewartet haben
er wird gewartet haben	würde gewartet haben	werde gewartet haben
wir werden gewartet haben	würden gewartet haben	werden gewartet haben
ihr werdet gewartet haben	würdet gewartet haben	werdet gewartet haben
sie werden gewartet haben	würden gewartet haben	werden gewartet haben

Separable
abwarten, wartete...ab, abgewartet

Inseparable
erwarten, erwartete, erwartet

228

waschen: to wash

Princ. Parts: waschen, wusch, gewaschen
Imperative: wasch(e)!, wascht!, waschen Sie!

INDICATIVE	SUBJUNCTIVE (II)	INDIR. DISC. SUBJ. (I)
Present	*Present Time*	*Present Time*
ich wasche	wüsche	wasche
du *wäschst*	wüschest	waschest
er *wäscht*	wüsche	wasche
wir waschen	wüschen	waschen
ihr wascht	wüschet	waschet
sie waschen	wüschen	waschen
Past	*Past Time*	*Past Time*
ich wusch	hätte gewaschen	habe gewaschen
du wuschest	hättest gewaschen	habest gewaschen
er wusch	hätte gewaschen	habe gewaschen
wir wuschen	hätten gewaschen	haben gewaschen
ihr wuscht	hättet gewaschen	habet gewaschen
sie wuschen	hätten gewaschen	haben gewaschen
Perfect		
ich habe gewaschen		
du hast gewaschen		
er hat gewaschen		
wir haben gewaschen		
ihr habt gewaschen		
sie haben gewaschen		
Pluperfect		
ich hatte gewaschen		
du hattest gewaschen		
er hatte gewaschen		
wir hatten gewaschen		
ihr hattet gewaschen		
sie hatten gewaschen		
Future	*Future Time*	*Future Time*
ich werde waschen	würde waschen	werde waschen
du wirst waschen	würdest waschen	werdest waschen
er wird waschen	würde waschen	werde waschen
wir werden waschen	würden waschen	werden waschen
ihr werdet waschen	würdet waschen	werdet waschen
sie werden waschen	würden waschen	werden waschen
Future Perfect	*Future Perfect Time*	*Future Perfect Time*
ich werde gewaschen haben	würde gewaschen haben	werde gewaschen haben
du wirst gewaschen haben	würdest gewaschen haben	werdest gewaschen haben
er wird gewaschen haben	würde gewaschen haben	werde gewaschen haben
wir werden gewaschen haben	würden gewaschen haben	werden gewaschen haben
ihr werdet gewaschen haben	würdet gewaschen haben	werdet gewaschen haben
sie werden gewaschen haben	würden gewaschen haben	werden gewaschen haben

Separable
abwaschen, wusch...ab, abgewaschen
auswaschen, wusch...aus, ausgewaschen

Inseparable
verwaschen, verwusch, verwaschen

wechseln

wechseln: to change, vary, exchange

Princ. Parts: wechseln, wechselte, gewechselt
Imperative: wechsle!,* wechselt!, wechseln Sie!

INDICATIVE	SUBJUNCTIVE (II)	INDIR. DISC. SUBJ. (I)
Present	*Present Time*	*Present Time*
ich wechsle*	wechsle*	wechsle*
du wechselst	wechseltest	wechselst
er wechselt	wechselte	wechsle*
wir wechseln	wechselten	wechseln
ihr wechselt	wechseltet	wechselt
sie wechseln	wechselten	wechseln
Past	*Past Time*	*Past Time*
ich wechselte	hätte gewechselt	habe gewechselt
du wechseltest	hättest gewechselt	habest gewechselt
er wechselte	hätte gewechselt	habe gewechselt
wir wechselten	hätten gewechselt	haben gewechselt
ihr wechseltet	hättet gewechselt	habet gewechselt
sie wechselten	hätten gewechselt	haben gewechselt
Perfect		
ich habe gewechselt		
du hast gewechselt		
er hat gewechselt		
wir haben gewechselt		
ihr habt gewechselt		
sie haben gewechselt		
Pluperfect		
ich hatte gewechselt		
du hattest gewechselt		
er hatte gewechselt		
wir hatten gewechselt		
ihr hattet gewechselt		
sie hatten gewechselt		
Future	*Future Time*	*Future Time*
ich werde wechseln	würde wechseln	werde wechseln
du wirst wechseln	würdest wechseln	werdest wechseln
er wird wechseln	würde wechseln	werde wechseln
wir werden wechseln	würden wechseln	werden wechseln
ihr werdet wechseln	würdet wechseln	werdet wechseln
sie werden wechseln	würden wechseln	werden wechseln
Future Perfect	*Future Perfect Time*	*Future Perfect Time*
ich werde gewechselt haben	würde gewechselt haben	werde gewechselt haben
du wirst gewechselt haben	würdest gewechselt haben	werdest gewechselt haben
er wird gewechselt haben	würde gewechselt haben	werde gewechselt haben
wir werden gewechselt haben	würden gewechselt haben	werden gewechselt haben
ihr werdet gewechselt haben	würdet gewechselt haben	werdet gewechselt haben
sie werden gewechselt haben	würden gewechselt haben	werden gewechselt haben

* *Wechsele* is also possible though not as commonly used.

Separable
abwechseln, wechselte...ab, abgewechselt
auswechseln, wechselte...aus, ausgewechselt
umwechseln, wechselte...um, umgewechselt

Inseparable
verwechseln, verwechselte, verwechselt

Princ. Parts: weichen, wich, ist gewichen
Imperative: weich(e)!, weicht!, weichen Sie!

weichen: give way, yield

INDICATIVE	SUBJUNCTIVE (II)	INDIR. DISC. SUBJ. (I)
Present	*Present Time*	*Present Time*
ich weiche	wiche	weiche
du weichst	wichest	weichest
er weicht	wiche	weiche
wir weichen	wichen	weichen
ihr weicht	wicht	weichet
sie weichen	wichen	weichen
Past	*Past Time*	*Past Time*
ich wich	wäre gewichen	sei gewichen
du wichst	wärest gewichen	seiest gewichen
er wich	wäre gewichen	sei gewichen
wir wichen	wären gewichen	seien gewichen
ihr wicht	wäret gewichen	seiet gewichen
sie wichen	wären gewichen	seien gewichen
Perfect		
ich bin gewichen		
du bist gewichen		
er ist gewichen		
wir sind gewichen		
ihr seid gewichen		
sie sind gewichen		
Pluperfect		
ich war gewichen		
du warst gewichen		
er war gewichen		
wir waren gewichen		
ihr wart gewichen		
sie waren gewichen		
Future	*Future Time*	*Future Time*
ich werde weichen	würde weichen	werde weichen
du wirst weichen	würdest weichen	werdest weichen
er wird weichen	würde weichen	werde weichen
wir werden weichen	würden weichen	werden weichen
ihr werdet weichen	würdet weichen	werdet weichen
sie werden weichen	würden weichen	werden weichen
Future Perfect	*Future Perfect Time*	*Future Perfect Time*
ich werde gewichen sein	würde gewichen sein	werde gewichen sein
du wirst gewichen sein	würdest gewichen sein	werdest gewichen sein
er wird gewichen sein	würde gewichen sein	werde gewichen sein
wir werden gewichen sein	würden gewichen sein	werden gewichen sein
ihr werdet gewichen sein	würdet gewichen sein	werdet gewichen sein
sie werden gewichen sein	würden gewichen sein	werden gewichen sein

Separable
abweichen, wich...ab, abgewichen
ausweichen, wich...aus, ausgewichen

Inseparable
entweichen, entwich, entwichen

sich weigern

Princ. Parts: weigern, weigerte, geweigert
Imperative: weigere dich!,* weigert euch!,
weigern Sie sich!

sich weigern: to refuse

INDICATIVE	SUBJUNCTIVE (II)	INDIR. DISC. SUBJ. (I)
Present	*Present Time*	*Present Time*
ich weigere mich*	weigerte mich	weigere mich*
du weigerst dich	weigertest dich	weigerst dich
er weigert sich	weigerte sich	weigere sich*
wir weigern uns	weigerten uns	weigern uns
ihr weigert euch	weigertet euch	weigert euch
sie weigern sich	weigerten sich	weigern sich
Past	*Past Time*	*Past Time*
ich weigerte mich	hätte mich geweigert	habe mich geweigert
du weigertest dich	hättest dich geweigert	habest dich geweigert
er weigerte sich	hätte sich geweigert	habe sich geweigert
wir weigerten uns	hätten uns geweigert	haben uns geweigert
ihr weigertet euch	hättet euch geweigert	habet euch geweigert
sie weigerten sich	hätten sich geweigert	haben sich geweigert
Perfect		
ich habe mich geweigert		
du hast dich geweigert		
er hat sich geweigert		
wir haben uns geweigert		
ihr habt euch geweigert		
sie haben sich geweigert		
Pluperfect		
ich hatte mich geweigert		
du hattest dich geweigert		
er hatte sich geweigert		
wir hatten uns geweigert		
ihr hattet euch geweigert		
sie hatten sich geweigert		
Future	*Future Time*	*Future Time*
ich werde mich weigern	würde mich weigern	werde mich weigern
du wirst dich weigern	würdest dich weigern	werdest dich weigern
er wird sich weigern	würde sich weigern	werde sich weigern
wir werden uns weigern	würden uns weigern	werden uns weigern
ihr werdet euch weigern	würdet euch weigern	werdet euch weigern
sie werden sich weigern	würden sich weigern	werden sich weigern
Future Perfect	*Future Perfect Time*	*Future Perfect Time*
ich werde mich geweigert haben	würde mich geweigert haben	werde mich geweigert haben
du wirst dich geweigert haben	würdest dich geweigert haben	werdest dich geweigert haben
er wird sich geweigert haben	würde sich geweigert haben	werde sich geweigert haben
wir werden uns geweigert haben	würden uns geweigert haben	werden uns geweigert haben
ihr werdet euch geweigert haben	würdet euch geweigert haben	werdet euch geweigert haben
sie werden sich geweigert haben	würden sich geweigert haben	werden sich geweigert haben

* *Weigre* is also possible, though not as commonly used.

Inseparable
verweigern, verweigerte, verweigert

weisen: to point out, show; refer to

Princ. Parts: weisen, wies, gewiesen
Imperative: weis(e)!, weist!, weisen Sie!

INDICATIVE	SUBJUNCTIVE (II)	INDIR. DISC. SUBJ. (I)
Present	*Present Time*	*Present Time*
ich weise	wiese	weise
du weist	wiesest	weisest
er weist	wiese	weise
wir weisen	wiesen	weisen
ihr weist	wieset	weiset
sie weisen	wiesen	weisen
Past	*Past Time*	*Past Time*
ich wies	hätte gewiesen	habe gewiesen
du wiesest	hättest gewiesen	habest gewiesen
er wies	hätte gewiesen	habe gewiesen
wir wiesen	hätten gewiesen	haben gewiesen
ihr wiest	hättet gewiesen	habet gewiesen
sie wiesen	hätten gewiesen	haben gewiesen
Perfect		
ich habe gewiesen		
du hast gewiesen		
er hat gewiesen		
wir haben gewiesen		
ihr habt gewiesen		
sie haben gewiesen		
Pluperfect		
ich hatte gewiesen		
du hattest gewiesen		
er hatte gewiesen		
wir hatten gewiesen		
ihr hattet gewiesen		
sie hatten gewiesen		
Future	*Future Time*	*Future Time*
ich werde weisen	würde weisen	werde weisen
du wirst weisen	würdest weisen	werdest weisen
er wird weisen	würde weisen	werde weisen
wir werden weisen	würden weisen	werden weisen
ihr werdet weisen	würdet weisen	werdet weisen
sie werden weisen	würden weisen	werden weisen
Future Perfect	*Future Perfect Time*	*Future Perfect Time*
ich werde gewiesen haben	würde gewiesen haben	werde gewiesen haben
du wirst gewiesen haben	würdest gewiesen haben	werdest gewiesen haben
er wird gewiesen haben	würde gewiesen haben	werde gewiesen haben
wir werden gewiesen haben	würden gewiesen haben	werden gewiesen haben
ihr werdet gewiesen haben	würdet gewiesen haben	werdet gewiesen haben
sie werden gewiesen haben	würden gewiesen haben	werden gewiesen haben

Separable
abweisen, wies...ab, abgewiesen
anweisen, wies...an, angewiesen
aufweisen, wies...auf, aufgewiesen
ausweisen, wies...aus, ausgewiesen
einweisen, wies...ein, eingewiesen
hinweisen, wies...hin, hingewiesen
nachweisen, wies...nach, nachgewiesen

vorweisen, wies...vor, vorgewiesen
zurückweisen, wies...zurück, zurückgewiesen

Inseparable
beweisen, bewies, bewiesen
erweisen, erwies, erwiesen
verweisen, verwies, verwiesen

wenden

wenden: to turn, turn over/around

Princ. Parts: wenden, wandte*/wendete, gewandt*/gewendet
Imperative: wende!, wendet!, wenden Sie!

INDICATIVE	SUBJUNCTIVE (II)	INDIR. DISC. SUBJ. (I)
Present	*Present Time*	*Present Time*
ich wende	wendete	wende
du wendest	wendetest	wendest
er wendet	wendete	wende
wir wenden	wendeten	wenden
ihr wendet	wendetet	wendet
sie wenden	wendeten	wenden
Past	*Past Time*	*Past Time*
ich wandte	hätte gewandt	habe gewandt
du wandtest	hättest gewandt	habest gewandt
er wandte	hätte gewandt	habe gewandt
wir wandten	hätten gewandt	haben gewandt
ihr wandtet	hättet gewandt	habet gewandt
sie wandten	hätten gewandt	haben gewandt
Perfect		
ich habe gewandt		
du hast gewandt		
er hat gewandt		
wir haben gewandt		
ihr habt gewandt		
sie haben gewandt		
Pluperfect		
ich hatte gewandt		
du hattest gewandt		
er hatte gewandt		
wir hatten gewandt		
ihr hattet gewandt		
sie hatten gewandt		
Future	*Future Time*	*Future Time*
ich werde wenden	würde wenden	werde wenden
du wirst wenden	würdest wenden	werdest wenden
er wird wenden	würde wenden	werde wenden
wir werden wenden	würden wenden	werden wenden
ihr werdet wenden	würdet wenden	werdet wenden
sie werden wenden	würden wenden	werden wenden
Future Perfect	*Future Perfect Time*	*Future Perfect Time*
ich werde gewandt haben	würde gewandt haben	werde gewandt haben
du wirst gewandt haben	würdest gewandt haben	werdest gewandt haben
er wird gewandt haben	würde gewandt haben	werde gewandt haben
wir werden gewandt haben	würden gewandt haben	werden gewandt haben
ihr werdet gewandt haben	würdet gewandt haben	werdet gewandt haben
sie werden gewandt haben	würden gewandt haben	werden gewandt haben

* Both forms of *wenden* are currently in use. The irregular form is conjugated above. See German-English Index for explanation of the slight variation in usage.

Separable: abwenden, wandte...ab/wendete...ab, abgewandt/abgewendet
anwenden, wandte...an/wendete...an, angewandt/angewendet
aufwenden, wandte...auf/wendete...auf, aufgewandt/aufgewendet
einwenden, wandte...ein/wendete...ein, eingewandt/eingewendet
zuwenden, wandte...zu/wendete...zu, zugewandt/zugewendet

Inseparable: verwenden, verwandte/verwendete, verwandt/verwendet

werfen

Princ. Parts: werfen, warf, geworfen
Imperative: wirf!, werft!, werfen Sie!

INDICATIVE	SUBJUNCTIVE (II)	INDIR. DISC. SUBJ. (I)
Present	*Present Time*	*Present Time*
ich werfe	würfe	werfe
du wirfst	würf(e)st	werfest
er wirft	würfe	werfe
wir werfen	würfen	werfen
ihr werft	würf(e)t	werfet
sie werfen	würfen	werfen
Past	*Past Time*	*Past Time*
ich warf	hätte geworfen	habe geworfen
du warfst	hättest geworfen	habest geworfen
er warf	hätte geworfen	habe geworfen
wir warfen	hätten geworfen	haben geworfen
ihr warft	hättet geworfen	habet geworfen
sie warfen	hätten geworfen	haben geworfen
Perfect		
ich habe geworfen		
du hast geworfen		
er hat geworfen		
wir haben geworfen		
ihr habt geworfen		
sie haben geworfen		
Pluperfect		
ich hatte geworfen		
du hattest geworfen		
er hatte geworfen		
wir hatten geworfen		
ihr hattet geworfen		
sie hatten geworfen		
Future	*Future Time*	*Future Time*
ich werde werfen	würde werfen	werde werfen
du wirst werfen	würdest werfen	werdest werfen
er wird werfen	würde werfen	werde werfen
wir werden werfen	würden werfen	werden werfen
ihr werdet werfen	würdet werfen	werdet werfen
sie werden werfen	würden werfen	werden werfen
Future Perfect	*Future Perfect Time*	*Future Perfect Time*
ich werde geworfen haben	würde geworfen haben	werde geworfen haben
du wirst geworfen haben	würdest geworfen haben	werdest geworfen haben
er wird geworfen haben	würde geworfen haben	werde geworfen haben
wir werden geworfen haben	würden geworfen haben	werden geworfen haben
ihr werdet geworfen haben	würdet geworfen haben	werdet geworfen haben
sie werden geworfen haben	würden geworfen haben	werden geworfen haben

Separable
aufwerfen, warf...auf, aufgeworfen
einwerfen, warf...ein, eingeworfen
niederwerfen, warf...nieder, niedergeworfen
umwerfen, warf...um, umgeworfen
vorwerfen, warf...vor, vorgeworfen

Inseparable
bewerfen, bewarf, beworfen
unterwerfen, unterwarf, unterworfen
verwerfen, verwarf, verworfen

235

wickeln

wickeln: to wind; to wrap

Princ. Parts: wickeln, wickelte, gewickelt
Imperative: wickle!,* wickelt!, wickeln Sie!

INDICATIVE	SUBJUNCTIVE (II)	INDIR. DISC. SUBJ. (I)
Present	*Present Time*	*Present Time*
ich wickle*	wickelte	wickle*
du wickelst	wickeltest	wickelst
er wickelt	wickelte	wickle*
wir wickeln	wickelten	wickeln
ihr wickelt	wickeltet	wickelt
sie wickeln	wickelten	wickeln
Past	*Past Time*	*Past Time*
ich wickelte	hätte gewickelt	habe gewickelt
du wickeltest	hättest gewickelt	habest gewickelt
er wickelte	hätte gewickelt	habe gewickelt
wir wickelten	hätten gewickelt	haben gewickelt
ihr wickeltet	hättet gewickelt	habet gewickelt
sie wickelten	hätten gewickelt	haben gewickelt
Perfect		
ich habe gewickelt		
du hast gewickelt		
er hat gewickelt		
wir haben gewickelt		
ihr habt gewickelt		
sie haben gewickelt		
Pluperfect		
ich hatte gewickelt		
du hattest gewickelt		
er hatte gewickelt		
wir hatten gewickelt		
ihr hattet gewickelt		
sie hatten gewickelt		
Future	*Future Time*	*Future Time*
ich werde wickeln	würde wickeln	werde wickeln
du wirst wickeln	würdest wickeln	werdest wickeln
er wird wickeln	würde wickeln	werde wickeln
wir werden wickeln	würden wickeln	werden wickeln
ihr werdet wickeln	würdet wickeln	werdet wickeln
sie werden wickeln	würden wickeln	werden wickeln
Future Perfect	*Future Perfect Time*	*Future Perfect Time*
ich werde gewickelt haben	würde gewickelt haben	werde gewickelt haben
du wirst gewickelt haben	würdest gewickelt haben	werdest gewickelt haben
er wird gewickelt haben	würde gewickelt haben	werde gewickelt haben
wir werden gewickelt haben	würden gewickelt haben	werden gewickelt haben
ihr werdet gewickelt haben	würdet gewickelt haben	werdet gewickelt haben
sie werden gewickelt haben	würden gewickelt haben	werden gewickelt haben

* *Wickele* is also correct, though not as commonly used.

Separable	*Inseparable*
aufwickeln, wickelte...auf, aufgewickelt	entwickeln, entwickelte, entwickelt
einwickeln, wickelte...ein, eingewickelt	verwickeln, verwickelte, verwickelt

wiegen: to weigh

Princ. Parts: wiegen, wog, gewogen
Imperative: wieg(e)!, wiegt!, wiegen Sie!

INDICATIVE	SUBJUNCTIVE (II)	INDIR. DISC. SUBJ. (I)
Present	*Present Time*	*Present Time*
ich wiege	wöge	wiege
du wiegst	wög(e)st	wiegest
er wiegt	wöge	wiege
wir wiegen	wögen	wiegen
ihr wiegt	wög(e)t	wieget
sie wiegen	wögen	wiegen
Past	*Past Time*	*Past Time*
ich wog	hätte gewogen	habe gewogen
du wogst	hättest gewogen	habest gewogen
er wog	hätte gewogen	habe gewogen
wir wogen	hätten gewogen	haben gewogen
ihr wogt	hättet gewogen	habet gewogen
sie wogen	hätten gewogen	haben gewogen
Perfect		
ich habe gewogen		
du hast gewogen		
er hat gewogen		
wir haben gewogen		
ihr habt gewogen		
sie haben gewogen		
Pluperfect		
ich hatte gewogen		
du hattest gewogen		
er hatte gewogen		
wir hatten gewogen		
ihr hattet gewogen		
sie hatten gewogen		
Future	*Future Time*	*Future Time*
ich werde wiegen	würde wiegen	werde wiegen
du wirst wiegen	würdest wiegen	werdest wiegen
er wird wiegen	würde wiegen	werde wiegen
wir werden wiegen	würden wiegen	werden wiegen
ihr werdet wiegen	würdet wiegen	werdet wiegen
sie werden wiegen	würden wiegen	werden wiegen
Future Perfect	*Future Perfect Time*	*Future Perfect Time*
ich werde gewogen haben	würde gewogen haben	werde gewogen haben
du wirst gewogen haben	würdest gewogen haben	werdest gewogen haben
er wird gewogen haben	würde gewogen haben	werde gewogen haben
wir werden gewogen haben	würden gewogen haben	werden gewogen haben
ihr werdet gewogen haben	würdet gewogen haben	werdet gewogen haben
sie werden gewogen haben	würden gewogen haben	werden gewogen haben

Separable
abwiegen, wog...ab, abgewogen
auswiegen, wog...aus, ausgewogen
vorwiegen, wog...vor, vorgewogen

Inseparable
überwiegen, überwog, überwogen

wirken

wirken: to work, effect

Princ. Parts: wirken, wirkte, gewirkt
Imperative: wirk(e)!, wirkt!, wirken Sie!

INDICATIVE	SUBJUNCTIVE (II)	INDIR. DISC. SUBJ. (I)
Present	*Present Time*	*Present Time*
ich wirke	wirkte	wirke
du wirkst	wirktest	wirkest
er wirkt	wirkte	wirke
wir wirken	wirkten	wirken
ihr wirkt	wirktet	wirket
sie wirken	wirkten	wirken
Past	*Past Time*	*Past Time*
ich wirkte	hätte gewirkt	habe gewirkt
du wirktest	hättest gewirkt	habest gewirkt
er wirkte	hätte gewirkt	habe gewirkt
wir wirkten	hätten gewirkt	haben gewirkt
ihr wirktet	hättet gewirkt	habet gewirkt
sie wirkten	hätten gewirkt	haben gewirkt
Perfect		
ich habe gewirkt		
du hast gewirkt		
er hat gewirkt		
wir haben gewirkt		
ihr habt gewirkt		
sie haben gewirkt		
Pluperfect		
ich hatte gewirkt		
du hattest gewirkt		
er hatte gewirkt		
wir hatten gewirkt		
ihr hattet gewirkt		
sie hatten gewirkt		
Future	*Future Time*	*Future Time*
ich werde wirken	würde wirken	werde wirken
du wirst wirken	würdest wirken	werdest wirken
er wird wirken	würde wirken	werde wirken
wir werden wirken	würden wirken	werden wirken
ihr werdet wirken	würdet wirken	werdet wirken
sie werden wirken	würden wirken	werden wirken
Future Perfect	*Future Perfect Time*	*Future Perfect Time*
ich werde gewirkt haben	würde gewirkt haben	werde gewirkt haben
du wirst gewirkt haben	würdest gewirkt haben	werdest gewirkt haben
er wird gewirkt haben	würde gewirkt haben	werde gewirkt haben
wir werden gewirkt haben	würden gewirkt haben	werden gewirkt haben
ihr werdet gewirkt haben	würdet gewirkt haben	werdet gewirkt haben
sie werden gewirkt haben	würden gewirkt haben	werden gewirkt haben

Separable
auswirken, wirkte...aus, ausgewirkt
einwirken, wirkte...ein, eingewirkt
mitwirken, wirkte...mit, mitgewirkt
nachwirken, wirkte...nach, nachgewirkt

Inseparable
bewirken, bewirkte, bewirkt
verwirken, verwirkte, verwirkt

238

wissen: to know (as a fact)

Princ. Parts: wissen, wuβte, gewuβt
Imperative: wisse!, wiβt!, wissen Sie!

INDICATIVE	SUBJUNCTIVE (II)	INDIR. DISC. SUBJ. (I)
Present	*Present Time*	*Present Time*
ich weiβ	wüβte	wisse
du weiβt	wüβtest	wissest
er weiβ	wüβte	wisse
wir wissen	wüβten	wissen
ihr wiβt	wüβtet	wisset
sie wissen	wüβten	wissen
Past	*Past Time*	*Past Time*
ich wuβte	hätte gewuβt	habe gewuβt
du wuβtest	hättest gewuβt	habest gewuβt
er wuβte	hätte gewuβt	habe gewuβt
wir wuβten	hätten gewuβt	haben gewuβt
ihr wuβtet	hättet gewuβt	habet gewuβt
sie wuβten	hätten gewuβt	haben gewuβt
Perfect		
ich habe gewuβt		
du hast gewuβt		
er hat gewuβt		
wir haben gewuβt		
ihr habt gewuβt		
sie haben gewuβt		
Pluperfect		
ich hatte gewuβt		
du hattest gewuβt		
er hatte gewuβt		
wir hatten gewuβt		
ihr hattet gewuβt		
sie hatten gewuβt		
Future	*Future Time*	*Future Time*
ich werde wissen	würde wissen	werde wissen
du wirst wissen	würdest wissen	werdest wissen
er wird wissen	würde wissen	werde wissen
wir werden wissen	würden wissen	werden wissen
ihr werdet wissen	würdet wissen	werdet wissen
sie werden wissen	würden wissen	werden wissen
Future Perfect	*Future Perfect Time*	*Future Perfect Time*
ich werde gewuβt haben	würde gewuβt haben	werde gewuβt haben
du wirst gewuβt haben	würdest gewuβt haben	werdest gewuβt haben
er wird gewuβt haben	würde gewuβt haben	werde gewuβt haben
wir werden gewuβt haben	würden gewuβt haben	werden gewuβt haben
ihr werdet gewuβt haben	würdet gewuβt haben	werdet gewuβt haben
sie werden gewuβt haben	würden gewuβt haben	werden gewuβt haben

Separable
vorauswissen, wuβte . . . voraus, vorausgewuβt

wohnen

wohnen: to reside, live

Princ. Parts: wohnen, wohnte, gewohnt
Imperative: wohn(e)!, wohnt!, wohnen Sie!

INDICATIVE	SUBJUNCTIVE (II)	INDIR. DISC. SUBJ. (I)
Present	*Present Time*	*Present Time*
ich wohne	wohne	wohne
du wohnst	wohntest	wohnest
er wohnt	wohnte	wohne
wir wohnen	wohnten	wohnen
ihr wohnt	wohntet	wohnet
sie wohnen	wohnten	wohnen
Past	*Past Time*	*Past Time*
ich wohnte	hätte gewohnt	habe gewohnt
du wohntest	hättest gewohnt	habest gewohnt
er wohnte	hätte gewohnt	habe gewohnt
wir wohnten	hätten gewohnt	haben gewohnt
ihr wohntet	hättet gewohnt	habet gewohnt
sie wohnten	hätten gewohnt	haben gewohnt
Perfect		
ich habe gewohnt		
du hast gewohnt		
er hat gewohnt		
wir haben gewohnt		
ihr habt gewohnt		
sie haben gewohnt		
Pluperfect		
ich hatte gewohnt		
du hattest gewohnt		
er hatte gewohnt		
wir hatten gewohnt		
ihr hattet gewohnt		
sie hatten gewohnt		
Future	*Future Time*	*Future Time*
ich werde wohnen	würde wohnen	werde wohnen
du wirst wohnen	würdest wohnen	werdest wohnen
er wird wohnen	würde wohnen	werde wohnen
wir werden wohnen	würden wohnen	werden wohnen
ihr werdet wohnen	würdet wohnen	werdet wohnen
sie werden wohnen	würden wohnen	werden wohnen
Future Perfect	*Future Perfect Time*	*Future Perfect Time*
ich werde gewohnt haben	würde gewohnt haben	werde gewohnt haben
du wirst gewohnt haben	würdest gewohnt haben	werdest gewohnt haben
er wird gewohnt haben	würde gewohnt haben	werde gewohnt haben
wir werden gewohnt haben	würden gewohnt haben	werden gewohnt haben
ihr werdet gewohnt haben	würdet gewohnt haben	werdet gewohnt haben
sie werden gewohnt haben	würden gewohnt haben	werden gewohnt haben

Inseparable
bewohnen, bewohnte, bewohnt

wünschen: to wish

Princ. Parts: wünschen, wünschte, gewünscht
Imperative: wünsch(e)!, wünscht!, wünschen Sie!

INDICATIVE	SUBJUNCTIVE (II)	INDIR. DISC. SUBJ. (I)
Present	*Present Time*	*Present Time*
ich wünsche	wünschte	wünsche
du wünschst	wünschtest	wünschest
er wünscht	wünschte	wünsche
wir wünschen	wünschten	wünschen
ihr wünscht	wünschtet	wünschet
sie wünschen	wünschten	wünschen
Past	*Past Time*	*Past Time*
ich wünschte	hätte gewünscht	habe gewünscht
du wünschtest	hättest gewünscht	habest gewünscht
er wünschte	hätte gewünscht	habe gewünscht
wir wünschten	hätten gewünscht	haben gewünscht
ihr wünschtet	hättet gewünscht	habet gewünscht
sie wünschten	hätten gewünscht	haben gewünscht
Perfect		
ich habe gewünscht		
du hast gewünscht		
er hat gewünscht		
wir haben gewünscht		
ihr habt gewünscht		
sie haben gewünscht		
Pluperfect		
ich hatte gewünscht		
du hattest gewünscht		
er hatte gewünscht		
wir hatten gewünscht		
ihr hattet gewünscht		
sie hatten gewünscht		
Future	*Future Time*	*Future Time*
ich werde wünschen	würde wünschen	werde wünschen
du wirst wünschen	würdest wünschen	werdest wünschen
er wird wünschen	würde wünschen	werde wünschen
wir werden wünschen	würden wünschen	werden wünschen
ihr werdet wünschen	würdet wünschen	werdet wünschen
sie werden wünschen	würden wünschen	werden wünschen
Future Perfect	*Future Perfect Time*	*Future Perfect Time*
ich werde gewünscht haben	würde gewünscht haben	werde gewünscht haben
du wirst gewünscht haben	würdest gewünscht haben	werdest gewünscht haben
er wird gewünscht haben	würde gewünscht haben	werde gewünscht haben
wir werden gewünscht haben	würden gewünscht haben	werden gewünscht haben
ihr werdet gewünscht haben	würdet gewünscht haben	werdet gewünscht haben
sie werden gewünscht haben	würden gewünscht haben	werden gewünscht haben

Separable
herbeiwünschen, wünschte...herbei,
herbeigewünscht

Inseparable
beglückwünschen, beglückwünschte,
beglückwünscht
verwünschen, verwünschte, verwünscht

zahlen

zahlen: to pay

Princ. Parts: zahlen, zahlte, gezahlt
Imperative: zahl(e)!, zahlt!, zahlen Sie!

INDICATIVE	SUBJUNCTIVE (II)	INDIR. DISC. SUBJ. (I)
Present	*Present Time*	*Present Time*
ich zahle	zahle	zahle
du zah!st	zahltest	zahlest
er zahlt	zahlte	zahle
wir zahlen	zahlten	zahlen
ihr zahlt	zahltet	zahlet
sie zahlen	zahlten	zahlen
Past	*Past Time*	*Past Time*
ich zahlte	hätte gezahlt	habe gezahlt
du zahltest	hättest gezahlt	habest gezahlt
er zahlte	hätte gezahlt	habe gezahlt
wir zahlten	hätten gezahlt	haben gezahlt
ihr zahltet	hättet gezahlt	habet gezahlt
sie zahlten	hätten gezahlt	haben gezahlt
Perfect		
ich habe gezahlt		
du hast gezahlt		
er hat gezahlt		
wir haben gezahlt		
ihr habt gezahlt		
sie haben gezahlt		
Pluperfect		
ich hatte gezahlt		
du hattest gezahlt		
er hatte gezahlt		
wir hatten gezahlt		
ihr hattet gezahlt		
sie hatten gezahlt		
Future	*Future Time*	*Future Time*
ich werde zahlen	würde zahlen	werde zahlen
du wirst zahlen	würdest zahlen	werdest zahlen
er wird zahlen	würde zahlen	werde zahlen
wir werden zahlen	würden zahlen	werden zahlen
ihr werdet zahlen	würdet zahlen	werdet zahlen
sie werden zaheln	würden zahlen	werden zahlen
Future Perfect	*Future Perfect Time*	*Future Perfect Time*
ich werde gezahlt haben	würde gezahlt haben	werde gezahlt haben
du wirst gezahlt haben	würdest gezahlt haben	werdest gezahlt haben
er wird gezahlt haben	würde gezahlt haben	werde gezahlt haben
wir werden gezahlt haben	würden gezahlt haben	werden gezahlt haben
ihr werdet gezahlt haben	würdet gezahlt haben	werdet gezahlt haben
sie werden gezahlt haben	würden gezahlt haben	werden gezahlt haben

Separable
anzahlen, zahlte...an, angezahlt
einzahlen, zahlte...ein, eingezahlt

Inseparable
bezahlen, bezahlte, bezahlt

zählen

zählen: to count

Princ. Parts: zählen, zählte, gezählt
Imperative: zähl(e)!, zählt!, zählen Sie!

INDICATIVE	SUBJUNCTIVE (II)	INDIR. DISC. SUBJ. (I)
Present	*Present Time*	*Present Time*
ich zähle	zählte	zähle
du zählst	zähltest	zählest
er zählt	zählte	zähle
wir zählen	zählten	zählen
ihr zählt	zähltet	zählet
sie zählen	zählten	zählen
Past	*Past Time*	*Past Time*
ich zählte	hätte gezählt	habe gezählt
du zähltest	hättest gezählt	habest gezählt
er zählte	hätte gezählt	habe gezählt
wir zählten	hätten gezählt	haben gezählt
ihr zähltet	hättet gezählt	habet gezählt
sie zählten	hätten gezählt	haben gezählt

Perfect
ich habe gezählt
du hast gezählt
er hat gezählt
wir haben gezählt
ihr habt gezählt
sie haben gezählt

Pluperfect
ich hatte gezählt
du hattest gezählt
er hatte gezählt
wir hatten gezählt
ihr hattet gezählt
sie hatten gezählt

Future	*Future Time*	*Future Time*
ich werde zählen	würde zählen	werde zählen
du wirst zählen	würdest zählen	werdest zählen
er wird zählen	würde zählen	werde zählen
wir werden zählen	würden zählen	werden zählen
ihr werdet zählen	würdet zählen	werdet zählen
sie werden zählen	würden zählen	werden zählen
Future Perfect	*Future Perfect Time*	*Future Perfect Time*
ich werde gezählt haben	würde gezählt haben	werde gezählt haben
du wirst gezählt haben	würdest gezählt haben	werdest gezählt haben
er wird gezählt haben	würde gezählt haben	werde gezählt haben
wir werden gezählt haben	würden gezählt haben	werden gezählt haben
ihr werdet gezählt haben	würdet gezählt haben	werdet gezählt haben
sie werden gezählt haben	würden gezählt haben	werden gezählt haben

Separable
abzählen, zählte...ab, abgezählt
aufzählen, zählte...auf, aufgezählt
nachzählen, zählte...nach, nachgezählt
zusammenzählen, zählte...zusammen,
   zusammengezählt

Inseparable
erzählen, erzählte, erzählt

zeichnen

zeichnen: to draw

Princ. Parts: zeichnen, zeichnete, gezeichnet
Imperative: zeichne!, zeichnet!, zeichnen Sie!

INDICATIVE	SUBJUNCTIVE (II)	INDIR. DISC. SUBJ. (I)
Present	*Present Time*	*Present Time*
ich zeichne	zeichnete	zeichne
du zeichnest	zeichnetest	zeichnest
er zeichnet	zeichnete	zeichne
wir zeichnen	zeichneten	zeichnen
ihr zeichnet	zeichnetet	zeichnet
sie zeichnen	zeichneten	zeichnen
Past	*Past Time*	*Past Time*
ich zeichnete	hätte gezeichnet	habe gezeichnet
du zeichnetest	hättest gezeichnet	habest gezeichnet
er zeichnete	hätte gezeichnet	habe gezeichnet
wir zeichneten	hätten gezeichnet	haben gezeichnet
ihr zeichnetet	hättet gezeichnet	habet gezeichnet
sie zeichneten	hätten gezeichnet	haben gezeichnet
Perfect		
ich habe gezeichnet		
du hast gezeichnet		
er hat gezeichnet		
wir haben gezeichnet		
ihr habt gezeichnet		
sie haben gezeichnet		
Pluperfect		
ich hatte gezeichnet		
du hattest gezeichnet		
er hatte gezeichnet		
wir hatten gezeichnet		
ihr hattet gezeichnet		
sie hatten gezeichnet		
Future	*Future Time*	*Future Time*
ich werde zeichnen	würde zeichnen	werde zeichnen
du wirst zeichnen	würdest zeichnen	werdest zeichnen
er wird zeichnen	würde zeichnen	werde zeichnen
wir werden zeichnen	würden zeichnen	werden zeichnen
ihr werdet zeichnen	würdet zeichnen	werdet zeichnen
sie werden zeichnen	würden zeichnen	werden zeichnen
Future Perfect	*Future Perfect Time*	*Future Perfect Time*
ich werde gezeichnet haben	würde gezeichnet haben	werde gezeichnet haben
du wirst gezeichnet haben	würdest gezeichnet haben	werdest gezeichnet haben
er wird gezeichnet haben	würde gezeichnet haben	werde gezeichnet haben
wir werden gezeichnet haben	würden gezeichnet haben	werden gezeichnet haben
ihr werdet gezeichnet haben	würdet gezeichnet haben	werdet gezeichnet haben
sie werden gezeichnet haben	würden gezeichnet haben	werden gezeichnet haben

Separable
aufzeichnen, zeichnete...auf, aufgezeichnet
auszeichnen, zeichnete...aus, ausgezeichnet

Inseparable
bezeichnen, bezeichnete, bezeichnet
kennzeichnen, kennzeichnete, gekennzeichnet
unterzeichnen, unterzeichnete, unterzeichnet

Princ. Parts: zeigen, zeigte, gezeigt
Imperative: zeig(e)!, zeigt!, zeigen Sie!

zeigen: to show

INDICATIVE	SUBJUNCTIVE (II)	INDIR. DISC. SUBJ. (I)
Present	*Present Time*	*Present Time*
ich zeige	zeigte	zeige
du zeigst	zeigtest	zeigest
er zeigt	zeigte	zeige
wir zeigen	zeigten	zeigen
ihr zeigt	zeigtet	zeiget
sie zeigen	zeigten	zeigen
Past	*Past Time*	*Past Time*
ich zeigte	hätte gezeigt	habe gezeigt
du zeigtest	hättest gezeigt	habest gezeigt
er zeigte	hätte gezeigt	habe gezeigt
wir zeigten	hätten gezeigt	haben gezeigt
ihr zeigtet	hättet gezeigt	habet gezeigt
sie zeigten	hätten gezeigt	haben gezeigt

Perfect
ich habe gezeigt
du hast gezeigt
er hat gezeigt
wir haben gezeigt
ihr habt gezeigt
sie haben gezeigt

Pluperfect
ich hatte gezeigt
du hattest gezeigt
er hatte gezeigt
wir hatten gezeigt
ihr hattet gezeigt
sie hatten gezeigt

Future	*Future Time*	*Future Time*
ich werde zeigen	würde zeigen	werde zeigen
du wirst zeigen	würdest zeigen	werdest zeigen
er wird zeigen	würde zeigen	werde zeigen
wir werden zeigen	würden zeigen	werden zeigen
ihr werdet zeigen	würdet zeigen	werdet zeigen
sie werden zeigen	würden zeigen	werden zeigen
Future Perfect	*Future Perfect Time*	*Future Perfect Time*
ich werde gezeigt haben	würde gezeigt haben	werde gezeigt haben
du wirst gezeigt haben	würdest gezeigt haben	werdest gezeigt haben
er wird gezeigt haben	würde gezeigt haben	werde gezeigt haben
wir werden gezeigt haben	würden gezeigt haben	werden gezeigt haben
ihr werdet gezeigt haben	würdet gezeigt haben	werdet gezeigt haben
sie werden gezeigt haben	würden gezeigt haben	werden gezeigt haben

Separable
anzeigen, zeigte...an, angezeigt
vorzeigen, zeigte...vor, vorgezeigt

Inseparable
erzeigen, erzeigte, erzeigt

zeugen

zeugen: to witness, testify;
to beget, (fig.) produce

Princ. Parts: zeugen, zeugte, gezeugt
Imperative: zeug(e)!, zeugt!, zeugen Sie!

INDICATIVE	SUBJUNCTIVE (II)	INDIR. DISC. SUBJ. (I)
Present	*Present Time*	*Present Time*
ich zeuge	zeugte	zeuge
du zeugst	zeugtest	zeugest
er zeugt	zeugte	zeuge
wir zeugen	zeugten	zeugen
ihr zeugt	zeugtet	zeuget
sie zeugen	zeugten	zeugen
Past	*Past Time*	*Past Time*
ich zeugte	hätte gezeugt	habe gezeugt
du zeugtest	hättest gezeugt	habest gezeugt
er zeugte	hätte gezeugt	habe gezeugt
wir zeugten	hätten gezeugt	haben gezeugt
ihr zeugtet	hättet gezeugt	habet gezeugt
sie zeugten	hätten gezeugt	haben gezeugt
Perfect		
ich habe gezeugt		
du hast gezeugt		
er hat gezeugt		
wir haben gezeugt		
ihr habt gezeugt		
sie haben gezeugt		
Pluperfect		
ich hatte gezeugt		
du hattest gezeugt		
er hatte gezeugt		
wir hatten gezeugt		
ihr hattet gezeugt		
sie hatten gezeugt		
Future	*Future Time*	*Future Time*
ich werde zeugen	würde zeugen	werde zeugen
du wirst zeugen	würdest zeugen	werdest zeugen
er wird zeugen	würde zeugen	werde zeugen
wir werden zeugen	würden zeugen	werden zeugen
ihr werdet zeugen	würdet zeugen	werdet zeugen
sie werden zeugen	würden zeugen	werden zeugen
Future Perfect	*Future Perfect Time*	*Future Perfect Time*
ich werde gezeugt haben	würde gezeugt haben	werde gezeugt haben
du wirst gezeugt haben	würdest gezeugt haben	werdest gezeugt haben
er wird gezeugt haben	würde gezeugt haben	werde gezeugt haben
wir werden gezeugt haben	würden gezeugt haben	werden gezeugt haben
ihr werdet gezeugt haben	würdet gezeugt haben	werdet gezeugt haben
sie werden gezeugt haben	würden gezeugt haben	werden gezeugt haben

Inseparable
bezeugen, bezeugte, bezeugt
erzeugen, erzeugte, erzeugt
überzeugen, überzeugte, überzeugt

ziehen: to pull, draw

Princ. Parts: ziehen, zog, gezogen*
Imperative: zieh(e)!, zieht!, ziehen Sie!

INDICATIVE	SUBJUNCTIVE (II)	INDIR. DISC. SUBJ. (I)
Present	*Present Time*	*Present Time*
ich ziehe	zöge	ziehe
du ziehst	zög(e)st	ziehest
er zieht	zöge	ziehe
wir ziehen	zögen	ziehen
ihr zieht	zöget	ziehet
sie ziehen	zögen	ziehen
Past	*Past Time*	*Past Time*
ich zog	hätte gezogen	habe gezogen
du zogst	hättest gezogen	habest gezogen
er zog	hätte gezogen	habe gezogen
wir zogen	hätten gezogen	haben gezogen
ihr zogt	hättet gezogen	habet gezogen
sie zogen	hätten gezogen	haben gezogen
Perfect		
ich habe gezogen		
du hast gezogen		
er hat gezogen		
wir haben gezogen		
ihr habt gezogen		
sie haben gezogen		
Pluperfect		
ich hatte gezogen		
du hattest gezogen		
er hatte gezogen		
wir hatten gezogen		
ihr hattet gezogen		
sie hatten gezogen		
Future	*Future Time*	*Future Time*
ich werde ziehen	würde ziehen	werde ziehen
du wirst ziehen	würdest ziehen	werdest ziehen
er wird ziehen	würde ziehen	werde ziehen
wir werden ziehen	würden ziehen	werden ziehen
ihr werdet ziehen	würdet ziehen	werdet ziehen
sie werden ziehen	würden ziehen	werden ziehen
Future Perfect	*Future Perfect Time*	*Future Perfect Time*
ich werde gezogen haben	würde gezogen haben	werde gezogen haben
du wirst gezogen haben	würdest gezogen haben	werdest gezogen haben
er wird gezogen haben	würde gezogen haben	werde gezogen haben
wir werden gezogen haben	würden gezogen haben	werden gezogen haben
ihr werdet gezogen haben	würdet gezogen haben	werdet gezogen haben
sie werden gezogen haben	würden gezogen haben	werden gezogen haben

* *Ziehen,* in the sense "to move, change one's residence," is conjugated with *sein.*

Separable
abziehen, zog...ab, abgezogen
anziehen, zog...an, angezogen
aufziehen, zog...auf, aufgezogen
ausziehen, zog...aus, ausgezogen
einbeziehen, bezog...ein, einbezogen
umziehen, zog...um, umgezogen
vorziehen, zog...vor, vorgezogen

zurückziehen, zog...zurück, zurückgezogen

Inseparable
beziehen, bezog, bezogen
entziehen, entzog, entzogen
erziehen, erzog, erzogen
vollziehen, vollzog, vollzogen

zögern

zögern: to hesitate

Princ. Parts: zögern, zögerte, gezögert
Imperative: zögere!,* zögert!, zögern Sie!

INDICATIVE	SUBJUNCTIVE (II)	INDIR. DISC. SUBJ. (I)
Present	*Present Time*	*Present Time*
ich zögere*	zögerte	zögere*
du zögerst	zögertest	zögerst
er zögert	zögerte	zögere*
wir zögern	zögerten	zögern
ihr zögert	zögertet	zögert
sie zögern	zögerten	zögern
Past	*Past Time*	*Past Time*
ich zögerte	hätte gezögert	habe gezögert
du zögertest	hättest gezögert	habest gezögert
er zögerte	hätte gezögert	habe gezögert
wir zögerten	hätten gezögert	haben gezögert
ihr zögertet	hättet gezögert	habet gezögert
sie zögerten	hätten gezögert	haben gezögert

Perfect
ich habe gezögert
du hast gezögert
er hat gezögert
wir haben gezögert
ihr habt gezögert
sie haben gezögert

Pluperfect
ich hatte gezögert
du hattest gezögert
er hatte gezögert
wir hatten gezögert
ihr hattet gezögert
sie hatten gezögert

Future	*Future Time*	*Future Time*
ich werde zögern	würde zögern	werde zögern
du wirst zögern	würdest zögern	werdest zögern
er wird zögern	würde zögern	werde zögern
wir werden zögern	würden zögern	werden zögern
ihr werdet zögern	würdet zögern	werdet zögern
sie werden zögern	würden zögern	werden zögern
Future Perfect	*Future Perfect Time*	*Future Perfect Time*
ich werde gezögert haben	würde gezögert haben	werde gezögert haben
du wirst gezögert haben	würdest gezögert haben	werdest gezögert haben
er wird gezögert haben	würde gezögert haben	werde gezögert haben
wir werden gezögert haben	würden gezögert haben	werden gezögert haben
ihr werdet gezögert haben	würdet gezögert haben	werdet gezögert haben
sie werden gezögert haben	würden gezögert haben	werden gezögert haben

Inseparable
verzögern, verzögerte, verzögert

* *Zögre* is also possible though not as commonly used.

zweifeln: to doubt, be in doubt about

Princ. Parts: zweifeln, zweifelte, gezweifelt
Imperative: zwe:fle!,* zweifelt!, zweifeln Sie!

INDICATIVE	SUBJUNCTIVE (II)	INDIR. DISC. SUBJ. (I)
Present	*Present Time*	*Present Time*
ich zweifle*	zweifelte	zweifle*
du zweifelst	zweifeltest	zweifelst
er zweifelt	zweifelte	zweifle*
wir zweifeln	zweifelten	zweifeln
ihr zweifelt	zweifeltet	zweifelt
sie zweifeln	zweifelten	zweifeln
Past	*Past Time*	*Past Time*
ich zweifelte	hätte gezweifelt	habe gezweifelt
du zweifeltest	hättest gezweifelt	habest gezweifelt
er zweifelte	hätte gezweifelt	habe gezweifelt
wir zweifelten	hätten gezweifelt	haben gezweifelt
ihr zweifeltet	hättet gezweifelt	habet gezweifelt
sie zweifelten	hätten gezweifelt	haben gezweifelt
Perfect		
ich habe gezweifelt		
du hast gezweifelt		
er hat gezweifelt		
wir haben gezweifelt		
ihr habt gezweifelt		
sie haben gezweifelt		
Pluperfect		
ich hatte gezweifelt		
du hattest gezweifelt		
er hatte gezweifelt		
wir hatten gezweifelt		
ihr hattet gezweifelt		
sie hatten gezweifelt		
Future	*Future Time*	*Future Time*
ich werde zweifeln	würde zweifeln	werde zweifeln
du wirst zweifeln	würdest zweifeln	werdest zweifeln
er wird zweifeln	würde zweifeln	werde zweifeln
wir werden zweifeln	würden zweifeln	werden zweifeln
ihr werdet zweifeln	würdet zweifeln	werdet zweifeln
sie werden zweifeln	würden zweifeln	werden zweifeln
Future Perfect	*Future Perfect Time*	*Future Perfect Time*
ich werde gezweifelt haben	würde gezweifelt haben	werde gezweifelt haben
du wirst gezweifelt haben	würdest gezweifelt haben	werdest gezweifelt haben
er wird gezweifelt haben	würde gezweifelt haben	werde gezweifelt haben
wir werden gezweifelt haben	würden gezweifelt haben	werden gezweifelt haben
ihr werdet gezweifelt haben	würdet gezweifelt haben	werdet gezweifelt haben
sie werden gezweifelt haben	würden gezweifelt haben	werden gezweifelt haben

* Ich *zweifele,* er *zweifele,* and *zweifele* are also correct, though not as common.

Separable
anzweifeln, zweifelte...an, angezweifelt

Inseparable
bezweifeln, bezweifelte, bezweifelt
verzweifeln, verzweifelte, verzweifelt

zwingen

zwingen: to force

Princ. Parts: zwingen, zwang, gezwungen
Imperative: zwing(e)!, zwingt!, zwingen Sie!

INDICATIVE	SUBJUNCTIVE (II)	INDIR. DISC. SUBJ. (I)
Present	*Present Time*	*Present Time*
ich zwinge	zwänge	zwinge
du zwingst	zwäng(e)st	zwingest
er zwingt	zwänge	zwinge
wir zwingen	zwängen	zwingen
ihr zwingt	zwäng(e)t	zwinget
sie zwingen	zwängen	zwingen
Past	*Past Time*	*Past Time*
ich zwang	hätte gezwungen	habe gezwungen
du zwangst	hättest gezwungen	habest gezwungen
er zwang	hätte gezwungen	habe gezwungen
wir zwangen	hätten gezwungen	haben gezwungen
ihr zwangt	hättet gezwungen	habet gezwungen
sie zwangen	hätten gezwungen	haben gezwungen
Perfect		
ich habe gezwungen		
du hast gezwungen		
er hat gezwungen		
wir haben gezwungen		
ihr habt gezwungen		
sie haben gezwungen		
Pluperfect		
ich hatte gezwungen		
du hattest gezwungen		
er hatte gezwungen		
wir hatten gezwungen		
ihr hattet gezwungen		
sie hatten gezwungen		
Future	*Future Time*	*Future Time*
ich werde zwingen	würde zwingen	werde zwingen
du wirst zwingen	würdest zwingen	werdest zwingen
er wird zwingen	würde zwingen	werde zwingen
wir werden zwingen	würden zwingen	werden zwingen
ihr werdet zwingen	würdet zwingen	werdet zwingen
sie werden zwingen	würden zwingen	werden zwingen
Future Perfect	*Future Perfect Time*	*Future Perfect Time*
ich werde gezwungen haben	würde gezwungen haben	werde gezwungen haben
du wirst gezwungen haben	würdest gezwungen haben	werdest gezwungen haben
er wird gezwungen haben	würde gezwungen haben	werde gezwungen haben
wir werden gezwungen haben	würden gezwungen haben	werden gezwungen haben
ihr werdet gezwungen haben	würdet gezwungen haben	werdet gezwungen haben
sie werden gezwungen haben	würden gezwungen haben	werden gezwungen haben

Separable
abzwingen, zwang...ab, abgezwungen
aufzwingen, zwang...auf, aufgezwungen

Inseparable
bezwingen, bezwang, bezwungen
erzwingen, erzwang, erzwungen

Index of German–English Definitions and Idioms

This index gives English translations for all the verbs that appear in this book along with notes on their usage with certain cases and prepositions. The verbs appear in alphabetical order. A hyphen between a prefix and stem indicates the prefix is separable. Unless *sein* stands after a verb, it is conjugated with *haben*. Check the full conjugation to determine whether a verb is strong, weak, mixed, or irregular.

Abbreviations

acc.	accusative	lit.	literal
agric.	agriculture	med.	medicine
arch.	architecture	nom.	nominative
aux.	auxiliary	o.s.	one self
colloq.	colloquial	p.	person
dat.	dative	psych.	psychology
et.	etwas (something)	s.o.	someone
fig.	figurative	s.th.	something
gen.	genitive	st.	strong
i	intransitive	th.	thing
j-m.	jemandem (someone, dative case)	tr.	transitive
		wk.	weak
j-n.	jemanden (someone, accusative case)		

A

ab-ändern (tr) alter; vary; revise

ab-bauen (tr/i) pull (or take) down, demolish; (fig) reduce

ab-biegen 1) (tr) bend off; deflect, 2) (i) *sein* turn a corner, nach rechts (links) ___: turn right (left); branch off

ab-bilden (tr) represent; portray

ab-brechen 1) (tr) break off, pluck, (fig) stop, 2) (i) *sein* stop, be interrupted

ab-brennen 1) (tr) burn down, 2) (i) *sein* burn down

ab-bringen (tr) take away; divert, (fig) j-n. ___ von: talk a p. out of; sich nicht ___ lassen von: not to let o.s. be diverted from, stick to one's guns

ab-danken 1) (tr) discharge, dismiss, 2) (i) *sein* resign; abdicate

ab-decken (tr) uncover; clear (table)

ab-drehen (tr) twist off; turn off

ab-drücken (tr) 1) pull the trigger, 2) give a big hug, 3) sich ___: leave an imprint

ab-erkennen (tr) [j-m. et] deny a p. a th.; deprive a p. of

ab-fahren 1) (i) *sein* set off, depart (by vehicle) [nach/for], 2) (tr) drive along or through; remove

ab-fallen (i) *sein* fall or drop off; (fig) diminish

ab-finden (tr) satisfy, sich mit j-m. ___: come to terms with s.o., sich mit et. ___: make the best of s.th.

ab-fliegen (i) *sein* fly off, take off

ab-führen (tr) lead off or away, carry off; arrest

ab-füllen (tr) fill

ab-geben (tr) give up or away; deliver, submit [an, bei/to]; sich ___ mit: concern o.s. with, spend time on

ab-gehen (i) *sein* go off or away; leave, exit

ab-gewinnen (tr) [j-m. et] win a th. from a p.

ab-gewöhnen (tr) [j-m. et] break a p. of a th.; sich et. ___: break (o.s. of)

ab-halten (tr) hold off or back; (fig) detain; hinder; hold (meeting); lassen Sie sich nicht ___! don't let me keep you

ab-handeln (tr) discuss in detail; [j-m. et] bargain a p. out of a th.

ab-hängen 1) (i) age (meat); (fig) ___ von: depend on, 2) (tr) take down

ab-heben 1) (tr) lift (or take) off, withdraw (money), 2) sich ___ von: contrast with

ab-holen (tr) pick up, fetch

ab-kaufen (tr) [j-m. et.] buy a th. from a p.

ab-klären (tr) clarify; sich ___: become clear

ab-klingen (i) *sein* die away; subside

ab-kommen (i) *sein* come off or away, get off or away; von ___: (fig) give up, abandon; stray from

ab-laden (tr) unload

ab-laufen 1) (i) *sein* run off (or down); lapse, 2) (tr) *haben* wear out

ab-legen (tr) lay down, put aside; (fig) give up, einen Eid ___: swear an oath, eine Prüfung ___: take an exam

ab-lehnen (tr) decline; reject

ab-leiten (tr) 1) divert, 2) derive, deduce

ab liefern (tr) deliver, hand over or out

ab-lohnen (tr) pay (for work done)

ab-lösen (tr) 1) loosen, detach, 2) [j-n. ___] relieve, take the place of

ab-melden (tr) and *sich* give notice

ab-messen (tr) measure (off, out)

ab-nehmen 1) (tr) take off or down, den Hörer ___: answer the telephone, j-m. et. ___: take away s.th. from a p., 2) (i) decrease; lose weight

ab-nutzen, **abnützen** (tr) and *sich* wear out; use up

ab-raten (i) [j-m. von et. ___] advise against

ab-rechnen 1) (tr) balance (account); deduct, 2) (i) [mit j-m. ___] settle accounts with s.o.

ab-reisen (i) *sein* depart, leave (on a trip)

ab-reißen 1) (tr) tear off or down, 2) (i) *sein* break off or away

ab-rufen (tr) [j-n ___] call away; recall

ab-sagen 1) (tr) cancel, call off, 2) (i) decline, beg off

ab-schaffen (tr) abolish

ab-schicken (tr) send off; mail

ab-schlagen (tr) 1) knock off, cut off or down; beat off, repulse, 2) decline, turn down

ab-schließen 1) (tr) a) lock (up), (fig) seclude, b) conclude, 2) (i) [mit et. ___] conclude

ab-schneiden 1) (tr) cut off or away, j-m. das Wort ___: cut s.o. off, 2) (i) gut/schlecht ___: fare well/badly

ab-schreiben (tr) 1) copy, 2) countermand, cancel

ab-sehen 1) (tr) a) look away, overlook, b) see, foresee, c) [j-m. et. ___] learn a th. from a p. (by watching), 2) (i) [von et. ___] refrain from

ab-senden (tr) send off, mail; ship

ab-spielen (tr) (tape, record) play, (sheet music) play at sight; sich ___: occur, take place

ab-sprechen (tr) deny, dispute; [et. mit j-m. ___] arrange a th. with a p.

ab-springen (i) *sein* jump off or down, bounce off; (fig) digress; quit, desert [von]; mit dem Fallschirm ___: parachute

ab-stammen (i) *sein* [von j-m. ___] be descended from; [von et. ___] be derived from

ab-steigen (i) *sein* climb down [von], get off (vehicle); (fig) diminish

ab-sterben (i) *sein* die, fade away

ab-stimmen 1) (tr) (radio) tune in [auf + acc./to]; aufeinander ___: harmonize; coordinate, 2) (i) vote [über/on]

ab-streiten (tr) dispute; deny

ab-stürzen (i) *sein* fall down, plunge; crash (airplane)

ab-teilen (tr) divide; set apart, partition

ab-töten (tr) kill, destroy; deaden

ab-tragen (tr) clear off, remove; level

ab-trennen (tr) separate, detach

ab-urteilen (tr) pass sentence on, condemn, (fig) criticize severely

ab-wägen (tr) weigh, consider carefully

ab-warten (tr) wait for, be patient, wir müssen es abwarten: we have to wait and see

ab-waschen (tr) wash (off)

ab-wechseln (tr/i) alternate, vary (also refl.), mit j-m. ___: take turns [bei/at]

ab-weichen (i) *sein* deviate, diverge (von/from)

ab-weisen (tr) refuse, reject; repulse

ab-wenden (tr) turn off or away, avert; sich ___ von: turn away from, withdraw

ab-wiegen (tr) weigh (out)

ab-zählen (tr) count off (or out); sich an den Fingern ___: count on one's fingers, das kannst du dir an den Fingern ___: (fig.) that's obvious

ab-ziehen 1) (tr) draw off; remove, 2) (i) *sein* go away, depart; march off

ab-zwingen (tr) [j-m. et.] extort, force, wrench from

achten 1) (tr) regard, respect; abide by, 2) (i) auf + acc. ___: pay attention to, consider

an-bauen (tr) cultivate, grow; (arch.) ___ an + acc.: add

an-bieten (tr) offer; sich ___: offer one's services, volunteer; (chance) present itself

an-binden 1) (tr) secure, tie up, 2) (i) mit j-m. ___: pick a fight with s.o.; (fig) kurz angebunden sein: be curt

an-brechen 1) (tr) break into, open, 2) (i) *sein* begin

an-brennen 1) (i) *sein* catch fire, 2) (tr) *haben* kindle, light

an-bringen (tr) 1) bring, 2) fix, affix, mount, 3) find a place for, 4) express, 5) angebracht sein: be appropriate, advisable

an-dauern (i) last, continue; persist

ändern (tr) change, alter; sich ___: change

an-deuten (tr) hint, imply

an-drehen (tr) turn on

an-drohen (tr) [j-m. et] threaten a p. with a th.

an-erkennen (tr) acknowledge, recognize

an-fahren 1) (i) *sein* drive up, start up, 2) (tr) *haben* convey to a spot; run into

an-fallen 1) (tr) attack, 2) *sein* result, transpire

an-fangen (i/tr) begin, start [mit et./on, zu + inf./to], ich weiß nichts damit anzufangen: I don't know what to do with it

an-fassen 1) (tr) take hold of, grasp, touch; (fig) treat, 2) (i) mit ___: lend a hand

an-fliegen 1) (tr) fly toward, approach, 2) (i) *sein* come flying

an-fordern (tr) demand, call for; request

an-fragen (i) inquire [nach/about, bei/of]

an-fühlen (tr) feel, touch; sich ___: give a feeling of

an-führen (tr) 1) lead, conduct, 2) mention, state; specify; cite

an-geben 1) (tr) give, state, 2) (i) (colloq.) show off, brag

an-gehen 1) (i) *sein* begin; catch fire; be tolerable, 2) *haben/sein* charge, tackle; (fig) j-n. ___: concern a p.

an-gehören (i) [+ dat.] belong to, be a member of

an-gewöhnen (tr) [j-m. et. ___] accustom a p. to s.th.; [sich et. ___] get into the habit of

an-gleichen (tr) and *sich* [+ dat.] assimilate to, adapt to

an-greifen (tr) 1) touch, grasp, 2) attack, assault, 3) tackle, set about, 4) weaken, exhaust

an-haben (tr) wear, have on; (fig) [j-m. et. ___ wollen] have designs on a p.

an-halten 1) (tr) stop; arrest, hold; j-n. ___ zu et.: urge a p. to do s.th., 2) sich ___ an: cling to, hold on

an-hängen (tr) suspend; append, add; j-m. et. ___: give a p. a bad name

an-heben 1) (tr) lift, raise, 2) (i) begin

an-hören (tr) listen to; man hört es ihm an: you can tell by hearing that he... 2) sich gut/schlecht ___: to sound well/badly

an-klagen (tr) accuse [wegen/of], indict for

an-klingen (i) *sein* [an + acc] suggest, remind slightly of; ___ lassen: evoke

an-kommen (i) *sein* 1) arrive, reach, 2) be accepted by [bei], gut/schlecht bei j-m. ___: be well/badly received by; bei mir kommst du damit nicht an: that cuts no ice with me, 3) ___ auf: to depend on; es kommt darauf an, ob...: the question is whether

an-laufen (i) *sein* run up to; start, get under way; ___ lassen: accumulate; get going

an-legen (tr) 1) lay or put on/against [an + acc.], fest angelegt: permanently invested, safely placed, 2) handcuff, arrest

an-lehnen (tr) or *sich* lean against, leave ajar; (fig) be modelled on, imitate [an + acc.], der Autor lehnt sich stark an frühere Werke an: the author relies heavily on earlier works

an-lernen (tr) train; break (a p.) in

an-liefern (tr) deliver, supply

an-liegen (i) [+ dat.] lie close to, border on; (letter) enclose; (fig) beg, petition

an-lügen (tr) [j-n. ___] lie to a p.'s face

an-machen (tr) turn on; fasten [an + acc]; (food) mix, prepare [mit + dat.]

an-melden (tr) announce, notify [zu/for, bei/to]; sich ___: make an appointment; sich ___ zu: enroll, apply for; sich ___ lassen: have o.s. announced

an-merken (tr) mark, jot down; j-m et. ___: notice s.th. about a p.; sich nichts ___ lassen: not to show one's feelings

an-nehmen (tr/i) accept, assume; take on; nehmen wir an/angenommen, daß ...—suppose, supposing...

an-passen (tr) [+ dat.] accommodate s.th. to; sich ___ [+ dat.] adapt to, conform to

an-raten (tr) [j-m. et.] advise a p. to do s.th.

an-rechnen (tr) [j-m. et.] 1) charge to a p.'s account, 2) give a p. credit for

an-reden (tr) address; speak to

an-reisen (i) *sein* to reach one's destination

an-richten (tr) 1) (food) dress, prepare; (meal) serve, 2) (fig) cause

an-rufen (tr) 1) call to; call up, phone, 2) implore, appeal to

an-rühren (tr) 1) touch, 2) mix, 3) (fig) touch upon

an-sagen (tr) announce

an-sammeln (tr) and *sich* collect, gather; accrue

an-schaffen (wk.) (tr) procure, buy; sich et. ___: buy s.th. for o.s.

an-schauen (tr) look at, watch; sich et. ___: look closely at s.th.; peruse

an-schieben (tr) [an + acc.] push (a th.) against; set in motion by pushing

an-schlagen (tr) 1) strike, knock, beat [an + acc./at or against); fasten, post; den Ton ___: give the key-note; (fig) set the mood, 2) [auf + acc.] calculate, estimate

an-schließen (tr) [an + acc] fasten, connect, incorporate; sich ___ an: follow; sich ___ [+ dat.] join, attach o.s. to, side with; concur with

an-schneiden (tr) cut into; (fig) broach

an-schreien (tr) shout at

an-sehen (tr) look at, inspect; sich et. ___: take a close look at; et. mit ___: witness, stand by and watch; j-m. et. ___: read a th. in a p.'s face, man sieht ihm seinen Alter nicht an: he doesn't look his age

an-spielen (i) (sports) lead (off); (fig) allude to [auf + acc]

an-sprechen (tr) speak to, address

an-springen 1) (tr) jump on, 2) (i) *sein* jump on, pounce [gegen]; start (engine) an-staunen (tr) stare, gape at

an-steigen (i) *sein* rise, slope; ascend; (fig) increase

an-stellen (tr) [an + acc.] 1) place against 2) employ, 3) turn on, 4) conduct, do; cause; was hast du wieder angestellt? what have you been up to this time? sich ___: line up, queue; pretend

an-stoβen 1) (i) *sein* [an + acc] bump, stumble against; border on; (mit den Gläsern) ___ auf et.: toast, 2) (tr) *haben* push, strike, bump against

an-suchen (i) [bei j-m.] to ask, petition a p. for

an-treffen (tr) (a th.) meet with; come across; (a p.) meet; find

an-treiben (tr) 1) urge on, 2) drive, power

an-treten 1) (i) *sein* take one's place (sports) ___ gegen: compete against, 2) (tr) *haben* ein Amt (etc.) ___: take office, enter upon

an-tun (tr) [j-m. et.] do s.th. to a p., inflict s.th. upon a p.; sich et. ___: lay one's hand upon o.s.

antworten (i) [+ dat./a p., auf + acc./a th.] answer

an-vertrauen (tr) [j-m. et.] confide, entrust

an-wachsen (i) *sein* take root; (fig) grow, increase

an-weisen (tr) order; instruct, direct; auf et. angewiesen sein: be absolutely dependent on, in great need of

an-wenden (tr) [zu + dat] use for; [auf + acc.] (principle) apply to

an-zahlen (tr) [et. ___] make a deposit, downpayment

an-zeigen (tr) [j-m. et.] notify a p. of; (fig) point to; advertise; j-m. ___ wegen: bring a charge against

an-ziehen 1) (tr) draw (pull) on or in; put on; (fig) attract, appeal to; sich ___: get dressed, 2) (i) rise, advance

an-zweifeln (tr) doubt

arbeiten (i) [an + acc.] to work (on), [bei + dat.] be employed by

argumentieren (i) [über + acc/about, mit/with] argue, debate

auf-arbeiten (tr) 1) work off, 2) work up, renovate

auf-bauen (tr) construct, build (up), erect; (fig) build up, formulate; sich ___ auf: be based on

auf-bleiben (i) *sein* 1) remain open, 2) stay up

auf-brauchen (tr) use up, consume

auf-brechen 1) (tr) *haben* break open, force open, 2) (i) *sein* burst open, break open; start, set out

auf-bringen (tr) 1) bring up, produce, 2) find, procure, 3) introduce, 4) (fig) provoke, infuriate

auf-decken (tr) uncover, lay bare; unveil

auf-drängen (tr) force, intrude; press, urge; sich ___: force o.s. upon

auf-drehen 1) (tr) untwist; turn on, 2) (i) (colloq.) step on the gas; let go, let loose; aufgedreht sein: to be excited, be all wound up

aufeinander-folgen (i) *sein* succeed (one another)

auf-essen (tr) eat up

auf-fallen (i) [auf + acc.] fall upon, hit; (fig.) j-m. ___: catch a p.'s eye

auf-fassen (tr/i) conceive; understand; schwer ___: be slow (mentally)

auf-fordern (tr) call upon, ask, exhort [zu + inf/to do s.th]

auf-führen (tr) 1) build, erect, 2) state, show, itemize, 3) (theater) perform

auf-geben (tr) 1) give up; 2) deliver; mail

auf-gehen (i) *sein* rise (curtain, sun); come up (plant); come open; ___ in [+ dat.] be merged with, absorbed

auf-graben (tr) dig up

auf-greifen (tr) snatch up, pick up; seize; (fig) take up

auf-halten (tr) check; delay, detain; sich ___: stay; live [in + dat./at, bei/ with]; (fig) dwell on

auf-hängen (tr) hang up, suspend; j-n. ___: hang a p.; sich ___: hang o.s.

auf-heben (tr) 1) take up, pick up, 2) keep, store, 3) remove, cancel, 4) revoke; sich gegenseitig: cancel each other out; gut aufgehoben sein [bei]: be in safe keeping, in good hands

auf-hören (i) [mit + dat., zu + inf.] cease, stop; hör auf! stop it, cut it out!

auf-klären (tr) and *sich* clear up; (fig) clarify, enlighten a p. [über + acc./ on]

auf-laden (tr) load; charge; (fig) j-m. et. ___: burden (or charge) a p. with

auf-legen (tr) [auf +acc] lay or put on; (telephone) hang up; (book) print, publish; j-m. ___: impose s.th. on

auf-lehnen (tr) and *sich* [auf + acc.] lean, rest on; sich ___ gegen: rebel, revolt

auf-lösen (tr) and *sich* 1) loosen, untie, 2) dissolve, disintegrate, 3) solve, 4) cancel, annul

auf-machen (tr) open; undo

auf-merken (i) [auf + acc] pay attention

auf-nehmen (tr) take up, lift (or pick) up; (fig) welcome, include [in + acc./ in]; in sich ___: absorb, assimilate

auf-passen 1) (i) [auf + acc.] take care of, look after; watch out; paβ(t) auf! watch out!, listen!, 2) (tr) adapt, fit

auf-richten (tr) set up, establish; straighten up; (fig) comfort; sich ___: stand up, straighten o.s.

auf-rühren (tr) stir up; rouse

auf-sammeln (tr) gather (or pick) up

auf-schieben (tr) push open; (fig) put off, postpone

auf-schlagen 1) (i) *sein* hit, crash; (price)

rise, 2) (tr) *haben* break open, open; raise (price); pitch (tent)

auf·schließen (tr) unlock, open up

auf·schneiden 1) (tr) cut open (or up), 2) (i) boast, brag

auf·schrecken (i) *sein* start, jump

auf·schreiben (tr) write or jot down

auf·setzen (tr) put on; draft (in writing)

auf·sitzen (i) [auf + dat] sit on; sit up late; mount (a horse)

auf·sparen (tr) [zu, für/for] save; keep in reserve

auf·springen (i) *sein* jump up

auf·stehen (i) stand up; get up (in the morning); revolt

auf·steigen (i) *sein* go up, rise, climb (up)

auf·stellen (tr) set up; (fig) state, make (an assertion), advance (a theory)

auf·stützen (tr) [auf + acc.] prop up

auf·teilen (tr) divide (up); distribute

auf·trennen (tr) rip (up or open)

auf·treten (i) *sein* step, tread [auf + acc/on], appear (also theater); (fig) occur, arise

auf·wachsen (i) *sein* grow up

auf·weisen (tr) show, present; have

auf·werfen (tr) throw open or up; (fig) raise, pose

auf·wickeln (tr) or *sich* 1) roll or turn up; wind [auf + acc./into], 2) unwind, unwrap

auf·zählen (tr) count up; enumerate

auf·zeichnen (tr) [auf + acc/upon] draw, sketch; note

auf·ziehen 1) (tr) bring up (child), raise (plants, animals); draw or pull up; (fig) arrange, organize; 2) (i) *sein* march up, appear

auf·zwingen (tr) [j-m. et.] force a th. on a p.

aus·arbeiten (tr) work out; compose, prepare

aus·bauen (tr) 1) extend, enlarge, 2) develop, improve, 3) complete

aus·bilden (tr) 1) form, 2) educate, cultivate, 3) instruct, train; sich __: train, study for

aus·bleiben (i) *sein* 1) stay away, fail to appear, 2) be overdue

aus·brechen 1) (tr) break out, 2) (i) *sein* break out (or loose); escape; erupt

aus·brennen 1) (tr) burn out, cauterize, 2) (i) cease burning; be burnt out

aus·dauern (i) hold out, last; (fig) persevere

aus·denken (tr) think out; sich et. __: think up; invent

aus·drücken (tr) press (out), squeeze out; (fig) express, utter; sich __: express o.s.

auseinander·setzen (tr) (fig) explain; sich mit j-m. __ über: argue with a p.; come to terms with a p. about; sich mit et. __: tackle s.th.; consider/study a matter in depth

aus·erwählen (tr) choose, select

aus·fallen (i) *sein* 1) fall out (or off), drop out, 2) be omitted, be cancelled, 3) turn out

aus·führen (tr) 1) take (a p.) out, 2) export, 3) carry out, execute, 4) (fig) explain

aus·füllen (tr) fill out or up; fill in

aus·geben (tr) give out; distribute; issue; spend (money); sich __ als: pass o.s. off as

aus·gehen (i) *sein* go out; end, run out; (fig) derive from; von j-m. __: come from; von et. __: start (or proceed) from the assumption

aus·gießen (tr) pour out, empty; spill

aus·gleichen (tr) make even, equalize; compensate; adjust, balance

aus·graben (tr) dig out (or up); unearth, excavate

aus·halten 1) (tr) endure, suffer, stand, 2) (i) endure, hold out; (fig) persevere

aus·helfen (i) help out; supply

aus·holen 1) (i) swing (back); (fig) go far back, 2) (tr) draw a p. out, sound out

aus·kennen [sich __ in + dat.] know one's way around; (fig) be at home in

aus·klingen (i) *sein* die (or fade) away; (fig) end [in + acc./in]

aus·kommen (i) *sein* come out; mit et. __: manage with, get by with; mit seinem Geld __: to make ends meet; mit j-m. __: get along with a p.

aus·laden 1) (tr) unload, discharge; j-n. __: "uninvite", cancel a p.'s invitation, 2) (i) project, jut out

aus·leihen (tr) lend out, loan; sich et. __: borrow s.th.

aus·lernen (i) finish one's schooling, man lernt nie aus: we live and learn

aus·lesen (tr) select, pick out

aus·lösen (tr) release; redeem; (fig) spark, trigger; arouse

aus·machen (tr) put out; switch out; (fig) stipulate, settle; das macht mir nichts aus: it doesn't matter to me

aus·nutzen, aus·nützen (tr) utilize, exploit

aus·rechnen (tr) or *sich* calculate; figure out

aus·reden 1) (i) finish speaking, 2) (tr) j-m. et. __: dissuade a p. from doing a th.; j-n. __ lassen: hear a p. out; 3) sich __: have one's say

aus·reichen (i) suffice; last

aus·reißen 1) (tr) tear out, 2) (i) *sein* tear apart/off, (colloq.) run away, bolt

aus·richten (tr) or *sich* adjust, (fig) align, orient [nach/to]; do, effect; deliver (message); kann ich etwas __? can I take a message?

aus·rufen 1) (i) cry out, 2) (tr) proclaim

aus·ruhen (i) or *sich* rest, relax

aus·scheiden 1) (tr) eliminate; remove,

exclude, 2) (i) *sein* aus einem **Amt** (etc.) ___: retire from, withdraw

aus-schlafen (i) have a good night's sleep

aus-schließen (tr) [aus] shut (or lock) out; (fig) exclude, rule out; sich ___ von: exclude o.s. from

aus-schreiben (tr) write out

aus-sehen (i) look, appear; gut/schlecht ___: be good/bad looking; look good/bad; wie sieht er aus? what does he look like?

aus-sprechen 1) (tr) pronounce, express; sich ___ über: express one's opinion on, 2) (i) finish speaking

aus-stehen 1) (i) be outstanding, overdue, 2) (tr) bear, stand

aus-steigen (i) *sein* get out or off

aus-stellen (tr) put out; display; issue

aus-sterben (i) *sein* die out

aus-suchen (tr) choose, pick out

aus-tauschen (tr) [gegen/for] exchange

aus-teilen (tr) [an, unter + acc./to, among] distribute, hand out

aus-treten (i) *sein* come forth, emerge; retire, withdraw [aus/from]

aus-trinken (tr/i) drink up; empty

aus-üben (tr) carry on, perform, practice

aus-verkaufen (tr) sell out

aus-wählen (tr) [aus/from] choose, select

aus-waschen (tr) wash out, rinse

aus-wechseln (tr) exchange; replace

aus-weichen (i) *sein* (+ dat.) avoid, dodge; evade

aus-weisen (tr) expel, banish; sich ___ (als): identify o.s., show one's papers

aus-wiegen (tr) weigh (out)

aus-wirken (tr) work out, affect; sich ___: take effect; sich ___ auf: affect

aus-zeichnen (tr) label; (fig) distinguish, honor; sich ___ excel, distinguish o.s. [als/as, durch/by, in/in or at]

aus-ziehen 1) (tr) draw or pull out; sich ___: undress, 2) (i) *sein* depart, move [aus/out of]

B

bauen (tr/i) to build; (agr.) cultivate; ___ auf: rely on, trust in; sich ___ auf: be based on

beabsichtigen (tr) intend

beachten (tr) pay attention to; note, notice; bear in mind

beantragen (tr) apply for

beantworten (tr) answer, reply to

bearbeiten (tr) work at; (agr.) cultivate; (material) treat; (fig) treat, deal with; process; rework, revise

bedanken [sich ___ bei j-m. für et.] to thank so. for a th.

bedecken (tr) 1) cover, screen, 2) shelter, protect

bedenken 1) (tr) consider, 2) sich ___: deliberate, reflect

bedeuten (tr) signify, mean

bedienen (tr) serve, wait on; sich ___: (at table) help o.s.; sich einer Sache ___: make use of a th.

bedrängen (tr) press hard; (fig) torment

bedrohen (tr) threaten [mit/with]

bedrücken (tr) oppress, harass; depress

bedürfen (i) [+ gen] need, be in need of

befehlen (tr/i) [j-m. et. ___, über + acc.] command; order; decree

befassen (tr) contain, (fig) sich ___ mit: deal with, be concerned with

befinden (i) [über + acc.] judge; deem; sich ___: be, be found; feel

befördern (tr) convey, transport, ship; (fig) further, promote

befragen (tr) question; poll

befürchten (tr) fear; suspect

begießen (tr) water, sprinkle; baste; (colloq.) celebrate (with a drink)

beginnen (i) begin

begleiten (tr) accompany

beglückwünschen (tr) congratulate [mit, zu + inf.] on

begraben (tr) bury

begreifen (tr) 1) understand, conceive, catch on, 2) include, 3) feel, handle

begründen (tr) 1) establish, found, 2) substantiate, justify

begrüßen (tr) greet; welcome

begutachten (tr) give an (expert) opinion on, appraise

behalten (tr) keep, retain; et. für sich ___: keep to o.s.

behandeln (tr) treat; deal with, handle

behaupten (tr) claim, maintain; sich ___: hold one's own; assert o.s.

behindern (tr) hinder, impede; restrain

bei-bringen (tr) 1) obtain, produce, 2) [j-m. et. ___] teach a th. to a p.; break th. to a p.

bei-legen (tr) [+ dat.] add; attribute to

bei-messen (tr) [j-m. et.] ascribe to, credit with; einer Sache glauben (etc.) give credence (etc.) to

bei-setzen (tr) bury, lay to rest

bei-stehen (i) *sein* [j-m.] stand by a p.

bei-tragen (tr/i) contribute to, assist; promote

bekämpfen (tr) fight against, combat; oppose

bekannt-geben (tr) make known; disclose; announce

bekannt-machen (tr) (see *bekanntgeben*)

bekennen (tr) admit; acknowledge; sich ___ zu: declare o.s. for; own up to

beklagen (tr) lament, deplore; sich ___ über: complain about

bekommen 1) (tr) get, receive, 2) (i) *sein* [j-m gut ___] agree with s.o., do a p. good

bekümmern (tr) afflict; trouble, distress; bekümmert sein über (+ acc.) be grieved at; be concerned about beladen (tr) [mit] load; (fig) burden

beleben (tr) enliven, animate

belegen (tr) 1) cover, 2) reserve, 3) enroll for a course

beliefern (tr) [mit] supply with

belohnen (tr) [für/for] reward

belügen (tr) [j-n.] lie to a p.

bemerken (tr) perceive, notice; observe

bemitleiden (tr) pity; sympathize with

bemühen (tr) trouble; sich ⸺ um—take pains, exert o.s.

benennen (tr) name [nach/after]; designate

benutzen (tr) use

beobachten (tr) watch, observe

beraten (tr/i) advise, counsel; sich ⸺ über: deliberate on; sich ⸺ lassen von: consult

berechnen (tr) calculate; compute

bereisen (tr) tour

bereiten (tr) prepare; (fig) cause

berichten (tr/i) [über + acc.] report on

berücksichtigen (tr) to consider, take into consideration

berufen (tr) call, convene; sich ⸺ auf: appeal to; refer to

beruhen (i) [auf + dat.] rest on, be based on; auf sich ⸺ lassen: let a th. rest

berühren (tr) and sich touch; be or come in contact with; (fig.) concern

beschaffen (tr) and sich (wk.) procure; obtain; furnish

beschäftigen (tr) employ, occupy; sich ⸺ mit: to work at, occupy o.s. with

beschließen (tr) conclude; decide, resolve [et., über + acc., zu + inf.]

beschneiden (tr) clip; (fig) cut (down)

beschreiben (tr) describe, depict

besetzen (tr) occupy

besichtigen (tr) 1) view, 2) inspect

besitzen (tr) possess

besorgen (tr) 1) get, buy, 2) take care of, 3) worry, fear

besprechen (tr) discuss

bestätigen (tr) confirm; acknowledge

bestehen 1) (tr) undergo, endure; pass (an exam), 2) (i) be, exist; ⸺ aus: consist of; ⸺ auf: insist on, ⸺ in: lie in

besteigen (tr) ascend; climb; board

bestellen (tr) order, place an order; appoint; carry out

bestimmen 1) (tr) determine, 2) (i) [über et. ⸺] have a th. at one's disposal

bestrafen (tr) [wegen, für/for, mit/with] punish, penalize

bestürzen (tr) dismay, startle

besuchen (tr) visit

betrachten (tr) look at; ⸺ als: consider as

betragen 1) (tr) amount to, 2) sich ⸺: behave (o.s.)

betreffen (tr) befall; (fig) affect, touch; apply to, relate to, pertain to

betreiben (tr) 1) hasten, urge on, 2) carry on, manage, 3) pursue

betreten (tr) step (tread) on; enter

betrinken [sich ⸺] get drunk

beurteilen (tr) judge; criticize [nach/by, according to]

bewegen¹ (tr) and sich (wk.) move; set in motion

bewegen² (tr) [j-n. ⸺, et. zu tun] induce s.o. to do a th.

beweisen (tr) prove; demonstrate; substantiate

bewerfen (tr) [j-n. mit et.] throw a th. at a p.

bewirken (tr) effect; cause, produce

bewohnen (tr) inhabit

bezahlen (tr/i) pay (a p.); pay for (a th.)

bezeichnen (tr) label, designate; term

bezeugen (tr) testify; attest

beziehen (tr) 1) subscribe to, 2) buy, procure (wares), 3) get; ⸺ auf: connect with, apply to; sich ⸺ auf: refer to

bezweifeln (tr) doubt

bezwingen (tr) overcome, defeat

biegen 1) (tr) and sich bend; 2) (i) sein [⸺ um] to turn (a corner)

bieten (tr) [j-m. et.] to offer a p. a th.; bid [für/for]; sich ⸺: present itself; happen

bilden (tr) form; sich ⸺: form; be formed; arise; develop; gebildet: educated

binden (tr) [an + acc.] bind, tie to; connect; sich ⸺: bind (or commit) o.s.; gebunden sein: be bound

bitten (tr) [j-n. um et. ⸺] request, ask for; entreat; es wird gebeten, daß... —it is requested that...

bleiben (i) sein stay, remain; zu Hause ⸺: stay home; ruhig ⸺: keep quiet; keep one's temper; bei der Sache ⸺: stick to the point; es bleibt dabei!: it's settled

bloß-legen (tr) lay bare; reveal, unveil

brauchen (tr) need [zu/for]

brechen 1) (tr) break, 2) (i) sein break, fracture; break down

brennen (tr/i) burn

bringen (tr) bring; an den Tag ⸺: bring to light; auf den Markt ⸺: put on the market; in Ordnung ⸺: straighten up; repair; nach Hause ⸺: take home; zur Sprache ⸺: bring up (for discussion); es weit ⸺: go far

C D

charakterisieren (tr) characterize [als/as]

dabei-bleiben (i) sein persist in; stick to; es bleibt dabei! agreed!

dabei-sein (i) sein be there, be present

da-bleiben (i) sein stay, remain (in a place)

daneben-treffen (i) miss (the mark)

danken 1) (i) [j-m. für et. ⎯] thank; danke: thank you, *also* no, thank you; nichts zu danken! don't mention it!, 2) (tr) [j-m. et. ⎯] owe a th. to a p

dar-bieten (tr) offer, present; sich ⎯: offer (or present) itself; arise

dar-stellen (tr) represent, depict

dauern (i) last, take (time)

davon-laufen (i) *sein* run away

dazu-tun (tr) add to

decken (tr) cover; set (table); sich ⎯: protect o.s.; (fig) ⎯ mit: coincide with

demonstrieren (tr/i) demonstrate

denken (tr/i) and *sich* think; ⎯ über: think about; ⎯ an: think of, remember; sich ⎯: think, imagine; einem zu denken geben: give one food for thought

deuten 1) (i) [auf + acc.] point to, indicate, 2) (tr) interpret; [j-m. et. ⎯] explain

dienen (i) [j-m./a p., als/as, zu/for; daβ, zu + inf/to] serve; [zu et. ⎯] be conducive to

drängen 1) (tr) push, press, 2) (i) be pressing, urgent; 3) sich ⎯: crowd

drehen (tr/i) turn, rotate, swivel; sich ⎯: turn, spin; (fig) center around; es dreht sich darum, ob...—the question is whether

dringen (i) and *sich* force one's way through; break through; penetrate; ⎯ auf: insist on

drohen (i) [+ dat] threaten

drücken 1) (tr) squeeze, press; (fig) oppress, 2) (i) ⎯ auf: push, press, 3) sich ⎯: (colloq.) shirk, slip away

drucken (tr) print

durch-brechen 1) (tr) break through, snap, 2) (i) *sein* break through; appear, come forth; break (come) out

durchbrechen (tr) pierce, perforate; (fig) break, be contrary to

durchdenken (tr) think out, think over

durch-drängen (tr) and *sich* force (one's way) through

durch-dringen (i) *sein* get through, penetrate; (fig) prevail

durchdringen (tr) penetrate, pierce; permeate

durch-führen (tr) lead (or take) through or across; (fig) carry through or out; conduct, effect

durch-kämpfen (tr) fight (a th.) through, fight it out; sich ⎯: fight one's way through; carry one's point

durch-kommen (i) *sein* come through; (fig) get through; succeed

durch-lesen (tr) read over

durch-machen (tr) go through (also fig.)

durch-prüfen (tr) check thoroughly; scan, check

durch-schauen (i) look through

durchschauen (tr) (fig) see through

durch-schneiden (tr) cut through

durch-setzen 1) (tr) carry through; [⎯, daβ j-n. et. tut] compel a p. to do a th., 2) sich ⎯: assert o.s., prevail

durch-sprechen (i) talk over; discuss

durchsuchen (tr) search [nach/for]; ransack, frisk

dürfen (aux.) be permitted, be allowed; may, might

E

ein-arbeiten (tr) and *sich* [in + acc.] 1) make (o.s.) acquainted with, 2) break (o.s.) in, train

ein-bauen (tr) build in(to), install, insert

ein-beziehen (tr) [in + acc.] include in

ein-biegen 1) (i) *sein* [in + acc.] turn into, 2) (tr) *haben* bend in

ein-bilden [sich et. ⎯] imagine s. th.; believe, be under the delusion; sich et. ⎯ auf: pride o.s. on a th.; eingebildet sein—be conceited

ein-brechen 1) (tr) break (or force) open, smash in, 2) (i) *sein* give way, collapse; enter forcibly; [⎯ in + acc.] break in, burglarize

ein-drängen [sich ⎯ in + acc.] intrude into, crowd into

ein-dringen (i) *sein* [in + acc.] enter forcibly; break or burst into; invade; (fig) delve into

ein-drücken (tr) 1) press in, flatten, 2) crush, 3) dent

ein-fallen (i) *sein* 1) fall in, collapse, 2) chime in; j-m. ⎯: come to mind, es fällt mir jetzt nicht ein: I can't recall it right now; sich et. einfallen lassen: think of something

ein-fühlen [sich ⎯ in + acc.] feel one's way into; grasp (by intuition)

ein-führen (tr) 1) introduce, initiate, 2) import

ein-gehen (i) *sein* 1) go in, enter, 2) arrive, 3) (fig) (colloq.) die on the vine, fizzle out

ein-gieβen (tr) [in + acc.] pour in(to), infuse

ein-graben (tr) [in + acc.] dig in(to), burrow, hide in the ground; engrave

ein-greifen (i) [in + acc.] 1) intervene in, interfere, 2) mesh, engage on

einigen (tr) unite, sich ⎯ über: agree on

ein-kaufen 1) (tr) buy; procure, 2) (i) shop [bei/at]; einkaufen gehen: go shopping

ein-laden (tr) load; [j-n.] invite

ein-leiten (tr) initiate; induce

ein-lösen (tr) redeem (securities); cash (check)

ein-nehmen (tr) take in; eat; collect; take possession of

ein-reden 1) (tr) [j-m. et.] talk a p. into;

sich et. ___: talk o.s. into, 2) (i) auf j-n ___: talk insistently to, urge

ein-reichen (tr) hand in

ein-reisen (i) *sein* [in + acc.] enter a foreign country

ein-richten (tr) arrange; decorate; set up; sich ___: establish o.s.; sich auf et. ___: prepare for s.th., sich nach et. ___: accommodate o.s. to s.th.

ein-sammeln (tr) gather; collect; reap

ein-schieben (tr) shove (push) in; insert

ein-schlafen (i) *sein* fall asleep

ein-schließen (tr) lock in or up; enclose; surround; (fig) include, comprise

ein-schneiden 1) (tr) cut into [in + acc.]; 2) (i) cut, make an incision

ein-schreiben (tr) enter; enroll, register (mail); sich ___: enroll

ein-sehen (tr) look into or over; (fig) see, understand, realize

ein-senden (tr) send in

ein-setzen 1) (tr) set in, put in, put into action [in + acc.]; [j-n. ___ als] appoint a p. as, 2) sich ___ für: advocate, sich voll ___: do one's utmost, sich für j-n. ___: go to bat for a p.

ein-springen (i) *sein* [in + acc.] jump in(to); (fig) help out; für j-n. ___: substitute for a p.

ein-steigen (i) *sein* [in + acc.] get in, board

ein-stellen (tr) 1) put in; employ; adjust (mechanism) [auf + acc./to]; (fig) focus [auf + acc.]; 2) give up; sich ___ auf + acc.: (fig) adjust o.s. to

ein-stoßen (tr) push (smash) in

ein-stürzen (i) *sein* fall in, collapse, cave in; (fig) auf j-n. ___: overwhelm a p.

ein-tauschen (tr) exchange [gegen/for]

ein-teilen (tr) [in + acc.] (sub)divide; (fig) plan, map out

ein-tragen (tr) record, register; sich ___ lassen: register

ein-treffen (i) *sein* arrive

ein-treten 1) (i) *sein* enter; come about, 2) (tr) stamp in(to) the ground; kick open

ein-üben (tr) and *sich* practice; j-n. ___: train a p.

ein-weisen (tr) direct; brief; install in (an office), assign to [in + acc.]

ein-wenden (tr) object [gegen/to]

ein-werfen (tr) throw in; (fig) interject

ein-wickeln (tr) wrap [in + acc.]; (fig) trick

ein-wirken (i) [auf + acc.] act on, have an effect on; ___ lassen: allow time to react

ein-zahlen (tr) [auf + acc.] pay in, deposit

empfangen 1) (tr) receive; accept, draw, 2) (i) conceive, become pregnant

empfehlen (tr) recommend [als/as, für/for]; commend [dat./to]; sich ___: suggest itself

empfinden (tr) feel

empor-heben (tr) lift up, raise

entbinden (tr) 1) dispense, release, 2) (i) give birth

entdecken (tr) discover

entfallen (i) *sein* fall, slip, drop; (fig) j-m. ___: escape a p., slip from memory

entfliehen (i) *sein* flee, escape

entführen (tr) carry off; elope; kidnap, hijack

entgegen-treten (i) *sein* [+ dat.] step up to (a p.); confront

entgehen (i) *sein* [dat.] escape, elude; fly (time); (fig) escape a person's notice

entgelten (tr) atone for, suffer for; repay

entgleiten (i) *sein* [+ dat.] slip from, slip away

enthalten 1) (tr) contain; comprise; mit ___ sein in + dat.: be included in, 2) sich ___ [+ gen] abstain or refrain from

entkommen (i) *sein* escape, get away [j-m./a p., aus/from]

entladen (tr) 1) unload, dump, 2) sich ___: go off, burst, detonate

entlassen (tr) dismiss

entlaufen (i) *sein* [+ dat.] run away from

entleihen (tr) borrow [aus, von/from]

entlohnen (tr) pay off

entnehmen (tr) [+ dat. or aus] take, remove, withdraw from; (fig) infer from

entreißen (tr) [+ dat.] tear or snatch away from; wrench from; save from (death, etc.)

entrichten (tr) discharge, pay (off)

entsagen (i) [+ dat.] renounce, waive

entscheiden (tr/i) decide; sich ___ für/gegen/über + acc.: make up one's mind for/against/on

entschließen [sich ___] decide, resolve [für, zu et./on, zu + inf./to do]

entsenden (tr) send off

entsprechen (i) [+ dat.] correspond to, be in accordance with

entstammen (i) *sein* [+ dat.] be descended from; come from, originate from

entstehen (i) *sein* come into being, arise from [aus]; ___ durch: be caused by

entstellen (tr) disfigure; (fig) distort

enttäuschen (tr) disappoint; enttäuscht sein über + acc.: be disappointed at

entweichen (i) *sein* escape [j-m./aus]

entwickeln (tr) and *sich* develop

entwöhnen (tr) disaccustom [gen./to], break a p. of

entziehen (tr) [j-m. et. ___] deprive a p. of; sich ___: avoid, evade

entzwei-reißen 1) (tr) tear in two, into pieces, 2) (i) *sein* tear

erarbeiten (tr) gain by working; acquire; compile

erbauen (tr) build (up), raise, construct; (fig) edify

erbitten (tr) beg or ask for, request

erfahren (tr) *haben* come to know, learn, hear; experience

erfassen (tr) seize, grasp (also fig.); catch hold of; cover

erfinden (tr) invent

erfolgen (i) *sein* ensue; result; happen [auf]

erfordern (tr) require; necessitate, demand

erfreuen (tr) gladden, please; delight, ich bin darüber erfreut: I'm pleased about it; sich —— an + dat.: delight in, enjoy a th.

erfüllen (tr) 1) fill; (fig) inspire [mit/ with], 2) fulfill, accomplish; sich ——: be fulfilled, materialize

ergeben (tr) 1) result in, yield, 2) sich ——: surrender, arise; sich einer Sache ——: devote o.s. to a th.

ergießen (tr) pour out, gush forth

ergreifen (tr) seize, grasp, (fig) take up (opportunity, career), move, touch (heart), adopt (measure)

ergründen (tr) fathom; (fig) penetrate, probe

erhalten (tr) 1) get, obtain, receive, 2) preserve, maintain (also *sich*)

erheben (tr) raise, elevate; sich ——: get up (a p.); arise (a th.)

erhoffen (tr) hope for, expect

erhöhen (tr) raise, elevate; augment, intensify [auf + acc./to, um/by], sich ——: increase, be increased

erholen [sich —— von] recover from, get better; relax

erinnern 1) (tr) [j-n. —— an + acc.] to remind a p. of, 2) [sich —— an] to remember, 3) (i) be reminiscent of

erkämpfen (tr) gain by force

erkennen (tr) recognize; discern; perceive

erklären (tr) explain; sich —— durch: explain itself by, be due to

erklingen (i) *sein* resound, ring (out)

erlauben (tr) [j-m. et. ——] permit, allow; sich et. ——: treat o.s. to a th.; sich ——: take the liberty of [zu + inf.]

erleben (tr) experience

erledigen (tr) take care of, finish, attend to

erleiden (tr) suffer, endure; sustain

erlernen (tr) learn, acquire, master

erlesen (tr) 1) acquire by reading, 2) select

erlösen (tr) redeem, save [von/from]

ermessen (tr) estimate; conceive [aus/ from]

ernennen (tr) nominate, appoint

eröffnen (tr) open; (fig) start

erraten (tr) guess (rightly), hit upon

erreichen (tr) reach; (fig) achieve

erretten (tr) save, rescue [von, aus/from]

errichten (tr) erect; (fig) found

erschaffen (tr) (st.) create; produce

erscheinen (i) appear [j-m./to a p.]

erschlagen (tr) kill, slay

erschließen (tr) open (up); (fig) infer [aus/ from], disclose, unfold; sich —— j-m.: open itself/o.s. to a p.

erschrecken (i) and *sich* [über + acc.] be frightened at, startled at

ersetzen (tr) replace; repair; j-m. et. ——: indemnify s.o. for a th.

ersparen (tr) save, put by

erstaunen 1) (tr) astonish, surprise, 2) (i) *sein* be astonished [über + acc./at]

ersuchen (tr) [j-n. um et. ——] petition, beg a th. of a p., [j-n. ——, et zu tun] (officially) request, demand a p. to do s.th.

erteilen (tr)—give (advice, lessons, etc.)

ertragen (tr) bear, endure; tolerate

erträumen (tr) dream of or up, envision

ertrinken (i) *sein* be drowned, drown

erwachsen (i) *sein* arise, develop [aus/ from]

erwägen (tr) weigh, consider

erwählen (tr) choose, select; elect

erwarten (tr) expect [von/of]

erweisen 1) (tr) prove, show; render [+ dat./to a p.], 2) sich ——: become clear; sich —— als: turn out to be

erzählen (tr) tell, relate

erzeigen (t) show, prove

erzeugen (tr) beget; produce

erziehen (tr) bring up

erzwingen (tr) force; compel; extort

essen (tr/i) eat; man kann dort gut essen: the food's good there

F

fahren 1) (i) *sein* drive; go (by vehicle) 2) (tr) drive, pilot, steer

fallen (i) *sein* fall; be killed in action

fallen lassen (tr) drop, let fall

fangen (tr) catch, capture; sich ——: be caught, catch; sich wieder ——: regain one's composure; rally

fassen (tr) seize, grasp; (fig) conceive; sich ——: to compose o.s.; sich kurz ——: be brief

fehlen (i) 1) be lacking [(j-m.) an + dat./ in]; j-m. et ——: be in need of; was fehlt dir? what's the matter?, 2) be absent

feiern 1) (tr) celebrate; j-n. ——: fete a p.; 2) (i) rest (from work)

fern-sehen (i) watch television

fertig-bringen (tr) finish; accomplish; es —— zu: to manage to

fertig-machen (tr) finish; get ready; sich ——: get ready [zu/for]

fest-binden (tr) [an + dat.] fasten to

fest-halten 1) (tr) hold fast, detain; (fig) record, capture; sich —— an + dat.: cling to, hold fast, 2) (i) —— an + dat.: cling to

fest-legen (tr) fix; set (a date); sich auf et. ——: commit o.s. to a th.

fest-sitzen (i) be stuck

fest-stehen (i) be planned; be certain

fest-stellen (tr) (fig) establish; ascertain

finden (tr) find; think, wie finden Sie das Buch?—what do you think of this book?

fliegen 1) (i) *sein* fly, 2) (tr) *haben* fly, pilot (an airplane)

fliehen 1) (i) *sein* flee; 2) (tr) *haben* avoid, flee from

folgen (i) *sein* [+ dat] follow; ensue [aus/from]; ___ auf + acc.: to follow upon; succeed; daraus folgt, daβ... —hence it follows...

förden (tr) further, advance; encourage, promote; convey, expedite

fordern (tr) [von j-m/of a p.] demand, require; call for

fort-bewegen (tr) (wk.) move on or away; propel, drive; sich ___: move (away)

fort-bilden [sich ___] to continue one's studies, improve o.s.

fort-dauern (i) continue, last

fort-fahren 1) (i) *sein* continue, drive away, depart, 2) (tr) convey, drive

fort-fliegen (i) *sein* fly away

fort-laufen (i) *sein* run away (j-m.) run on, be continued

fort-leben (i) live on

fort-schaffen (tr) (wk.) get rid of

fort-schicken (tr) send off or away

fragen (tr/i) ask (a question); question, query; j-n. et. ___ ask a p. a question; fragen nach: ask about; es fragt sich, ob...—it's doubtful whether; ich frage mich...—I wonder

fressen (tr/i) (animals) eat, feed; (colloq. of people) gorge, guzzle

freuen [sich ___ auf + acc.] look forward to; [sich ___ über + acc., zu + inf] be happy about, be pleased with

fühlen (tr/i) and *sich* feel

führen (tr/i) lead; guide; ___ nach/zu: lead (or go) to; hinters Licht ___: mislead

füllen (tr) and *sich* fill [mit]

fürchten (tr/i) [vor + dat.] fear, be afraid of; sich ___ vor + dat.: be afraid of

G

geben (tr) [j-m. et. ___] to give; was gibt's? what's up?; es gibt: there is, there are; die Hand ___: shake hands; sich Mühe ___: make an effort

gebieten 1) (tr) [j-m. et. ___] order, direct, command a p. to do something, 2) (i) [___ über] rule

gebrauchen (tr) use, make use of, employ; ich kann es gut ___: it's just what I need; er ist zu nichts zu ___: he's good for nothing

gedenken (i) [+ gen] think of, remember;

bear in mind; [___ zu tun] propose to do

gefallen (i) [+ dat.] please; es gefällt mir: I like it; sich et. ___ lassen: put up with s.th.

gehen (i) *sein* go, walk; es geht mir gut: I'm feeling fine; I'm doing well; es geht um...—it's a matter of...; schief ___: go wrong; ___ an + acc.: set to, go at

gehen lassen (tr) let go; sich ___: let o.s. go (behavior, appearance)

gehören (i) [+ dat.] belong to; sich ___: be proper, appropriate; zur Sache ___: be relevant

gelingen (i) *sein* [impers. + dat. of p.] succeed; be successful; es gelang ihm: he succeeded in it

gelten 1) (tr) be worth, 2) (i) be valid, hold; apply; ___ als: be considered as; ___ lassen: let stand

genieβen (tr) enjoy

geraten (i) *sein* 1) turn out; [___ an + acc.] come upon; auβer sich ___: be besides o.s.

geschehen (i) *sein* [impers.] happen; es geschieht dir recht: it serves you right

gestehen 1) (tr) confess, admit; 2) (i) make a confession, plead guilty

gewährleisten (tr) guarantee

gewinnen (tr/i) win; gain; obtain

gewöhnen 1) (tr) [an + acc.] accustom to, get used to, 2) sich ___ an + acc.: accustom o.s. to

gieβen (tr/i) pour; es gieβt (in Strömen): it's raining cats and dogs

glauben 1) (tr) believe (a th.), 2) (i) [j-m./a p., an + acc./in] believe

gleichen (i) equal, be equal [+ dat./to]

gleiten (i) *sein* glide; slide, slip

graben (i) 1) dig [nach/for], 2) (tr) dig; excavate

greifen 1) (tr) seize, grasp, 2) (i) ___ in + acc.: reach into; ___ nach: reach for; ___ zu et.: resort to; j-m. unter die Arme ___: lend a p. a helping hand

groβ-tun (i) give (o.s.) airs; talk big

gründen (tr) found; sich ___ auf: be based on

grüβen (tr/i) greet; grüβen Sie ihn von mir! say hello to him from me; er läβt grüβen: he sends his regards

gut-heiβen (tr) approve of, sanction

gut-schreiben (tr) credit, [j-m. einen Betrag ___] credit an amount to a p.'s account

gut-tun (i) [j-m. ___] do a p. good; (medicine) be soothing, be effective

H

haben (tr) have; Angst ___ vor + dat.: to be afraid of; Dienst ___: be on duty; gern ___: like; lieb ___: be fond of; lieber ___: prefer; nötig ___: need; recht ___: be right

hageln (i) [impers.] hail

halten (tr/i) hold; keep; stop; ___ für: consider to be; ___ mit: stick with; ___ von: think of; ___ zu: be loyal to; sich ___: keep; sich ___ an: stick by, go by

handeln (i) act, take action; trade; ___ von: be about, deal with; sich ___ um: be a matter of

hängen¹ (tr) (wk.) hang (up), suspend [an + acc./on, by]; hang a p.; sich ___: hang o.s.

hängen² (i) (st.) hang [an + dat./on; von/from]; (fig) ___ an: cling to

heben (tr) lift, raise; (fig) improve

heim-schicken (tr) send home

heiraten 1) (tr) marry, wed, 2) (i) get married

heißen (tr) 1) call, name, 2) order, direct; das heißt (d.h./i.e.): that is, that means; es heißt they say, it is said

helfen (i) [+ dat.] help

heran-wachsen (i) sein grow up, grow

herauf-steigen (i) sein ascend, come up

heraus-bekommen (tr) find out; figure out; get out

heraus-finden (tr) discover, find out

heraus-fordern (tr) 1) challenge; (fig.) stimulate, rouse, 2) demand restitution

heraus-geben (tr) 1) deliver up, hand over, 2) publish

heraus-kommen (i) sein 1) come out, appear, 2) become known; es kommt auf dasselbe heraus: it amounts to the same thing

heraus-stellen (tr) (fig) emphasize, highlight; sich ___: turn out

herbei-wünschen (tr) wish (that s.o. were) there

hereinstürzen (i) sein burst in(to) [in + acc.]

her-kommen (i) sein come here, approach; ___ von: come (originate) from; be due to

her-reichen (tr) [j-m. et./a p. a th.] hand, pass (colloq.)

her-stammen (i) [von] come from, be a native of

her-stellen (tr) manufacture; (fig) create, bring about, produce

herum-laufen (i) sein [um et. ___] run around; roam about

herum-liegen (i) [um et. ___] lie round a th.; (colloq.) lie scattered about; (a p.) lie around

herum-reichen (tr) pass around

herum-sprechen [sich ___] spread (by word of mouth), get around, leak out

hervor-gehen (i) sein [___ aus] come (arise) from, emerge; [___ als] come

out as; daraus geht hervor, daß: from this follows, this shows

hervor-heben (tr) accentuate; emphasize

hervor-treten (i) sein step forward; [___ aus + dat.] emerge from; (fig) stand out

hinaus-lehnen [sich ___] lean out

hindern (tr) prevent; hinder [an + dat., bei]

hin-deuten (i) [auf + acc.] point to; (fig) suggest

hinein-lesen (tr) [et. ___ in + acc.] read s.th. into

hin-fahren 1) (i) sein drive, go [nach, zu/to, 2) (tr) haben drive (carry, take) a th. or a p. there

hin-fallen (i) sein fall down, drop

hin-führen (tr/i) lead (take) there [nach, zu/to]

hin-hören (i) listen, prick up one's ears

hin-richten (tr) execute, put to death

hin-setzen (tr) set, put down; sich ___: sit down

hin-stellen (tr) place somewhere, put down; sich ___: plant o.s.

hin-weisen (i) point to; indicate; refer to [auf + acc.]

hoch-heben (tr) lift (up), raise

hoffen (tr/i) hope [auf/for]

holen (tr) get, fetch; ___ lassen: send for

hören (tr/i) hear; ___ auf + acc.: listen to; Rundfunk ___: listen to the radio; schlecht (schwer) ___: be hard of hearing; sich ___ lassen: be worth listening to; be more like it

I

inne-haben (tr) hold, occupy (office)

inne-halten 1) (tr) observe, keep (to), 2) (i) pause

interessieren (tr) interest [für/in]; sich ___ für: be interested in

irre-machen (tr) bewilder; perplex

irren (i) err, lose one's way; sich ___: be mistaken

K

kämpfen (i) fight [für, um/for]; (fig) ___ mit: contend with

kaufen (tr) [von/bei j-m. et.] buy; sich et. ___: buy a th. for o.s.

kennen (tr) know, be acquainted with

kennen-lernen (tr) get to know

kennzeichnen (tr) mark, characterize

klagen 1) (i) complain [über + acc./of; bei/to]; 2) (tr) [j-m. et.] complain to a p. of a th.

klären (tr) clear (up), clarify

klein-schneiden (tr) chop

klingen (i) sound; (fig) resound, spread

kommen (i) sein come; ___ zu/an + acc. get to; ___ auf: hit on; amount to; ___ lassen: send for; have (a p.)

come; — von: be due to; in Frage
— : enter the picture; nicht in Frage
— : be out of the question; ums
Leben — : lose one's life; zur Sache:
— get to the point

konkurrieren (i) compete [mit/with, um/
for]

können (aux) be able to; can; know how
to; er kann nichts dafür: he can't
help it

kontrollieren (tr) supervise, control; verify, audit

konzentrieren (tr) and *sich* concentrate
[auf + acc./on]

kosten¹ (tr) cost; take (time)

kosten² (tr) taste, take a taste of

kritisieren (tr) criticize

kümmern 1) (tr) grieve, afflict; concern,
was kümmert ihm das? what's it to
him?, 2) [sich — um] take care of;
attend to

L

laden (tr) 1) load, lade, 2) invite

lassen 1) (tr) leave, let, 2) (aux) to have
done; es darauf ankommen lassen:
leave it to chance; es läßt sich
machen: it can be done

laufen (i) *sein* run, walk; work, operate

leben (i) live; hoch leben lassen: drink
to a p.'s health; hier lebt es sich gut:
it's pleasant to live here

legen (tr) place, put; lay; sich — 1)
calm down, 2) lie down; Wert —
auf + acc.: attach importance to

lehnen 1) (i) and *sich* lean [an + acc./
on], 2) (tr) lean, prop

leiden (i/tr) [an + dat./from] suffer;
stand, bear

leihen (tr) [jm. et.] lend; [sich (dat.) et.
von j-m. —] borrow

leisten (tr) do; carry out; achieve; effect;
sich — : afford; j-m. Gesellschaft
— : keep s.o. company

leiten (tr) lead; guide; conduct; convey

lernen (tr/i) learn, study; auswendig — :
learn by heart

lesen (tr/i) read

lieben (tr/i) love, like

lieb-gewinnen (tr) grow fond of; come to
like

lieb-haben (tr) be fond of; love

liefern (tr) [et. an j-n., j-m. et./a th. to
a p.] deliver, furnish

liegen (i) lie, be lying; be (situated); auf
der Hand — : be obvious; j-m. — :
suit a p.; es liegt j-m. viel daran: it
means a lot to someone

liegen-lassen (tr) be left lying

lohnen (tr/i) (j-m. et.] reward; sich — :
be worthwhile

los-brechen 1) (tr) break off, 2) (i) *sein*
break out

lösen (tr) 1) solve, 2) loosen; eine Fahr-
karte — : buy a ticket; sich — :
dissolve

los-lassen (tr) let go, let loose

lügen (i) (tell a) lie

M

machen (tr/i) make, do; j-m. Spaß — :
be fun for; es läßt sich machen: it
can be done; es macht nichts: it
doesn't matter; sich an die Arbeit
— : get to work; sich et. daraus — :
make something of it

maschine-schreiben (i) type

meiden (tr) avoid

meinen (tr/i) think; be of the opinion;
mean; es ernst — : be serious about
it; es gut — : mean well

melden (tr/i) [j-m. et.] inform, report;
sich — : report (o.s.) in; announce,
register o.s.; answer the telephone

merken (tr) notice; mark; sich et. — :
keep in mind

messen (tr/i) measure; sich mit j-m — :
compete with; gemessen an: mea-
sured against, compared with

mißachten (tr) disregard; slight, despise

mißbrauchen (tr) 1) abuse, take (unfair)
advantage of, 2) misuse, misapply

mißdeuten (tr) misinterpret

mißfallen (i) [j-m.] displease, disgust

mißhandeln (tr) mistreat, abuse

mißlingen (i) *sein* [impers.] fail, miscarry,
be unsuccessful

mißtrauen (i) [+ dat.] distrust, have no
confidence in

mit-arbeiten (i) collaborate, cooperate;
— an + dat.: assist, contribute to

mit-bekommen (tr) get when leaving;
(colloq., fig.) catch, get

mit-benutzen (tr) use jointly with others

mit-bestimmen (tr) share in a decision,
have a voice in a matter; (th.) be a
contributing factor

mit-bringen (tr) bring along; (fig) have, be
endowed with

mit-erleben (tr) experience (with others)

mit-fahren (i) *sein* [mit] ride or drive
with s.o.

mit-genießen (tr) enjoy with others

mit-helfen (i) [+ dat.] help, aid (along
with others)

mit-kommen (i) *sein* come along [mit/
with]; (fig) be able to follow; keep
pace with

mit-machen 1) (i) join in, go along with,
2) (tr) join in, take part in

mit-reisen (i) *sein* travel along [mit/
with]

mit-spielen (i/tr) join in the game, be on
the team, be involved

mit-sprechen (i) join in the discussion;
put in a word; (tr) say together

mit-teilen (tr) [j-m./to a p.] communicate; [j-m. et./a p. of s.th.] inform

mit-trinken (tr/i) (colloq.) drink with others; have a drink with

mit-wirken (i) [bei, an + dat.] cooperate in; take part in, contribute to

mögen 1) (tr) like; ich mag dich: I like you; was möchtest du?: what would you like?, 2) (aux) like to; ich möchte wissen, ob...—I would like to know whether...; Das mag sein: that may be (true)

müssen (aux) have to, must; be obliged to

N

nach-denken (i) [über + acc.] reflect; ponder

nach-folgen (i) *sein* follow, succeed

nach-fragen (i) [nach] inquire about, ask about

nach-fühlen (tr) [j-m. et. ___] feel or sympathize with a p.

nach-füllen (tr) fill up, refill; replenish

nach-geben (i) give way to; (th.) give; (fig.) give in, yield

nach-gießen (tr) fill up, refill; add

nach-helfen (i) [+ dat.] help, assist

nach-holen (tr) make good, make up (for); fetch afterwards

nach-kommen (i) *sein* [+ dat.] follow; overtake; comply with, meet (obligations)

nach-lassen 1) (tr) leave behind, bequeath, 2) (tr/i) let up, abate; decrease, relax

nach-laufen (i) *sein* [+ dat.] run after, follow

nach-lesen (tr/i) (agric.) glean; read, look up

nach-liefern (tr) deliver, supply subsequently

nach-machen (tr) imitate

nach-messen (tr) remeasure

nach-prüfen (tr) verify; check

nach-rechnen (tr) check; calculate over again

nach-schicken (tr) send after; forward

nach-schlagen (tr/i) (in a book) consult; look up

nach-sehen 1) (i) look (gaze) after, 2) (tr) check, look over; j-m. et. ___: overlook a p.'s mistakes

nach-senden = nachschicken

nach-weisen (tr) point out, prove, establish; [j-m. et. ___] prove a th. against

nach-wirken (i) act or operate afterwards; produce an aftereffect, be felt afterwards

nach-zählen (tr) count over, check

nahe-liegen (i) (fig.) suggest itself, be obvious

näher- treten (i) *sein* [+ dat.] (fig). approach

nehmen (tr) [j-m. et./a th. from a p.] take; Abschied ___ von: say goodbye to; in Anspruch ___: lay claim to; im Grunde genommen: basically; j-n. auf den Arm ___: pull a p.'s leg; Platz ___: have (or take) a seat; Rücksicht ___ auf + acc.: have consideration for; zur Kenntnis ___: take note of; zu sich ___: have something to eat

nennen (tr) name; mention [nach/after], sich ___: be named, call o.s.

nieder-reißen (tr) tear down

nieder-werfen (tr) throw down; (fig.) overwhelm

nützen, nutzen (tr/i) use, be useful [zu/for, j-m./to a p.]

O

ob-liegen (i) [+ dat.] apply o.s. to; [j-m. ___] be incumbent on a p.

öffnen (tr) and *sich* open

P Q

passen (i) 1) be suitable or convenient; fit; suit, 2) auf j-n./et. ___: (lie in) wait for, watch for, 3) ___ zu: go with, 4) sich ___: be proper

passieren 1) (tr) pass (over, through), 2) (i) *sein* happen

pflegen (tr) 1) take care of, tend, nurse, 2) encourage, cultivate, 3) ___ zu + inf.: be in the habit of

protestieren (i) protest [gegen/against]

prüfen (tr) test, check

qualifizieren (tr) and *sich* qualify [zu/for]

R

rad-fahren (i) cycle, ride a bicycle

raten (i/tr) 1) advise, recommend [j-m. et./j-m. zu et.], 2) guess

reagieren (i) [auf + acc.] react to

rechnen (tr/i) figure, calculate; ___ auf + acc.: count on; ___ für: charge for; ___ mit: figure on, expect

reden (i/tr) [mit/to, über/about] talk; er läßt mit sich reden: he listens to reason, he's a good person to talk to

regieren (tr./i) govern, rule

regnen (i) [impers.] rain

reichen 1) (i) reach, extend [bis an + acc. /to]; last, be enough, 2) (tr) hand, pass

reisen (i) *sein* travel [nach/to, über/by way of

reißen 1) (tr) tear, rupture; snatch, 2) (i) *sein* break, snap, rupture; split, 3) sich ___ um: fight over; Witze ___: crack jokes

rennen (i) *sein* run, race

reparieren (tr.) repair

retten (tr) save, rescue; j-m. das Leben ___: save a p.'s life richten (tr) 1) arrange, adjust, 2) judge 3) prepare; ___ an + acc.: address, direct to; sich ___ auf + acc.: turn to; sich ___ nach: be guided by, depend on; zugrunde ___: ruin

ringen 1) (tr) wring, 2) (i) wrestle [mit/with]; ___ um: strive for

rück-fragen (i) [bei j-m.] check with a p.; inquire of a p.

rufen (tr./i) call, call out

ruhen (i) rest; ___ auf: rest on; ___ lassen: suspend; not touch, disturb

rühren 1) (i) stir, move; touch [an + acc.], 2) (tr) and *sich* stir, move; touch, affect

S

sagen (tr./i) say, tell; ___ über + acc.: tell about; ___ von: tell about, nebenbei gesagt: incidentally; unter uns gesagt: between you and me

sammeln (tr.) collect, gather; sich ___: gather, assemble

sauber-machen (tr/i) clean up

schaffen[1] (tr/i) (wk.) 1) do, work, 2) accomplish, manage, 3) be at it, 4) procure; aus dem Weg ___: get out of the way; j-m. zu ___ machen: give s.o. trouble; gerade noch ___: barely make it

schaffen[2] (tr/i) (st.) create

schauen 1) (tr) see, perceive, 2) (i) [auf + acc.] look, gaze

scheiden 1) (tr) separate, divide; divorce; sich ___ lassen: get a divorce; geschieden: separated; divorced, 2) (i) *sein* depart, retire

scheinen (i) shine; (fig.) seem, appear

schicken (tr) send; sich ___: be appropriate; develop, occur

schieben (tr) push, shove, move

schlafen (i) sleep

schlagen (tr/i) 1) hit, 2) strike, 3) defeat, sich ___: fight

schließen (tr/i) shut, close; lock; conclude; daraus schließen wir,... ___ from this we gather that

schneiden (tr/i) cut; sich die Haare ___ lassen: have one's hair cut

schneien (i) [impers.] snow

schreiben (tr/i) write; eine Arbeit ___: take a test; write a paper; klein ___: write in lower case letters; groß ___: capitalize; wie schreibt man 'Warschau'? how do you spell 'Warsaw'?

schreien (i/tr) shout, yell; scream [vor Schmerz, Lachen/with pain, laughter]; ___ nach: cry for

schulden (tr) [j-m. et.] owe

schweigen (i) be silent, say nothing [über/about, on]; ganz zu ___ von: to say nothing of; schweigen Sie! be quiet!

schwimmen (i) *haben/sein* swim, float

schwinden (i) *sein* dwindle; fade

sehen (i/tr) see; schwarz ___: be pessimistic, see the dark side of things

sein (i) [+ nom. or pred. adj.] be; (as an aux.) have; der Meinung sein: be of the opinion; j-m. recht ___: be all right with s.o.; es sei denn, daß... —unless; wie dem auch sei—be that as it may

senden (tr) send; broadcast

setzen (tr) set; sich ___: sit down; in Betrieb ___: put into operation; in Verbindung ___: put in touch with

singen (i/tr) sing

sinken (i) *sein* sink

sitzen (i) 1) sit, 2) fit, 3) (colloq.) do time; wie auf heißen Kohlen ___: be on pins and needles

sitzen-bleiben (i) *sein* 1) repeat a year in school, 2) (colloq.) remain without a partner (at a dance); not marry

sollen (aux) be supposed to, should

sorgen (i) and *sich* 1) worry [um/about], 2) see to [für], 3) take care of, 4) care for

sparen (tr/i) save (up)

spazieren-fahren (i) *sein* go for a drive

spazieren-gehen (i) *sein* go for a walk

spielen (i/tr) play, act; eine Rolle ___: have a role, play a role; keine Rolle ___: not to matter; Theater ___: (fig.) put on an act

sprechen (tr/i) speak, talk [über + acc., von/about]

springen (i) *sein* jump [über/over], ins Auge ___: strike one's eye; der springende Punkt: the crucial point

stammen (i) come from, stem from [aus, von]

statt-finden (i) take place; be held

staunen (i) be astonished, surprised [über + acc./at]

stehen (i) stand; be ___ vor + dat.: face; ___ zu: stand by; j-m. gut ___: be becoming to a p.; Schlange ___: stand in line; zur Verfügung ___: be at the disposal of, be available

stehen-bleiben (i) *sein* 1) remain standing; 2) come to a standstill, stop

steigen (i) *sein* climb; go up, rise

steigern (t) raise, increase; augment; intensify

stellen (tr) put, place; auf den Kopf ___: turn upside down; eine Frage ___: ask a question

sterben (i) *sein* die [an + dat./of]

stil-legen (*still* has 2 l's when separated from *legen*) (tr) shut down, put out of commission

still-schweigen (i) be silent, keep silent

stimmen 1) (i) be right, correct; [für, gegen et. ___] vote for, against, 2) (tr) tune (an instrument); j-n. ___: put a p. in a (good, bad, etc.) mood; gut, schlecht gestimmt sein: be in a good/bad mood

stinken (i) stink [nach/of]
stören (tr) disturb, bother
stoβen (tr/i) push, shove; kick; thrust; ___
an, gegen: bump against; ___ auf
(*sein*): pounce on; come across,
stumble on
strafen (tr) punish [mit/with]
streiten (i) [um/about, mit/with] argue,
fight; sich ___: quarrel, argue
studieren (tr/i) study, go to college
stürzen 1) (tr) overthrow, 2) (i) *sein* fall
(violently), plunge; rush
stützen (tr) support; sich ___ auf + acc.:
lean on; (fig) base one's case on
suchen (tr/i) seek, look for [nach]

T

tauschen (tr/i) 1) trade, swap, exchange
[gegen/for], 2) change places
täuschen (tr/i) deceive, mislead; be deceptive; sich ___ deceive o.s., be
wrong
teilen (tr) divide, distribute; (fig) share in;
sich ___: divide, split
teil-nehmen (i) participate [an + dat./in];
(fig) sympathize with
telefonieren (i) [mit j-m.] call a p. up,
telephone
töten (tr) kill
tragen (tr) 1) carry, 2) wear
trainieren (tr/i) train, coach, drill
trauen 1) (i) [+ dat.] trust, 2) (tr) marry;
sich ___ lassen: get married, 3) sich
___: dare, trust o.s. to
träumen (i/tr) dream [von/of]
treffen (tr/i) meet; hit; (fig) concern,
touch; sich ___: meet, gather; occur
treiben 1) (tr) drive, propel; (fig) impel,
go in for, was treibst du? what are
you doing?, 2) (i) *sein* float, drift,
drive
trennen (tr) separate; sich ___: separate,
part
treten (i/tr) step, tread; ans Fenster ___:
go to the window; in Kraft ___: go
into effect; j-m. zu nahe ___: hurt a
p's feelings, insult
trinken (tr/i) drink; auf j-n., et ___: drink
to a p., th.; toast
tun (tr) do; es tut mir leid: I'm sorry;
sich weh ___: hurt oneself

U

üben (tr/i) practice, exercise; sich ___ in:
practice
überdecken (tr) 1) cover (a th.) over, 2)
overlap, 3) veil, shroud
überein-stimmen (i) [mit j-m. ___ über/
in] agree with a p. on
über-fahren (i) *sein* drive, bring s.o. over
überfahren (tr) run over, overrun; (fig)
j-n. ___: ride roughshod over a p.

überfordern (tr) overcharge, overburden;
(fig) overtax
überholen (tr) 1) pass, overtake, 2) over-
haul
überhören (tr) not to hear, miss, not
catch; ignore
überladen (tr) overload, overburden
überlassen (tr) [j-m. et.] let a p. have a
th.; leave a th. to a p., leave s.th. up
to a p.
über-laufen (i) *sein* run (flow) over; go
over [zu/to]
überlaufen (tr) overrun; (emotion) overcome; pester
überleben (tr/i) survive, outlive
überlegen (tr/i) reflect on, consider, think
over
übernehmen (tr) 1) take over, 2) undertake, take charge
überprüfen (tr) examine, check
überraschen (tr) surprise
überreichen (tr) hand (a th.) over; present [j-m./to a p.]
überschauen (tr) survey, glance over
übersehen (tr) overlook; look over
übersenden (tr) send, forward; ship
übersetzen (tr) translate
überstürzen (tr) rush, sich ___: act rashly;
(events) follow in rapid succession
übertragen (tr) carry over; transfer, make
over [auf j-n./to]; broadcast
übertreffen (tr) excel; surpass [an + dat.,
in + dat./in]
übertreiben (tr/i) overdo; exaggerate
über-treten (i) *sein* pass (or step) over; go
over to
übertreten (tr) overstep; (fig) transgress
überwachsen (tr) overgrow
überwiegen 1) (tr) outweigh, 2) (i) outweigh, predominate
überzeugen (tr) convince [von/of]; sich
___: satisfy o.s. as to
um-ändern (tr) change, alter; rearrange
um-bauen (tr) reconstruct, convert; (fig)
reorganize
um-benennen (tr) rename
um-biegen (tr) bend over; turn down/up;
um-bilden (tr) remodel, reconstruct;
reorganize
um-bringen (tr) kill, murder
um-denken 1) (tr) rethink, 2) (i) change
one's views
um-deuten (tr) re-interpret
um-drehen (tr) turn (round), spin; sich
___: turn around
umfangen (tr) encircle, surround
umfassen (tr) grasp, clasp; enclose; (fig)
comprise, include
um-fragen (i) [bei] poll, ask around
um-füllen (tr) decant, transfer from one
container to another
um-kommen (i) *sein* perish, die; be killed
um-leiten (tr) divert
um-lernen (i) learn anew; re-educate

um-rechnen (tr) convert [in + acc./into]
um-rühren (tr) stir (up)
um-sehen [sich __] look around [nach/at]; (fig) look out for
um-steigen (i) *sein* change (trains, buses) [nach/to]
um-stürzen 1) (tr) overthrow; upset, subvert 2) (i) *sein* fall down (or over)
um-tauschen (tr) exchange [gegen/for]
um-wechseln (tr) change (money)
um-werfen (tr) overthrow, overturn
um-ziehen 1) (i) *sein* move [nach/to], change one's residence, 2) (tr) and *sich* change (one's clothes)
unterbleiben (i) *sein* remain undone; not take place, be discontinued
unterbrechen (i) interrupt, sich __: pause; stop short
unter-gehen (i) *sein* go down, sink; (sun) set; (fig) perish, be ruined
untergraben (tr) undermine, corrupt
unterhalten (tr) 1) support, maintain; 2) keep up or on; 3) sich __: amuse o.s., have a good time; sich mit j-m. __ über + acc.: converse, talk
unterhandeln (i) [über + acc.] negotiate
unterlassen (tr) omit; neglect; fail to, leave off, stop (doing) [zu + inf.]
unternehmen (tr) undertake, attempt
unterrichten (tr) teach, instruct [j-n. in (a subject)]; (fig) inform [über + acc./about, von/of]
unterscheiden (tr/i) differentiate [von/from]; distinguish [zwischen/between]; sich __ von: differ from
unterschreiben (tr) sign, endorse
unterstützen (tr) support
untersuchen (tr) inquire into; investigate [auf + acc./for]
unterwerfen (tr) subdue; subject to [+ dat.] sich __: submit to [+ dat.]
unterzeichnen (tr) sign
urteilen (i) judge [nach/by, from]; über et. j-n. __: judge, give one's opinion on

V

verabreden (tr) agree upon; sich __: make an appointment, make a date
verachten (tr) despise, disdain
verändern (tr) and *sich* alter, change; vary
veranlassen (tr) cause; arrange for; [j-n. __ zu + tun] induce a p. to do s.th.
verantworten (tr) answer for, account for; sich __ vor + dat.: justify o.s. before
verarbeiten (tr) 1) manufacture, process, 2) treat, digest, 3) (fig) think through
verbauen (tr) 1) build up, obstruct, 2) build badly, 3) use up (money, materials) in building
verbiegen (tr) bend, twist, distort
verbieten (tr) forbid, prohibit

verbinden (tr) tie (together), connect, unite; sich __ mit: connect; combine; join; join forces with
verbleiben (i) *sein* be left; remain, stay; wir sind so __: we agreed that...
verbrauchen (tr) consume, use up; wear out
verbrennen 1) (tr) burn, 2) (i) *sein* burn; be consumed by fire, be burned to death; scorch, scald; sich die Finger __: (lit.) to burn one's fingers, (fig) get burned
verbringen (tr) spend, pass (time); transfer [nach/to]
verdanken (tr) [j-m. et. __] owe a th. to a p., be indebted to a p.
verdienen (tr) earn, gain; deserve
verdrängen (tr) push away; (fig) supersede, oust; supplant; (psych.) repress
verdrehen (tr) distort, wrench; sprain
vereinigen [sich __] unite, join; combine, die Vereinigten Staaten—United States
verfahren 1) (i) *sein* proceed, act [nach/on]; __ mit: deal with, 2) (tr) *haben* bungle; 3) sich __: take the wrong road
verfallen (i) *sein* 1) go to ruin, decay, 2) expire, lapse; j-m. __: become the property of; __ auf: hit upon
verfassen (tr) compose, write
verfehlen (tr) miss; nicht __, zu + inf.: not fail to
verfolgen (tr) pursue, follow; persecute; prosecute
verführen (tr) lead astray; seduce; tempt
vergeben (tr) 1) give away, bestow [an + acc./to], give out, 2) relinquish, 3) forgive
vergehen (i) *sein* pass (away); fade (away) vanish; sich __ [an j-n./against a p., gegen et./against a th.] commit an offense, commit a crime
vergelten (tr) repay [+ dat./to], reward [j-m. et./a p. for a th.]; retaliate
vergessen (tr) forget
vergleichen (tr) [mit] compare; sich __ mit: come to an agreement with
vergraben (tr) hide in the ground, bury
verhalten 1) (tr) keep back; suppress, 2) sich __: (matter) be; (person) behave, conduct o.s.
verhandeln 1) (i) negotiate; deliberate, confer [über + acc., wegen/on]; 2) (tr) sell, discuss, argue
verheiraten (tr) marry; sich __: marry, get married
verheißen (tr) promise, prophesy
verhelfen (i) [j-m. zu et.] help a p. to
verhindern (tr) [j-n. an + dat.] prevent a p. from; hinder
verhören 1) (tr) interrogate; try, hear, 2) sich __: hear incorrectly, misunderstand a p.'s words

verirren [sich —] go astray, lose one's way

verkaufen (tr) sell, dispose of; sich leicht —: sell readily; zu verkaufen: for sale

verkennen (tr) mistake; misjudge; nicht zu verkennen: unmistakable

verklagen (tr) accuse, inform against; take a p. to court

verklingen (i) *sein* die away

verkümmern 1) (i) *sein* atrophy; waste away, 2) (tr) *haben* curtail, thwart

verladen (tr) load

verlangen 1) (tr) desire; demand, require; viel: — asking a lot; 2) (i) — [nach] yearn for; wish, desire

verlassen (tr) leave; sich — auf: rely on, depend on

verlaufen (i) *sein* proceed, pass (time), sich —: lose one's way

verleben (tr) spend, pass (time)

verlegen (tr) 1) misplace, 2) transfer, evacuate [nach/to], 3) publish, 4) put off [auf + acc./to]

verleihen (tr) lend out; bestow [j-m./on a p.]

verleiten (tr) lead astray; sich — lassen, zu + inf.: be talked into

verlernen (tr) unlearn, forget

verlesen (tr) read aloud; pick out (vegetables, etc.); sich —: misread

verletzen (tr) 1) injure, 2) violate (law), sich —: hurt, injure o.s.

verlieben [sich — in + acc.] fall in love

verlieren (tr) lose

vermeiden (tr) avoid

vermeinen (i) falsely think, believe

vermerken (tr) note down; remark

vermessen (tr) measure, survey; sich —: measure incorrectly

vermögen (tr) [zu + inf./to do] be able to, be capable of

vermuten (tr) suspect, suppose

vernehmen (tr) perceive, hear; examine (a witness)

verpassen (tr) miss (an opportunity)

verpflegen (tr) board; supply with food

verraten (tr) betray; sich —: betray o.s.

verrechnen (tr) charge, set off [mit/against]; sich —: miscalculate; (fig) make a mistake

verreisen (i) *sein* go on a journey; — nach: leave for; verreist sein: be away

verrichten (tr) do, carry out

versagen 1) (tr) refuse, deny; fail (to act, work); sich et. — deny o.s. a th.; 2) (i) fail, break down

versammeln (tr) assemble; sich —: assemble, hold a meeting

verschicken (tr) send away; dispatch; deport

verschieben (tr) shift; defer

verschlafen (tr) miss (by sleeping); oversleep

verschließen (tr) shut; lock up; sich einer Sache —: close one's mind to a th.

verschreiben (tr) prescribe [j-m./for a p.]; make over [j-m./to a p.]; sich —: make a mistake in writing

verschulden 1) (i) go into debt, be in debt, 2) (tr) cause, be to blame for

verschweigen (tr) conceal, withhold [j-m./from a p.]

verschwinden (i) *sein* disappear; [j-n., et. — lassen] spirit a p., a th. away

versehen (i) (tr) perform, administer; look after; [mit et. —] furnish with, 2) [sich —] make a mistake

versenden (tr) send, forward; ship

versetzen 1) (tr) displace, transpose; 2) (i) reply

versorgen (tr) provide [mit/with]; support, provide for; gut versorgt sein: be well provided for

verspielen 1) (tr) lose (at a game); gamble away, 2) (i) (fig) [bei j-m. —] get on a p.'s black list

versprechen (tr) promise; sich (dat.) et. — von: expect much of; sich —: misspeak

verstehen (tr/i) understand; falsch —: misunderstand; sich —: be understood; sich mit j-m. gut —: get on well with a p.

versteigern (tr) auction off

verstimmen (tr) put out of tune; (fig) irritate; put in a bad mood

verstoßen 1) (tr) expel [aus/from]; disown, 2) (i) [— gegen] offend against, violate

versuchen (tr) try, attempt; [zu + inf./to do]; j-n. —: tempt a p.

vertauschen (tr) exchange [gegen, für, mit um/for]

verteilen (tr) distribute, disseminate [auf + acc., unter/among], sich — über/unter + acc.: be distributed over/among

vertragen (tr) endure, stand, bear; sich —: be compatible, get along

vertrauen (i) [+ dat.] trust; — auf: trust or confide in, rely on

vertreiben (tr) drive away [aus/from]; (fig) banish; sich die Zeit —: while away the time

vertreten (tr) represent; plead for; sich den Fuß —: sprain one's ankle

vertun (tr) waste, squander; sich —: make a mistake

verüben (tr) perpetrate

verurteilen (tr) condemn

verwachsen (i) *sein* grow together; (med.) heal up; become overgrown

verwechseln (tr) [mit/with] confuse

verweigern (tr) deny, refuse, decline

verweisen¹ (tr) banish, exile; reprimand

verweisen² (tr) [j-n. an j-n., auf et.] refer a p. to another p., to a th.

verwenden (tr) employ, use [auf + acc./

on]; sich ___ für: intercede on behalf of

verwerfen (tr) reject, repudiate; spurn

verwickeln (tr) entangle [in + acc./in]; (fig) involve; j-n. ___ in: drag a p. into

verwirken (tr) forfeit; incur

verwirklichen (tr) realize, carry out; sich ___: materialize, come true

verwöhnen (tr) spoil, pamper

verwünschen (tr) curse; bewitch

verzeihen (tr) [j-m et.] pardon, verzeihen Sie! I beg your pardon

verzichten (i) [auf + acc.] 1) do without, 2) renounce one's claim to

verzögern (tr) delay; sich ___ slow down, be delayed

verzweifeln (i) *sein* [an + dat./of] despair

vollbringen (tr) accomplish, do, perform

vollziehen (tr) execute, effect; consummate

voran-treiben (tr) push, advance

voraus-sagen (tr) predict; prophesy

voraus-setzen (tr) assume, presuppose; require [bei j-m./of a p.]

voraus-wissen (tr) know beforehand

vorbei-gehen (i) *sein* pass by; fail to see; avoid; bei j-m. ___: drop in

vor-bereiten (tr) prepare; sich ___ auf + acc.: prepare o.s. for

vor-dringen (i) *sein* advance, push forward, gain ground

vor-führen (tr) bring forward; bring before [+ dat.]; show, display, demonstrate

vor-greifen (i) [+ dat.] anticipate, forestall

vor-haben (tr) intend, have in mind

vorher-sagen (tr) predict, prophesy

vor-kommen (i) *sein* be found; occur; es kommt mir vor: it seems to me; sich dumm (etc.) ___: feel stupid (etc.)

vor-laden (tr) summon; subpoena

vor-legen (tr) [j-m et.] lay or put forward; submit; present

vor-lesen (tr) read aloud

vor-liegen (i) [j-m.] lie before a p.; exist; be at hand

vor-merken (tr) mark down; earmark, reserve; sich ___ lassen für: put one's name down for

vor-nehmen (tr) undertake; take up; effect; sich et. ___: resolve to do s.th.

vor-schlagen (tr) propose, suggest

vor-schreiben (tr) prescribe; (fig) order, specify

vor-sehen (tr/i) provide for (a th.), plan [für/for]; sich ___ vor: be on one's guard against

vor-sorgen (i) provide for (the future)

vor-sprechen (i/tr) pronounce [j-m./for a p.]; (i) drop in [bei j-m./on a p.]

vor-stellen (tr) 1) j-n. einer Person ___: introduce a p. to a p.; 2) mean, symbolize, 3) represent; (theat.) play,

4) j-m. et. ___: give s.o. food for thought; 5) sich et. ___: imagine, 6) sich ___ bei: introduce o.s. to

vor-täuschen (tr) feign

vor-tragen 1) recite, declaim, 2) propose 3) lecture, report

vor-weisen (tr) produce, show; (fig) ___ können: be able to show, possess

vor-werfen (tr) [+ dat.] throw before; (fig) [j-m et. ___] reproach a p. for s.th.

vor-wiegen (i) predominate

vor-zeigen (tr) produce, show, exhibit

vor-ziehen (tr) (fig) prefer [dat./to]

W

wachsen (i) *sein* grow

wägen (tr) weigh, ponder; erst ___, dann wagen! look before you leap!

wählen (tr/i) 1) choose; vote, elect, 2) dial

wahr-nehmen (tr) perceive; avail o.s. of

warten (i) [auf + acc.] wait for; ___ lassen: keep waiting

waschen (tr/i) and *sich* wash

wechseln (tr/i) change; exchange

weg-bleiben (i) *sein* stay away; (fig) be omitted

weg-fahren 1) (i) *sein* leave, drive away

weh-tun (i) [+ dat.] hurt, ache; cause pain; mir tut der Kopf weh!: my head hurts

weichen (i) *sein* give way, yield (dat./to); retreat; (fig) recede

weigern [sich ___] refuse

weisen 1) (tr) [j-n.] lead, direct a p.; [j-m et.] show; instruct; aus dem Land ___: banish, 2) (i) ___ auf + acc.: point to; von sich ___: refuse, reject

weiter-bilden (tr) develop; sich ___: continue one's education

weiter-gehen (i) *sein* go or walk on; (fig) continue

weiter-leiten (tr) forward; refer [an + acc./to]

weiter-machen (tr) carry on; continue

wenden (tr/i) turn (over, around); sich ___: turn; sich ___ an: turn to, go see; sich zum Gutem ___: turn out well

werden 1) (i) become, turn out; fertig ___ mit: manage; sich einig ___: manage to agree on, 2) (aux) see model declensions

werfen (tr) throw, cast

wickeln (tr) 1) wind, curl, 2) wrap up

widerfahren (i) *sein* befall, happen to

widerraten (tr) [j-m et.] advise a p. against s.th.

widersprechen (i) [+ dat.] contradict; oppose; sich ___: contradict o.s.

widerstehen (i) resist, withstand

widerstreiten (i) [+ dat.] clash with, be contrary to

wieder-aufbauen (tr) rebuild, reconstruct
wieder-bekommen (tr) get back, recover
wieder-erkennen (tr) recognize
wieder-gewinnen (tr) regain, recover; re-claim
wieder-holen (tr) fetch back; take back; bring back
wiederholen (tr) repeat, say again
wieder-sehen (tr) and *sich* see (or meet) again
wieder-vereinigen (tr) and *sich* reunite
wieder-wählen (tr) re-elect
wiegen (tr/i) weigh; (fig) carry weight
wirken 1) (tr) produce, effect, 2) (i) work, take effect; —— auf + acc.: have an effect on
wissen (tr) know, have knowledge of; Bescheid ——: know the answer; know one's way around; nichts —— wollen von: not want to have anything to do with
wohnen (i) reside, live [bei/with, in/at]
wollen (tr/i) and (aux) want ,desire
wünschen (tr) wish; [sich ——] wish for

Z

zählen (tr/i) count; number; (sich) ——. zu: count (o.s.) among; —— auf: count on
zahlen (tr/i) pay; settle with [+ dat.]
zeichnen (tr/i) draw [nach/from]; (fig) delineate, outline; label, sign
zeigen (tr) show; sich ——: turn out, show up; —— auf: point to
zeihen (tr) [+ gen] accuse of
zerbrechen (tr) *haben* (i) *sein* break (to pieces), smash; (fig) —— an: break under, be broken by; sich den Kopf —— (über): rack one's brains
zerdrücken (tr) crush, squash; crumple
zerfallen (i) *sein* fall apart; fall into ruin; disintegrate
zerreißen 1) (tr) rip up, 2) (i) tear, snap, split
zerschlagen (tr) smash (to pieces)
zerstören (tr) destroy
zerteilen (tr) and *sich* divide [in + acc./into], disperse
zeugen 1) (i) witness, testify, 2) (tr) beget; (fig) produce, create with the intellect
ziehen (tr/i) pull, draw; (with *sein*) move; die Folgen ——: take the consequences; es zieht—there's a draft; in Betracht ——: take into consideration
zitieren (tr) cite, quote; summon
zögern (i) hesitate
zu-bereiten (tr) prepare; mix (a drink), toss (a salad)
zu-binden (tr) tie, bind up; bandage; blindfold
zu-decken (tr) cover (up); (fig) conceal
zu-erkennen (tr) award, confer on; adjudge (+ dat.]

zu-fallen (i) *sein* fall shut; j-m. ——: fall to a p., be incumbent upon a p.
zu-fliegen (i) *sein* fly to(wards) [dat., auf + acc.]; shut suddenly
zu-führen (tr) carry (up), convey (to a spot); deliver
zu-geben (tr) 1) add, 2) confess, admit
zu-gehören (i) [+ dat.] belong to
zu-hören (i) [+ dat.] listen (to)
zu-lassen (tr) 1) keep closed, 2) admit, authorize, 3) allow, tolerate
zu-lernen (tr) (colloq.) learn (in addition); add to one's knowledge
zu-machen 1) (tr) close, 2) (i) close down
zu-messen (tr) measure out; apportion [+ dat.]
zu-muten (tr) [j-m. et.] expect a th. from a p., believe a p. capable of
zu-nehmen (i) increase, gain; gain weight
zu-rechnen (tr) add [zu/to]; (fig) [j-m.] attribute to a p.; credit a p.
zu-reichen 1) (tr) pass to [+ dat.]; 2) (i) be sufficient
zurück-bekommen (tr) get back, recover
zurück-bleiben (i) *sein* 1) stay back, remain behind, 2) be left over, survive, 3) be left behind; (fig) fall behind, be backward, retard (mentally)
zurück-bringen (tr) bring back; return
zurück-gewinnen (tr) win back, regain; recover
zurück-halten (tr) hold or keep back; withhold; j-n. ——: keep a p. back, restrain a p.; sich ——: restrain o.s., be reserved
zurück-holen (tr) fetch back; j-n. ——: call back a p.
zurück-lehnen (tr) and *sich* lean back
zurück-melden [sich ——] report back
zurück-schicken (tr) send back, return
zurück-senden (tr) = zurückschicken
zurück-weisen (tr) turn back; refuse (to accept), reject; —— auf + acc.: refer back to
zurück-ziehen (tr) pull back; retreat; sich ——: withdraw, retreat; sich —— von: retire from, quit
zu-sagen 1) (tr) promise, 2) (i) accept; (fig.) suit, appeal to
zusammen-arbeiten (i) work together, co-operate
zusammen-binden (tr) tie together
zusammen-brechen (i) *sein* break down, collapse
zusammen-fassen (tr) 1) collect, unite, combine, 2) summarize, condense
zusammen-gehören (i) belong together; (fig) be correlated, form a pair
zusammen-hängen (i) [mit] hang together; (fig) be connected; das hängt nicht damit zusammen: that has nothing to do with it
zusammen-kommen (i) *sein* come together, meet

zusammen-passen (i) fit; match; [mit] be (well) matched, go (well) together

zusammen-rechnen (tr) add up, total

zusammen-schrecken (i) *sein* (give a) start [bei/at]

zusammen-setzen (tr) put together, assemble; compose; sich ___: sit down together; be comprised of

zusammen-stoßen 1) (tr) knock together, 2) (i) *sein* collide [mit/with]; adjoin

zusammen-treffen (i) *sein* meet; concur

zusammen-zählen (tr) add up

zu-schauen (i) [+ dat.] look on, watch

zu-schicken (tr) send [dat./to], mail

zu-schieben (tr) close; (fig) impute to

zu-schlagen 1) (i) hit, 2) (tr) shut, slam; (fig) add, increase

zu-schließen (tr) lock (up)

zu-schreiben (tr) [j-m. et.] attribute to; [et. einer Sache] ascribe to

zu-sehen (i) look on [bei/at], watch [j-m./ a p., bei et./doing a th.]; sieh zu, daß...—make sure that...

zu-springen (i) *sein* [auf j-n.] spring towards; rush at; (a th.) snap shut

zustande-bringen (tr) bring about, bring off; manage; realize

zu-stimmen (i) [+ dat.] agree

zu-trauen (tr) [j-m. et.] believe a p. capable of

zu-treffen (i) 1) be true or right [bei/of], 2) be applicable to

zu-trinken (i) [j-m.] drink to

zu-wenden (tr) [+ dat.] turn to(wards); j-m. et. ___: let a p. have; sich ___: apply o.s. to, devote o.s. to

zweifeln (i) [an + dat.] doubt, be in doubt about

zwingen (tr) force; conquer

English--German Index

A

be able to: können, 5
be absent: fehlen, 62
accompany: begleiten, 16
accomplish: schaffen (wk.), 160
accustom (o.s.): (sich) gewöhnen an, 84
achieve: leisten, 122
acknowledge: bestätigen, 24
act: handeln, 94
adjust: richten, 154
advance: fördern, 69
advise: raten, 145
afford: sich leisten, 122
be afraid of: (sich) fürchten (vor), 75
agree on: sich einigen auf, 49
allow: erlauben, 54
    be allowed to: dürfen, 4
alter: ändern, 11
announce o.s.: sich melden, 134
answer: antworten, 12
appear: scheinen, erscheinen, 164
be acquainted with: kennen, 107
argue: (sich) streiten, 196
arrange: richten, 154
ask: fragen, 70
    ask for: bitten, 32
assist: fördern, 69; helfen, 99
attend to: sich kümmern um, 113
augment: steigern, 189
avoid: meiden, 132; ausweichen, 231

B

be: sein, 2; liegen, 127; stehen, 187
    be able to: können, 5
    be absent: fehlen, 62
    be acquainted with: kennen, 107
    be afraid of: (sich) fürchten (vor), 75
    be convenient: passen, 141
    be enough: reichen, 150
    be happy about: sich freuen über, 71
    be mistaken: sich irren, 104
    be right: stimmen, 192
    be silent: schweigen, 174
    be suitable: passen, 141
    be valid: gelten, 80
    be worth: gelten, 80
    be worthwhile: sich lohnen, 128
beat: schlagen, 168
become: werden, 3
beg: bitten, 32
beget: zeugen, 245
begin: beginnen, 15
believe: glauben, 86
belong to: gehören, 78
bend: (sich) biegen, 28
bid: bieten, 29
bind: binden, 31

borrow: leihen, 121
bother: stören, 193
break: brechen, 35
bring: bringen, 37
build: bauen, 14
bump against: stoßen gegen, 194
burn: brennen, 36
buy: kaufen, 106

C

calculate: rechnen, 146
call: rufen, 155; heißen, 98
    be called: heißen, 98
    call for: fordern, 68
    call out: rufen, 155
can: können, 5
capture: fangen, 60
care for: sich kümmern um, 113; sorgen für, 180; pflegen, 143
carry: tragen, 204
    carry out: leisten, 122
catch: fangen, 60
celebrate: feiern, 63
change: (sich) ändern, 11; wechseln, 230
    change places: tauschen, 200
characterize: charakterisieren, 142; kennzeichnen, 244
choose: wählen, 227
cite: zitieren, 148
claim: behaupten, 17
clarify: klären, 109
climb: steigen, 180
close: schließen, 169
collect: sammeln, 159
come: kommen, 111
    come across: stoßen auf, 194
    come from: stammen, 185
    come up to: reichen bis, 150
compete: konkurrieren, 142
complain: (sich) klagen, 108
concern: treffen, 207
conclude: schließen, 169
concentrate: (sich) konzentrieren, 142
conduct: leiten, 122
confirm: bestätigen, 24
consider: berücksichtigen, 22; betrachten, 25
control: kontrollieren, 142
be convenient: passen, 141
convey: (be)fördern, 69; (ver)senden, 177; (zu)führen, 73; leiten, 122; bringen, 37
be correct: stimmen, 192
cost: kosten, 112
count: zählen, 243
    count on: rechnen auf, 146
cover: decken, 40

crash: stürzen, 197
create: zeugen, 246; schaffen (st.), 161
criticize: kritisieren, 148
cultivate: pflegen, 143
curl: wickeln, 236
cut: schneiden, 170

D

deceive: täuschen, 201
deliver: liefern, 126
demand: fordern, 68; verlangen, 217
demonstrate: beweisen, 233; demonstrieren, 142
depart: scheiden, 163
be derived from: stammen, 185
desire: verlangen, 217; wünschen, 241
dial: wählen, 227
die: sterben, 191
dig: graben, 89
direct: richten, 154
disappear: verschwinden, 221
dissolve: lösen, 129
disturb: stören, 193
divide: scheiden, 163; teilen, 202
do: machen, 131; tun, 212; leisten, 122;
   schaffen, 160
   do without: verzichten auf, 224
doubt: zweifeln an, 249
draw: zeichnen, 244; ziehen, 247
dream: träumen, 206
drink: trinken, 211
drive: fahren, 58; treiben, 208
dwell: wohnen, 240

E

eat: essen (humans), fressen (animals), 57
effect: wirken, 237
elect: wählen, 223
employ: beschäftigen, 23
   be employed by: arbeiten bei, 13
enjoy: genießen, 81
be enough: reichen, 150
equal: gleichen, 87
err: irren, 104
establish: gründen, 91
examine: prüfen, 144
exchange: tauschen, 200; wechseln, 230
exert o.s.: sich bemühen, 19
expedite: fördern, 69
extend to: reichen bis, 150

F

fall: fallen, 59; stürzen, 197
fear: (sich) fürchten (vor), 75
feel: (sich) fühlen, 72
fetch: holen, 102
fight: streiten, 196; kämpfen, 105
figure: rechnen, 146
fill: füllen, 74
find: finden, 64
finish: erledigen, 55
fit: passen, 141
flee: fliehen, 66

fly: fliegen, 65
follow: folgen, 67
force: zwingen, 250
forget: vergessen, 216
form: bilden, 30
found: gründen, 91
frighten: erschrecken, 56
furnish: liefern, 126
further: fördern, 69

G

gain: gewinnen, 83
gaze: schauen auf, 162
get: holen, 102; bekommen, 18
   get married: heiraten, 97
   get used to: (sich) gewöhnen an, 84
give: geben, 76
   give way: weichen, 231
glide: gleiten, 88
go: gehen, 77; fahren (by vehicle), 58
   go to college: studieren, 148
govern: regieren, 148
grasp: greifen, 90; fassen, 61
greet: grüßen, 92
grow: wachsen, 225
guess: raten, 145
guide: führen, 73; leiten, 122

H

hail (weather): hageln, 149
hand: reichen, 150
hang: hängen, 95
happen: geschehen, 82; passieren, 142
be happy about: sich freuen über, 71
have: haben, 1
   have (s.th.) done: lassen + inf., 115
   have to: müssen, 7
hear: hören, 103
heighten: erhöhen, 51
help: helfen, 99
hesitate: zögern, 248
hinder: hindern, 100
hit: schlagen, 168; treffen, 207
hold: halten, 93; gelten, 80
hope (for): hoffen (auf), 101

I J

impel: treiben, 208
induce: bewegen (st.), 27
inform: melden, 134
injure: verletzen, 218
insist (on): dringen auf, 46; verlangen,
   217
intensify: steigern, 189
interest (o.s. in): (sich) interessieren (für),
   142
interpret: deuten, 42
judge: urteilen, 215
jump: springen, 184

K

keep: halten, 93
   keep in mind: sich merken, 135

kick: stoßen, 194
kill: töten, 203
know: kennen, 107; wissen, 239
   know how to: können, 5

L

be lacking: fehlen, 62
last: dauern, 39
lay: legen, 118
lead: führen, 73; leiten, 122
lean: (sich) lehnen, 119
leap: springen, 184
learn: lernen, 123
leave: lassen, 115; verlassen, 115; gehen, 77
lend: leihen, 121
let: lassen, 115
lie: liegen, 127
lie (tell a lie): lügen, 130
lift: heben, 96
like: mögen, 6
   like to: mögen, 6
live: leben, 117; wohnen, 240
load: laden, 114
lock: schließen, 169
look: schauen, 162
   look at: schauen auf; betrachten, 25
   look for: suchen, 199
   look forward to: sich freuen auf, 71
loosen: (sich) lösen, 129
lose: verlieren, 219
love: lieben, 125

M

maintain: behaupten, 17
make: machen, 131
marry: trauen, 205; heiraten, 97
   get married: sich heiraten, 97
may: dürfen, 4; mögen, 6
mean: meinen, 133
measure: messen, 136
meet: treffen, 207
might: mögen, 6
miss: verfehlen, 62
   be missing: fehlen, 62
be mistaken: sich irren, 104
move: (sich) bewegen (wk.), 26; rühren, 157; ziehen, 247
must: müssen, 7

N

name: nennen, 138
   be named: heißen, 98
need: brauchen, 34
notice: merken, 135
nurse: pflegen, 143

O

observe: beobachten, 20
occur: geschehen, 82; passieren, 142
occupy (o.s.): (sich) beschäftigen, 23
offer: bieten, 29

open: öffnen, 140
operate: treiben, 208; arbeiten, 13
order: befehlen, 50; heißen, 98
ought: sollen, 8
overthrow: stürzen, 197
owe: schulden, 173

P

pardon: verzeihen, 223
pass: reichen, 150; passieren, 142
   pass away: sterben, 191
pay: zahlen, 242
   pay attention to: achten auf, 10
penetrate: dringen, 46
perform: leisten, 122
permit: erlauben, 54
   be permitted: dürfen, 4
place: legen, 118; stellen, 190
play: spielen, 182
point (to): zeigen (auf); deuten (auf), 42; weisen (auf), 233
ponder: wägen, 226
pour: gießen, 85
practice: üben, 213
press: drücken, 48; drängen, 44
prepare: bereiten, 21; richten, 154
prevent: hindern, 100
produce: zeugen, 246
protest: protestieren (gegen), 148
pull: ziehen, 247
punish: strafen, 195
push: schieben, 166; stoßen, 194
   drängen, 44
put: stellen, 190; setzen, 178; legen, 118

Q R

quote: zitieren (aus), 148
race: rennen, 138
rain: regnen, 149
raise: steigern, 189; erhöhen, 51
reach: reichen, erreichen, 150
react to: reagieren auf, 148
read: lesen, 124
realize: erkennen, 53; verwirklichen, 222; realisieren, 142
receive: bekommen, 18
recognize: erkennen, 53
recommend: empfehlen, 50
refer: weisen, 233
refuse: sich weigern, 232; von sich weisen, 233
regard: achten, 10
register: sich melden, 134
reject: von sich weisen, 233
remain: bleiben, 33
remember: sich erinnern an, 52
remind (of): erinnern (an), 52
renounce one's claim to: verzichten auf, 224
repair: reparieren, 148
report: melden, 134
request: bitten, 32
require: fordern, 68; verlangen, 217

rescue: retten, 153
reside: wohnen, 240
respect: achten, 10
rest: ruhen, 156
retire: scheiden, 163
reward: lohnen, 128
be right: stimmen, 192
rise: steigen, 188
roll: wickeln, 236
rule: regieren, 148
run: laufen, 116

S

save: sparen, 181; retten, 153
say: sagen, 158
  be said to: sollen, 8
scream: schreien, 171
search for: suchen, 199
see: sehen, 176; schauen, 162
seek: suchen, 199
seem: scheinen, 164
seize: greifen, 90; fassen, 61
send: schicken, 165; senden, 177
separate: trennen, 209; scheiden, 163
serve: dienen, 43
set: setzen, 178
  set (table): decken, 40
shine: scheinen, 164
should: sollen, 8
show: zeigen, 245; weisen, 233
shut: schließen, 169
be silent: schweigen, 174
sing: singen, 211
sink: sinken, 211
sit: sitzen, 179
  sit down: sich setzen, 178
be situated: liegen, 127
sleep: schlafen, 167
snow: schneien, 149
solve: lösen, 129
sound: klingen, 110
speak: sprechen, 183; reden, 147
squeeze: drücken, 48
stand: stehen, 187
stay: bleiben, 33
stem from: stammen von, 185
step: treten, 210
stimulate: fördern, 69
stink: stinken, 211
stir: rühren, 157
strike: schlagen, 168; treffen, 207
study: studieren, 148; lernen, 123
succeed: gelingen, 79
suffer: leiden, 120
suffice: reichen, 150
suit: passen, 141
be suitable: passen, 141
support: stützen, 198
suppose: vermuten, 220
  be supposed to: sollen, 8
surprise: überraschen, 214
  be surprised: staunen, 186
suspect: vermuten, 220

swap: tauschen, 200
swim: schwimmen, 175

T

take: nehmen, 137
  take (time): dauern, 39
  take action: handeln, 93
  take care of: pflegen, 143; sorgen für,
    180; erledigen, 55; sich kümmern
    um, 113
talk: sprechen, 183; reden, 147
taste (take a taste of): kosten, 112
tear: reißen, 152
telephone: anrufen, 155; telefonieren, 148
tell: sagen, 158
  tell a lie: lügen, 130
tend: pflegen, 143
test: prüfen, 144
testify: zeugen, 246
thank: danken, 38
think: denken, 41; meinen, 133
threaten: drohen, 47
throw: werfen, 235
tie: binden, 31
touch: (be)rühren, 157; (fig.) treffen, 207
trade: handeln, 94; tauschen, 200
train: trainieren, 148; sich üben in, 213
travel: reisen, 151
tread: treten, 210
trust: trauen, 205
tune: stimmen, 192
turn: wenden, 234; drehen, 45
  turn (the corner): biegen um, 28

U V

unite: einigen, 49
urge: drängen, 44
use: nützen/nutzen, 139
  be useful: nützen/nutzen, 139
  get used to: (sich) gewöhnen an, 89
be valid: gelten, 80
violate (law): verletzen, 218
vote: wählen, 227; stimmen, 192

W Y

wait: warten (auf), 228
walk: gehen, 77
want: wollen, 9
wash: waschen, 229
watch: beobachten, 20
wear: tragen, 204
weigh: wiegen, 237; (fig.) wägen, 226
win: gewinnen, 83
wind: wickeln, 236
wish: wünschen, 241; wollen, 9
witness: zeugen, 246
work: arbeiten, 13; schaffen (wk.), 160;
    wirken, 238
be worth: gelten, 80
be worthwhile: sich lohnen, 128
write: schreiben, 171
yell: schreien, 172
yield: weichen, 231

Index of Irregular Forms

This index contains the irregular forms that appear in the conjugations of the 250 selected verbs, that is, forms possessing a stem vowel different from that of the infinitive. Also included are irregular forms of the few other similarly conjugated root verbs cited with the derived verbs. Past participles with no vowel change have not been included. Since such vowel changes occur only in certain forms, only one form per vowel change per verb has been included. Generally, the 3rd person singular was selected to represent all forms with a particular change.

With this index you can also find the infinitive of irregular forms of compound and prefix verbs derived from these 250 by dropping the prefix and checking for the remaining form. (Remember to add a *ge-* if you are dealing with the past participle of a verb with an inseparable prefix.) Having found that, you then attach the prefix back onto the infinitive and look up the basic form in the German-English index.

A

aß (essen)
äße (essen)

B

band (binden)
bände (binden)
bat (bitten)
bäte (bitten)
befahl (befehlen)
befähle (befehlen)
befiehlt (befehlen)
beföhle (befehlen)
befohlen (befehlen)
begann (beginnen)
begänne (beginnen)
begönne (beginnen)
begonnen (beginnen)
bekam (bekommen)
bekäme (bekommen)
bewog (bewegen²)
bewöge (bewegen²)
bewogen (bewegen²)
bin (sein)
bist (sein)
blieb (bleiben)
bog (biegen)
böge (biegen)
bot (bieten)
böte (bieten)
brache (brechen)
bräche (brechen)
brachte (bringen)
brächte (bringen)
brannte (brennen)
bricht (brechen)

D

dachte (denken)
dächte (denken)
darf (dürfen)
drang (dringen)

dränge (dringen)
durfte (dürfen)

E

empfahl (empfehlen)
empfähle (empfehlen)
empfiehlt (empfehlen)
empföhle (empfehlen)
empfohlen (empfehlen)
erkannt (erkennen)
erschrak (erschrecken)
erschräke (erschrecken)
erschrickt (erschrecken)
erschrocken (erschrecken)

F

fährt (fahren)
fällt (fallen)
fand (finden)
fände (finden)
fängt (fangen)
fiel (fallen)
fing (fangen)
flog (fliegen)
flöge (fliegen)
floh (fliehen)
flöhe (fliehen)
fraß (fressen)
fräße (fressen)
frißt (fressen)
fuhr (fahren)
führe (fahren)

G

gab (geben)
gäbe (geben)
galt (gelten)
gälte (gelten)
gebeten (bitten)
geblieben (bleiben)
gebogen (biegen)
geboten (bieten)
gebracht (bringen)

gebrannt (brennen)
gebrochen (brechen)
gebunden (binden)
gedacht (denken)
gedrungen (dringen)
gedurft (dürfen)
geflogen (fliegen)
geflohen (fliehen)
gefressen (fressen)
gefunden (finden)
gegangen (gehen)
gegessen (essen)
geglichen (gleichen)
geglitten (gleiten)
gegolten (gelten)
gegossen (gießen)
gegriffen (greifen)
gehangen (hängen)
gehoben (heben)
geholfen (helfen)
gekannt (kennen)
geklungen (klingen)
gekonnt (können)
gelang (gelingen)
gelänge (gelingen)
gelegen (liegen)
geliehen (leihen)
gelitten (leiden)
gelogen (lügen)
gelungen (gelingen)
gemieden (meiden)
gemocht (mögen)
gemußt (müssen)
genannt (nennen)
genommen (nehmen)
genoß (genießen)
genösse (genießen)
genossen (genießen)
gerannt (rennen)
gerissen (reißen)
gerungen (ringen)
gesandt (senden)
geschah (geschehen)
geschähe (geschehen)

geschieden (scheiden)
geschieht (geschehen)
geschienen (scheinen)
geschlossen (schließen)
geschnitten (schneiden)
geschoben (schieben)
geschrieben (schreiben)
geschrieen (schreien)
geschrocken (schrecken)
geschwiegen (schweigen)
geschwommen (schwimmen)
geschwunden (schwinden)
gesessen (sitzen)
gesprochen (sprechen)
gesprungen (springen)
gestanden (stehen)
gestiegen (steigen)
gestorben (sterben)
gestritten (streiten)
gestunken (stinken)
gesungen (singen)
gesunken (sinken)
getan (tun)
getrieben (treiben)
getroffen (treffen)
getrunken (trinken)
gewandt (wenden)
gewann (gewinnen)
gewänne (gewinnen)
gewesen (sein)
gewiesen (weisen)
gewogen (wägen & wiegen)
gewönne (gewinnen)
gewonnen (gewinnen)
geworden (werden)
geworfen (werfen)
gewußt (wissen)
geziehen (zeihen)
gezogen (ziehen)
gezwungen (zwingen)
gibt (geben)
gilt (gelten)
ging (gehen)
glich (gleichen)
glitt (gleiten)
gölte (gelten)
goß (gießen)
gösse (gießen)
gräbt (graben)
griff (greifen)
grub (graben)
grübe (graben)

H

half (helfen)
hälfe (helfen)
hält (halten)
hast (haben)
hat (haben)
hatte (haben)
hätte (haben)
hielt (halten)
hieß (heißen)
hilft (helfen)

hing (hängen)
hob (heben)
höbe (heben)
hülfe (helfen)

I

ißt (essen)
ist (sein)

K

kam (kommen)
käme (kommen)
kann (können)
kannte (kennen)
klang (klingen)
klänge (klingen)
konnte (können)

L

lädt (laden)
lag (liegen)
läge (liegen)
las (lesen)
läse (lesen)
läßt (lassen)
läuft (laufen)
lief (laufen)
lieh (leihen)
ließ (lassen)
liest (lesen)
litt (leiden)
log (lügen)
löge (lügen)
lud (laden)
lüde (laden)

M

mag (mögen)
maß (messen)
mäße (messen)
mied (meiden)
mißlang (mißlingen)
mißlänge (mißlingen)
mißlungen (mißlingen)
mißt (messen)
mochte (mögen)
möchte (mögen)
muß (müssen)
mußte (müssen)

N

nahm (nehmen)
nähme (nehmen)
nannte (nennen)
nimmt (nehmen)

R

rang (ringen)
ränge (ringen)
rannte (rennen)
rät (raten)

rief (rufen)
riet (raten)
riß (reißen)

S

sah (sehen)
sähe (sehen)
sandte (senden)
sang (singen)
sänge (singen)
sank (sinken)
sänke (sinken)
saß (sitzen)
säße (sitzen)
schied (scheiden)
schien (scheinen)
schläft (schlafen)
schlägt (schlagen)
schlief (schlafen)
schloß (schließen)
schlösse (schließen)
schlug (schlagen)
schlüge (schlagen)
schnitt (schneiden)
schob (schieben)
schöbe (schieben)
schrak (schrecken)
schräke (schrecken)
schrickt (schrecken)
schrie (schreien)
schrieb (schreiben)
schuf (schaffen²)
schüfe (schaffen²)
schwamm (schwimmen)
schwämme (schwimmen)
schwand (schwinden)
schwände (schwinden)
schwieg (schweigen)
schwömme (schwimmen)
seid (sein)
sieht (sehen)
sind (sein)
sprach (sprechen)
spräche (sprechen)
sprang (springen)
spränge (springen)
spricht (sprechen)
stand (stehen)
stände (stehen)
stank (stinken)
stänke (stinken)
starb (sterben)
stieg (steigen)
stieß (stoßen)
stirbt (sterben)
stößt (stoßen)
stritt (streiten)
stünde (stehen)
stürbe (sterben)

T

tat (tun)
täte (tun)

traf (treffen)
träfe (treffen)
trägt (tragen)
trank (trinken)
tränke (trinken)
trat (treten)
träte (treten)
trieb (treiben)
trifft (treffen)
tritt (treten)
trug (tragen)
trüge (tragen)
tue (tun)
tust (tun)
tut (tun)

V

vergaß (vergessen)
vergäße (vergessen)
vergißt (vergessen)
verlor (verlieren)

verlöre (verlieren)
verloren (verlieren)
verschwand (verschwinden)
verschwände (verschwinden)
verschwunden
  (verschwinden)
verzieh (verzeihen)
verziehen (verzeihen)

W

wächst (wachsen)
wandte (wenden)
war (sein)
ward (werden)
wäre (sein)
warf (werfen)
wäscht (waschen)
weiß (weisen)
wies (wissen)
will (wollen)

wird (werden)
wirft (werfen)
wog (wägen & wiegen)
wöge (wägen & wiegen)
wuchs (wachsen)
wüchse (wachsen)
wurde (werden)
würde (werden)
würfe (werfen)
wusch (waschen)
wüsche (waschen)
wußte (wissen)
wüßte (wissen)

Z

zieh (zeihen)
zog (ziehen)
zöge (ziehen)
zwang (zwingen)
zwänge (zwingen)